*Andreas Brenne*

# Ressource Kunst

*Reprint*

*Andreas Brenne*

# Ressource Kunst

## *"Künstlerische Feldforschung" in der Primarstufe Qualitative Erforschung eines kunstpädagogischen Modells*

*Reprint*

www.fabrico-verlag.de


ISBN: 978-3-946320-47-0


Bibliografische Information der Deutschen Nationalbibliothek: Die Deutsche Nationalbibliothek verzeichnet diese Publikation in der Deutschen Nationalbibliografie; detaillierte bibliografische Daten sind im Internet über http://dnb.d- nb.de abrufbar.

Andreas Brenne

# „Künstlerische Feldforschung Revisited" Vorrede zur Neuauflage 2023

Die „Künstlerische Feldforschung", ursprünglich eine Konzeption der Hamburger Künstlerin Lili Fischer, ist eng verwoben mit der Entwicklung der künstlerischen Avantgarden der 1970/80er Jahre (vgl. Wick 1978): Die erste Generation der Nachkriegskunst, die sich den Grabenkämpfen der Moderne zu entziehen suchte, die dichotomischen Verhärtungen des kalten Krieges zwischen Ost und West hinter sich ließ und einen radikale Neuanfang erprobte, sah in der Kunst eine Ressource, um einen radikalen Perspektivwechsel jenseits von herkömmlichen gesellschaftlichen Normalitätsvorstellungen zu vollziehen. Eine Kunst, die sich aktiv in gängige Diskurse einschrieb, um mittels spezifischer Verfahren der Intervention und Irritation einen Neuanfang zu propagieren. Keine Mimikry sozialer Praxen, sondern eine auf Einfühlung basierende Auseinandersetzung mit den Konstituenten einer offenen Gesellschaft. Inhärent war dieser Konzeption der leibsinnliche Bezug und ein forschender Habitus, der ins Offene drängte, das Atelier zwar als Stätte der Reflexion und Konzeption ansah, die eigentlichen künstlerischen Erfahrungen aber unmittelbar im Feld suchte (vgl. Metken 1977). Ganz im Sinne der modernen Ethnographie ging es um den direkten Kontakt mit den Phänomenen, man sammelte und dokumentierte das Vorgefunden, erprobte den Dialog mit unterschiedlichen gesellschaftlichen Gruppen, um daraus neue Perspektiven abzuleiten. (Das) „Going native" (vgl. Hamann / Kißling 2017) war zentrales Prinzip. Lili Fischer zog es an die Nordsee, sie besuchte Kurbäder, wo sie neue Formen der „kreativen Animation im Urlaub", entwickelte, so dass die Urlauber Möglichkeiten aufgezeigt bekamen, das Refugium der Kur für eine Neubestimmung der eigenen Lebensbedingungen zu nutzen (vgl. Wick 1978). Urlaub wurde als Initiationsprozess gedeutet, also nicht als entspannende Auszeit in anregendem Klima, sondern als heterotoper Ort, an dem mittels einer neuen Empfindsamkeit und im Kontakt mit der Natur, Möglichkeiten der radikalen Umkehr erprobt werden konnten.

„Künstlerische Feldforschung" trägt neo-romantische Züge und geht von einer Beseelung der Natur aus, mit dem Unterschied, dass aus diesem Lebensgefühl konkrete gesellschaftliche Perspektiven erwachsen sollen. Im Hintergrund agiert das Konzept der Erweiterung und Neuausrichtung von Kunst durch Joseph Beuys, der quasi als „Spiritus Rector" fungierte, indem er Kunst als kreativ-schöpferischen Akt etablierte, um mittels der „sozialen Plastik" die Gesellschaft zu bereichern und neue Formen des Zusammenlebens zu entwickeln. Eine Lebensführung, die den zivilisatorischen Graben zwischen Natur und Kultur einzuebnen sucht und aus der existenziellen Begegnung mit der Biosphäre eine Neukonzeption des Humanismus erträumt. Gleichsam galt Beuys der Schamane als neue Leitfigur, an dessen Werdegang – von der „Schamanenkrankheit" (vgl. Eliade 2001), über die Neujustierung aller vermeintlichen Gewissheiten, hin zu einer kundigen Lebensführung – eine Heldenreise (vgl. Campbell 1999) des postmodernen Menschen veranschaulicht wird. Diese „neue Kunst" mischte sich ein und brachte ästhetische Formen hervor, die mitunter der ethnografischen Sammlung oder dem alchemistischen Labor ähnelten und das „wilde Denken" (vgl. Lévi-Strauss 1968) als künstlerische Form der westlichen Kunst etablierte.

Die Kunstpädagogik reagierte auf diese Formen, wenn auch mit Verspätung, und entwarf Ende der 1990er Jahre innovative Konzepte für einen Kunstunterricht, der das Auslegen von Bildern der Kunst und Alltagskultur zugunsten der Entgrenzung von Kunst und Leben vernachlässigte (vgl. Otto/Otto 1987). Letztlich ein Wiedergänger der außerschulischen Kunstpädagogik der 1970er Jahre (vgl. Ehmer 1971, Mayrhofer / Zacharias 1977, Selle 1988), die ihrerseits die bloße Rezeption von etablierten Kunstwerken als systemstabilisierend auffasste und eine kunstpädagogische Selbstermächtigung gegen gesellschaftliche Normalitätsvorstellungen proklamierte.

In diesem Sinne waren es Persönlichkeiten wie Helga Kämpf-Jansen, die ausgehend von Konzepten der „visuellen Kommunikation" eine ästhetische Forschung im Alltag als eine Form des Empowerments verstand (vgl. Kämpf-Jansen 1983). Dieser künstlerisch-forschende Habitus war zwar nicht neu, im Kontext schulischen Lernens aber ungewöhnlich und perspektivreich. Kunstunterricht erwies sich in dieser Form als anschlussfähig an außerkünstlerische Zusammenhänge und wurde gleichzeitig zum Motor des Projektes einer allgemeinen Bildung im humboldtschen Sinne. Die Neuausrichtung kunstpädagogischen Handelns war ansteckend und

etablierte im Kontext von Unterricht zeitgenössische Formen der gestalterischen Praxis: die Recherche, das lebendige Archiv, die Kartierung und eine mäandernde Sammeltätigkeit. Diese Praktiken blieben im Fach nicht ohne Widerspruch (vgl. Sowa 2008) und manche Bewahrer einer affirmativen Bildexegese markierten vehement Grenzen der schulischen Kunstvermittlung, konzentrierten sich auf die wohlfeile schulische Kompendienliteratur oder suchten den kunstpädagogischen Kanon abzusichern (vgl. Kirschenmann 2006). Diese Verweigerungshaltung, die bis heute andauert (vgl. Kirschenmann / Schulz 2022 und 2023), konnte aber nicht verhindern, dass Spielarten der künstlerischen Forschung im Unterricht ein selbstverständlicher Bestandteil von schulischer Kunstvermittlung und Gegenstand der Lehrkräfteausbildung geworden sind. Dennoch gilt für viele Fachvertreter:innen das Auslegen von Bildern immer noch als Königsdisziplin, wobei zu fragen ist, inwieweit diese Haltung in einer globalisierten und medial entgrenzten Welt noch aufrechterhalten werden kann und letztlich sogar einer Delegitimierung des Unterrichtsfachs Kunst Vorschub leistet. Die „nächste Kunstpädagogik" (vgl. Meyer / Kolb 2014) sollte anders bestimmt werden.
Dennoch gilt es auch im Kontext der „Künstlerischen Feldforschung" zu fragen, ob die kunstpädagogischen Innovationen der 2000er-Jahre heute überhaupt noch zeitgemäß sind. Bedarf es heute - insbesondere im Hinblick auf implizite koloniale Strukturen - nicht einer kritischen Reflexion der künstlerischen Avantgarden der 1970er Jahre? In einer Welt der beständigen Transformation und Entgrenzung, des dynamischen technologisch-medialen Wandels, der transglobalen Migrationsprozesse und einer Alltagsästhetik von Kindern und Jugendlichen, die zwar bilderreich ist, aber nichts weniger als die Inkunabeln der kanonisierten Kunst vor Augen hat, sind die Ansätze der Vergangenheit kaum tauglich, um kunstpädagogisches Handeln neu auszurichten. Hinzukommt, dass der aktuelle Diskurs um die Künstlerische Forschung/Artistic Research die bislang selbstverständlichen Einschätzungen ob der epistemischen Funktion von Kunst erneut auf den Prüfstein stellt. Handelt es sich um eine kollaborative wissenschaftsaffine Praxis von Relevanz oder verbietet die Eigengesetzlichkeit der Kunst eine Inanspruchnahme durch andere Formen der Wissensproduktion (vgl. Mersch 2015)? Diesen Fragen soll im Folgenden nachgegangen werden.
Zunächst zur Kritik an einer forschenden Kunst: Auch die Avantgar-

den der 1970er Jahre sind nicht frei von kolonialen Mustern. Die Appropriierung des Fremden kann als eine Form der kulturellen Aneignung verstanden werden, in der die materiellen und spirituellen Ressourcen des Globalen Südens für eigene Bedürfnisse in Anspruch genommen werden, ohne das adressierte Feld substanziell zu befragen oder auf Augenhöhe zu beteiligen. Das gleiche gilt für die vermeintlich unschuldige Exploration zivilisationsferner Räume. Auch hier muss kritisch angemerkt werden, dass diese exotisiert werden und Bedürfnisse wecken, die selten in die aktive Umgestaltung der eigenen Kulturräume münden und implizit der Kolonisierung offener Räume zuarbeiten. Dazu passt der inhärente Gestus avantgardistischer Inszenierungen, der eine vermeintlich informierte Ethnographie zur Aufführung zu bringen meint (vgl. Hartung-Hall 2006). Letztlich sind auch die Lichtgestalten der Moderne Teil eines hegemonial ausgerichteten Betriebssystems der Weltkunst. Dort werden implizite Leitlinien definiert und Bewertungsmaßstäbe hervorgebracht, die auch den internationalen Kunstmarkt regeln. All das zeigt, wie dominant die damit verknüpften Kunstformen sich ausprägen und autochthone Traditionslinien überlagern. Das Tribalistische und Archaische des Globalen Süden wird hier lediglich als Inspirationsquelle genutzt und dient als Resonanzraum der erstarrten westlichen Kunst. Künstlerische Forschung adressiert so primär die eigene Kultur, ohne dass die Impulsgeber davon profitieren (vgl. Said 1997). Auch in der Kunstpädagogik schwingen derartige Interpretationen implizit mit und prägen darüber die Ästhetik zukünftiger Generationen.

Insofern muss gefragt werden, ob diese prekären Praktiken konzeptuell transformiert werden können, um sie für Zukünftiges nutzbar zu machen? Oder bedarf es eines radikalen Neuanfangs? Traditionslinien sind unhintergehbar, denn ohne diese kann nichts substanziell Neues entstehen. Nur durch die kritische Relektüre vergangener Diskurse können Potentiale für Gegenwärtiges aufgedeckt und blinde Flecken des Kunstdiskurses identifiziert werden. Im Rahmen der documenta fifteen hat sich beispielsweise gezeigt, dass das Verhältnis zwischen den ehemaligen Kolonialstaaten und dem Globalen Süden nicht nur weiterhin in hohem Maße belastet ist, sondern dass auch die Produktion eines dialogischen „Dritten Raums“ (vgl. Bhabha 2000) im Kontext der Kunst, bei aller offenkundigen Bereitschaft, nicht zu gelingen vermag: zu groß sind bestehende Vorbehalte und Ressentiments. Das westliche Verständnis von Individualität und Freiheit stehe in Opposition zum Kulturalismus einer postkolonialen Welt, so Bazon Brock in seiner Einordnung der Misere, als deren Folge er ein Ende der Kunst im traditionellen Sinne fürchtet (vgl. Brock 2022). Insofern hat sich gezeigt, dass eine neue Welt frei von Hierarchie und Diskriminierungen nicht einfach zu haben ist. Es braucht eine kritisch-reflexive Auseinandersetzung, eine hohe Sensibilität für Differenzen und eine dialogische Grundhaltung. Denn die „Westkunst" in all ihrer Radikalität hat zwar verkrustete Strukturen der eigenen Kultur aufgebrochen, bestimmt aber dennoch deren Morphologien in all ihren Dimensionen.

Gleichzeitig gilt Gegenwartskunst als kritisch-dekonstruktives Korrektiv der westlichen Gesellschaft, als eine Form des Empowerments, das marginalisierten und diskriminierten Gruppen eine Plattform der öffentlichkeitswirksamen Befreiung und Artikulation bietet. Es wird angenommen, dass diese Praxen von hoher gesellschaftlicher Relevanz sind und implizit koloniale Formen und Muster aufbrechen können. Doch reicht diese Nabelschau allein aus, um die Krisen der Gegenwart nachhaltig zu überwinden? Folgt man Universalhistoriker Jürgen Zimmerer, so sind diese vor allem auf die expansive und koloniale Struktur der europäischen Kultur zurückzuführen (vgl. zur Lage 2021). Doch dies kann, wie gezeigt, kein monologischer Prozess sein, sondern braucht neben der Selbstreflexion auch die Einbindung in globale Kommunikationsprozesse, also eine neugierig-reflexive Haltung, die mit einem forschenden Habitus gleichgesetzt werden kann. Durchaus im Sinne Bruno Latours der ein „Forschen aller" (vgl. Peters 2013) postuliert. Dies bedeutet zum einen die aktive Beteiligung jedes Einzelnen unabhängig von Habitus und Professionalität, zum anderen eine Auseinandersetzung mit gesamtgesellschaftlich relevanten Problemlagen. Diese Ausrichtung impliziert das Spannungsfeld zwischen Individualismus und Universalismus, da zwar individuelle Präferenzen bedeutsam sind, diese aber stets durch kollektiv ermittelte Entscheidungen eingehegt werden. Eine Diskursethik im Habermasschen Sinne ist somit zwar Voraussetzung, aber eine demokratisch ermittelte Mehrheitsmeinung für Beteiligungsverfahren letztlich bindend. Nicht ganz leicht für eine westliche Kunst, die im Kontext der Moderne das Autochthone und Solipsistische ins Zentrum rückt und

„L'Art pour L'Art" als zentralen Maßstab für die Bewertung künstlerischer Positionierungen etabliert.

Ein künstlerisches „Forschen aller" hingegen ist in der Lage, die dichotomische Spaltung von Hemisphären zu unterlaufen, da individuelle Positionierungen konsensuell verankert sind, diese aber kollaborativ in kollektiv getragene Forschungsprojekte eingebunden werden. Dadurch werden künstlerische Positionen in zukunftsorientierte Gestaltungsprozesse transformiert, in denen es um nichts weniger geht als um die Beantwortung der Frage geht, „wie wir leben wollen" (vgl. Bieri 2011).

Dieses erweitere Verständnis von künstlerischer Arbeit korreliert mit einer Erweiterung des Wissenschaftsverständnisses, das zwar die fachliche Expertise nicht aufgibt, diese aber in transdisziplinäre und kollaborative Zusammenhänge überführt. Im Zentrum steht nicht die autarke Weiterentwicklung fachspezifischer Theorien, sondern die Bewältigung komplexer Probleme. In diesem Zusammenhang ist die forschende Kunst kein Fremdkörper oder gar affirmative Illustration, sondern Garant für die innovative und projektive Ausrichtung eines forschenden Habitus. Im Hinblick auf den angesprochenen Prozess einer notwendigen Dekolonisierung von westlicher Kunst kann konstatiert werden, dass diese zwar ästhetisch konnotiert, aber Teil eines kollektiv getragenen epistemischen Prozesses ist, einer hegemonialen Auffassung von spezifischen Bildprogrammen entgegenläuft und dazu beiträgt, das Unterschiedene und Marginalisierte in eine markante Position zu heben - aber nicht als asymmetrische Hervorhebung, sondern als Teil eines rizomatischen Geflechts.

Und was bedeuten diese Überlegungen für die schulische und außerschulische Kunstvermittlung? Dass Kunstunterricht sich wandelt und auch wandeln muss, ist ein grundsätzliches Element von Bildung. Die dekonstruktive Aneignung des Vorgefundenen und Tradierten ist eine anthropologische Konstante und Basis für eine offene Gesellschaft. Dies impliziert für das Fach Kunst eine Abkehr vom tradierten Kanon, von einer rückwärtsgewandten Gestaltungspraxis hin zu einer mediologisch offenen Bildprogrammatik, die sich an einer globalisierten Weltgesellschaft orientiert und die Tradition in einen gegenwärtigen Kontext einbindet. Ein forschender Habitus im dargestellten Sinne sollte insofern Ziel und Inhalt von Kunstvermittlung der Gegenwart sein, nicht allein aufgrund der Morphologie von Kunst und Wissenschaft, sondern als Garant einer partizipatorischen Bildung. Partizipation ist hier ein essentiell didaktisches Merkmal und konstituiert kollaborativ das Zustandekommen von Lerngegenständen. Kunstvermittlung kann einen „Dritten Raum" generieren, der jenseits hegemonialer Verkrustungen produktive Begegnung mit einer krisengeprägten Lebenswelt initiiert, und so kollaborativ an Lösungen arbeitet. „Künstlerische Feldforschung" neu gedacht ist somit ein Segment einer potentialaffinen und differenzsensiblen Kunstpädagogik (vgl. Kaiser 2020).

**Literatur**

Bhabha, Homi K. (2000): Die Verortung der Kultur. Tübingen: Stauffenburg.

Bieri, Peter (2011): Wie wollen wir leben? München: dtv.

Brock, Bazon (2022): Documenta 15 ist die „Re-Fundamentalisierung der Kunst" https://bazonbrock.de/werke/detail/?id=3996 (Abruf: 13.04.2023)

Campbell, Joseph (1999): Der Heros in tausend Gestalten. Frankfurt a.M.: Insel-Verlag.

Ehmer, Hermann K. (Hrsg.) (1971): Visuelle Kommunikation. Beiträge zur Kritik der Bewußtseinsindustrie. München: DuMont

Eliade, Mircea (2001): Schamanismus und archaische Ekstasetechnik. Frankfurt a.M.: Suhrkamp.

Fischer, Lili (1978): Weg von der Insel! Weg von der Insel? (Kunst als Animation im Urlaub). In: Kunstnachrichten 2/1978. S. 29-36.

Hamann, Christof / Kißling, Magdalena (2017): Going native. In: Göttsche, Dirk / Dunker, Axel / Dürbeck, Gabriele (Hrsg): Handbuch Postkolonialismus und Literatur. S. 149 – 154.

Hartung-Hall, Elisabeth (2006): Imaginäre Tropen oder Kunst als Ethnographie der eigenen Kultur. Aspekte der Annäherung von Kunst und Ethnographie ausgehend vom Werk Lothar Baumgartens. München: https://kunst-buero.de/content/11-publikationen/elisabeth-hartung-imaginaere-tropen-oder-kunst-als-ethnographie-der-eigenen-kultur.pdf (Abruf: 13.04.2023)

Kaiser, Michaela (2020): Gestaltungsfragen einer inklusiven Kunstpädagogik. In: Zeitschrift Kunst Medien Bildung. (Seite?) ISSN 2193-2980. http://zkmb.de/gestaltungsfragen-einer-inklusiven-kunstpaedagogik/ (Abruf: 13.03.2023)

Kämpf-Jansen, Helga (1983): Mädchenästhetik. In: Kämpf-Jansen, Helga / Hartwig, Helmut / Puritz, Ulrich (Hrsg.): Kunst und Unterricht. Heft 80. S. 20 – 21.

Kirschenmann, Johannes: Wider das Ideal ästhetischer Autonomie:

Zum kunstpädagogischen Bildungsanspruch. In: Kirschenmann, Johannes/Schulz, Frank/Sowa, Hubert (Hrsg.) (2006): Kunstpädagogik im Projekt der allgemeinen Bildung. Schriftenreihe Kontext Kunstpädagogik. Bd. 7. München: kopaed.

Kirschenmann, Johannes / Schulz, Frank (2021): Kunst · Geschichte · Unterricht (8 Bd.). München: kopaed.

Kirschenmann, Johannes / Schulz, Frank (2022): STATEMENT: Die Metapher der Katastrophe oder Die Erinnerung an rettende Planken. https://metapher-statement.de/ (Abruf 13.04.2023)

Lévi-Strauss, Claude (1968): Das wilde Denken. Übersetzung von Hans Naumann. Frankfurt a.M.: Suhrkamp.

Mayrhofer, Hans / Zacharias, Wolfgang (1977): Projektbuch ästhetisches Lernen. Reinbek bei Hamburg: Rowolt.

Mersch, Dieter (2015): Rezeptionsästhetik/Produktionsästhetik/Ereignisästhetik. In: Badura, Jens / Dubach, Selma / Haarmann, Anke / Mersch, Dieter / Rey, Anton / Schenker, Christoph / Toro Pérez, Germán (Hrsg.): Künstlerische Forschung. Ein Handbuch. Zürich: Diaphanes. S. 49–57.

Metken, Günter (1977): Spurensicherung. Kunst als Anthropologie und Selbsterforschung. Fiktive Wissenschaften in der heutigen Kunst. Köln: DuMont.

Meyer, Torsten / Kolb, Gila (Hrsg.) (2014): What's Next?: Art Education - Ein Reader. München: kopaed.

Otto, Gunter / Otto, Maria (1987): Auslegen. Ästhetische Erziehung als Praxis des Auslegens in Bildern und des Auslegens von Bildern. Velber: Friedrich Verlag.

Peters, Sibylle (Hrsg.) (2013): Das Forschen aller. Artistic Research als Wissensproduktion zwischen Kunst, Wissenschaft und Gesellschaft. Bielefeld: transcript.

Said, Edward W. (1997): Kultur, Identität und Geschichte. In: Weibel, Peter (Hrsg): Inklusion. Exklusion. Kunst im Zeitalter von Postkolonialismus und globaler Migration, Versuch einer neuen Kartografie der Kunst im Zeitalter von Postkolonialismus und globaler Migration. Köln: DuMont. S. 37-46.

Selle, Gert (1988): Gebrauch der Sinne. Reinbek bei Hamburg: Rowohlt.

Sowa, Hubert (2008): Der Verantwortung gerecht werden. Kunstpädagogik jenseits „künstlerischer" Autoreferenz. In: BDK-Mitteilungen 1/2008. S. 2 – 7.

Wick, Rainer (1978): Feldforschung als künstlerische Methode. Rainer Wick im Gespräch mit Lili Fischer. In: Kunstforum International. Performance II. Bd. 27. S. 108-116.

zur Lage, Julian (2021): „Klimakrise und Kolonialismus hängen zusammen“: Prof. Dr. Jürgen Zimmerer im Interview über Kolonialismus, Gewaltgeschichte und Klimawandel https://kolonialismus.blogs.uni-hamburg.de/2021/11/01/klimakrise-und-kolonialismus-haengen-zusammen-prof-dr-juergen-zimmerer-im-interview-ueber-kolonialismus-gewaltgeschichte-und-klimawandel/ (Abruf: 13.03.2023)

*Andreas Brenne*

# Ressource Kunst

*»Künstlerische Feldforschung«*
*in der Primarstufe*

Qualitative Erforschung
eines kunstpädagogischen Modells

Mit einem Vorwort von Adelheid Sievert

# Inhalt

**Dank**

Danken möchte ich allen, die den langjährigen Prozess der Generierung dieser Arbeit begleitet haben (von ersten künstlerischen und kunstpädagogischen Impulsen bis zur wissenschaftlichen Reifung):

Meinen Eltern für die frühe Begegnung mit den vielfältigen Phänomenen der bildenden Kunst und die langjährige materielle, ideelle und redaktionelle Unterstützung,
Prof. Dr. Hermann K. Ehmer für substantielle Einblicke in die Geschichte kunstpädagogischer Theoriebildung und die Vermittlung einer lustvollen Kunstproduktion und –rezeption,
Prof. Dr. Lili Fischer für die Initiierung einer erweiterten und grenzüberschreitenden Kunstpraxis und das Aufzeigen von Möglichkeiten, die Grenzen zwischen künstlerischer, pädagogischer und wissenschaftlicher Praxis zu überwinden,
Prof. Dr. Adelheid Sievert für die langjährige, intensive Betreuung meiner Arbeit, für die kritisch-konstruktive Begleitung des Schreibprozesses, für forschungsmethodische Impulse, für die redaktionelle Unterstützung und vor allem für das entgegengebrachte Vertrauen,
Prof. Dr. Birgit Richard für ihre aktive Betreuung und die wichtigen Anregungen in kunstwissenschaftlichen Fragen,
Prof. Dr. Georg Peez für die Hinweise zur qualitativen Forschung und für seine substantielle und weiterführende Kritik,
den Teilnehmerinnen und Teilnehmern des von Prof. Dr. Adelheid Sievert geleiteten Doktorandenkolloquiums für Hilfen, Anregungen und Korrekturen in den Jahren des Forschens und Schreibens,
den Grundschulkindern, die ich in den letzten Jahren im Prozess des Bildens und Lernens begleiten durfte (Durch sie habe ich gelernt, dass eine ästhetisch-forschende Haltung gegenüber der Welt kein Konstrukt künstlerischer oder

kunstpädagogischer Theoriebildung ist, sondern eine grundlegende Attitüde, die es zu fördern und zu erhalten gilt),
allen Kolleginnen und Kollegen, Freundinnen und Freunden und meiner Familie für die liebevolle Unterstützung und die praktischen Hilfen.

All diesen Menschen gebührt mein herzlichster Dank; ohne sie wäre diese Arbeit nie entstanden.

Münster, Januar 2004

## Vorwort

Mit dem einprägsamen und bis heute wegweisenden Titel "Kunst als Prozess im Unterricht" (Gunter Otto 1964) wurde seit den sechziger Jahren des 20. Jahrhunderts die "Bildende Kunst der Gegenwart" (Reinhard Pfennig 1959) zum innovativen Bezugsfeld für den Kunstunterricht und prozessorientiertes und experimentelles künstlerisches Arbeiten zum Modell für die ästhetische Praxis von Schülerinnen und Schülern. Mit dem Konzept der ästhetischen Erziehung erfolgte in den siebziger und achtziger Jahren die Öffnung des Faches über die Kunst hinaus auf Phänomene der visuellen Medien und der Alltagserfahrung. Vor diesem Hintergrund wandte sich die Diskussion seit den neunziger Jahren erneut der Frage nach dem Stellenwert und den produktiven Möglichkeiten der Kunst und der Kunsterfahrung für ästhetisches Lernen zu. Heute stellt sich die Frage nach der Aktualität von Kunst im didaktischen Diskurs daher differenzierter, da die kunstdidaktische Forschung dazu präzise verschiedenen Entwicklungen und Erweiterungen des Kunstbegriffs in der zeitgenössischen Kunst nachspürt. Im Kontext dieser Diskussion ist auch die vorliegende Untersuchung von Andreas Brenne zu sehen. Dabei bildet mit dem Konzept der künstlerischen Feldforschung das künstlerische Werk von Lili Fischer den Ausgangspunkt für die Erforschung seines kunstpädagogischen Modells für den Grundschulunterricht.

Grundlage der Bezugnahme auf das Konzept der künstlerischen Feldforschung ist ein erweiterter Kunstbegriff, dessen Entwicklung im ersten Kapitel der Arbeit entfaltet wird. Dabei wird der Begriff nicht eng im Sinne der Beuysschen Terminologie verwendet, sondern beschreibt im Sinne von Andreas Brenne künstlerische Strömungen, die zum einen grenzüberschreitend arbeiten und zum anderen die Selbstreferenzialität von Kunst zu überwinden suchen, und damit den Rezipienten in das

Zentrum der künstlerischen Auseinandersetzung stellen. John Deweys "Kunst als Erfahrung" (1934/dt. 1980) bildet den kunsttheoretischen Rahmen für eine Auseinandersetzung mit dem Wandel des Kunstbegriffs in der Moderne von der historischen Avantgarde bis zur Erweiterung des Kunstbegriffs seit den späten 50er Jahren des 20. Jahrhunderts. Am Beispiel von Künstlern wie John Cage, Yves Klein und  Nam June Paik werden pointiert verschiedene relevante Aspekte im Hinblick auf die Entwicklung von Happening, Fluxus und Aktionskunst entfaltet. Auch der spezifische Beitrag zur Erweiterung des Kunstbegriffs durch Joseph Beuys wird am Beispiel der Aktion "7000 Eichen" zur Documenta 7 (1982) und der bis in die Gegenwart fortgesetzten Folgeprojekte als idealtypisches Projekt im Sinne einer "Sozialen Plastik" dargestellt.

Besondere Relevanz in Bezug auf das Konzept der künstlerischen Feldforschung von Lili Fischer hat jedoch die kulturanthropologische Erweiterung des Kunstbegriffs durch die Künstler der "Spurensicherung" und der Land Art. Eine konzentrierte Zusammenfassung dieser theoretischen und historischen Grundlagen für den im folgenden von Andreas Brenne verwandten "erweiterten Kunstbegriff" schließt diesen ersten Teil ab und leitet zugleich die anschließende Strukturanalyse der künstlerischen Feldforschung von Lili Fischer ein.

Da bisher keine monographische Darstellung zur künstlerischen Entwicklung von Lili Fischer vorliegt, bietet dieses Buch die ersten zusammenhängenden Darstellung und Aufarbeitung ihres künstlerischen Werkes. Im Fokus steht die Erarbeitung einer Werkstruktur der künstlerischen Feldforschung Lili Fischers im Kontext des zuvor definierten erweiterten Kunstbegriffs. Da Andreas Brenne selbst drei Jahre als Assistent am Lehrstuhl von Lili Fischer tätig war, basiert die sehr detailgenaue und fachkundige Darstellung des Konzepts der künstlerischen Feldforschung nicht nur auf der umfassenden Analyse aller dazu vorliegenden Quellen, sie wird auch fundiert durch die in der künstlerischen und hochschuldidaktischen Kooperation mit der Künstlerin selbst gewonnenen Kenntnis der künstlerischen und pädagogischen Prozesse. Im wesentlichen werden dazu drei Ebenen der künstlerischen Strategie von Lili Fischer an Werkgruppen und Beispielen präsentiert.

Das dritte Kapitel umfasst die Darstellung und Begründung der Untersuchung des kunstpädagogischen Modells der "künstlerischen Feldforschung" im Unterricht der Grundschule von Andreas Brenne. Im Zentrum steht ein eigener Unterrichtsversuch, der die zuvor definierten Methoden und Handlungsebenen der künstlerischen Feldforschung zur Grundlage kunstpädagogischen Handelns macht. Gegenstand dieser Arbeit ist jedoch nicht allein die Beschreibung der künstlerischen Feldforschung als Verfahren im Kontext von Kunstunterricht der Primarstufe, sondern vor allem dessen empirische Erprobung und Auswertung im Hinblick auf die so initiierten Prozesse ästhetischen Lernens. Breiten Raum nimmt daher die Auseinandersetzung mit den Möglichkeiten und spezifischen Problemen der hierzu erforderlichen Forschungsmethodik ein. Vor dem Hintergrund der für die eigene Methodologie relevanten Traditionen qualitativer Sozialforschung werden Theorieelemente der qualitativen pädagogischen Forschung und hier insbesondere der ethnographischen Feldforschung als einer Kernmethode zur Erforschung von Unterricht dargestellt und eingehend diskutiert.

Entsprechend dem Ansatz der "Grounded Theory" (Glaser/Strauss) entwirft Andreas Brenne seinen Untersuchungsplan, der Datenerhebung und Interpretation der Daten gegenstandbezogen schrittweise methodisch kontrolliert entwickelt. Seine Erhebungsverfahren - teilnehmende Beobachtung, Fotodokumentation, Befragung sowie Werkanalyse der entstandenen Artefakte - werden entsprechend dem Aufbereitungsverfahren der "Grounded Theory" in mehreren Arbeitsschritten systematisch für die anschließende Untersuchung klar und kompetent differenziert.

Das vierte Kapitel umfasst diese eigene Unterrichtsforschung, der ein Unterrichtsversuch im Rahmen eines Projekttages in einer 2. Grundschulklasse zum Thema "Monsterumzug - ästhetische Rezeption und Produktion regionaler und überregionaler Karnevalsbräuche" zugrunde liegt, den Andreas Brenne zusammen mit Studentinnen im Rahmen eines von ihm geleiteten fachdidaktischen Seminars an der Kunstakademie Münster geplant und durchgeführt hat. Leitende Professorin für diesen Studiengang des künstlerischen Lehramtes für die Primarstufe an der Kunstakademie Münster war die Künstlerin Lili Fischer. Ihr Lehrkonzept ist in zwei Buchveröffentlichungen mit dem Titel "Primäre Ideen" dokumentiert hat (Fischer 1996; 2000). Die didaktische Umsetzung ihres Konzepts der künstlerischen Feldforschung in einem Unterrichtsmodell für den Grundschulunterricht erfolgte durch Andreas Brenne in seiner Verantwortung als Seminarleiter.
Entsprechend dem erweiterten Kunstbegriff und dem Konzept der künstlerischen Feldforschung von Lili Fischer entwickelten vier Arbeitsgruppen mit den Schülerinnen und Schülern Projekte in den Bereichen Tanz, Kostüm/Verkleidung, Masken und Musik. Das pädagogische Setting umfasste die für die künstlerische Feldforschung von Andreas Brenne am Werk Lili Fischers erarbeiteten Prinzipien der künstlerischen Methode ohne eine direkte "Übertragung" oder Nachahmung eines künstlerischen Projektes von Lili Fischer zu sein.

Die umfangreichen Protokolle, die der Autor aufgrund seiner teilnehmenden Beobachtung zusammenfassend nachträglich schriftlich erstellt hat, stehen dem Leser in methodisch kodierter

Form auf der Internetseite des Verlages zum kostenlosen download zur Verfügung[1], ebenso die Ergebnisse der Befragung von Kindern und Experten. Die Analyse der Protokolle sowie der entsprechend der Auswertungsmethode erstellten Kodierungen und theoretischen Memos werden nach sieben verschiedenen didaktischen Elementen geordnet ausgewertet. Auch die anschließende Aufarbeitung und Analyse des sich im Anhang befindlichen fotografischen Materials folgt diesen sieben Punkten, die vom Autor als Theoreme bzw. Theorieelemente bezeichnet werden. Dabei vermitteln insbesondere die sehr dichten und anschaulichen Bildbeschreibungen und ihre außerordentlich genauen und zugleich einfühlsamen Interpretationen eine ungewöhnlich präzise und intensive Vorstellung des kunstpädagogischen Geschehens und seiner Wirkungen auf die beteiligten Schülerinnen und Schüler. Mit dieser hier geleisteten Analyse setzt Andreas Brenne neue Maßstäbe für eine stringente und zugleich innovative Erforschung kunstpädagogischer Unterrichtsprozesse, die exakt nachvollziehbar am Material argumentiert und zugleich neue Handlungsperspektiven für den Unterricht nicht nur postuliert sondern präzise beschreibt.

Im fünften Kapitel wird die durch die "Grounded Theory" entwickelte Analyse und Theoriebildung erweitert, indem die in Auseinandersetzung mit der qualitativen Studie ermittelten Theorieelemente mit relevanten aktuellen Theorien der Pädagogik und der Kunstpädagogik in Beziehung gesetzt und diskutiert werden. Die Aufarbeitung des aktuellen theoretischen Umfeldes erfolgt im traditionellen Untersuchungsdesign in der Regel als vorausgehende theoretische Grundlegung, an die sich dann die Entwicklung der eigenen Fragestellung anschließt. Das hier entsprechend der Forschungsmethodik der "Grounded Theory" durchgeführte Verfahren im Sinne einer nachträglichen prob-

[1] (www.mv-wissenschaft.com/feldforschung/protokolle.doc)

lemorientierten theoretischen Einbettung erscheint zunächst ungewöhnlich und muss sich in seiner Produktivität für die kunstpädagogische Forschung erst erweisen.

Zweifellos stellen die hier sehr substantiell vorgestellten theoretischen Überlegungen zur Qualität ästhetischer Erfahrung und ästhetischer Praxis im Kontext allgemeiner Bildungsprozesse in der Kindheit einen wesentlichen Beitrag zur Entwicklung einer eigenständigen fachdidaktischen Konzeption dar. Doch erst indem die Diskussion dieser fachdidaktischen Theorien nun präzise mit Ergebnissen der eigenen empirischen Untersuchung zusammengeführt werden, erweist sich die innovative inhaltliche wie methodische Bedeutung des gesamten Forschungsvorhabens. Erst im Zusammenhang von bildungstheoretischer und qualitativer empirischer Forschung zeigt sich die neue Qualität der hier nicht nur postulierten sondern in methodischer Beobachtung konkret nachgewiesenen Möglichkeiten des Lehrens und des Lernens im Konzept der "künstlerischen Feldforschung" im Unterricht.

Andreas Brenne zeigt erstmals in dieser Dichte und Konkretheit die Möglichkeiten ästhetischen Erfahrungslernens bis zur rational begründeten Bewertung der eigenen Produktion bereits im Grundschulalter auf. Aber auch die in der Regel wenig transparenten und der eigenen Reflektion zugänglichen "Fehler" des Lehrerhandelns werden in dieser Analyse präzise und nachvollziehbar diagnostiziert und könnten insbesondere für die Lehreraus- und weiterbildung hohe Relevanz erhalten. Die beschriebenen Essentials für die Verlaufsstruktur und die Dimensionen von ästhetischer Erfahrung im Kontext dieses Unterrichtsmodells der "künstlerischen Feldforschung" belegen, dass hier in der Tat eine wissenschaftlich begründete Unterrichtstheorie entwickelt wurde.

Abschließend im sechsten Kapitel diskutiert Andreas Brenne sein kunstpädagogisches Konzept der "künstlerischen Feldforschung" im Kontext aktueller Diskurse zur künstlerischen bzw. zur ästhetischen Forschung. Dabei kann er mit dem Bezug zum erweiterten Kunst- und Wissenschaftsverständnis an sein zweites Kapitel anschließen und vor diesem Hintergrund eine überzeugende Positionierung der unterschiedlichsten Strategien und Konzepte vorlegen. Die Debatte um Möglichkeiten und Perspektiven der produktiven Auseinandersetzung mit der "Ressource Kunst" ist damit erneut eröffnet!

Adelheid Sievert

## 1 Einleitung

Der Titel dieser Arbeit („Ressource Kunst") bietet dem Leser zwei Interpretationsmöglichkeiten an: Kunstpädagogische Arbeit versteht sich zum einen als Auseinandersetzung mit den Ressourcen der Lebenswelt. Dabei greift sie auf einen weit gefassten Materialbegriff zurück. Zum anderen nutzt Kunstpädagogik die Ressource Kunst um künstlerische Strategien in pädagogische Szenarien zu übersetzen. Gert Selle äußerte sich bereits 1988 in diesem Sinne.

*„(...) Das heißt vor allem, die Arbeitsweisen der Künstler für eine Arbeit am Bewusstsein in großer Breite nutzbar zu machen."*[2]

Die Entwicklungsgeschichte dieser Arbeit steht in unmittelbarem Zusammenhang mit meiner kunstpädagogischen und künstlerischen Sozialisation. Deshalb erscheint es mir sinnvoll, die einleitenden Bemerkungen dieser Arbeit mit biographische Angaben zu verbinden.

Nach Abschluss des ersten Staatsexamens bewarb ich mich nicht sofort zum Vorbereitungsdienst für das Lehramt für die Primarstufe, sondern absolvierte ein Kunststudium an der Kunstakademie Münster. Nachdem ich mich zunächst unabhängig von fachdidaktischen Überlegungen mit Kunstpraxis auseinander setzte, begann ich mich verstärkt dafür zu interessieren, ob und inwieweit es möglich ist, ein Modell für den Kunstunterricht in der Primarstufe auf der Grundlage eigener künstlerischer Erfahrungen zu entwickeln.

Angeregt wurde ich durch eine Assistentenstelle (1994-97) bei Prof. Dr. Lili Fischer, die den Studiengang „Künstlerisches Lehramt für die Primarstufe" reorganisierte[3] und neu strukturierte. Zuvor wurden die Lehramtsstudenten nahtlos in das Klas-

[2] Selle, Gert: Gebrauch der Sinne, Reinbek bei Hamburg, 1988

[3] Die Kunstakademie Münster, vormalige Zweigstelle der Kunstakademie Düsseldorf, wurde 1987 autonom und übernahm dafür von der Westfälischen-Wilhelms-Universität den Studiengang „Künstlerisches Lehramt für Primarstufe".

sensystem der Akademie integriert. Unter der Leitung eines Künstlers oder einer Künstlerin stand die künstlerische Entwicklung im Vordergrund der Ausbildung, so dass die Unterschiede zwischen dem Studium der Freien Kunst und dem Studium für das künstlerische Lehramt aufgehoben wurden. Eine fachdidaktische Reflexion des Faches Kunst/Ästhetische Erziehung fand nicht statt. Somit wurden im Rahmen des Studiengangs keine Bezüge zwischen künstlerischer Ausbildung und kunstpädagogischem Handeln hergestellt.

Der Reformstudiengang "Künstlerisches Lehramt für die Primarstufe" sollte diese Defizite ausgleichen. Grundlage für die Reform war die Methode der *„Künstlerischen Feldforschung“*, die von Lili Fischer entwickelt wurde und die Grundlage ihrer künstlerischen Arbeit ist.

Im Rahmen dieses neuen Studiengangs ging es nicht darum, den kunsttheoretischen und fachdidaktischen Bestandteilen des Faches mehr Bedeutung zu geben, als vielmehr ein Verfahren zu entwickeln, das diese Bereiche miteinander verzahnt und mit der künstlerischen Praxis verbindet. Manfred Schneckenburger, der damalige Rektor der Kunstakademie Münster, charakterisiert Lili Fischers Lehrsystem folgendermaßen.:

*„Feldforschung wurde in den 70er Jahren aus der Völkerkunde auf eine subjektiv gefilterte, künstlerische Form soziologischer, ökologischer Recherchen übertragen. Lili Fischer macht daraus ein Projektstudium, das auf eine weit ausholende, ganz sinnlich agierende Neugier zielt. Auf eine Kommunikation, die nicht nur visuell, sondern auch haptisch, akustisch, gestisch, körperlich ist. Auf eine Erziehung, die nicht nur » musisch« oder ästhetisch bildet, sondern sogar noch ergraute Devisen wie »soziale Handlungsfähigkeit«, »Problemorientierung« und »Emanzipation« einschließt.“*[4]

[4] Schneckenburger, Manfred: Entdeckungsreisen in die pädagogische Provinz, in: Fischer, Lili: Primäre Ideen – Hand- und Fußarbeiten aus der Kunstakademie Münster, Regensburg, 1996, S. 7

Lili Fischers akademisches Lehrsystem versuchte, organisch die drei Säulen der Kunstpädagogik (künstlerische Praxis, Kunsttheorie und Kunstdidaktik) zu verbinden, ohne dass sie ihre eigenständige Bedeutung verloren.

Soviel sei zur Konzeption des Studiengangs gesagt. Nun stellt sich die Frage, was unter Künstlerischer Feldforschung[5] konkret zu verstehen ist. Auch wenn dies im Rahmen dieser Arbeit detailliert behandelt wird, werden vorab einige Hinweise gegeben: Lili Fischer hält eine *„autonome Auseinandersetzung mit künstlerischen Mitteln“* [6] für einengend. Sie wendet sich daher komplexen Feldern der Lebenswirklichkeit zu, um diese mit künstlerischen Mitteln zu erforschen.

In ihren Projektseminaren an der Kunstakademie Münster ging es darum, auf scheinbar spielerische Weise Phänomene und Themenfelder der Lebenswelt (z.B. Pflanzen, Tanz/ Körper/Raum, bäuerliche Alltagskultur im Freilichtmuseum, Buch) ästhetisch zu erkunden. Die Auseinandersetzung mit dem jeweils ausgewählten Feld wurde vorab durch die Auseinandersetzung mit Wissensbeständen leitfragenorientiert eingegrenzt. Ebenso wurden bestimmte Verfahren und Strategien der Feldbegegnung, Dokumentation und Aufarbeitung thematisiert. Dabei handelte es sich um Übertragungen von Methoden der Ethnologie und Soziologie (z.B. teilnehmende Beobachtung, Feldexperiment, Sammlung von Dokumenten und Artefakten, audiovisuelle Dokumentation von Feldeindrücken, Expertenbefragung, Feldtagebuch) in den künstlerischen Bereich. Die Ergebnisse der Künstlerischen Feldforschung der Studierenden wurden dann abschließend öffentlich präsentiert. Diese Präsentationen wurden absichtsvoll in Feldkontexten durchgeführt. Es ist nämlich ein wichtiges Strukturelement der Künstlerischen Feld-

[5] Im weiteren Verlauf des Textes schreibe ich Lili Fischers künstlerische Methode wie folgt: Künstlerische Feldforschung (nicht kursiv und ohne Anführungszeichen / Künstlerisch wird groß geschrieben)

[6] Lili Fischer: Feldforschung als künstlerische Methode, in: Kunstforum international, Bd. 27, 1978, S. 108 - 116

forschung, durch ungewöhnliche Deutungen von Feldphänomenen oder durch den künstlerischen Verweis auf vergessene Bedeutungszusammenhänge gängige Denk- und Handlungsmuster der Feldbewohner sowie der öffentlichen Gesellschaft zu durchbrechen und ein alternatives Denken und Handeln anzubahnen. Das Publikum bestand z.B. aus dem Besucherkreis eines Freilichtmuseums oder aus Teilnehmern eines Umweltsymposiums. Die Form, in der die Ergebnisse der Öffentlichkeit angeboten wurden, entwickelte sich aus didaktischen Überlegungen und Fragestellungen.: Welche Aspekte eines Phänomens möchte ich vermitteln? Welche ästhetischen Erfahrungen sind möglich? Wie schlage ich eine Brücke zwischen dem Betrachter und einem ästhetischen Produkt?

Hieraus konstituierten sich adressatenbezogene Formen der Präsentation, ohne dass explizit kunst- oder museumspädagogische Theoriemodelle thematisiert wurden.

An dieser Stelle sei angemerkt, dass die Inhalte und Zielsetzungen von Lili Fischers künstlerischer Methode mit neueren kunstpädagogischen Überlegungen zur Deckung kommen. Helmut Hartwig beantwortet die Frage, was zeitgenössische künstlerische Strategien mit der Pädagogik zu tun haben, auf folgende Weise.:

*„Wer nach Verbindungen von Kunst und Pädagogik, Politik, Alltag fragt, der muss Kunstwerke und Kunstprozesse befragen oder an Kunsttheorien die Frage stellen, ob und wie sie es mit der Übergangszone und jenen gemischten Verhältnissen halten, in denen Kunst auf Nichtkunst, Kultur auf Alltag, Kunstmachen auf Spielen, Spielen auf Kunst usw. hin offen sind. Ohne die Anerkennung einer Übergangszone zwischen Kunst und Alltag, Kunst und Nichtkunst kann es keine Vermittlung geben. Die Namen für diese Zone sind: Kultur, das Ästhetische, Kreativität, Experiment, der erweiterte Kunstbegriff ...“* [7]

[7] Helmut Hartwig: Über die Kunst, ihren Begriff und was sie mit der Pädagogik zusammen kann und was nicht. in: BDK-Mitteilungen, 1/96, S.4

Hartwig verweist also auf künstlerische Entwicklungen, die die Selbstreferentialität von Kunst überwinden und sich mit anthropologisch bedeutsamen Phänomenen auseinandersetzen. Er charakterisiert dies durch den erweiterten Kunstbegriff und fordert eine Einbindung derartiger Strategien in kunstpädagogische Vermittlungsprozesse.

Meine Erfahrungen mit dem künstlerischen System von Lili Fischer brachten mich zu der Überzeugung, dass es nicht nur wünschenswert ist, einer interessierten Öffentlichkeit eine erweiternde Auseinandersetzung mit Lebenswelt zu ermöglichen, oder angehenden Kunstpädagogen und freien Künstlern ein umfassendes grenzerweiterndes Verständnis von den Möglichkeiten ästhetischer Produktion und Reflexion zu vermitteln, sondern dass es auch der schulisch organisierten ästhetischen Bildung und Erziehung im Sinne der Thesen Hartwigs neue Impulse und Ausrichtungen geben kann.

Für mich stellte sich die Frage, in welcher Weise ich Aspekte der Künstlerischen Feldforschung im pädagogischen Kontext anwenden und variieren kann, bzw. welche Wirkungen eine derartige kunstpädagogische Arbeitsweise hat. Diese Fragen bestimmen auch gleichzeitig den Forschungsfokus dieser Arbeit. Der pädagogische Kontext, in dem meine Forschungen durchgeführt wurden, ist die Arbeit mit Kindern im Grundschulalter unter den besonderen Bedingungen von Schule. 1997 bis 1999 absolvierte ich den Vorbereitungsdienst für das Lehramt für die Primarstufe am Studienseminar in Rheine. Hier führte ich im Rahmen des Kunstunterrichts empirische Studien durch, die auch Grundlage dieser Arbeit sind.

Der Aufbau dieser Arbeit gliedert sich wie folgt:

Zunächst wird der künstlerische bzw. kunsttheoretische Kontext der Künstlerischen Feldforschung beleuchtet. In diesem Zusammenhang erfolgt der Nachweis, dass diese künstlerische Strategie kein singuläres Phänomen darstellt, sondern mit Entwicklungen der neueren Kunst korrespondiert, die durch den *erweiterten Kunstbegriff* charakterisiert werden. Dieser Begriff wird nicht im Sinne der Beuysschen Terminologie verwendet, sondern beschreibt jene künstlerischen Strömungen, die den Rezipienten in das Zentrum künstlerischer Erfahrungen setzen und insofern den Kunstbegriff erweitern.

Nach der Darstellung dieses Bezugssystems folgt eine detaillierte Analyse von Lili Fischers Arbeitsweise. Die dabei ermittelten Strukturelemente (Feldbegegnung, Aufarbeitung, Präsentation) sind aber keinesfalls als Hypothesen und Zielsetzungen bezüglich der Bewertung kunstpädagogischen Handelns zu verstehen, sondern sie haben bezogen auf ein Verständnis der kunstimmanenten Strategie eine rein heuristische Funktion.

Danach folgt eine Charakterisierung der von mir entwickelten kunstpädagogischen Methode, die Aspekte der Künstlerischen Feldforschung aufgreift und auf deren Grundlage grundschulspezifische kunstpädagogische Szenarien entwickelt wurden. Um herauszufinden, welche Aspekte der Künstlerischen Feldforschung im pädagogischen Kontext der Grundschule sinnvoll und erfolgreich sind, bzw. welche Wirkungen sie zeigen, führte ich mit Hilfe von Lehramtsstudentinnen, die bei Lili Fischer studierten, einen kunstpädagogischen Projekttag durch. Die dabei erhobenen empirischen Daten bilden das Basismaterial für eine qualitativen Analyse. Der Forschungsfokus richtet sich dabei auf die Analyse und Interpretation von Wirkungen der im Unterrichtszusammenhang vermittelten oder initiierten ästhetischen Strategien.

Die Darstellung und Begründung der Forschungsmethode macht einen beträchtlichen Umfang dieser Arbeit aus. Die Fülle an qualitativen Methoden der Sozialforschung erfordert eine genaue Analyse dieser Forschungstradition in Hinblick auf Möglichkeiten der Unterrichtsforschung.

Auf der Grundlage der Analyse der qualitativen Forschungstradition wird eine Forschungsmethode entwickelt, nach deren Maßgabe Daten erhoben werden um Unterricht fundiert auszu-

werten. Im Sinne einer Triangulation wird dabei auf unterschiedliche Methodologien der qualitativen Sozialforschung Bezug genommen. Zentrales Instrumentarium der Analyse der erhobenen Daten ist die von Anselm Strauss und Barney Glaser entwickelte „Grounded Theory“ (Gegenstandsbezogene Theoriebildung). Aus den forschungstheoretischen Überlegungen ergibt sich ein genauer Untersuchungsplan.
Im vierten Teil der Arbeit folgt dann die Auswertung des Projekttages nach den zuvor entwickelten Vorgaben. Die dadurch ermittelte gegenstandsbezogene Theorie gibt nicht nur Aufschluss über die Wirkungen der kunstpädagogische Konzeption, sondern gewährt auch Einblick in den Verlauf ästhetischer Prozesse von Kindern im Grundschulalter. Weiterhin ergeben sich Anhaltspunkte bezüglich der Modifikationen, die an der kunstpädagogischen Konzeption im Sinne der effektiven und kindgemäßen Initiierung von ästhetischen Bildungsprozessen vorzunehmen sind.
Die empirische Studie hat gezeigt, dass die „künstlerische Feldforschung“[8] als kunstpädagogische Methode in der Grundschule ästhetische Selbstbildungs- und Lernprozesse von Kinder initiieren und fördern kann. Daher ist es folgerichtig, die empirischen Ergebnisse mit aktuellen bildungstheoretischen Untersuchungen der Pädagogik, Kunstpädagogik sowie der Lern- und Entwicklungspsychologie zu verknüpfen. Im fünften Teil der Arbeit werden diese Theorien zunächst dargestellt und analysiert. Wichtigstes Ergebnis der angeführten Untersuchungen ist die Erkenntnis, dass Bildungsprozesse bereits in der frühen Kindheit beginnen. Weiterhin wurde festgestellt, dass ästhetische Erfahrung und ästhetisches Lernen in der Kindheit grundlegend für die Entwicklung kognitiv-rationaler Bildungsprozesse in der mittleren Kindheit und im Jugendalter sind.

[8] der Begriff „künstlerische Feldforschung“ in Anführungszeichnen und kleingeschrieben meint die von mir entwickelte kunstpädagogische Konzeption, welche auf Aspekten der Künstlerischen Feldforschung von Lili Fischer beruht.

Da ästhetische Bildung als basale Bildung einzustufen ist, folgt nun eine detaillierte Darstellung der Struktur von ästhetischer Erfahrung und dem damit verbundenen ästhetischen Erfahrungslernen. Dabei werden auch die einzelnen Dimensionen ästhetischen Handelns berücksichtigt. Nach diesen theoretischen Erörterungen wird diskutiert, inwieweit die „künstlerische Feldforschung“ als kunstpädagogische Strategie geeignet ist, kindliche Bildungs- und Lernprozesse zu initiieren und zu strukturieren, wobei auf die Ergebnisse der empirischen Studie Bezug genommen wird. Es hat sich gezeigt, dass die „künstlerische Feldforschung“ nicht nur zu einer Neubestimmung kunstpädagogischer Inhalte führen kann, sondern auch die Grundschulpädagogik als Ganzes berührt. Der Grund liegt in der Ausrichtung auf eine ästhetisch-forschende Haltung gegenüber Phänomenen der Lebenswelt. Dadurch wird sowohl der Bezug zu einer fächerübergreifenden Grundschuldidaktik hergestellt, als auch die Notwendigkeit der Berücksichtigung ästhetischer Bildungsprozesse in pädagogischen Szenarien und Zielsetzungen hervorgehoben.

In einem abschließenden Ausblick wird das Spannungsverhältnis zwischen künstlerischer und kunstpädagogischer Tätigkeit im Kontext von Theorie und Praxis einer „künstlerischen Forschung“ untersucht. Die Auseinandersetzung mit ästhetisch- oder künstlerisch-forschenden Strategien ist nicht nur Gegenstand aktueller kunstpädagogischer Diskussion, sondern bestimmt auch den Diskurs in anderen Disziplinen bis hin zur Ökonomie. Es wird aufgezeigt, dass Begriffe wie „ästhetische Forschung“ oder „künstlerische (Feld-) Forschung“ unterschiedlich definiert und angewendet werden. Es erscheint hier notwendig nachzuprüfen, ob die Terminologie angemessen benutzt wird, und ob tatsächlich eine qualitative Erweiterung menschlicher Denk- und Handlungsweisen durch eine Verknüpfung von Kunst und Wissenschaft vorliegt. Im Anschluss folgt eine Darstellung weiterer kunstpädagogischer Konzeptionen, die sich ebenfalls mit Aspekten „ästhetischer Forschung" auseinandersetzen und daraus pädagogische Szenarien entwickeln. Abschließend ist dann am Beispiel zweier aktueller kunstpädagogischer Modelle, die für sich eine Kunstdidaktik als Kunst proklamieren, das Verhältnis zwischen Phänomenen aktueller Kunst und kunstpädagogischer Theorie und Praxis zu klären.

## 2 Die *Künstlerische Feldforschung* im Kontext eines Erweiterten Kunstbegriffs

In diesem Kapitel geht es darum, dass System der „Künstlerischen Feldforschung" zu analysieren und in den Kontext verwandter künstlerischer Systeme zu stellen, die durch die Terminologie „Erweiterter Kunstbegriff" m.E. angemessen beschrieben werden können. Nach der Darstellung dieser Entwicklungen, wird eine Strukturanalyse der Künstlerischen Feldforschung durchgeführt.

### *2.1 Zur Entwicklung eines Erweiterten Kunstbegriffs*

Die „Künstlerische Feldforschung" ist kein singulärer Ansatz in der Vielfalt künstlerischer Verfahren, sondern eingebettet in den Kontext von gesellschaftlichen und künstlerischen Reformbewegungen seit den späten 50er Jahren. Dabei steht sie in der Tradition grenzüberschreitender Kunstrichtungen wie *Fluxus, Arte Povera, Spurensicherung, Land Art* oder des *Beuysschen Kunstbegriffes.* In diesem Kapitel werden diese Entwicklungen durch den Begriff „Erweiterter Kunstbegriff" zusammengefasst und charakterisiert. Diese künstlerischen Arbeitsweisen werden zwar bereits kunstgeschichtlich aufgearbeitet, sind jedoch in ihrer Entwicklung keineswegs abgeschlossen. Zu nennen ist das „cross-over", die selbstverständliche Nutzung der neuen medialen Möglichkeiten, und die Tendenz gesellschaftlich relevante Tätigkeit in den Kunstkontext zu überführen. Darunter ist eine Verbindung von künstlerischen und gesellschaftlich relevanten Aktivitäten zu verstehen, wobei Kunst nicht im Sinne einer kunstgewerblichen Verzierung genutzt wird, sondern automatisierte kulturelle Lesarten aufbricht, in Frage stellt oder neue, bzw. verschüttete Sehweisen anbietet.

Ein Beispiel aus jüngster Zeit verdeutlicht diese Einschätzung. Die Installation von Hans Haackes „Der Bevölkerung“[9] aus dem Jahr 1999/2000 im Berliner Reichstag führte zu einer zugespitzten politischen Kontroverse über die Auslegung des Grundgesetzes der Bundesrepublik Deutschland und wurde gegen den starken Wiederstand von Abgeordneten aller Parteien durchgesetzt. Die in der Abstimmung unterlegenen Abgeordneten weigern sich bis heute, das Kunstwerk zu vervollständigen.
In diesem Kapitel ist zunächst zu klären, was unter einem „erweiterten Kunstbegriff“ zu verstehen ist, inwieweit er sich von einem traditionellen absetzt und wie er sich in künstlerischen Arbeitsweisen manifestiert. Wichtig ist dabei zu beachten, dass hier keine Neuschreibung der Kunstgeschichte der Nachkriegszeit vorgenommen werden soll, sondern die künstlerische Tendenzen und Gattungen dargestellt und analysiert werden, die einen Bezugsrahmen für Lili Fischers Methode der Künstlerischen Feldforschung bilden. Der „Erweiterte Kunstbegriff“ ist somit eine Klammer, um die angeführten Kunstrichtungen zu „sortieren“.
Es kann hier der Eindruck entstehen, dass meiner kunstwissenschaftlichen Analyse eine lineare und teleologische Auffassung von künstlerischen Entwicklungen zu Grunde liegt. Dies liegt daran, dass ich zunächst zeitlich zurückliegenden Kunstrichtungen (vgl. 2.1.4, 2.1.5) eine Initialwirkung zuschreibe. Damit möchte ich aber keinesfalls aussagen, dass die Kategorie „Erweiterter Kunstbegriff“ nur auf den beschriebenen Zeitraum anzuwenden ist, und somit ein qualitativer Fortschritt in der Kunstgeschichte auszumachen sei. Die Fokussierung auf bestimmte künstlerische Phänomene wird lediglich durch den Gegenstand dieser Arbeit bestimmt. Die weiteren Unterkapitel verlassen

[9] Die Abgeordneten aller Wahlkreise sollten aus ihrer jeweiligen Heimat Mutterboden in ein abgestecktes Beet einbringen, auf welchem die Aufschrift „Der Bevölkerung“ angebracht ist. Die Kontroverse entzündete sich daran, dass der Bundestag die Vertretung des „deutschen Volkes“ und nicht aller in Deutschland lebenden Personen ist.

demnach auch die zunächst begonnene Chronologie und beschreiben Entwicklungen, die z.T. zeitgleich entstanden, sich gegenseitig beeinflussten und bis in die jüngste Zeit andauern.

### 2.1.1 Begriffsbestimmung

Zur Begriffsklärung beziehe ich mich zwar auf die Terminologie von Joseph Beuys, der den Begriff exemplarisch einführte, meine aber alle Tendenzen in der bildenden Kunst, die zum einen grenzüberschreitend arbeiten, und zum anderen die Selbstreferenzialität von Kunst zu überwinden suchen. Dabei wird vielfach künstlerische Aktivität als gesellschaftlich relevante Tätigkeit begriffen, und zwar nicht nur als bildungsrelevante Äußerung der bürgerlichen Kultur, sondern auch als politisch einflussreiche Erscheinung.

Um einem Missverständnis vorzubeugen: Grenzüberschreitende Kunst ist nicht gleichbedeutend mit „plakativ-engagierter" Kunst, die stellvertretend für die Gesellschaft eine „bessere Welt" einfordert.

Um von einer Erweiterung des Kunstbegriffs zu sprechen, muss man zunächst festlegen, was unter einem traditionellen Kunstbegriff zu verstehen ist, und worin die Erweiterung liegt. Die Diskussion über den Charakter der Kunst und die Entwicklung von Kategorien, nachdem man diese bewerten kann, durchzieht die gesamte abendländische Geistesgeschichte. Angefangen über die Diskreditierung des Künstlers als Nachahmer der Nachahmung durch Platon[10], über die Entwicklung einer Ästhetik des Kunstschönen durch Baumgarten[11] bis hin zur Dekonstruktion des Kunstbegriffs in der Postmoderne[12] gab es eine Fülle von sich ergänzenden und widersprechenden Kunst- und Ästhetiktheorien, wobei zu bedenken ist, ob diese Theorien den zeitgleich sich entwickelnden Kunstrichtungen überhaupt

---

[10] vgl. Platon: Ion, 532b – 535a

[11] vgl. Baumgarten, Alexander Gottlieb: Aesthetica, Frankfurt a. d. Oder, 1750 - 58

[12] vgl. Derrida, Jacques: L'écriture différence , Paris, 1962

gerecht werden. Die genaue Beschreibung und Analyse dieser Theorien und den daraus abgeleiteten Kunstbegriffen (man muss hier in der Mehrzahl sprechen) würde den Rahmen dieser Arbeit sprengen, da der Schwerpunkt auf der Analyse des erweiterten Kunstbegriffs liegt. Daher möchte ich für den traditionellen Kunstbegriff feststellen, und weiß, dass ich hier grob vereinfache: Hauptaugenmerk der vormodernen Ästhetik- und Kunstdiskussion liegt auf den Entstehungsbedingungen von künstlerischen Produkten, wobei sowohl der Produzent als auch sein Produkt näher beleuchtet wird. Der Betrachter tritt dagegen nur insofern in Erscheinung, dass seine Urteilsfähigkeit befragt und der Versuch unternommen wird, diesem ein verbindliches Kategoriensystem an die Hand zu geben.[13] Bemerkenswert ist, dass eine Vielzahl der Philosophen, die sich hierfür zuständig fühlten, sich erst in ihrem Spätwerk diesen Problemen zuwandten. Dies mag vor allem daran liegen, dass im Fall der Ästhetik die Theoriebildung erheblich spekulativer und vager ist, als etwa die Aussagen zur Erkenntnistheorie.

Hauptmerkmal einer Erweiterung des Kunstbegriffs ist die Auseinandersetzung mit der Wirkung ästhetischer Prozesse auf den Betrachter. Es wird angenommen, dass das Kunstwerk erst im Prozess des Betrachtens und des Erlebens entsteht. Die ästhetische Qualität eines Kunstwerkes wird damit abhängig vom Erfahrungskontext des Rezipienten. Dadurch ist es nicht mehr möglich eine allgemeinverbindliche Definition von Kunst und damit verbundenen Gütekriterien zu produzieren. Kunst wird gleichsam mit ästhetischer Erfahrung gleichgesetzt. In diesem Zusammenhang möchte ich in knapper Form die Ästhetiktheorie von John Dewey erläutern, da seine Begriffsbestimmung bezüglich der Kunst erhellend für den Charakter und die Funktion des erweiterten Kunstbegriffs sind. Sein im Alter von 75 Jahren verfasstes Buch *„Art as Experience“*, das 1934 erschien, hat nicht nur eine bis heute andauernde Rezeptionsgeschichte ins-

---

[13] vgl. Kant, Immanuel: Critik der Urteilskraft, Berlin, 1790

besondere in der amerikanischen Kunstkritik und in der Kunstpädagogik, sondern wurde auch von den Vertretern des Abstrakten Expressionismus in Anspruch genommen und zur Erläuterung ihrer künstlerischen Arbeitsweise zu Rate gezogen. Robert Motherwell bezeichnete das Buch als *„my bible“*[14].
Dewey kritisiert in seiner Untersuchung den aus seiner Sicht elitären Charakter der europäischen Kunstauffassung, wodurch Kunst lediglich einer hochgebildeten Minderheit zugänglich sei. Dieses Kunstverständnis berücksichtigt nicht die alltägliche „ästhetischen Erfahrung“ von Menschen. Kunstwerke werden somit selbstreferentiell gedeutet.
*„Ist ein künstlerisches Werk einmal in den Rang eines klassischen Kunstwerks erhoben, so erfährt es gewissermaßen eine Loslösung von den menschlichen Gegebenheiten, aus denen heraus es entstand, wie auch von den Konsequenzen, die es für den Menschen in der realen Lebenserfahrung hervorruft.“*[15]
Dewey untersucht hingegen die ästhetischen Sozialisation des „Durchschnittsmenschen“, und entwickelt darauf aufbauend seine spezifische Ästhetiktheorie. Ihn interessieren Ereignisse und Phänomene, die den Menschen in seinem Alltag durch sinnliche Wahrnehmung fesseln und anregen.
*„Dass der Ursprung der Kunst in der menschlichen Erfahrung liegt, wird jedem klar, der beobachtet, wie die Zuschauermenge von den spannungsgeladenen, graziösen Bewegungen des Ballspielers mitgerissen wird; der bemerkt mit wie viel Freude die Hausfrau ihre Blumen pflegt und mit welcher Hingabe ihr Gatte das kleine Fleckchen Rasen vor dem Haus instand hält; der das Behagen dessen mitempfindet, der ein Holzfeuer im Kamin anfacht und dabei die hochschießenden Flammen und die zerfallenen Glut betrachtet.“*[16]

---

[14] zitiert nach Schneider, Norbert: Robert Motherwell. Elegien auf die Spanische Republik, Osnabrück, 1993, S.3
[15] Dewey, John: Kunst als Erfahrung, Frankfurt, 3. Aufl., 1998, S. 9
[16] Dewey, J.: a.a.O., S. 11

Die Beispiele, die Dewey anführt, deuten stimulierende Ereignisse und Phänomene des alltäglichen Lebens als Impulse für ästhetische Erfahrungen. Dabei unterscheidet sich die Rezeption eines Kunstwerkes nicht vom alltäglichen Erleben. Vielmehr ist die Wirkung, die von einem Kunstprodukt ausgeht abhängig von der individuellen ästhetischen Erfahrungsgeschichte. Dewey erweitert den Kunstbegriff hier insofern, als er Kunst mit ästhetischer Erfahrung gleichsetzt. Er befürwortet also eine in den Alltag des Menschen integrierte Kunstproduktion und Kunstrezeption.

*„Die Wiederherstellung der Kontinuität zwischen ästhetischer Erfahrung und gewöhnlichen Lebenserfahrungen ist dabei sein zentrales Anliegen. Denn nach Dewey werden die charakteristischen Werte, die unsere alltäglichen Freuden bestimmen, im Kunstwerk entfaltet und hervorgehoben.“*[17]

Dewey beschreibt ästhetische Erfahrung wie folgt: Jegliche Erfahrung versteht er als eine Interaktion zwischen einem Subjekt und Phänomenen der Lebenswelt. Ästhetische Erfahrung unterscheidet sich von allgemeinen Erfahrungen dadurch, dass Phänomene zusammenhängend und einheitlich erlebt werden. Die Einheitlichkeit der ästhetischen Erfahrung ergibt sich aus einer Verknüpfung von Denken und Fühlen im ästhetischen Erfahrungsprozess. Ein Kunstwerk ist in diesem Zusammenhang eine vergegenwärtigte und zu vergegenwärtigende ästhetische Erfahrung.

Künstlerische bzw. ästhetische Aktivität ergibt sich aus dem Wunsch, eine unvollständige Erfahrung durch eine vollständige Erfahrung zu überwinden.

*„Dewey demonstriert dies u.a. an Matisse, dessen Beschreibung des Malprozesses als eines Ausbalancierens verschiede-*

[17] Möller, Klaus: Kunst im Internet (Netzkunst) – Untersuchungen zur Ästhetischen Bildung, Bielefeld, 1999

*ner Farbtöne, als Überwindung eines Durcheinanders mit dem Ziel der Herstellung von Harmonie (...).“*[18]

Kunstwerke sind demnach nicht selbstreflexiv, sondern versuchen scheinbar Unzusammenhängendes in einen Sinnzusammenhang zu integrieren.

*„Die Bedeutung von Objekten, die ansonsten als nichtsagend, unvollständig und beschränkt abgelehnt würden, werden durch die Kunst geläutert und intensiviert, und zwar weder durch hartnäckiges Nachdenken noch durch die Flucht der bloßen Sinnesempfindungen, sondern durch die Schaffung einer neuen Erfahrung.“*[19]

Kunst ist demnach sinnhaft gewandelte Erfahrung von Lebenswelt. Dies bezieht sich aber nicht nur auf Kunstproduktion, sondern auch auf Kunstrezeption.

So fragwürdig manche Theorieelemente von Deweys Ästhetiktheorie sind, so *„ist die Vorstellung von Gefühlsintensivierung qua Kunst zu einem Axiom der neueren amerikanische Kunst (und unter ihrer Hegemonie auch der europäischen) geworden. Dies wird deutlich etwa in der gestischen Aktionskunst, in Happening und Fluxus wie auch in allen Formen von Performances, die bestimmte Situationen oder Handlungsmuster in exemplarischer Symbolik bewusstseinsfördernd steigern sollen.“*[20]

Deweys Ästhetiktheorie von 1934 hat also einen nachhaltigen Einfluss auf die künstlerischen Entwicklungen der Nachkriegszeit gehabt. Das Verständnis von Kunst als Erfahrung kann somit den „Erweiterten Kunstbegriff“ theoretisch erhellen.

### 2.1.2 Zum Wandel des Kunstbegriffs in der Moderne

Zunächst gebe ich eine Rückschau auf den Kunstbegriff der historischen Avantgarde, die seit dem 19. Jahrhundert einen Bruch mit dem besonders in Frankreich entwickelten Ästheti-

---

[18] Schneider, Norbert: Geschichte der Ästhetik von der Aufklärung bis zur Postmoderne, Stuttgart, 1996, S. 219

[19] Dewey, J.: a.a.O., S. 155

[20] Schneider, N.: a.a.O., S. 220

zismus vollzog. Die Künstler der Moderne analysierten kritisch gesellschaftliche Strukturen, um an deren Veränderung mitwirken.

*„Eine Hauptforderung der Kunstprogrammatik des zwanzigsten Jahrhunderts ist es, Kunst nicht als illusionistische Scheinwelt, sondern als dem Leben bis zur Identität angenäherten Prozess erscheinen zu lassen."*[21]

Kunst und Leben sollten versöhnt werden und sich im Hinblick eines „nahenden goldenen Zeitalters" verbinden. Formal wurde das nachvollzogen, indem reale Gegenstände in den bildnerischen Kontext einbezogen wurden. Das *objet trouvé*, seinem ursprünglichen Sinnzusammenhang entfremdet, sollte als Verweis auf eine andere Sicht der Realität fungieren. Auf diese Weise sollte die Sensibilität des Betrachters für die Poesie alltäglicher Gegenstände außerhalb des Kunstkontexts geschärft werden. Man könnte einwenden, dass auch das allegorische Stilleben sich auf eine außerhalb des Sujets liegende Realität bezieht. Nur ist hier ein ästhetisch festgelegtes System gemeint, das der Betrachter im Rückgriff auf die jeweilige Geistesgeschichte entschlüsseln kann. Beim objet trouvé war der Rezipient gezwungen diese Realität, gespeist durch seinen subjektiven Erfahrungskontext, selbst hervorzurufen. *„Der kreative Akt soll nicht länger dem Künstler vorbehalten bleiben (Beuys: «Jeder Mensch ist ein Künstler!»)."*[22] Zum anderen führte der veränderte Kunstbegriff durch seinen Anspruch zu einem Bruch mit dem traditionellen Kunstbetrieb und wurde vom bürgerlichen Publikum als Skandal wahrgenommen. Die hervorgerufene außerästhetische Reaktion war durchaus beabsichtigt, denn es ging darum, gesellschaftliche Verfasstheiten in Frage zu stellen und eine revolutionäre Situation anzustoßen. Die Revolutionskunst der Futuristen und Konstruktivisten sollte

---

[21] Schilling, Jürgen: Aktionskunst – Identität von Kunst und Leben? – Eine Dokumentation, Frankfurt a.M., 1978, S.7

[22] Schilling, J.: a.a.O., S.7

den Ästhetizismus des *fin de siècle* zerbrechen, um in einer veränderten Gesellschaft Kunst und Leben zu versöhnen. Dies galt auch für die aktionistischen Tendenzen der dadaistischen Kunst.

### 2.1.3 Die Erweiterung des Kunstbegriffs in der Nachkriegszeit

Der veränderte Kunstbegriff der Avantgarde bildete zwar das Fundament für den erweiterten Kunstbegriff der fünfziger und sechziger Jahre. Dennoch lassen sich entscheidende Veränderungen, bzw. Weiterentwicklungen feststellen. *„An die Stelle des Zuschauers tritt nun der Mitspieler, an die Stelle des Skandals die Interaktion."*[23] Hier wird deutlich, dass die klassischen Rollenzuweisungen zwischen Künstler und Rezipienten teilweise umdefiniert wurden. Auch wenn in der Klassischen Moderne der Versuch unternommen wurde, im Rahmen von Gesamtkunstwerken einen allgemeinverbindlichen Gegenentwurf zur gesellschaftlichen Realität zu entwerfen, so wurden der Adressat (die Gesellschaft) doch nur als Gedankenkonstrukt in diese utopistischen Entwürfe einbezogen. Der Betrachter blieb auf seine Zuschauerrolle festgelegt. Die wenigen Versuche der Moderne, die Kunst ins Leben zu integrieren, zerbrachen an den konkreten gesellschaftlichen Bedingungen. Beispielhaft sei hier die russische Avantgarde genannt, die den Versuch unternahm, ihre Utopien in Nachfolge der Oktoberrevolution zu realisieren, aber an der doktrinären Kulturpolitik der stalinistischen Ära scheiterte.

Die Kunst der Nachkriegszeit unterschied sich von den vorherigen Bestrebungen insofern, dass sie nicht mehr den Künstler als wegweisenden Visionär bezeichnete, der einem ahnungslosen Publikum den Weg in ein goldenes Zeitalter bahnte. Der Rezipient wurde zum gleichberechtigten Mitspieler in offenen

---

[23] Hohlfeld, Marion: Grenzwechsel: das Verhältnis von Kunst und Spiel im Hinblick auf den veränderten Kunstbegriff in der zweiten Hälfte des zwanzigsten Jahrhunderts mit einer Fallstudie: Groupe de recherche d'art visuel, Weimar, 1999, S. 55

Prozessen, die der Künstler initiierte ohne zu wissen, wohin der Weg führen sollte. Dahinter steckt nicht nur ein neues Selbstverständnis des Künstlers, sondern auch ein erweiterter Begriff von Kunst.

Eine Schlüsselrolle nimmt in diesem Zusammenhang John Cage ein. Als ausgebildeter Musiker und Schüler von Arnold Schönberg war er impulsgebend für eine grenzüberschreitende Kunst und die Entwicklung eines erweiterten Kunstbegriffs.[24] Bereits in den 50er Jahren bemühte er sich, die bisher getrennt existierenden Künste (Musik, bildende Kunst, Tanz, Theater, Literatur) zusammenzuführen und sie damit aus ihren angestammten Aufführungs- und Wirkungsgebieten herauszuführen. An den am *Black Mountain College* (USA) 1951-52 durchgeführten Konzerten beteiligten sich u.a. Robert Rauschenberg, David Tudor und der Tänzer und Choreograph Merce Cunningham. Das 1952 aufgeführte *Theater Piece No.1* bestand aus einer simultanen Vorführung von Klaviermusik, Tanzimprovisationen, der Ausstellung von Rauschenbergs *White Paintings*, einer Dichterlesung, Projektionen von Dias und Filmen sowie einer Lesung von Cage selbst.[25]

Dass es Cage und den beteiligten Künstlern um weit mehr ging als um die Erweiterung ihres künstlerischen Handlungsrepertoires, verdeutlichte Cage exemplarisch durch sein Konzert 4´33, das er mit dem Pianisten David Tudor am 29. August desselben Jahres in der *Maverick Hall* in Woodstock, NY, zur Aufführung brachte. Das Stück bestand aus drei Sätzen, die durch das Öffnen des Klavierdeckels durch den Pianisten markiert wurden. In der Zwischenzeit wurden keine Geräusche absichtlich erzeugt. Cage verdeutlichte, dass keine wirkliche Stille existiert, denn durch das Fehlen konventioneller musikalischer

---

[24] vgl. Jappe, Elisabeth: Performance – Ritual – Prozess: Handbuch der Aktionskunst in Europa, München / New York, 1993, S. 15

[25] vgl. Schimmel, Paul: Der Sprung in die Leere: Performance und das Objekt, in: Schimmel, Paul: out of actions – Aktionismus, Body Art & Performance 1949 – 1979, Ostfildern / Los Angeles, 1998, S.21

Strukturen wurden die Laute des Umraums um so deutlicher hörbar. In den so entstandenen Leerstellen wurde die Wahrnehmung des Zuhörers radikal auf sich selbst gerichtet und damit ins Zentrum der Handlung gerückt. Cage führt hier die von Duchamp entwickelte These: *„ce sont les regardeurs qui font le tableau“* nicht nur fort, sondern erweitert sie auch formal. Wenn Duchamps mit seinem *ready-made* letztlich im traditionellen Kunstbetrieb verblieb, so wählt Cage seine Mittel so, dass sie nicht nur auf Außerkünstlerisches verweisen, sondern mit diesem zusammenfällt. Kunst ist somit nicht selbstreferentiell, sondern ermöglicht Erfahrung. 4´33 dient nicht dem Hören eines Musikstücks, sondern dem Hören schlechthin. Lediglich die Inszenierung im Sinne einer zeitlichen und räumlichen Organisation ist nunmehr Aufgabe des Künstlers. Cage äußert sich dazu folgendermaßen: *„Art, instead of being an object made by a person, is a process set in motion by a group of people doing things, giving everybody (including those themselves) the opportunity to have experiences they would not otherwise have had.“*[26]
Um diesem Anspruch gerecht zu werden, bzw. ihn zu realisieren, war eine grenzüberschreitende Arbeitsweise, in der alle traditionellen Künste integrativ zur Anwendung kamen, fast zwingend notwendig. Ein Kunstbegriff, der nicht auf sich selber verweist, sondem vielmehr grundsätzliche Erfahrungen anstößt, muss durch ein multisensuelles Instrumentarium erweitert werden. Visuelles, Auditives und Haptisches müssen ebenso berücksichtigt werden wie die Erfahrung des Körpers in Raum und Zeit. Diese Arbeitsweise, die John Cage erstmalig am Black Mountain College initiierte, wurde wegweisend für die aktionistische Kunst der folgenden Jahre und Jahrzehnte.
Ein weiterer Künstler mit Initialwirkung war Yves Klein. Nach einer Karriere als Judoka wandte er sich erst spät der bildenden Kunst zu. Auch wenn er die klassischen Gebiete von Malerei

[26] Cage, John: A Year from Monday, Middleton/Connecticut, 1967, S. 151

und Skulptur berührte, war für ihn doch der Prozess entscheidend für die Qualität seiner Arbeiten. Zu erwähnen sind seine „Anthropometrien", in denen er den menschlichen Körper als Pinsel verwendete. Nachhaltige Wirkung hatte sein *Theâtre du vide* (Theater der Leere), das im Rahmen des Festival d´Art d´Avant-Garde am Sonntag, den 27. November 1960 in Paris zur Aufführung kam. Es war eine *„grandiose und heitere Manifestation der Immaterialität: ein Stück ohne Bühne, Schauspieler, Szenerie, Text und Zuschauer."* [27] Das aus mehreren Teilen bestehende Stück enthielt auch die Inszenierung *Sensibilité pure* (reine Sensibilität). Das Publikum wurde im Zuschauerraum an den Sitz gefesselt und „aus Sicherheitsgründen" geknebelt. Der Bühnenraum bestand aus einer unbegrenzt wirkenden, lichtdurchfluteten weißen Fläche. Während der Präsentation dieses Raumes war ein 30-minütiger Oberton zu hören, der sich nicht veränderte. Ebenso wie Cage verzichtete Yves Klein auf die selbstreferentielle Wirkung von Kunst sondern konzentrierte sich auf die Erlebnisfähigkeit des Publikums, das gezwungen war, die präsentierte Leere mit eigenem Erleben zu füllen. Das Publikum zeigte teilweise drastische Reaktionen. Während der Aufführung versuchten Betreuer (nackte bzw. mit Badekleidung ausgestattete junge Männer und Frauen) die gefesselten Zuschauer, die teilweise panisch reagierten, durch Körperkontakt zu beruhigen. *„Alle Vorschläge Kleins für das «Theater der Leere» zielen darauf ab, die Handlungselemente zu reduzieren und die Sensibilität des Zuschauers zu steigern."*[28]

In Folge von Yves Kleins Aktivitäten fanden sich weitere künstlerische Gruppen und Einzelkünstler, die die aktionistischen und grenzüberschreitenden Impulse weiter vorantrieben und eigenständige Positionen entwickelten. Zu nennen ist beispielsweise Piero Manzoni, der dadurch Furore machte, dass er seine Exkremente in Dosen verschweißte und als „Künstler-

[27] Stich, Sidra: Yves Klein, Stuttgart, 1994, S.209
[28] Stich, S.: a.a.O., S.211

scheiße“ zum Verkauf anbot. Außerdem lehnte er es ab nach Modellen zu malen, sondern signierte die Modelle selbst als lebende Kunstwerke. Manzoni: *„Es gibt nichts zu sagen, man muss nur sein, man muss nur leben.“* Zur gleichen Zeit (1961) präsentierte sich Timm Ulrichs in einem Schaukasten in der Fußgängerzone von Hannover als „erstes lebendes Kunstwerk“. Zentrales Sujet dieser künstlerischen Untersuchungen ist das Leben selbst. *„Die radikale Gleichung von Dada, dass «Kunst eine Richtung des Lebens» sei, schlägt um: Das Leben ist eine Richtung der Kunst.“*[29] In diesem Sinne arbeiteten auch die „Nouveaux Réalistes“ und ihre Protagonisten Arman, Tinguely und Daniel Spoerri. Spoerri sammelte Spuren gesellschaftlichen Lebens in seinen „Fallenbildern“, wobei er einen Tisch mit den Resten eines Abendessens fixierte und als Bild präsentierte. Es sind Spuren tatsächlichen Lebens, die zum Objekt verdichtet werden.

### 2.1.4 Intermediale Erweiterungen

Nachdem die Auflösung des Bildes zum Objekt geführt hatte, führte die Auflösung des Objektes zur Aktion. Dieser Gedanke brachte Kunstrichtungen hervor, zu denen unter dem Oberbegriff *Intermedia* die Strömungen *Happening* und *Fluxus* gehören. Die Entwicklung der „Happening“-Bewegung war wiederum ohne die Einflüsse John Cages nicht vorstellbar. An der „New School for Social Research“(New York) unterrichtete er seine Schüler über die Bedeutung komplexer Situationen und das Prinzips des Zufalls. Daraus wurden Methoden zur Organisation von Klängen, Bildern und Ereignissen entwickelt. Einer seiner Schüler war Allan Kaprow, wichtigster Protagonist der von ihm inspirierten Happening-Bewegung. Ähnlich wie auch Cage machte Kaprow die Wahrnehmungen und Erlebnisse des Rezipienten zum eigentlichen Gegenstand seiner Kunst, in der die

[29] Schneckenburger, Manfred: Die direkte Sprache der Realität, in: Walther, Ingo F. (Hrsg.): Kunst des 20. Jahrhunderts, Köln, 2000, S.509

gelebte Wirklichkeit die subjektivistische Sichtweise des „Einzelkünstlers" ersetzte. Das Publikum seiner Happenings war somit nicht mehr Zuschauer sondern Akteur und integraler Bestandteil eines sich fortschreitend entwickelnden Kunstwerkes. Exemplarisch verdeutlichte dies Kaprow in seinen 1959 in der New Yorker Reuben Gallery aufgeführten „18 Happenings in 6 parts". Das Publikum wurde mit einer Vielzahl von intermedialen Ereignissen konfrontiert. Diese umfassten *„Film- und Diaprojektionen, Tanz, Musik und Sprache, eine Skulptur auf Rädern, konkrete Musik und Geräuschkonstellationen, die Herstellung eines Gemäldes sowie banaler Handlungen."* [30]

Gezielt erweiterte Kaprow die zunächst von ihm praktizierte Assemblagetechnik zu einem intermedialen Erfahrungsfeld. Kaprow erläuterte die Entwicklung seiner Arbeitsweise folgendermaßen: *„Die Aktions-Collage weitete sich mehr und mehr aus, und ich fügte blinkende Lampen und fettere Blöcke hinzu. Diese Teile ragten immer weiter von der Wand in den Raum hinein und beinhalteten zunehmend Klangelemente: Klingelgeräusche, Glocken, Spielzeuge, usw., bis ich sämtliche sensorischen Elemente zusammen hatte... Ich sah sofort, dass jeder Besucher des Environment ein Teil dessen wurde... Im Laufe der Jahre 1957 und 1958 legte dies zusehends eine ›festgelegtere‹ Verantwortung für den Besucher nahe. Ich bot ihm immer mehr Handlungsmöglichkeiten, bis daraus das Happening entstand."*[31]

Kaprows Happening-Bewegung strahlte seinerseits von den USA nach Europa aus, wo die Maler der aktionistischen Malerei in der Form von Tachismus, Informell oder der Cobra-Gruppe nach neuen erweiternden Ausdrucksmitteln suchten. Als deutscher Vertreter des Happenings ist Wolf Vostell zu nennen, der das Prinzip der „Décollage" (Herausarbeiten visueller Strukturen

[30] Fricke, Christiane: Intermedia: Happening, Aktionismus und Fluxus, in: Walther, Ingo F. (Hrsg.): Kunst des 20. Jahrhunderts, Köln, 2000, S.582

[31] Kaprow, Allan, zitiert in : Henri, Adrian: Allan Kaprow, in: Total Art: Environments, Happenings and Performance, New York, 1974, S.90 f.

durch Freilegungen; z.B. Abrisse an Plakatsäulen) radikalisierte, indem er Tiefenschichten des „normalen Alltags herauszuarbeiten suchte. Beispielsweise ließ er 1963 in Wuppertal im Rahmen des Happenings „Neun-Nein-dé-collagen“ einen 130 km/h fahrende Lokomotive auf einen Mercedes auffahren.

Ähnlich radikal gingen die *Wiener Aktionisten* vor, die in ihren „Abreaktionsspielen“ auch vor der dem menschlichen Körpers nicht Halt machten. Otto Mühl, Hermann Nietzsch, Günther Brus und Rudolf Schwarzkogler versuchten in ihren teilweise autoaggressiven Inszenierungen, Rituale zu kreierten, die dem deformierten Menschen des 20. Jahrhunderts Möglichkeiten zur Verarbeitung psychischer Verletzungen anbieten sollten. Anders als die Happening-Bewegung bemühten sich die „Aktionisten“ ihre künstlerischen Arbeiten umfangreich und multimedial zu dokumentieren und zu verbreiten.

In dieser Zeit entstand auch eine neue Kunstrichtung, die aus dem Umfeld der musikalischen Avantgarde hervorging (wiederum war John Cage wichtigster Impulsgeber), aber intermedial ausgerichtet war und international operierte. Diese Richtung, die sich schwerlich auf einen Nenner bringen lässt, wurde mit dem programmatischen Titel *Fluxus* (Fließen) gekennzeichnet.

*„FLUXUSKunstVergnügen muss einfach, unterhaltend, anspruchslos sein, es muss sich mit unbedeutenden Dingen beschäftigen, es darf keine Geschicklichkeit oder zahllose Proben erfordern, darf keinen Waren- oder institutionellen Wert haben.“*[32] So äußerte sich George Maciunas, der zentrale Koordinator und Theoretiker von Fluxus.

Im Unterschied zum Happening wurden keine Material- und Aktionscollagen, bzw. Décollagen präsentiert und auch keine therapeutischen und gruppendynamische Prozesse initiiert. Die Arbeit der Fluxus-Künstler konzentrierte sich auf eine zeitlich organisierte Folge von unabhängigen Handlungen, von den Akteuren auch als „events“ bezeichnet. Da die Künstler aus unter-

[32] zitiert nach: Fricke, Christiane, a.a.O., S.585

schiedlichen künstlerischen Feldern kamen, waren die Darbietungen intermedial geprägt, das heißt, sie mischten Akustisches und Visuelles. Maciunas, Nam June Paik und Alison Knowles waren bildende Künstler; Dick Higgins, Charlotte Moorman und Joe Jones kamen von der Musik. Andere Akteure arbeiteten zuvor in den unterschiedlichsten, teilweise kunstfernen Arbeits- und Berufsfeldern. George Brecht arbeitete als Chemiker und Robert Watts war Ingenieur. Yoko Ono war Literaturwissenschaftlerin und Henry Flint kam von der Mathematik und Philosophie. Al Hanson war Student der Sozialpädagogik.

Die Fluxus-„Konzerte" bezogen sich auf alle Facetten menschlicher Emotionalität. „Composition 1960 # 5"von La Monte Young war heiterer, leichter Natur und beförderte während der Aufführung Schmetterlinge in die Freiheit. Paiks Darbietungen hatten skurril-scherzhaften bis destruktiven Charakter. Sein „Fluxus contest" bestand aus einem Pinkel-Wettbewerb, wohingegen er bei „One for violin" eine Violine im Dunkeln lautstark zerstörte. Überhaupt waren klassische Musikinstrumente als die Ikonen der bürgerlichen Hochkultur vielseitigen Attacken ausgesetzt. In Philip Corners „piano activity" wurde ein Konzertflügel langsam zerlegt, wohingegen Al Hanson einen solchen aus großer Höhe zerschellen ließ. Die Fluxus-Aktivitäten bestanden aus einer Mischung von spontanen materialbezogenen Improvisationen sowie aus Interpretationen von festgelegten Notationen. So interpretierte Paik eine Komposition von La Monte Young, indem er sein Haar und seine Krawatte in einen mit Tinte gefüllten Nachttopf tunkte und damit auf einer Papierbahn einen geraden Strich zog („Zen for Head", 1962). Manche Aktivitäten hatten jedoch rein konzeptionellen Charakter. So organisierte Robert Fillou in seinem „No Play" eine Aufführung, die nicht stattfinden sollte, und die auch keiner besuchte. Die Hauptaktivitäten von Fluxus beschränkten sich zwar auf den kurzen Zeitraum von 1962 bis 1963, hatten jedoch starke Wirkung auf zahlreiche Künstler der zweiten Jahrhunderthälfte, die in ihrem Umfeld ihre künstlerische Arbeit erweiterten.

### 2.1.5 Die Erweiterung des Kunstbegriffs durch Joseph Beuys

In diesem Zusammenhang möchte ich nun näher auf Joseph Beuys eingehen, der seine künstlerische Position in Auseinandersetzung, Abgrenzung und Erweiterung zur Fluxus-Theorie entwickelte und maßgeblich für die Einführung und detaillierte Begriffsbestimmung des „Erweiterten Kunstbegriffs" verantwortlich ist.

Für Beuys hatte sich die Fluxus-Bewegung *„starkgemacht, die Grenzen zwischen den Künsten, zwischen Kunst und Leben einzureißen, den traditionellen Kunstbegriff über den Haufen zu stoßen, zwischen Künstler und Gesellschaft eine neue geistige Einheit herzustellen."*[33]

Wie seine Mitakteure, war auch er der Meinung, dass Kunst eine gesellschaftlich relevante Kraft sein konnte, wenn sie den traditionellen selbstreferentiellen Charakter aufgab und durch Impulsgebung den Betrachter zu eigener Erfahrung und Aktivität veranlasste.

*„Ganz klar (war) ein Instinkt vorhanden, dass man Menschen beteiligen muss an allen Prozessen ... Dieses Bedürfnis ... war echt vorhanden. Wenn man das konsequent durchdenkt, dann kommt man zur sozialen Skulptur. An sich sind alle Fluxusleute verpflichtet, einen Kunstbegriff zu entwickeln, der es jedermann ermöglicht, ein Gestaltender zu werden."*[34]

In diesem Sinne sah Beuys seinen künstlerischen Ansatz bereits begonnen aber noch nicht endgültig verwirklicht.

Denn *„(...) die Fluxusleute sind nicht zu dieser Gedankenarbeit gekommen (...) Es fehlte ihnen eine richtige Theorie, ein erkenntnismäßiger Unterbau (...)"*[35]

---

[33] Stachelhaus, Heiner: Phänomen Beuys, in: Magazin Kunst, Nr. 50, S. 41
[34] Adriani, G./Konnertz, W./Thomas, K.: Joseph Beuys, a.a.O., S. 53
[35] Adriani, G./Konnertz, W./Thomas, K.: Joseph Beuys, a.a.O., S. 53

In der Zeit nach Fluxus arbeitete Beuys intensiv an der Konkretisierung und Ausgestaltung „seines“ erweiterten Kunstbegriffs. Dies geschah im Sinne eines erfahrungsgetragenen Praxis und der Versprachlichung der dazugehörigen Theorie. Er versuchte, die hermetische Bühnenwirkung der Fluxus-Inszenierungen zu überwinden und durch seine Arbeit an der „sozialen Plastik“ direkten Einfluss auf gesellschaftliche Entwicklungen zu nehmen. Die „soziale Plastik“ ist Kernbestandteil seiner Theorie. Er verstand darunter gesellschaftliche Zusammenhänge mit all ihren Systemen und Subsystemen und die darin ablaufenden gesellschaftlichen Prozesse. Beuys bezieht sich hier in seiner Theoriebildung auf Rudolf Steiners Schriften zur Struktur der Gesellschaft, wobei er sie für sich neu interpretiert. Insbesondere beruft er sich auf die von Steiner angenommene Dreiteilung des gesellschaftlichen Lebens: das Wirtschaftsleben (die Organisation der ökonomischen Prozesse), das Rechts- und Staatsleben (die politische Organisation), sowie das Geistesleben (Kunst / Kultur / Philosophie / Bildung).[36] Steiner verbindet diese Kategorien mit den Forderungen der französischen Revolution, die aus der Aufklärung abgeleitet sind. „... *die Menschheit wird nicht weiter mitreden können, ohne dass sie ihren sozialen Organismus im Sinne der Dreigliederung: des Sozialismus* (Brüderlichkeit) *für das Wirtschaftsleben, der Demokratie* (Gleichheit) *für das Rechts- und Staatsleben, der Freiheit oder des Individualismus für das Geistesleben einrichtet.*“[37] Er meint, dass eine humanistische Entwicklung der Menschheit in der industriellen Gesellschaft nur gewährleistet ist, wenn die Dreidimensionalität des gesellschaftlichen Lebens beachtet wird und im Sinne der beschriebenen Forderungen behandelt werden.
Beuys arbeitete diese Theorie in seinen erweiterten Kunstbegriff ein und war der Meinung, dass sowohl das Gesellschafts-

---

[36] vgl. Steiner, Rudolf: Die Kernpunkte der sozialen Frage in den Lebensnotwendigkeiten der Gegenwart und Zukunft, Dornach, 5. Aufl., 1973
[37] Steiner, Rudolf: Die Erziehungsfrage als soziale Frage, Dornach, 5. Aufl., 1971, S. 16 f.

system, als auch die darin ablaufenden Prozesse von jedem Einzelnen gestaltbar und veränderbar sind. Insofern sprach er in diesem Zusammenhang von bildhauerischer Praxis. Er deutete dies sowohl allegorisch als auch konkret, denn diese Form der erweiterten künstlerischen Arbeit wirkten sich in der konkreten Gestaltung der Umwelt aus.

Als exemplarisches Beispiel möchte ich hier seine Aktion *7000 Eichen / Stadtverwaldung* näher untersuchen. Im Rahmen der documenta 7 (1982) bot Beuys den Kunstrezipienten eine Materialassemblage bestehend aus je einem Basaltblock und einem Eichensetzling zum Kauf an. Der Käufer musste sich jedoch bereit erklären, dieses Kunstwerk im öffentlichen Raum zu installieren (also zu pflanzen) und für seinen Bestand zu sorgen.

Beuys „*... kam es darauf an, den »Vertotungsprozess«, wie er sagt, der unsere nur auf Ausbeutung der Ressourcen gerichtete Zivilisation bestimmt, in einen »Verlebendigungsprozess« zu verwandeln.* ***7000 Eichen*** *sollte demnach nicht als »ökologische Kleintat» begriffen werden, sondern die Aktion sollte – so die Vorstellung des Künstlers – übergreifen »auf ein großgärtnerisches, parkgärtnerisches Tun an allen Stellen der Erde, wo noch Platz für einen Baum ist« mit der Konsequenz der »forstwirtschaftlichen Regeneration und ökologischen Neuordnung des mitteleuropäischen Waldes zunächst ...«*"[38] Durch die symbolische Großzahl (7000) suggerierte Beuys, dass er die ganze Welt in einen Wald verwandeln möchte.[39]

Die Aktion symbolisierte jedoch nicht nur die Sorge um den Erhalt des Ökosystems. In dieser künstlerische Arbeit manifestierte sich auch der Beuyssche Ideenkosmos (das Vegetative korrespondiert mit dem Kristalinen – Symbol für einem evolutionären Prozess). Letztlich wurde so ein Stück Kultur (eine Straße)

---

[38] Zweite, Arnim: Joseph Beuys - Natur Materie Form, München / Paris / London, 1991, S. 37

[39] vgl. Bastian, Heiner: 7000 Eichen, Tübingen, 1985

zu einer begrünten Allee. Insofern hatte dieses künstlerische Projekt nachhaltige gesellschaftliche Folgen. Dies wird besonders deutlich, wenn man die bis heute andauernde weltweite Realisierung des Projektes und die damit verbundenen sozialen Prozesse betrachtet.

Nachdem zunächst nur innerhalb Kassels und an anderen bundesdeutschen Orten die Eichen gepflanzt wurden, fand die Aktion weltweite Anerkennung und wird bis in die jüngste Zeit hin fortgesetzt. So befinden sich Eichen im Eingangsbereich der Kunstakademie Oslo, und auch die Fünfte Biennale von Sydney/Australien war mit einer Pflanzaktion verbunden. Die New Yorker *Dia Art Foundation* pflanzte zunächst 1988 fünf Bäume. Im Sinne eines kulturellen Transfers waren es keine Eichen, sondern Gingko, Linden, Bradford Pear, Sycamore und Eiche. 1996 dehnte das Dia das Projekt um 18 weitere Bäume aus, und begrünte die 22nd Street zwischen 10th und 11th Avenue in New York. Das *Dia* präsentiert seine Pflanzaktion als Fortführung der Beuysschen Argumentation:

*„Beuys intended the Kassel project to be the first stage in an ongoing scheme of tree planting to be extended throughout the world as part of a global mission to effect environmental and social change; locally, the action was a gesture towards urban renewal.(…)the planting in Chelsea area added to the greening of the area, as it continues Dia`s common development of Chelsea as a new cultural centre“*[40]

Es werden also nicht nur Bäume gepflanzt im Sinne der Begrünung einer Straße oder als Reminiszenz an Joseph Beuys, sondern gleichzeitig wird die soziale Struktur eines ganzen Viertels revitalisiert. An der Pflanzaktion in Chelsea waren nicht nur die Organisatoren des *Dia* beteiligt sondern auch die Bezirksverwaltung, Kunststudenten, Schüler und freiwillige Helfer, die sich aus den Bewohnern rekrutierten.

---

[40] www.diacenter.org/ltproj/7000/newtrees.html

1996 initiierte der freie Kurator und Betreiber einer Produzenten-Galerie in Minneapolis Todd Bockley ein weiteres Baumpflanz-Projekt. Die Aktion wurde koordiniert in Zusammenarbeit mit dem Walker Art Center, das gleichzeitig eine Ausstellung über Beuys-Multiples durchführte. Das Projekt erstreckte sich über einen Zeitraum von zwei Jahren. Es wurden Pflanzaktionen in mehreren Gemeinden in Minnesota durchgeführt. Todd Bockley gibt an, dass es ihm im Sinne von Beuys nicht nur auf die Wiederherstellung eines ökologischen Gleichgewichts ankommt, sondern auf die Stärkung und Veränderung, der sozialen Energie einer Gemeinde durch ein soziales Projekt, ein Pflanzprojekt als Arbeit an der sozialen Plastik.
*„The tree planting projects are the visible focus of the social energy: the true spirit of Beuys in the creation of the social sculpture. The subject of the work is its own creation. Working within the community is the most important part of the project, an opportunity to burrow into a social structure and to ask for its trust, and then with this power effect change. To me this is the core of Beuys idea of social sculpture."*[41]
1997 wurden von der Gemeinde *Cass Lake* (Indianer Reservat) in Nord Minnesota 1041 Bäume gepflanzt, eine Zahl die ungefähr der Einwohnerzahl entspricht. Die Aktion wurde begleitet von Informationsabenden und von einer Sonderausgabe der lokalen Zeitung. Die Bäume wurden sowohl vor Privat- und Geschäftshäusern, als auch an Schulen, Pow-Wow-Plätzen und an dem Versammlungshaus des Stammes implantiert. Dass die Aktion von der Gemeinde getragen und angenommen wurde, zeigt die Beteiligung der örtlichen *Cass Lake Elementary School* am alljährlichen „Community Wellness Gathering" in Form einer Baumpflanz-Zeremonie. An dieser Grundschule wurde auch eine Baumplantage angelegt, die die dortigen Schüler kontinuierlich pflegen. Das 7000 Eichen-Projekt wurde

[41] Bockley, Todd: Tree Planting Project History, in: www.bockleygallery.com/css/history/html/history/html

also an die lokalen Bedürfnisse angepasst und kulturell modifiziert. Eine Abordnung des Stammes nahm auch an einer Podiumsdiskussion des Walker Art Centers teil, wobei der Beuyssche erweiterte Kunstbegriff im Kontext der Traditionen der Nordamerikanischen Indianer diskutiert wurde.[42] Am vierten Oktober 1997 wurde ein Baumwoll-Baum zusammen mit einem Basaltblock im Skulpturenpark des *Walker Art Centers* implantiert. Anlässlich dieser Aktion traten auch die *Cass Lake Singers*, eine traditionelle Trommelgruppe der Cass Lake Reservation auf.

Das beschriebene Projekt verdeutlicht in idealtypischer Weise die Dimensionen und Auswirkungen des Beuysschen erweiterten Kunstbegriffs und die damit verbundene Arbeit an der sozialen Plastik. Durch die Baumpflanzaktion in einem Indianer-Reservat wurden nicht nur brachliegende Flächen des Stammesareals kultiviert, sondern es fand auch ein Nachdenken über Gedankengut und Philosophie des eigenen kulturellen Erbes statt. Dies wirkte sich in konkreten Handlungen aus, indem die ökologischen und künstlerischen Aktionen mit indianischen Traditionen und Ritualen angereichert wurden, wodurch diese eine neue Belebung erfuhren. Die Auswirkungen dieses soziokulturellen Prozesses blieb jedoch nicht auf den lokalen Raum beschränkt, sondern beeinflusste die Museumskultur der Metropole Minneapolis, das Betriebssystem Kunst und letztlich den gesellschaftlichen Diskurs der westlichen Welt.

Beuys Erweiterung des Kunstbegriffs im Sinne einer kontinuierlichen Arbeit an der sozialen Plastik ist aufs Engste verbunden mit seinem Menschenbild und der plakativen Forderung: *„Jeder Mensch ist ein Künstler“*, einer der am meisten kolportierten und missverstandenen Äußerungen eines Künstlers der jüngsten Zeit. Für Beuys ist der Mensch ein Wesen, das sich weniger durch Determinanten als durch seine Veranlagung zur Freiheit

[42] vgl.: Joseph Beuys and his 7000 Oaks / Walker Art Center`s Tree-Planting Project, in: www.walkerart.org/beuys/tree_wac.html

auszeichnet. Er ist also ein stetig sich entwickelndes und entwicklungsfähiges Wesen. Damit ist das kreative Potential gekennzeichnet, das jedem Menschen innewohnt und ihm die Möglichkeit eröffnet, ein „Künstler" zu werden.

*„... Hier wird der Satz interessant: Jeder ist Künstler. (...) viele Leute werden sagen: »Warum mache ich nicht einmal selbst so etwas, solche Dinge.« In dem Satz »Jeder ist Künstler« wird einfach gesagt, dass der Mensch ein kreatives Wesen ist, dass er als Kreator produzieren kann und zwar vielfältig. Es ist Prinzip gleichgültig, ob die Produktion von einem Maler oder Bildhauer stammt oder von einem Physiker."*[43]

Für Beuys ist wichtig, die Rahmenbedingungen herzustellen und Impulse zu geben, damit das kreativ-künstlerische Potential des Menschen sich frei entfalten kann. Nur wenn dies gelingt und kreatives Denken und Handeln in allen Dimensionen menschlicher Handlung zur Anwendung kommt, kann es zu einer fortschrittlichen, d.h. humanen Gesellschaftsordnung kommen.

*„Wenn nicht die Revolution zuerst im Menschen geschieht, scheitert jede äußere Revolution. Der Mensch muss den Innenraum erobern. Die Kunst jedenfalls spricht immer den einzelnen freien, kreativen Menschen an."*[44]

Demnach ist für Beuys der Mensch das zentrale Thema seiner Kunst, sowie der Kunst überhaupt.

Zusammenfassend ist festzustellen, dass Beuys den erweiterten Kunstbegriff nicht erfunden hat, sondern dass er, sowohl was die Formensprache aber auch Inhalt und methodische Strategien angeht, sich im Kontext der künstlerischen und geistesgeschichtlichen Entwicklungen der Nachkriegskunst bewegte.

---

[43] Beuys, Joseph: Multiples I – Oeuvreverzeichnis sämtlicher multiplizierter Arbeiten, München, 1974

[44] „Heute am Telefon Joseph Beuys", Kölner Stadt-Anzeiger, 14.6.1969

Die von ihm verwendeten Materialien, Substanzen aus der Alltagswelt, wie Fett, Filz, Honig oder industrielle Abfälle, entsprechen dem formalen Hintergrund der Avantgarde der Nachkriegszeit, wobei er diesen durch eine komplexe persönliche Ikonographie anreichert (z.B. Hase, Hirsch, das Kristaline). Weiterhin greift er die künstlerischen Strategien der Avantgarde auf, indem er grenzüberschreitend arbeitet. Dies betrifft vor allem die Einbeziehung von Aktion, Klang und Sprache in künstlerische Kontexte. Gleichzeitig stellt auch er den selbstreferentiellen Gehalt der traditionellen Avantgarde in Frage und verlagert den Entwurf und die Konkretisierung des Kunstwerkes in die Kompetenz des Rezipienten. Seine Aktionen und Arbeiten sind letztlich Impulse, die die Freisetzung kreativer Potentiale des Menschen ermöglichen sollen. Die eigentliche Erweiterung des Kunstbegriffs liegt jedoch darin, dass er nicht nur jegliche Dimension menschlicher Praxis als künstlerische Handlung beschreibt, sondern auch konkrete politische Aktionen, wie die Gründung einer Partei („Deutsche Studentenpartei als Metapartei", „Die Grünen") oder einer Kampagne („Unterschriftenliste für Hausfrauengehalt") als künstlerische Arbeit bezeichnet. Diese Haltung verdeutlichte Beuys vor allem durch Sprache, indem er unentwegt und kontinuierlich seine Position in öffentlichen Diskussionen vermittelte.

*„Zu den unvergesslichen Beiträgen zur Documenta 5, die Harald Szeemann 1972 organisierte gehörte das Büro für direkte Demokratie im Fridercianum, in dem Joseph Beuys 100 Tage lang unermüdlich mit Besuchern über eine neue Wirtschafts- und Gesellschaftsordnung diskutierte. (...) Fünf Jahre später, zur Documenta 6, erweiterte Beuys unter der Honigpumpe sein Diskussionsforum. Er beteiligte Experten an den Gesprächen. (...)"*[45]

[45] Schwarze, Dirk: Documenta 11, in. HNA-online,2002, www.hna.de/documenta11/d11-4.html

Auch wenn Joseph Beuys den Kunstbegriff nicht originär erweitert hat, so ist die von ihm initiierte Integration der Kunst in gesellschaftspolitische Zusammenhänge nicht nur in ihrer Radikalität exemplarisch. Sie hat auch eine bis heute andauernde nachhaltige Wirkung und eine Tradition begründet, auf die sich nachfolgende Künstlergenerationen beziehen.

*„Nach dem Ausflippen der Wilden Malerei kam eine Künstlergeneration zum Zuge, die sich zwar nicht vor die Honigpumpe stellt, wohl aber ganz bewusst in einen sozialen Kontext. Große Themenausstellungen wie Friedensbienale, Animal Art oder Ressource Kunst machten ein anthropologisches Handlungsbewusstsein sichtbar, in Verantwortung gegenüber Natur (Material) und Mensch (Kommunikation), dabei viel weniger mit Symbolen operierend, dinglich direkter, wenn man so will, aber in jener Verhaltensweise, die Bilder nicht um ihrer selbst willen produziert, sondern einzusetzen versteht als Signale, lesbar für einen größeren, (noch) nicht ausformulierten Zusammenhang.“*[46]

### 2.1.6 Die kulturanthropologische Erweiterung des Kunstbegriffs durch „Spurensicherung“

Nachdem ich den „erweiterten Kunstbegriff“ von Joseph Beuys näher charakterisiert habe, wende ich mich einer Kunstrichtung der 70er Jahre zu, die die künstlerische Arbeit im Sinne einer kulturanthropologischen Forschung versteht, und so ihren Beitrag zu einem erweiterten Kunstbegriff liefert. Die Kunstrichtung wird mit dem Begriff *Spurensicherung* zusammengefasst und charakterisiert. Protagonisten der „Spurensicherung“ sind Künstler wie Christian Boltanski, Anne und Patrick Poirer, Nikolaus Lang, Jean LeGac, Paul-Armand Gette, Dorothea von Windheim und Jochen Gerz.

---

[46] Jappe, Georg: Beuys Packen – Dokumente 1968 – 1996, Regensburg, 1996, S. 9

Der Hintergrund dieser künstlerischen Entwicklungen war ein bestimmtes Verständnis von der Beschaffenheit der modernen Industriegesellschaft. Durch die spezifische Organisation der industriellen Arbeitsprozesse und durch den Einfluss einer neuartigen medialen Unterhaltungskultur, der vor allem die Funktion einer Effektabfuhr zugeschrieben wurde (die „Bewusstseinsmaschinerie“ wie es Adorno ausdrückt), schien sich eine eindimensionale Kultur zu entwickeln. Der Raum für die Entwicklung von Phantasie, Kreativität und zwischenmenschlichen Beziehungen schien durch die intensive Nutzung der Unterhaltungsmedien immer mehr eingeschränkt. Mit der künstlerischen Strategie der Spurensicherung, eigentlich ein Terminus aus der Polizeisprache, sollte diesen Entwicklungen entgegengearbeitet werden.

*„Die Künstler antworten hierauf mit Introspektion: Sie machen sich zum Gedächtnis der von der industriellen Entwicklung entwurzelten Völker, versuchen Spuren festzuhalten und aus Relikten des Einzelnen oder einer (realen oder fiktiven) Kultur, Aussagen über das Menschsein zu gewinnen.“*[47]

Die Methode der „Spurensicherung“ war gekennzeichnet durch ein fiktives wissenschaftliches Vorgehen: Zeitlich abgelagerte Spuren eines Phänomens oder eines Feldes wurden bestimmt, gesammelt und archiviert. Es wurden gleichsam Methoden der Kulturanthropologie verwendet, um über die Tarnung durch vermeintliche Objektivität zu höchst persönlichen Aussagen und Kommentaren über das Menschsein im Allgemeinen und im Besonderen zu gelangen. Dabei arbeiteten die Künstler grenzüberschreitend und präsentierten ihre „Forschungsergebnisse“ in Form von intermedialen Sammlungen, die aus Videos, Fotografien, Artefakten und Texten wie Tagebuchaufzeichnungen und Feldnotizen, bestanden. Auch in Ihren öffentlichen Auftritten umgaben sich die Künstler mit einer wissenschaftlichen Atti-

[47] Klappentext zu: Metken, Günter: Kunst als Anthropologie und Selbsterforschung – Fiktive Wissenschaften in der heutigen Kunst, Köln, 1977

tüde. Sie begleiteten ihre Ausstellungen durch Vorträge und Führungen und präsentierten ihre Forschungsergebnisse in Vitrinen und auf Schautafeln. In Wirklichkeit *„war ihnen das akademische Milieu fremd. Sie benutzten es als Mimikry, um sich, getarnt durch Schein-Objektivität, persönlichen Erkundungen zuzuwenden."*[48]

Mit dieser Strategie unterbrachen sie monumental ausgerichtete und noch immer im Sinne der Moderne agierende künstlerische Richtungen wie Pop Art, Noveau Réalisme oder Minimal Art. Problematisiert wurde deren Ausrichtung auf das Zukünftige, ohne sich Tatbestände der Vergangenheit zu vergegenwärtigen. Außerdem wurde der Focus nicht mehr auf verallgemeinernde, globale, gesellschaftliche Zusammenhänge gerichtet, sondern auf die komplexe Struktur einzelner Individuen und deren alltägliche Biographien. Die Komplexität der persönlichen Geschichte wurde detailliert dokumentiert und untersucht. Die Kleinteiligkeit alltäglicher Abläufe war Hauptthema dieses künstlerischen Ansatzes. 1974 gab es eine erste übergreifende Ausstellung im Hamburger Kunstverein und eine globale Würdigung auf der documenta 6 im Jahre 1977. Ein paralleles Phänomen: zu dieser Zeit kam es zu einem Wandel in den Sozial- und Geschichtswissenschaften. Nicht nur in der Soziologie und der Kulturanthropologie, auch in der historischen Forschung wurden zunehmend einzelfallbezogene und auf das Alltägliche gerichtete Forschungen durchgeführt. Exemplarisch sind die vom Strukturalismus geprägten sozialgeschichtlichen Untersuchungen von George Duby und Philip Ariés[49] sowie die ethnographischen Feldforschungen von Claude Lévi-Strauss.[50] Der Wandel von Forschungsmethoden und Forschungsinteresse bildete den Hintergrund für diese Formen der künstlerischen

[48] Metken, Günter: Spurensicherung – Eine Revision / Texte 1977 – 1995, Amsterdam, 1996, S.11

[49] vgl. Duby, Georges / Ariés, Philip (Hrsg.): Geschichte des privaten Lebens, Frankfurt a.M., 1985

[50] vgl. Lévi-Strauss, Claude: Traurige Tropen, Frankfurt a.M., 1. Aufl., 1978

Auseinandersetzungen und für den scheinbaren Rückzug der Künstler ins Private und Persönliche. Diese „homöopathische" künstlerische Methode hatte weder eine selbstreferentielle Kunstproduktion im Auge, noch versuchte sie, politische Ambitionen im Kleinteiligen zu verschütten. Vielmehr waren die künstlerischen „Introspektionen" ein Versuch, gesellschaftlichen Bedingungen und Veränderungen in der Beobachtung von individuellen Entwicklungen auf die Spur zu kommen und zur Diskussion zu stellen.

Das politische Kunstverständnis der „Spurensicherung" versuchte plakative Aktionen zu vermeiden, da man die detaillierte Auseinandersetzung mit der individuellen Entwicklungsgeschichte für um so wirksamer hielt.

Idealtypisch verdeutlicht die Arbeit von 1986 „Mahnmal gegen Faschismus, Gewalt und Krieg" von Jochen und Esther Gerz diesen künstlerischen Ansatz. Im Hamburger Stadtteil Harburg wurde eine 12 m hohe Stele installiert. Sie bestand aus einem Aluminiumkern und war mit dunklem Blei ummantelt. An der Basis befand sich ein Aufruf zur Solidarisierung gegen „Faschismus, Gewalt und Krieg", den die Passanten mittels vier angebrachter Stahlgriffel „unterschreiben" konnten. Die Stele wurde nach und nach in den Boden abgesenkt, so dass geleistete Unterschriften und Graffitis verschwanden und neue Beschreibungen möglich wurden. 1993 wurde die letzte Stufe abgesenkt, so dass heute lediglich eine am Scheitelpunkt angebrachte Tafel den Prozess dokumentiert. Die Künstler wollten das traditionelle Verständnis eines „Mahnmal", das als appelatives Denkmal vordergründig Trauer und Nachdenken verordnen möchte, insofern erweitern, als das es im Sinne eines verstörenden „Gegendenkmals" irritiert, um dadurch Denkprozesse auszulösen. Auf dem Bleimantel fanden sich auch nicht nur Signaturen, sondern auch Hakenkreuze und obszöne „Schmierereien" wieder. Die Betrachter hatten Gelegenheit, das Mahnmal mit ihren persönlichen Kommentaren und Graffiti zu versehen; ganz so wie auf einer öffentlichen Toilette. Insofern sicherte diese Arbeit höchst unterschiedliche Spuren der gesellschaftlichen Befindlichkeit. Jochen und Esther Gerz versuchten durch diese Arbeit, ritualisierte Formen des Gedenkens zu unterlaufen. Durch das interaktives „Mahnmal" wurden jene psychischen Zustände sichtbar, die normalerweise durch konventionelle Verhaltenskonventionen verdeckt werden.

*„Das Mal memoriert keine Toten, sondern dokumentiert Lebende: »ein schwarzes Messer, das jetzt im Rücken der Deutschen steckt« (Gerz). Es steht für keine Erinnerung, sondern für unseren Umgang mit Erinnerung. Es verklärt Amnesie nicht nachsichtig durch die Fülle der Namendetails, sondern kontert sie mit einer kritischen Strategie."*[51]

Auch Christian Boltanski beschäftigt sich in seiner Arbeit in akribischer Weise mit dem Erinnern. Er erstellte umfangreiche Sammlungen von biographischen Spuren. Anfänglich konzentrierte er sich auf seine eigene Person und konstruierte seine familiären Wurzeln an Hand von Spuren. Diese bestanden aus einer Kombination von Fotos aus dem Familienalbum, die er durch fotografische Nachstellungen erweiterte. Diese wurden kombiniert mit Artefakten (rekonstruierte Kinderwaffen, Kleidungsstücke) und schriftlichen Zeugnissen (Schulhefte, Briefe). Durch dieses Verfahren machte sich Boltanski seine kleinbürgerliche Kindheit verfügbar. Dennoch handelt es sich hier nicht wirklich um die Person Christian Boltanski, denn das Material ist nicht authentisch und wurde durch fremde und erfundene Spuren ergänzt. Die versammelten Erinnerungsspuren bilden vielmehr eine Selbstbespiegelungsfläche für den Betrachter, der sich in den Exponaten wiederfinden kann, um diese individuell auszudeuten. Dies wird dadurch unterstützt, dass Boltanski seinen Spuren unbeteiligt gegenübertritt und dies in den den Arbeiten beigelegten Texten deutlich macht.

---

[51] Schneckenburger, Manfred: Aushäusig – Kunst für öffentliche Räume, Regensburg, 1994, S. 24

*„Die Unbeteiligtheit bewirkt Entindividualisierung. Man sieht etwas Allgemeines, im Ablauf der Generationen Wiederkehrendes in die anonymen Aufnahmen hinein. Boltanski erreicht Annäherung durch Abrücken, das Zufällige wird stellvertretend. Für den Einzelfall würde man sich nicht interessiert haben, der Generalnenner geht einen an. Dokumente werden durch Isolierung zum Sprechen gebracht, wecken im Betrachter eine latent bereitliegende Reaktion: das Sich-Selbst-Wiedererkennen in den Fotos. Offenbar sind die Bilder auf diese Bereitschaft hin gewählt; sie zeigen, was man sehen will und deshalb gar nicht so genau zu betrachten braucht."*[52]

Die Frage nach dem was den Menschen ausmacht schwebt über seinen Arbeiten, ohne fertige Antworten zu liefern.

Einen anderen Ansatz der Spurensicherung vertritt Nikolaus Lang, der die Feldforschung (eine zentrale Untersuchungsmethode der Ethnologie) verwendete und diese künstlerisch erweiterte. Wo Boltanski Spuren rekonstruierte oder erfand, sammelte Lang Spuren vor Ort, ohne eine wissenschaftlichen Systematik anzuwenden. Auf langen und strapaziösen Wanderungen durch Australien versuchte er z.B., den kulturellen Bedingungen der australischen Ureinwohner näher zu kommen. Er sammelte Fundstücke, zeichnete Karten und fertigte Protokollnotizen an. Ausgangspunkt seiner ästhetischen Forschung war das Aufsuchen der Ockerfundstellen der Aboriginies, aus denen diese ihre Körperbemalungen herstellen. Er versuchte sich durch eigenes Handeln, den Bedingungen der ursprünglichen australischer Kultur zu nähern. Dies bestand vor allem in der Tätigkeit des Wanderns (einer zentralen Komponente der Aboriginie-Kultur) als Form der Annäherung durch Selbsterfahrung. Dabei sammelte er Fundstücke, die aus natürlichem Material (Pflanzen, Mineralien), aber auch aus kulturellen Restbeständen (weggeworfene Dosen, Plastikmüll) bestanden.

[52] Metken, G., a.a.O. , 1977, S.25

*„Er bringt von seiner vierjährigen Australienexpedition »Kulturhaufen« aus echten und selbstgefertigten Steinwaffen und anderen primitiven Accessoires, Rasterfelder aus verschiedenfarbiger heiliger Ockererde und gespenstische Keilformationen jagender Dingos und gejagter Kängurus zurück."*[53]
Die Spuren von Langs Selbsterfahrung verdeutlichen soziale Ungerechtigkeiten und Konsequenzen ethnischer Verbrechen der westlichen Kultur, ohne plakativ anzuklagen. Dabei geht es nicht nur um Annäherungen an eine fremde archaische Kultur und deren Verfall, sondern auch um eine Überprüfung unserer eigenen kulturellen Bedingungen.
*„Diese Sensibilität prägt, über den australischen Zyklus hinaus, auch verschiedene Projekte zur Zeitgeschichte. Da die Diskriminierung in Europa weitergeht, ist es aus seiner Sicht mit der malhaften Einbalsamierung einer halbherzig gesühnten Vergangenheit nicht getan; die Erinnerungsarbeit ist für die Gegenwart und eine leider absehbare Zukunft offenzuhalten; darauf zielen Langs nur scheinbar enthobene »naturgeschichtlichen« Strategien ab."*[54]
Die künstlerischen Arbeitsweisen der *Spurensicherung*, in den siebziger Jahren entwickelt, wurden nach einer Phase der „wilden Malerei" in den achtziger Jahren, wieder aufgegriffen und setzten sich in der vom Poststrukturalismus geprägten Zeit als künstlerischer Ansatz durch.
*„Sie bewegen sich ganz selbstverständlich in dem von ihnen, auch ohne Beuys'sche Emphase, erweiterten Kunstbegriff. Ihre leise Sprache ist unüberhörbar geworden; das indirekte, metaphysische metaphorische Sagen wird gerade heute gut verstanden, da man allem Missionarischen, den Reinheitsgeboten*

[53] Schneckenburger, Manfred: „Delta Gegenwart", in: Walther, Ingo F. (Hrsg.): Kunst des 20. Jahrhunderts, a.a.O., S.568
[54] Metken, G., a.a.O. , 1977, S.17

*und Abgrenzungen ein gesundes Misstrauen entgegenbringt. Statt dessen Andeutung, Unterspielung, Humor."*[55]

### 2.1.7 Die Erweiterung des Erfahrungsraumes durch „Landart"

Die Künstler der *Spurensicherung* setzten sich künstlerisch mit den Bedingungen unserer Kultur auseinander. Zeitgleich entwickelte sich eine Kunstrichtung, die den Naturraum künstlerisch untersuchte und bearbeitete. Diese künstlerischen Aktivitäten wurden durch den Begriff *Land Art* charakterisiert. Künstler wie Walter de Maria, Mike Heizer, Jan Dibbets, Robert Smithson, Andy Goldsworthy, Robert Morris, Richard Long, aber auch Christo & Jeanne-Claude werden dieser Kunstströmung zugerechnet. Auch wenn durch ihre Aktivität Aspekte der Landschaftsarchitektur (Barockgarten, Englischer Landschaftsgarten) scheinbar aufgenommen wurden, verzichteten sie darauf, sich die Natur verfügbar zu machen oder diese den menschlichen Bedürfnissen anzupassen. Vielmehr suchten die Künstler Orte auf, in denen zivilisatorische Spuren nicht zu finden waren (Wüsten, Gebirge, Moorgebiete). Dabei wurde das klassische Motiv der erhabenen Natur aufgegriffen, das dem Menschen seine Verlorenheit vor Augen führt, der er nur durch die Setzung von kulturellen Zeichen entgehen kann. Damit stellte sich die Land Art in den Kontext des modernen Naturbegriffs, der von Petraca nach seiner Besteigung des Mont Ventoux als erster beschrieben wurde und in der Romantik seine stärkste Ausprägung fand.[56]

*„Die Projektion romantischer Stimmungen, die Verknüpfungen mit kosmischen Laufbahnen, die kultisch empfundene mythische Macht der Orte, die Ausbreitung in weitläufigen Panora-*

[55] Metken, G., a.a.O., 1996, S.13 f.

[56] vgl. Ritter, Joachim: Landschaft – Zur Funktion des Ästhetischen in der modernen Gesellschaft, Münster, 1963

*mabildern – das alles berührt sich letztlich mit der pittoresken Landschaftsmalerei des 18. und 19. Jahrhunderts."*[57]

Auch Karin Thomas hat recht, wenn sie der Land Art solche Gattungselemente zuweist.:

*„Im Gegensatz zur objektivitätsbemühenden Minimal Art ist der Land Art eine romantische Komponente eigen, insofern der Künstler die Absicht verfolgt, der Natur eine spezifisch menschliche Markierung als Manifestation von Geist und kreativer Potenz zu geben."*[58]

In der Natur wurden Markierungen und Zeichen eingebracht, die durch den Kontrast zwischen kultureller Setzung und natürlicher Umgebung die Qualität des Naturortes für den Menschen erfahrbar macht. Dieser soll nicht durch die künstlerischen Zeichen überformt werden, sondern die bildhauerische Arbeit vor Ort war gleichsam eine Handlung des Sich-Vertraut-Machens und in Beziehung-Setzens zu den ökologischen Wurzeln des Menschseins. Die gesetzten Markierungen waren oft nicht von Dauer; auch wenn sie mit teilweise schwerem Gerät, wie Baggern und Bulldozern hergestellt wurden. Heizer, Smithson und James Turrell bewegten beispielsweise gigantische Erdmassen und formten sie zu gewaltigen Kegeln und Quadern. Das skulpturale Material bestand meistens aus vor Ort vorgefundenen Naturstoffen wie Geröll, Sand, Erde oder Pflanzen. Diese sind den Witterungsbedingungen ausgesetzt, wodurch die Natur zum langfristig bestimmenden Gestalter wird. Hier wird die zeitliche und räumliche Begrenztheit des Menschen deutlich; wovon sich auch der Künstler, der auf diesen Zusammenhang hinweist, nicht ausnimmt.

*„Diese vergänglichen Dokumente menschlicher Anwesenheit in einem von Menschen unberührten, leeren, schweigenden, »religiösen« Raum ist, wie Heizer sagt, ein Protestakt gegen die*

---

[57] Schneckenburger, Manfred: Land Art: Mit Bergen malen, in: Walther, Ingo F. (Hrsg.): Kunst des 20. Jahrhunderts, a.a.O., S.543

[58] Thomas, Karin: Bis heute – Stilgeschichte der bildenden Kunst im 20. Jahrhundert, Köln, 2000, S. 337

*Künstlichkeit der modernen Großstadtwelt, die Metall- und Kunststoffästhetik in ihrer glatten Perfektion, aber auch gegen den »Utilitarismus der Kunst«.*[59]

Dies macht deutlich, dass es den Künstlern der Land Art nicht um *l'art pour l'art* ging, sondern um die Bewusstmachung anthropologisch bedeutsamer Felder. Die ästhetische Qualität der künstlerischen Arbeiten war abhängig von der des Naturraums, in den sie hineingesetzt wurden; die Skulpturen waren gleichsam Wegweiser zu einem Erfahrungsraum, in dem der Mensch auf sich selbst zurückgeworfen wird. Ebenso sind sie Spuren des Erfahrungsprozesses des Künstlers, der ebenso vergänglich ist wie die Arbeit selbst. Dies verdeutlicht die Arbeit des englischen Künstlers Richard Long, der auf seinen kartographischen Wanderungen durch Wüste und Gebirge mit der Weite eines kulturlosen Raumes auf minimalistische Weise umgeht. Auch er markiert den Raum durch geometrische Formen, wobei er im Unterschied zu seinen amerikanischen Kollegen das dort vorhandene Material sparsam und karg verwendet. Er setzt Zeichen in Form einer Linie im Gras oder eines Kreises aus Flusssteinen. Diese Markierungen werden fotografisch dokumentiert und sind auf Grund ihrer Flüchtigkeit niemals direkt zu besichtigen.[60]

Insofern ist auch die Land Art, so monumental sie auch in Erscheinung treten mag, letztlich ein Impuls für das künstlerische Erleben eines Naturortes und nicht das Erleben eines Kunstwerkes in der Natur. Die skulpturale Behandlung eines Naturraumes soll diesen zwar strukturieren, doch nicht um ihn zu bezwingen oder zu überformen, sondern um ihn dem Betrachter anschaulich zu machen und ihn damit zu einem Denken und Erleben seiner selbst zu bringen. Insofern ist die Land Art nicht nur im Kontext des erweiterten Kunstbegriffs angesiedelt, son-

---

[59] Thomas, K., a.a.O.

[60] vgl. Schriftenreihe Museum Kurhaus Kleve: Richard Long – Midday, Kleve, 2001

dern hat ihn um eine neue Kategorie angereichert. Der kulturlose Naturraum, der keiner Kunst bedarf, wird zum Erfahrungsraum für menschliche Elementarerfahrungen. Von Bedeutung dabei ist, dass man zwar Eingriffe vornahm, diese aber keine irreversiblen Schäden anrichten sollten. Somit ist dieses künstlerische Verfahren geprägt vom Prinzip der Nachhaltigkeit, das anerkennt, das die natürliche Umwelt des Menschen sowohl eine erhaltenswerte Grundbedingung für dessen Existenz ist, als auch sich einer dauerhafte Verfügbarkeit entzieht. Denn so dauerhaft kulturelle Erzeugnisse auch erscheinen, so sind sie doch der Zeit und somit dem Verfall unterworfen. Die natürliche Umwelt ist dagegen langfristig betrachtet resistent gegen alle Versuche des Menschen, sie sich verfügbar zu machen. Insofern ist die Begegnung mit kulturlosen Naturräumen geprägt vom Erleben von Identität und Differenz. Identität stellt sich ein, indem der Mensch sich als vergänglicher Teil des Kosmos begreift, Differenz da er angesichts der relativen Beständigkeit der Natur seine Unzulänglichkeit und Begrenztheit erfährt. Die Land Art kann diese Dialektik der Naturerfahrung berücksichtigen, da Kunst sich allen vordergründigen Nutzanwendungen entzieht. Instabilität ist hier nicht nur verantwortliches ökologisches Prinzip, sondern verdeutlicht gleichzeitig die Vergänglichkeit menschlicher Produktivität, auf die dennoch nicht verzichtet werden kann. Denn nicht nur zur Orientierung, sondern auch zum Überleben bedarf der Mensch der Kultur. Deshalb kann man die Exponate der Land Art als Manifestationen des menschlichen Geistes verstehen, die die scheinbar chaotische Welt zu ordnen versucht, ohne sich diese dauerhaft anzueignen.

*„Die Verwandlungen natürlicher Räume können sich sowohl in großen Dimensionen als auch in unscheinbaren Details vollzie-*

*hen, jede Veränderungsgeste ist ein einflussreicher Bestandteil der Beziehung zwischen Mensch und Umwelt.“*[61]

### 2.1.8 Zusammenfassung

Wie bereits zu Beginn dieses Kapitels erläutert, verwende ich den Begriff „Erweiterter Kunstbegriff“ nicht im Sinne einer strengen Definition, sondern benutze ihn als eine Hilfsmodell, um künstlerische Tendenzen und Strömungen der Nachkriegszeit zu beleuchten und zusammenzuführen, die den Kontext bilden für Lili Fischers Künstlerische Feldforschung.

Gemeint sind jene Tendenzen, die zum einen formal die Grenzen der Künste überschreiten und zum anderen Kunst als gesellschaftlich relevante Aktivität verstehen.

Ausgegangen bin ich vom sich wandelnden Kunstbegriff in der Moderne. Damit meine ich den Versuch eine selbstreferentielle Kunst aufzugeben und Kunst ins Leben zu integrieren. Diese Entwicklung wurde in der Nachkriegszeit insofern erweitert, dass nun dem Betrachter eine neuartige Rolle zugewiesen wurde. Er fungierte nun nicht mehr allein als Rezipient, sondern wurde zum Mitspieler in dem sich das Kunstwerk erst realisierte. Der Künstler verminderte seinen Anspruch auf Selbstausdruck und wurde zum Organisator und Initiator von ästhetischer Erfahrung.

Im weiteren Verlauf dieses Kapitels konkretisierte ich diese Hypothesen indem ich konkrete künstlerischen Tendenzen und Richtungen beschrieb und analysierte.

Zusammenfassend lassen sich in dieser Analyse formale und inhaltliche Aspekte unterscheiden.

Formal ist der erweiterte Kunstbegriff vor allem dadurch gekennzeichnet, dass er zum einen Alltägliches in künstlerische Kontexte einbindet und zum anderen gattungsübergreifende Ausdruckmittel verbindet. Musik, Klang, Sprache, Text und Bewegung werden ebenso herangezogen wie die der bildenden

---

[61] Thomas, K., a.a.O.

Kunst zugeordneten Mittel Bild und Skulptur. Dabei werden diese Elemente nicht additiv kombiniert sondern finden eine integrative Anwendung, die vom Inhalt einer Arbeit bestimmt wird. Inhaltlich ist der erweiterte Kunstbegriff dadurch gekennzeichnet, dass er anthropologisch bedeutsame Felder untersucht und bearbeitet. Der Künstler sieht sich eingebettet in gesamtgesellschaftliche Entwicklungen auf die er regiert und Stellung nimmt. Dabei kommt das Spannungsverhältnis zwischen Kultur und Natur genauso zum Tragen wie politische und soziale Konflikte. Dies bedeutet aber nicht, dass Kunst den Charakter von Sozialarbeit, Gesellschaftskritik oder Kulturanthropologie annimmt – wobei diese Felder auch berührt werden – sondern durch künstlerische Ausdrucksmittel die Bedingungen und Verfasstheiten des Menschen auslotet und durch die Herstellung von Erfahrungsräumen dem Betrachter ins Bewusstsein bringt.

## *2.2 Strukturanalyse der Künstlerischen Feldforschung von Lili Fischer*

Eine zusammenhängende monographische Darstellung von Lili Fischers künstlerischer Entwicklung liegt bisher nicht vor. Insofern ist dieses Kapitel in seinem Umfang sowohl als kunstwissenschaftlicher Forschungsbeitrag als auch als themenorientierte Analyse ihrer künstlerischen Strategie zu verstehen.
Im Folgenden wird die Struktur der Künstlerischen Feldforschung im Kontext eines erweiterten Kunstbegriffs beschrieben und analysiert. Die daraus abgeleiteten Strukturelemente bilden die Grundlagen meiner kunstpädagogischen Arbeitsweise.
Lili Fischer versucht durch eine Kombination von wissenschaftlichen und künstlerischen Untersuchungsverfahren Teile der belebten und unbelebten Welt (Felder) zu erkunden. Es werden Spuren gesucht und gesichert. Im Sinne einer grenzüberschreitenden künstlerisch-anthropologischen Forschung erhebt die Künstlerin bedeutsame Phänomene der Lebenswelt zum For-

schungsgegenstand. Dabei kommen Verfahren sozial- und kulturwissenschaftlicher Disziplinen wie Ethnologie, Soziologie, Archäologie, Volkskunde oder Geschichte zur Anwendung. Sie werden mit künstlerischen Verfahren kombiniert, bzw. in diese übersetzt. Auch Bezüge zur traditionellen Kunst werden hergestellt, indem überprüft wird, in welcher Weise „das Feld“ bisher in der Kunst rezipiert wurde.

Mit Hilfe des künstlerischen Instrumentariums entstehen Sammlungen aus einer Kombination von Fundstücken und persönlichen Notationen künstlerischer Art (wie z.B. Zeichnungen oder Skulptur). Diese Sammlungen werden dem Betrachter in einer multimedialen Performance präsentiert.

Zusammengefasst besteht die Künstlerische Feldforschung bei Lili Fischer aus drei Handlungsebenen:

1. Erforschung des zu bearbeitenden Feldes durch Feldbegegnung
2. Aufarbeitung der feldbezogenen Materialsammlungen sowie der künstlerischen Kommentare und Produkte
3. Präsentation der „Feldforschungsergebnisse“

### 2.2.1 Feldbegegnung als Voraussetzung für künstlerische Arbeit

Grundlage der künstlerischen Arbeit von Lili Fischer ist die authentische Begegnung mit dem Feld. Damit bezieht sich die Künstlerin direkt auf ein Verfahren von Ethnologie und Kulturanthropologie, das unter dem Stichwort „going native“ die Untersuchung von Kulturen in ihren unmittelbaren Lebenszusammenhängen praktiziert. Diese vom Ethnologen Bronislaw Malinowski entwickelte Methode (vgl. Kapitel 3.3.1) versucht, die wissenschaftliche Analyse auf der Grundlage einer direkten Feldbegegnung durch den Forscher zu betreiben. Dieser muss sich im Feld ansiedeln und sich mit seinen Bewohnern befreunden. Die dort gemachten Erfahrungen, die schriftlich in Form von Protokollen dokumentiert werden, bilden dass Basismaterial für die wissenschaftliche Analyse.

Beginnend mit der Renaissance ließe sich eine Geschichte der Wechselbeziehungen zwischen Kunst und Wissenschaft entwickeln. Damit ist sowohl der Einfluss der Kunst und die in ihr enthaltenen utopischen Komponenten auf das wissenschaftliche Denken gemeint, als auch das Aufgreifen wissenschaftlicher Theorie und Methodik durch die Kunst. Dies gilt insbesondere für die künstlerische Moderne und deren Weiterentwicklung in der Nachkriegskunst.

*„In diesem Zusammenhang sei lediglich auf einen seit rund zwei Jahrzehnten anhaltenden Trend hingewiesen, der sich in einem Niederschlag soziologischen Denkens und sozialwissenschaftlicher Methoden in der Kunst manifestiert. Dies nicht nur in dem Sinne, dass sich Kunst inhaltlich auf Gesellschaftliches bezieht (das hat es schon früher gegeben), sondern in dem Sinne, dass sie sich von ihrer Kommunikationsstruktur, von ihren Bedingungen her auf Soziales hin öffnet und - zumindest dem Anspruch nach – ihre eigene Aufhebung in sozialer Realität betreibt."*[62]

Lili Fischer entwickelte ihre künstlerische Methode in diesem Kontext. Sie erweiterte durch ihren Aufenthalt in „Feldern", die mit intensiven teilnehmenden Beobachtungen verbunden waren, künstlerische Verfahren durch ein kulturanthropologisches Instrumentarium. Ihre Feldforschungen waren nicht durch eine bloß neutrale Bestandsaufnahme des ausgewählten Ortes gekennzeichnet, sondern umfassten ebenfalls subtile Einflussnahme auf das Feld. Dieser künstlerisch-subjektive Anteil findet seine Analogie in den kulturanthropologischen Forschungsprojekten der „Chicago-School" (vgl. Kapitel 3.3.1), die teilnehmende Beobachtungen mit sozialarbeiterischem Engagement verbanden und sich dadurch subjektiv vom Feld einnehmen ließen. Die Künstlerin Lili Fischer, die neben ihrem Studium an der Kunsthochschule auch Erziehungswissenschaft und Ethnologie

62 Wick, Rainer: Kunst und Sozialwissenschaft – über Lili Fischer, in: Kunst-Nachrichten, 18. Jhg., Heft1, 1982, S. 3

studierte, entwickelte bereits in ihren frühen Arbeiten eine „sozio-ästhetische“ Praxis. Signifikant für ihre Methode der Feldbegegnung ist die konsequente Dokumentation der durch die teilnehmende Beobachtung gewonnenen Informationen. Dabei kombiniert sie hand- und maschinenschriftliche Protokolle mit Fotografien, Diagrammen und Zeichnungen. Dieses Verfahren hat eine doppelte Funktion. Zum einen schärft es den Blick auf das erhobene Material im Sinne einer kritischen Reflexion durch Distanzbildung, zum anderen entstehen sich auf diesem Wege ästhetische Produkte, aus denen sich die Felderfahrungen rekonstruieren lassen (Diese werden später zum Gegenstand einer rezipientenorientierten Vermittlung). Die Felder, die Lili Fischer in ihren frühen Projekten aufsucht, sind jeweils definierte lokale und soziale Einheiten (z.B. Halligbewohner, Urlauber auf einer Nordseeinsel).

Nach einer Phase der Sichtung von Wissensbeständen nimmt die Künstlerin Kontakt zu den jeweiligen „Feldbewohnern“ auf; nicht nur um ein Verständnis von der sozialen und gesellschaftlichen Situation der Bewohner zu erlangen, sondern auch um deren Verhaltensmuster und Konventionen durch Impulse zu verändern. Lili Fischer spricht hier von „kreativer Animation“. Darunter versteht sie eine Veränderung des Umgangs mit sich selber und der Welt durch *„hinweisen, zeigen, anregen, ermuntern, zuhören, Impulse geben.“*[63]

In diesem Sinne ist Lili Fischers Feldbegegnung ein Akt der aktiven und kommunikativen Auseinandersetzung mit dem Feld.[64] Diese ist nicht nur durch den Wunsch nach Erkenntnis motiviert, sondern auch durch ein Interesse an Veränderung von sozialen und gesellschaftlichen Konventionen gespeist. Man könnte auch von einem pädagogischen Impuls sprechen, einem As-

---

[63] Fischer, Lili: Feldforschung als künstlerische Methode in: Kunstforum International, Bd. 27, 1978, S.111

[64] Eine Arbeitsweise die sich auch in der Aktions- und Handlungsforschung wiederfindet.

pekt der sich vor allem im erweiterten Kunstbegriff Beuysscher Prägung wiederfindet.

Im folgenden wird Lili Fischers Methode der Feldbegegnung an Hand von Beispielen erläutert. Dabei lassen sich zwei Begegnungsformen unterscheiden, die immanent mit Lili Fischers „Generalthema“ Mensch und Natur verbunden sind.

Die eine Begegnungsform besteht in der direkten Auseinandersetzung mit scheinbar unbelasteten Naturorten, die aber bei näherer Untersuchung Spuren kultureller Überformung aufweisen. Die andere Begegnungsform besteht in der Introspektion sozialer Systeme. Hier nähert die Künstlerin sich mittels teilnehmender Beobachtung einer lokalen gesellschaftlichen Wirklichkeit an. Dabei versucht sie, die Organisation sozialer Beziehungen zu ermitteln und mittels „Animation“ das individuelle Verhaltensrepertoire der Menschen zu erweitern. Dabei soll der Mensch die Bedingungen seiner Existenz in der Auseinandersetzung mit seiner Umwelt (Mensch und Natur) erfahren und durch diesen Prozess seine Lebensqualität zu verbessern lernen.

### 2.2.1.1 *„Teufelsmoor persönlich" - Feldbegegnung im Spannungsfeld von Kultur und Natur*

Feldforschung im Teufelsmoor, 1981

Abb.1

*„Von Oktober 1981 bis Juli 1982 wohnte ich in Worpswede als Stipendiatin auf dem Barkenhoff, im ehemaligen Atelier Heinrich Vogelers. Von hier aus unternahmen Georg Jappe und ich Wanderungen in verschiedene Gebiete des Teufelsmoores: er mit Feldstecher, ich mit Kamera und leeren Taschen – er mit Blick nach oben, ich mit Blick nach unten – beide suchend, registrierend, prüfend -, er die Vögel, ich den Boden – er den Kopf voller Vogelbeobachtungen auf dem Rückweg und ich die Taschen voller Torf."*[65]

Dies ist ein Auszug aus einem Artikel von Lili Fischer, in dem sie die Ergebnisse eines Feldforschungsprojektes dokumentiert. 1981 erhielt sie das Stipendium der Barkenhoff-Stiftung (Worpswede) und wohnte ein Jahr im historischen Barkenhoff. In dieser Zeit erforschte sie zusammen mit dem Künstler und Kunstwissenschaftler Georg Jappe das Teufelsmoor, jenen Ort,

[65] Fischer, Lili: Teufelsmoor persönlich, in: KunstNachrichten, 20. Jhg., Heft 2, März, 1984, S.55

an dem die Künstlergruppe um Otto und Paula Modersohn um die Jahrhundertwende eine neue Form der Malerei entwickelte. Ergebnis der Künstlerischen Feldforschung von Fischer und Jappe war weder eine Ausstellung noch eine Performance, sondern das Buch „Teufelsmoor persönlich".

*„(...) heißt der Titel des Buches und stellt den Versuch dar, drei verschiedene Buchtypen zu vereinen: das Künstlerbuch, das Sachbuch und das Heimatbuch."*[66]

An Hand dieser Publikation lassen sich exemplarisch Lili Fischers Methoden der Feldbegegnung mit einem „Naturort" rekonstruieren. Dabei gehe ich davon aus, dass sich aus dem vorliegenden Dokument eine vorausgegangene Handlung rekonstruieren lässt. Als Korrektiv dazu werden Äußerungen von Lili Fischer hinzugezogen. Dabei stütze ich mich auf den bereits zitierten Artikel, in dem Lili Fischer die Inhalte der Publikation mit den Feldbegegnungen vor Ort in Zusammenhang bringt.

In der zu Beginn wiedergegebenen Textpassage deutet sich bereits an, wie Lili Fischer dem Feld (Teufelsmoor) begegnet. Zunächst gibt sie an, dass sie wandernd die Landschaft erlebt. Als Erkundungswerkzeuge nutzt sie nicht allein ihr primäres sensuelles Instrumentarium (die Sinne), sondern verwendet auch die Fotokamera, ein Werkzeug, das sowohl der Dokumentation von visuellen Eindrücken dient, als auch eine distanzierte Betrachtungsweise ermöglicht. Denn der Blick durch den Sucher zwingt zu einer reflektierten Auswahl eines Ausschnittes der Landschaft.

Weiterhin beschreibt die Künstlerin ihre Art des Sehens (*„...suchend, registrierend, prüfend ..."*). Damit gibt sie an, dass es nicht um eine unreflektierte Form des „Erholungswandern", sondern um ein interessengeleitetes Durchforschen der Landschaft geht. Alle sinnlichen Eindrücke sollen einer gedankliche Prüfung unterzogen werden.

---

[66] Fischer, L., a.a.O., 1984, S.58

Neben der Betrachtung und Dokumentation des Feldes, möchte die Künstlerin auch die materiellen Eigenschaften haptisch nachvollziehbar festhalten. Dafür nimmt sie leere Taschen mit auf den Weg.

Das Buch „Teufelsmoor persönlich"[67] besteht aus mehreren Teilen. Es enthält eine Fotoserie über die Landschaft des Teufelsmoores, eine Sequenz von Torfzeichnungen, die durch handschriftliche Aufzeichnungen ergänzt werden und einige Auszüge aus den „ornithopoetischen" Aufzeichnungen von Georg Jappe.

Auch wenn ich den Beitrag Georg Jappes im Rahmen dieser Analyse ausspare, so möchte ich doch einige Bemerkungen bezüglich der Zusammenarbeit von Fischer und Jappe einfügen. Auch wenn man nicht von einem klassischen Künstlerpaar sprechen kann, so gibt es doch eine kontinuierliche Kooperation seit 1982, aus der mehrere Landschaftsbücher hervorgingen. Die Beiträge beider Künstler setzen sich jedoch deutlich von einander ab, was vor allem an dem unterschiedlichen künstlerischen und kunsttheoretischen Kontext liegt. Gemeinsam ist ihnen jedoch das Interesse an dem Spannungsverhältnis zwischen Natur und Kultur, sowie die Vorliebe für Orte die im Grenzbereich zwischen Zivilisation und „unverfälschter" Natur liegen.

Georg Jappes Kontext ist sowohl ein kunstwissenschaftlicher (Professur für Ästhetik an der Hochschule für bildende Künste Hamburg, journalistische Tätigkeit für die FAZ) als auch ein künstlerischer, wobei seine Auseinandersetzungen mit der visuellen Poesie den Schwerpunkt bilden. Seit 1982 bezeichnet er seine Methode als „Ornithopoesie" und schreibt dadurch die poetische Auseinandersetzung mit seinem Interessenschwerpunkt: die umfassende Beobachtung von Vögeln. In diesem Verfahren dokumentiert er in wissenschaftlicher Manier Bestän-

[67] vgl. Fischer, Lili / Jappe, Georg: Teufelsmoor persönlich, Schriftenreihe der Barkenhoff-Stiftung, Worpswede, 1983

de von Vogelarten oder legt das Versmaß der Vogelstimmen fest. Diese Listen und Kartierungen werden mit oft unleserlichen persönlichen Kommentaren und Assoziationen verknüpft, wobei der Verlauf der Schrift bewegt den Vogelflug nachvollzieht. *„(...)Wie er darin Notizen mit Reflexion der Methode und kritischer Kommentierung verbindet, so hat er in die autobiographischen Texte (...) seine Theorie der visuellen Poesie verpackt.“*[68] Trägermaterial für die visuelle Poesie sind sowohl ausgewählte Papiersorten, als auch vorgegebene Datierungshilfen wie Logbücher oder Gästebücher. Neben der visuellen Poesie produziert Jappe sogenannte Lautgedichte, wobei er Tonaufnahmen von Vogelstimmen in ihrem akustischen Umfeld arrangiert.

Die von Fischer und Jappe gemeinsam herausgegebenen Landschaftsbücher verbinden die unterschiedlichen künstlerischen Verfahren und Interessen additiv, wobei dennoch eine inhaltliche Verklammerung festzustellen ist: eine künstlerisch-forschende Haltung gegenüber „Feldphänomenen“ der belebten Welt. In diesem Sinne ist die Zusammenarbeit der beiden Künstler kooperativ zu bezeichnen, ohne dass spezifische Eigenschaften verloren gehen.

*„Alle drei* (die gemeinsamen Künstlerbücher) *verdanken ihre Erscheinung (Grau-in-Grau-Photos, Gedächtnisbilder der Landschaft, im Entwicklungsbad von Zufälligkeiten ähnlich gereinigt wie meine Tonaufnahmen im Studio) und ihr Erscheinen (Finanzquellen finden) ganz wesentlich der Künstlerin (...)“*[69]

Das Buch wird abgeschlossen durch die Abbildung von einigen Objekten und dem Abdruck eines handschriftlichen Resümees.

---

[68] Hohl, Hanna, in: Jappe, Georg: Schreibtischblätter, Frankfurt a.M., 1996, S.8

[69] Jappe, G.: a.a.O., 1996, S.8

Lili Fischer, Georg Jappe: *Teufelsmoor persönlich*, Worpswede, 1983

Abb.2

Die Schwarzweiß-Fotografien zeigen, welche Bereiche des Moores Lili Fischer erwanderte und welche sie für bedeutungsvoll erachtete. Die Abfolge der Fotografien in der Publikation ist allerdings nicht die Rekonstruktion einer bestimmten Wanderung, sondern für die Publikation aufgearbeitetes Material, das aber die interessengeleite Sehweise der Künstlerin wiedergibt. Die Aufnahmen geben zunächst scheinbar kulturell wenig überformte Naturorte in der Totale wieder. Diese wechseln sich ab mit Detailaufnahmen der Vegetation im Moorgebiet. Wie eine Zäsur wirkt dann das Bild eines Grabens, der ein abgetorftes Gebiet durchschneidet. Es folgen weitere Aufnahmen, die das zu industriellen Zwecken genutzte Moor zeigen. Einige Totalen zeigen die weitverzweigten Kanäle des Torfabbaugebietes, die von aufgehäuften Torfziegeln begleitetet werden. Dann folgen Abbildungen von Maschinen und der Informationstafel eines torfverarbeitenden Unternehmens. Abgeschlossen wird die Fotoserie durch Detailaufnahmen des Torfstichs, die einen Einblick in den Aufbau einer Torfsode ermöglichen.

Diese vielschichtigen Ansichten des Teufelsmoores visualisieren den reflektierten Umgang mit dem Forschungsfeld. Lili Fischer sucht gezielt Orte auf, wo sich die Landschaft sowohl in ihrer Ursprünglichkeit, als auch in ihrer kulturellen Überformung zeigt. Dabei zeigt sie ein Gespür für das Kleinteilige, wie die

Detailfotos belegen. Was die Fotos nur indirekt deutlich machen, zeigt ein anderer Auszug aus dem bereits angeführten Artikel. Lili Fischer scheint das Feld in seiner sinnlichen Totalität zu erleben.

*„(...) Schon die Akustik! Auf Torf zu gehen, das ist unheimlich gedämpft, die jahrtausendealten Schichten verweigern den Schritten die Resonanz. Überhaupt das Gefühl, auf so viel Geschichte zu laufen! Wenn man seine Gedanken durch den Boden schickt, dann kann man bis zur Eiszeit kommen und plötzlich sieht man sich in der richtigen zeitlichen Dimension.*

*Und dann die Moor-Landschaften: Üppige Schlingpflanzen, karg violettes Heidekraut, bräunlich-gelbe Gräser, weiter Himmel mit sehr wechselnden Tönen – und in den satten Farben der zeichnerische Baum schlechthin – die Birke – wie werden die Maler verständlich, die zuerst hinkamen und fasziniert waren!“*[70]

Der Textauszug zeigt, dass die Künstlerin mit ihrem gesamten Sensorium auf die Landschaft eingeht (Akustik des Torfbodens, die Farben des Moores und der dort präsenten Vegetation). Diese Eindrücke verbinden sich mit ihrem Vorwissen (Wissen über die Entstehungsgeschichte des Moores, Wissen über die kunstgeschichtliche Rezeption des Teufelsmoores). Dies macht deutlich, dass Lili Fischer das Forschungsfeld Teufelsmoor gezielt auswählt und ihre Forschungen leitfragenorientiert sind. Sie geht der Frage nach, wie die ökonomische Kultur des Menschen einen über Tausende von Jahren gewachsenen Naturort verändert und vernichtet. Die Feldbegegnung dient vor allem der Sicherung von Spuren. Im Falle des Teufelsmoor-Projektes bestehen diese sowohl aus Überresten des ursprünglichen Moorgebietes, sowie aus den Zeugnissen der kulturellen Überformung.

Auch wenn die Leitfragen ein wissenschaftliches Vorgehen nahe legen, versucht die Künstlerin sich der Beantwortung vor al-

[70] Fischer, L., a.a.O., 1984, S.56

lem ästhetisch zu nähern. Sie sieht, fühlt und tastet sich durch die Landschaft. Trotz ihrer reflektierten Arbeitsweise begegnet sie dem Feld mit Empathie, also „persönlich".
Der zweite Teil des Buches besteht aus Reproduktionen von sogenannten Torfzeichnungen. Eingeleitet wird dieser Abschnitt durch eine doppelseitige Fotografie von im Moor gewonnenen Torfproben, der Zeichnungen gegenübergestellt werden. Diese Abbildung ist durch einen handschriftlichen Vermerk eingefasst, den ich hier maschinenschriftlich wiedergeben möchte.
*„Torf ist nicht Torf; von jedem Moorausflug habe ich Torf-Proben in mein Atelier auf dem Barkenhoff mitgenommen, sie zerrieben, ihre Substanzen herausgelöst, ihre Schichtungen gezeichnet, ihre Wurzelwindungen nachgezogen, die Brocken aus Fasern, Zweig- und Blattresten in eine Art Torf-Steno umgesetzt, sie schließlich auf den Boden zum Trocknen ausgelegt – um herauszubekommen, ob es so etwas gibt: eine Torfsprache oder – Signatur voller verschlüsselter Zeichen über Weitzurückliegendes, vielleicht das Meer das zuerst da war, das Licht von früher oder .... in der Hoffnung, dass in Nachrichten aus ganz anonymer Vergangenheit, Zeichen für uns zu finden sind."*[71]
Damit gibt die Künstlerin einen Einblick in die Entstehungsbedingungen der nachfolgenden Zeichnungen. Die Zeichnungen sind nicht unmittelbar im Feld (Moor) entstanden, sondern eine künstlerische Aufarbeitung des im Feld erhobenen Materials (Torfstücke). Diese Aufarbeitung fand aber in unmittelbarer Nähe des Feldes statt (Atelier der Barkenhoff-Stipendiaten) und steht somit in direktem Zusammenhang mit der Feldbegegnung. Die zeichnerische Auswertungen vor Ort beeinflussten somit ihre weiterführenden Forschungen.

[71] Fischer, L. / Jappe, G., a.a.O., 1983

*„Ich machte sie meistens nach den Wanderungen, zerrieb Torf auf Papier in stenoartige Zeichnungen. Ich wollte herausbekommen, ob es so etwas gibt: eine Torfsprache (...)“*[72]

Offenbar wollte Lili Fischer durch die zeichnerische Analyse des Torfes Rückschlüsse auf den Charakter und die Geschichte der Landschaft ziehen. Die Torfproben, die im Feld gesammelt wurden, werden für sie zum Beleg einer vergangenen Epoche. Hier liegt wiederum eine Verknüpfung von Vorwissen und direkter ästhetischer Erfahrung vor. Diese bestand im haptischen Kontakt (sammeln, zerreiben) und im visuellen Aufspüren von Schichten und Strukturen. Das Gesehene wird zeichnerisch notiert. Dadurch wird der Aufbau des Materials aufgespürt und hervorgehoben. Damit greift Lili Fischer Methoden der Archäologie auf, durch die historische Artefakte und Fundstücke zeichnerisch dokumentiert werden.

Durch das Zeichnen setzt sich die Künstlerin detailliert mit Feinstrukturen des Feldes auseinander, die aus der Makroperspektive (Wanderung) so nicht deutlich werden. Sie entdeckt die Laufrichtung von Fasern und Verläufe von Torfschichten. In einer Querschnittzeichnung werden bestimmte vegetative Spuren identifiziert (Birkenblätter, Farnwedel, Gräser, Keime). Es muss aber festgestellt werden, dass sich die Arbeitsergebnisse deutlich von wissenschaftlichen Zeichnungen aus Biologie oder Archäologie unterscheiden. Wo die wissenschaftliche Zeichnung sich um Objektivität bemüht und eine persönliche Handschrift des Zeichners zu vermeiden sucht, sind die vorliegenden Arbeiten von einer starken emotionalen Bewegtheit geprägt.

---

[72] Fischer, L., a.a.O., 1984, S.60

Torfskizze, in:
Lili Fischer: Teufelsmoor persönlich,
Worpswede, 1983

Abb. 3

So mäandern die Striche über das Papier und haben stark assoziativen Charakter. Lili Fischer interpretiert die „Sprache" des Torfes persönlich und stellt sie in Zusammenhang mit eigenen Präferenzen und Vorstellungen.: *„(...) das Meer, das zuerst da war, das Licht von früher.... (...)"* Dies verdeutlichen ihre Zeichnungen, die unterschiedliche Assoziationen hervorrufen können. Die bewegten Striche erinnern an Strömungsverläufe von Gewässern oder an die Ablagerungen am Meeresstrand. Somit demonstriert die Künstlerin ihre aus der Begegnung mit dem Feld abgeleiteten Gedankenspiele auch visuell.

„Teufelsmoor persönlich" ist ein *„Künstlerisches Beispiel für eine Methode, individuelle Vergangenheitskonstruktion in Gang zu setzen."*[73]

Zusammenfassend lässt sich Lili Fischers Methode der Feldbegegnung mit Naturorten wie folgt darstellen:

Das Feld wird von ihr durch unmittelbare Kontaktaufnahme ästhetisch vermessen. Dabei nutzt sie sowohl ihr sensuelles Instrumentarium, wie auch bestimmte Dokumentationswerkzeuge

[73] Krefting, Anne: Das wahrgenommene Objekt – Ästhetische Arbeit am Geschichtsbewusstsein- Ein kunstpädagogischer Ansatz für die Praxis in kulturhistorischen Museen, Oldenburg, 2000, S.203

(Kamera und Tonaufzeichnungsgeräte). Diese dienen der reflektierten Bestandsaufnahme des Vorgefundenen und Erlebten. Lili Fischer erforscht dass Feld nicht unvoreingenommen, sondern begegnet ihm leitfragenorientiert. Ihre „Forschungsfragen" entwickeln sich aus Vorerfahrungen sowie aus der Beschäftigung mit Primär- und Sekundärliteratur. Dabei ist festzuhalten, dass sie dabei ungewöhnliche Wissensbestände miteinander verknüpft (Ökologie, Biologie, Paläontologie, Geschichte und Kunstgeschichte).

Neben der reinen Beobachtung entnimmt Lili Fischer auch Proben aus dem Feld. Diese werden in Feldnähe in einem Atelier künstlerisch ausgewertet und diese Arbeiten beeinflussen die weiteren Begegnungen und Forschungen.

Lili Fischers Methode der Feldbegegnung besteht somit aus einer Verknüpfung von empathischem Erleben und reflektiertem kritischem Beobachten und Analysieren. Diese Handlungsebenen stehen aber nicht isoliert nebeneinander sondern werden mit einander verwoben.

In diesem Sinne versucht auch die Künstlerin, die im Buch „Teufelsmoor persönlich" dokumentierte Methode der Feldbegegnung genauer zu beschreiben.:

*„Mit diesem Buch soll keine Idylle gezeigt werden, sondern der unsentimentale, aufmerksame Umgang mit dem, was an primärer Natur noch da ist."*[74]

*Unsentimental* und *aufmerksam* sind jene Adjektive, mit denen Lili Fischers Methode einer ästhetischen Forschung am passendsten charakterisiert wird, wobei *unsentimental* eher den wissenschaftlich analytischen Anteil ihrer Arbeitsweise beschreibt und *aufmerksam* den ästhetischen.

[74] Fischer, L.: Teufelsmoor persönlich, in: KunstNachrichten, a.a.O., S.62

### *2.2.1.2 „Kreative Animation im Urlaub" – Feldbegegnung durch teilnehmende Beobachtung*

„kreative Animation" auf Pellworm, 1976

Abb. 4

*„Auf die Dauer schien mir eine ausschließliche autonome Auseinandersetzung mit künstlerischen Mitteln zu begrenzt... es war mir zu wenig. Ich ging dazu über, komplexe Felder zu untersuchen."*[75]

Aufgrund dieser Erkenntnis entwickelte Lili Fischer die im vorigen Kapitel vorgestellte Methode der Feldbegegnung. Wie dort gezeigt wurde, ist ein Feld höchst komplex, Elemente der Naturveränderung sind nur verständlich, wenn man sie aus dem sozialen und kulturellen Kontext heraus interpretiert. Diese Komplexität berücksichtigend, ging Lili Fischer dazu über, ihre Feldbegegnung auf eine Untersuchung der im Feld liegenden sozialen Systeme auszuweiten.

Nachdem ich Lili Fischers Methode der Feldbegegnung mit einem Ort, der im Spannungsfeld zwischen Natur und Kultur liegt, exemplarisch beschrieben und analysiert habe, wende ich mich nun einer Feldbegegnung zu, die die beschriebene Methode durch die Komponente der teilnehmenden Beobachtung erweitert. Dabei nehme ich Bezug auf eine Projekt das die Künstlerin auch zum Gegenstand ihrer Dissertation beim Hamburger Professor für Erwachsenenbildung Werner Schneider machte[76];

[75] Rainer Wick im Gespräch mit Lili Fischer, a.a.O., 1978, S. 108

[76] vgl. Fischer, Lili: Lili Fischer-Weg 1-55, in: Blohm, Manfred: Berührungen & Verflechtungen – Biographische Spuren in ästhetischen Prozessen, Köln, 2002, S. 357 f.

wobei deutlich wird, dass es sich um einen weiteren „Grenzgang" zwischen Kunst und Wissenschaft handelte[77].

*„Dabei versuchte ich, möglichst komplex den Bereich zu erfassen, z.B. auf den Halligen nicht nur die Natur, sondern auch die Bewohner, ihre Arbeitswelt, Verwandtschaften und die Bewohner miteinzubeziehen."*[78]

Lili Fischer greift die aus der Ethnologie stammende Methode der teilnehmenden Bobachtung auf, mit der sie sich durch ihr Pädagogik- und Ethnologie-Studium vertraut gemacht hatte. Wie bereits zu Beginn dieses Kapitels erläutert, ist es Kennzeichen dieser Methode, dass es nicht nur darum geht, authentische Informationen über das Feld zu erlangen, sondern dass auch ein soziales Engagement im Feld möglich wird.

*„Ich hatte mir damals überlegt, dass es nicht ausreicht, lediglich die Dokumente der Untersuchung zu konservieren. Ich wollte einen Schritt weitergehen und den untersuchten Bereich auch tatsächlich zu verändern, durch Praxis, Eingriffe."*[79]

Der Hintergrund der Anwendung dieser Methode ist das Bestreben, eine künstlerische Praxis zu erreichen, die in jedes Feld menschlicher Praxis eingreifen kann. Damit stellt Lili Fischer ihr künstlerisches Handeln in den Kontext eines erweiterten Kunstbegriffs.

*„Ich wollte herausfinden, mit welchen Methoden man als Künstler bestimmte Zielgruppen, denen Kunst fremd ist, wie z.B. Urlauber, zur Entwicklung persönlicher kreativer Fähigkeiten anregen kann... Sozusagen eine Probe aufs Exempel zu den verbalen Forderungen nach Partizipation, Kunsterweiterung u.s.w."*[80]

---

[77] vgl. Fischer, Elisabeth: Kreative Animation im Urlaub – am Beispiel der Nordseeinsel Pellworm, Hamburg, 1981

[78] Rainer Wick im Gespräch mit Lili Fischer, in: a.a.O., 1978, S.108

[79] Rainer Wick im Gespräch mit Lili Fischer, a.a.O., 1978, S. 107

[80] Rainer Wick im Gespräch mit Lili Fischer, a.a.O., 1978, S. 107

Lili Fischer ist der Auffassung, dass die Tendenzen der Erweiterung der bildenden Kunst in den 60er Jahren, bezogen auf ihre Zielsetzungen, auf halbem Wege stecken geblieben sind.
*„So wird der Adressatenbezug in Aktionen, Demonstrationen zwar thematisiert, das Ergebnis weist jedoch wieder auf Kunst, Museum zurück.“*[81]
Um diesen Stillstand zu überwinden, nutzte Lili Fischer die von ihr rezipierten kulturanthropologischen und pädagogischen Methoden, und erweiterte auf diese Weise ihren Kunstbegriff.
Neben der Methode der teilnehmenden Beobachtung ist dabei die Strategie der „Animation“ von Bedeutung. Diesen Begriff, der sich von „animare“ ableitet, verwendet Lili Fischer *„im Sinne von beseelen, beleben, Kraft verleihen, Impulse, Anstöße geben, befähigen ...“*[82]
Damit ist gemeint, dass die Teilnehmer des Feldes durch die Bereitstellung künstlerischer Verfahren und Erfahrungsfeldern, zur Einübung und Entfaltung innovativer und schöpferischer Kräfte befähigt werden.
*„Im Rahmen meiner Feldforschungen gehört Animation u.a. zu einer Methode, durch bestimmte Inszenierungen, die ich in Form von Drehbüchern entwerfe, Teilnehmer zu eigenem Handeln, Entdecken, Erleben anzuregen.“*[83]
Ich werde im weiteren die verfeinerte Methode der Feldbegegnung an Hand des Feldforschungs- und Animationsprojektes „Kreative Animation im Urlaub“ exemplarisch darstellen und analysieren.
Im Sommer 1976 führte Lili Fischer das Projekt auf der Nordsee-Hallig Pellworm durch. Zielgruppe war eine zufällige Gruppe von insgesamt 2000 Touristen, die auf der Insel ihren Urlaub verbrachten. Die Künstlerin beabsichtigte, stereotype Formen der Urlaubsgestaltung, die sie mit Passivität und Konsumhal-

[81] Fischer, Lili: Weg von der Insel! Weg von der Insel? (Kunst als Animation im Urlaub), in: KunstNachrichten, 14. Jhg., Heft2, 1978, S. 29
[82] Rainer Wick im Gespräch mit Lili Fischer, a.a.O., 1978, S. 107
[83] Rainer Wick im Gespräch mit Lili Fischer, a.a.O., 1978, S. 107

tung beschrieb, zu durchbrechen und Impulse für eine „kreative" Lebensführung zu geben.

Für ihre Animation waren jedoch zunächst umfangreiche Vorarbeiten und Forschungen nötig.

Damit die geplante Animation inhaltsorientiert durchgeführt werden konnte, führte die Künstlerin in den Jahren 1971 bis 1975 zahlreiche Feldforschungen durch, die von der im vorigen Kapitel beschriebenen Methode der Feldbegegnung bestimmt war. Dabei war neben der Begegnung mit den natürlichen Gegebenheiten der Insel (Gezeiten, Vögel, Watt, Wolken, Wind, Witterungen) auch die Auseinandersetzung mit den sozialen Systemen (den Bewohnern und ihren verwandtschaftlichen Verflechtungen) Gegenstand der Forschung.

*„Die gesammelten Beobachtungen und Erfahrungen wurden in Feldtagebüchern (Protokolle, Diagramme, Zeichnungen, Fotos) aufgezeichnet und in Fundsammlungen dokumentiert."*[84]

Das aufgearbeitete Material, das im Feld erhoben wurde, bildete die Grundlage von Lili Fischers Animationsversuchen. Sie beabsichtigte, ihre durch Künstlerische Feldforschung gewonnenen Erfahrungen und Erkenntnisse den Urlaubern durch ein Angebot zugänglich zu machen.

Um sich auf die Feldbegegnung nicht nur inhaltlich vorzubereiten, waren weitere Maßnahmen notwendig.

In der Feldforschung ethnologischer Prägung, die durch das „going native" charakterisiert wird, ist die Erarbeitung einer eigenen Rolle im Feld elementare Vorraussetzung für die teilnehmende Beobachtung. Dies ist notwendig, damit der Forscher kein irritierendes Element im Feld ist und von den Probanden als natürlicher Bestandteil des Systems akzeptiert wird (vgl. Kapitel 4.4).

Lili Fischers Rolle im Feld sollte darin bestehen, dass sie als reguläre Ferien-Animateurin auftrat. Sie bereitete sich darauf

[84] Fischer, L.: Weg von der Insel! Weg von der Insel? (Kunst als Animation im Urlaub), a.a.O., S.30

vor, indem sie eine Ausbildung in diesem Berufsfeld absolvierte. Dies geschah durch ihr Studium an der Universität Hamburg (Pädagogik/Ethnologie) und durch den Besuch von Freizeithelfer-Vorbereitungsseminaren der evangelisch-lutherischen Kirche, die ein Ferienangebot auf Pellworm organisierte[85]. In einem nächsten Schritt koordinierte sie die Bedingungen für ihr Projekt mit der Kurverwaltung (Untersuchung des Geländes nach Aktionsorten, Programmabsprache, Werbung). Dabei wurde deutlich, dass ihr Animationsprogramm nicht isoliert von den übrigen Freizeitangeboten durchgeführt werden konnte. Lili Fischer musste sich bereiterklären, auch an anderen Aktivitäten des vielfältigen Freizeitangebotes der Kurverwaltung teilzunehmen.

*„So gehörte es zu meiner Aufgabe, Kinderfeste zu arrangieren, Spiele zu erfinden für Erwachsene, Getränke zu verkaufen, die Gäste auf Nachtwanderungen zu begleiten, ihnen Geschichten vorzulesen, ihre Kinder am Sonntagmorgen während des Gottesdienstes zu beaufsichtigen, Radtouren zu führen, »gute Laune« zu verbreiten, ständig neue Kontakte aufzunehmen ...“*[86]

Ihre Aufgaben organisierte die Künstlerin nicht allein, sondern arbeitete mit Experten des Feldes (z.B. Sozialpädagogen) zusammen. Dies war wiederum ein der ethnologischen Feldforschung verwandtes Verfahren. Die Camouflage, deren Lili Fischer sich bediente (Künstlerin getarnt als Freizeithelferin), hatte den entscheidenden Vorteil, dass sie von den Urlaubern in ihrer Rolle ohne Berührungsängste akzeptiert wurde; wohingegen einer ausgewiesenen Künstlerin zahlreiche Eigenschaften zugeschrieben worden wären, die eine Animation erschwert hätten. So wurden ihre ästhetischen Erfahrungsangebote als Bestandteil des „normalen“ Ferienfreizeitangebotes akzeptiert.

---

[85] vgl. Fischer, L., a.a.O., 2002, S. 357

[86] Fischer, L.: Weg von der Insel! Weg von der Insel? (Kunst als Animation im Urlaub), a.a.O., S. 32

Ihre Animation war vor allem dadurch gekennzeichnet, dass sie die Urlaubern zu eigenen ästhetischen Forschungen anregte. *„Es ging, wie anfangs beschrieben, nicht darum, meine eigene Imaginationsfähigkeit zu zeigen, sondern die der anderen zu wecken.“*[87]

Diese Angebote waren aber dennoch von Lili Fischers eigener Methode der Feldbegegnung abgeleitet, die im vorigen Kapitel vorgestellt wurde. Sie untergliederten sich wie folgt[88]:

1. *„Ausstellung von künstlerischen Arbeiten (Zeichnungen, Diagramme, Fotos, Schautafeln, Objekten) der eigenen Hallig- und Insel-Reisen als Anregung für Wahrnehmungs- und Ausdrucksformen“*

Dabei handelte es sich aber nicht um eine Ausstellung im herkömmlichen Sinne, sondern um eine Präsentation von Arbeitsmethoden, die die Betrachter in ihren eigenen Forschungen anwenden konnten. Kunst sollte auch auf dieser Ebene nicht die Produktion einer Künstlerin in den Mittelpunkt stellen, sondern den Teilnehmern Erfahrungen ermöglichen.

2. *„Kunst-Kurse mit Möglichkeiten künstlerischen Arbeitens wie Zeichnen, Malen Fotografieren, Sammeln in der Landschaft“*

Die angeführten Kunst-Kurse waren so eingerichtet, dass die Urlauber künstlerische Verfahren auf die Erforschung des Feldes „Pellworm“ anwenden sollten.

3. *„Vorträge über urlaubsbezogene Probleme (Freizeit, Kontakt..) mit anschließenden Diskussionen“*

Dadurch versuchte die Künstlerin die Urlauber zum Nachdenken über ihre momentane Lebenssituation zu bewegen. Aus dem Kontrast zur animierten ästhetischen Praxis, ergaben sich Lernprozesse.

---

[87] Fischer, L.: Weg von der Insel! Weg von der Insel? (Kunst als Animation im Urlaub), a.a.O., S. 32

[88] Fischer, E.: Kreative Animation im Urlaub – am Beispiel der Nordseeinsel Pellworm, a.a.O., S. 71 f.

4. *„Tagebücher mit Anregungen über Wahrnehmungsweisen und Dokumentationsformen im Urlaub"*

Die Teilnehmer wurden dazu angeregt, Ergebnisse ihres ästhetischen Forschungsprozesses zu dokumentieren, wobei sie neben dem Protokoll auch künstlerische Verfahren wie die Zeichnung oder die Fotografie verwenden sollten.

5. *„Rollenspiele mit Themen der Urlaubssituation"*

Durch Interaktion in Gruppen sollten die Probleme der eigenen Lebenssituation verdeutlicht werden.

Aus der Darstellung von Lili Fischers Animationen als Teil einer Feldbegegnung könnte der Eindruck entstehen, dass eine Künstlerin ihre Vorstellungen von Kunstausübung und Lebensführung einem unvorbereiteten Publikum mittels Tarnung „unterschieben" wollte. Einer solchen Einschätzung möchte ich jedoch drei Argumente entgegenhalten.

Zum einen basiert die Begegnung mit dem Feld auf einer kritisch reflektierten Interaktion. Lili Fischers Aufzeichnungen zufolge überprüfte sie kontinuierlich ihre Methoden, indem sie die nach den Animationen verfertigten Feldprotokolle einer kritischen Reflexion unterzog. Dies führte zu einer Modifikation ihrer Methoden und Anliegen.

*„Ich machte die Beobachtung, dass die gegenständliche Arbeiten die Besucher weit mehr ansprachen als die abstrakten (Diagramme fand man »banal«)."*[89]

Abb. 5

„Die Reaktionen einiger Teilnehmer: » (...) es kam eine Zeichnung zustande, die mich naiv erfreute (...)« in: Fischer, Lili: Weg von der Insel! Weg von der Insel? (Kunst als Animation im Urlaub), in: KunstNachrichten, 14. Jhg., Heft2, 1978

[89] Fischer, L.: Weg von der Insel! Weg von der Insel? (Kunst als Animation im Urlaub), a.a.O., S.32

Zum anderen liegt in der Annahme der Rolle als Freizeithelferin keine Täuschung der Urlauber im Sinne einer „Amtsanmaßung" vor. Denn die Künstlerin hatte sich fundiert auf die Aufgabe vorbereitet und war tatsächlich eine ausgebildete Animateurin. Zum dritten möchte ich anführen, dass ihr pädagogisches Handeln (als solches verstehe ich die durchgeführte Animation) inhaltlich motiviert ist und mit bestimmten Zielsetzungen verbunden ist, über deren Richtigkeit sich natürlich streiten lässt.

Zusammenfassend lässt sich diese Methode der Feldbegegnung durch teilnehmende Beobachtung wie folgt darstellen: Das Verfahren von Lili Fischers teilnehmender Beobachtung ist durch Empathie geprägt und zielt auf Verständnis ab. Sie erreicht dies, indem sie eine Rolle im Feld annimmt und dabei versucht, mittels dialogischem Verhalten soziale und individuelle Strukturelemente aufzuspüren. Dabei interagiert sie nicht unvoreingenommen mit dem Feld, sondern interpretiert es aus einem Vorverständnis heraus.

*„Angesichts der Zukunftsprognosen (Arbeitsplatzverknappung / Arbeitslosigkeit), die mit einer wachsenden Zunahme freier Zeit einen erhöhten Bedarf an Angeboten für die Einübung und Entfaltung innovativer, schöpferischer Kräfte voraussagen, wird diese Aufgabe immer dringlicher."*[90]

Wie gezeigt, werden die Interpretationen durch eine kritische Auswertung der Erhebung modifiziert.

Zum anderen hat die teilnehmende Beobachtung interaktiven Charakter. Lili Fischer versucht durch Interaktion, die sie als Animation kennzeichnet, das Leben der zu erforschenden Probanden im Sinne einer Emanzipation zu beeinflussen. Motiviert ist diese Handlungsweise durch ihr Vorverständnis, dass es die Aufgabe von Kunst sei, in menschliche Aktivität einzugreifen und im Sinne einer Humanisierung zu erweitern:

---

[90] Fischer, L.: Weg von der Insel! Weg von der Insel? (Kunst als Animation im Urlaub), a.a.O., S. 29

*„Das Projekt zeigt, dass »eine systematische künstlerische Praxis« nur dann ins »Feld jeglicher menschlicher Aktivität« eingreifen kann, wenn der Künstler den Urlaubern, Hausfrauen, Kurgästen, Jugendlichen, Rentnern nicht zeigt was er kann, sondern, wenn er ihnen Situationen schafft, Instrumente zur Verfügung stellt, Requisiten in die Hand gibt, die sie anregen zu handeln, zu erfinden, zu spielen, aufmerksam zu werden, auszudrücken, zu formen, zu verändern, einzugreifen"*[91]

Abschließend möchte ich kurz erläutern, wie Lili Fischer ihre Methode der Feldbegegnung durch teilnehmende Beobachtung im Rahmen ihrer Dissertation selbst analysiert hat. Sie leitete aus ihrem Vorgehen folgende 10 Strategien ab.:[92]

1. *„Feldforschung"*: Damit ist die Ausrichtung künstlerischer Aktivität gemeint, die sich nicht auf das „Spiel mit den autonomen Mitteln" der Kunst beschränkt sondern auf eine ästhetische Erforschung von Lebenswelt ausgerichtet ist
2. *„Rollentausch"*: Der Künstler muss sich nicht nur eine angemessene Rolle im Feld suchen, sondern seine Aufgabe als Künstler zielorientiert überdenken.
3. *„Kooperation mit Wissenschaftlern"*: Die Feldaktivitäten sollten leitfragenorientiert ablaufen; theoriegestützte Vorüberlegungen sollen helfen, effektiver im Feld zu arbeiten. Gleichzeitig bezieht sich die Wissenschaftsorientierung auf die systematische Durchführung von Animationen.
4. *„Team-Arbeit"*: Damit ist die Kooperation mit Feldexperten gemeint; sowohl was die Introspektion der sozialen Systeme angeht, als auch die Organisation von Angeboten.

[91] Fischer, L.: Weg von der Insel! Weg von der Insel? (Kunst als Animation im Urlaub), a.a.O., S. 35

[92] Fischer, L.: Weg von der Insel! Weg von der Insel? (Kunst als Animation im Urlaub), a.a.O., S. 35

5. *„Mehrdimensionalität der Angebote“*: Die Animationsangebote sollen zum einen auf Grund der Zugänglichkeit bekannte Formen aufgreifen (z.B. Ferienprogramm), zum anderen differenzierte Bildungsangebote enthalten.
6. *„Ignorierung des Kunstanspruchs (oder: teilnehmerorientierte Zielsetzung)“*: Es kommt auf die Entwicklung der Fähigkeiten der Probanden an und nicht auf deren Partizipation am Kunstmarkt.
7. *„partnerschaftliches Verhalten“*: Damit ist ein nicht hierarchisches Beziehungsverhältnis zwischen Künstler und Teilnehmern gemeint. Der Künstler ist zum einen Impulsgeber und reagiert zum anderen auf die Impulse des Feldes. Er ist jederzeit bereit als Person zugunsten des kreativen Prozesses zurückzutreten. (Damit bezieht sich Lili Fischer nicht nur auf grundsätzliche pädagogische Prinzipien, sondern stellt ihre Aktivitäten in den Kontext eines erweiterten Kunstbegriffs, der den Künstler als Initiator ästhetischer Erfahrung begreift [vgl. John Cage, Kap. 2.1.5].)
8. *„Verlagerung des Qualitätsbegriffs“*: Das Verständnis von künstlerischen Qualitäten wird vom Produkt zum ästhetischen Prozess hin verlagert. Dadurch kommt es nicht mehr darauf an, dass die Probanden „kunstähnliche“ Werke schaffen, sondern im ästhetischen Prozess neue Erkenntnisse bezüglich ihrer Lebensführung gewinnen.
9. *„Belastbarkeit“*: Dies ist eine realistische feldorientierte Komponente. Der Künstler muss insofern belastbar sein, dass die Planung von Animationsentwürfen sich vom tatsächlichen Ablauf und den vorgefundenen Bedingungen unterscheidet. Dies impliziert eine Offenheit bezüglich der tatsächlichen Feldaktivitäten. Gleichzeitig führt Lili Fischer in diesem Zusammenhang an,

dass eine derartige Kunstpraxis keine verkaufbaren Produkte für den Kunstmarkt abwirft.

10. *„Projekt-Übergabe“*: Die künstlerische Aktivität sollte nicht an den Künstler gebunden bleiben, da er lediglich Impulsgeber ist. Dennoch sollte der Künstler „Verbündete“ finden, die die begonnene Arbeit fortführen können. Darin zeigt sich die Verantwortung dem Feld gegenüber. Es soll vermieden werden, dass nachdem der Künstler das Feld verlassen hat, eine irritative Lücke im sozialen Gefüge entsteht. Damit bezieht sich Lili Fischer auch auf die Problematik ethnologischer Feldforschung, dass oftmals nach Beendigung eines Forschungsprojektes die untersuchte und veränderte Kultur sich selber überlassen wurde.

### 2.2.2 Aufarbeitung des Materials

Lili Fischer begnügt sich nicht damit, die durch Feldbegegnung gewonnenen Materialien zu sammeln und zu dokumentieren, sondern bereitet sie systematisch auf. Aufgrund des Doppelcharakters der „Künstlerischen Feldforschung“ – der Verknüpfung von künstlerischen und wissenschaftlichen Verfahren - behandelt sie ihre Sammlungen auf unterschiedliche Weise. Folgende Aufbereitungsverfahren lassen sich dabei feststellen.:
Nicht nur vor der Feldbegegnung, sondern auch im Anschluss, versucht Lili Fischer, die Ergebnisse durch Theoriebildung anzureichern. Dabei greift sie auf unterschiedlichste Wissensbestände zurück. Da es sich bei den Forschungsfeldern um anthropologisch orientierte Inhalte handelt, greift die Künstlerin sozial- und geisteswissenschaftliche Forschungsergebnisse auf. Disziplinen wie Kulturanthropologie und europäische Ethnologie werden ebenso als Bezugswissenschaften hinzugezogen, wie Geschichte, Archäologie und Soziologie. Da sie aber wie bereits gezeigt die anthropologischen Fragen im Kontext von Kul-

tur und Natur behandelt, werden auch naturkundliche Quellen herangezogen. Die Aufarbeitung des erhobenen Materials durch Verknüpfung mit Theorieelementen erfolgt aber nicht im Sinne einer wissenschaftlichen Theoriebildung. Vielmehr werden wissenschaftliche Theorien und Erkenntnisse „eingelagert" und unter künstlerischen Gesichtspunkten assoziativ umgedeutet.

Eine weitere Aufbereitung besteht in der künstlerischen Weiterentwicklung des Materials; d.h., es entwickeln sich Arbeiten, die dem „Kunstbetrieb" im engeren Sinne zugerechnet werden können. Gemeint sind hier skulpturale und bildnerische Formen, die sich als Objekt, Assemblage, objet trouvé oder als Zeichnung manifestieren.

Signifikant für Lili Fischers Methode der Aufarbeitung ist das Sortieren und Systematisieren des Materials. Dabei lässt sich weniger eine formalästhetische Systematisierung erkennen, als eine thematisch orientierte. Die zu Beginn einer Feldforschung entwickelten Leitfragen werden hierzu ebenso herangezogen, wie die bei der theoretischen und künstlerischen Aufarbeitung gewonnenen Erkenntnisse.

Entscheidend für die Aufarbeitung des Materials ist die Frage, in welcher Form die Ergebnisse präsentiert und weitervermittelt werden können. Lili Fischer entwickelt und erprobt hierzu unterschiedliche Umgangsweisen mit dem Material. Dabei ist der Einsatz von Sprache und Zeichnung von besonderer Bedeutung. Die Künstlerin entwickelt skizzenhafte „Drehbücher", in denen sie den Umgang mit den Ergebnissen ihrer Projekte antizipiert. Welche Präsentationsformen im einzelnen entstehen, wird im nachfolgenden Teilkapitel näher beleuchtet.

Im Folgenden werde ich die Formen der Materialaufarbeitung an Hand von Beispielen exemplarisch erläutern und analysieren. Dabei wird vor allem das im vorigen Kapitel dargestellte Feldforschungsprojekt „Teufelsmoor persönlich" ausgewertet.

#### *2.2.2.1 Sortieren und ableiten – „Tatbestände" des Teufelsmoores*

Dem im vorigen Kapitel vorgestellten Buch „Teufelsmoor persönlich" liegt eine Aufarbeitung des im Feld erhobenen Materials zugrunde. Die folgende Analyse paraphrasiert nicht den Aufbau des Buches, sondern arbeitet exemplarisch Lili Fischers immanenten Strategien der Aufarbeitung heraus.

Zunächst fällt auf, dass sowohl Fotos als auch Zeichnungen einer logischen Systematik folgen. Wie bereits erläutert, ging es Lili Fischer darum aufzuzeigen, wie ein über Jahrtausende gewachsener Naturraum vom Menschen kulturell überformt wird. Dieses Leitmotiv prägt auch die Systematik, nach der sie das Fotomaterial sortiert. Sequenzen von scheinbar unbelasteter Natur gehen über in Dokumentationen der industriellen Nutzung des Moores, die in der Abbildung einer Werbetafel des torfabbauenden Unternehmens gipfelt, das einer gewaltigen Mauer aus Torfziegeln gegenüber gestellt wird.

Lili Fischer: *Teufelsmoor persönlich*, Worpswede, 1983

Abb. 6

Wenn die Torfwerke angeben: *„Floratorf – Produkte mit der Vollkraft der Natur helfen alles besser wachsen und blühen zu lassen. Gärten werden schöner und Städte werden grüner."*[93], so belegt die Künstlerin durch die korrespondierende Abbildung einer Mauer aus getrockneten Ziegeln, dass ein belebter Naturraum sich in eine Wüstung verwandelt hat. Hier zeigt sich, dass

[93] Fischer, L. / Jappe, G., a.a.O., 1983, Verschriftlichung eines Teiles einer Werbetafel, welche in der Fotosequenz des Buches dokumentiert wird

die Künstlerin ihr Material unter Vermittlungsaspekten aufarbeitet und sortiert.
Neben der Aufarbeitung nach inhaltlichen Kriterien, ist ebenso eine Aufarbeitung unter formalästhetischen Gesichtspunkten festzustellen. So korrespondiert beispielsweise die vertikale Linienführung einer Waldansicht mit einer Abbildung von Schilfgewächsen.
Eine Gesamtanalyse des Buchaufbaus lässt jedoch den Schluss zu, dass Lili Fischer das ihr vorliegende Material (Fotografien, Zeichnung) vor allem nach inhaltlichen Gesichtspunkten gruppiert hat. Es geht ihr m.E. vor allem um die Vermittlung von Erfahrungen und Erkenntnissen, die allerdings formalästhetisch getragen werden.
Hierzu ein weiteres Beispiel: Das Arrangement der künstlerischen Arbeitsergebnisse im Teufelsmoor-Buch vermittelt dem Betrachter nicht nur Einsichten bezüglich der Beschaffenheit des „Forschungsfeldes“ (die kulturelle Überformung des Teufelsmoor). Ebenso gibt das vorliegende Material Hinweise für einen „alternativen“ Umgang mit den natürlichen Ressourcen der Erde. Auch diese Hinweise sind Ergebnis einer Aufarbeitung des durch Feldforschung entwickelten Materials.

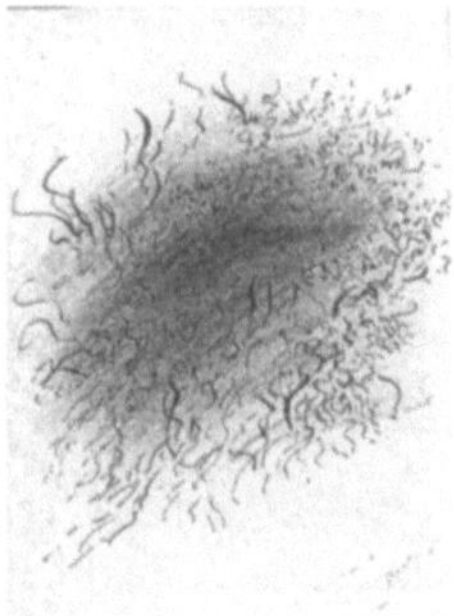

Abb. 7

Torfskizze, in:
Lili Fischer: *Teufelsmoor persönlich*,
Worpswede, 1983

Im Buch findet sich neben den Landschaftsfotografien auch eine Sequenz von „Torfzeichnungen“. In scheinbar wissenschaftlicher Manier zeichnet die Künstlerin systematisch Strukturelemente des Torfes auf. Die Zeichnungen sind teilweise Assemblagen aus Fundstücken und graphischen Spuren die mit handschriftlichen Kommentaren versehen sind. Die Kommentare geben Auskunft über das Dargestellte (*Torfsaft ausgepresst, Torffasern aufgeklebt, Torfasern mitgezeichnet, Torfverlauf nachgezogen*) oder werfen Fragen auf, die wiederum Auskunft über Lili Fischers Interessen geben (*„herausfinden: Geheimsprache von Torf: zu welcher Zeit?“*). Die Künstlerin nutzt hier Methoden der Pflanzenkunde[94], um subjektive Vorstellungen und Assoziationen zu entwickeln.

Nun folgt eine Reihe von Zeichnungen, die aus ausgequetschtem Torfsaft und darüber gesetzten Bewegungslinien bestehen. Diese Zeichnungen sind abstrakt; d.h. sie sind nicht direkt als ein bestimmtes Strukturelement von Torf ausgewiesen. Vielmehr scheint hier das Material die Künstlerin zur Entwicklung einer subjektiven Zeichensprache angeregt zu haben. Das Wissen um erdgeschichtliche Zusammenhänge hat eine emotionale Haltung gegenüber dem Material (Torf) ausgelöst, was sich in den expressiven Zeichnungen m.E. auch wiederspiegelt. Die Aufarbeitung des im Feld gesammelten Materials ist also von Empathie geprägt, wobei die Kenntnis von Wissensbeständen den ästhetischen Aneignungsprozess beeinflusst. Der zeichnerische Kommentar verwendet abstrakte Gestaltungsmittel (automatische Zeichnung), und verbindet sie mit der Darstellung beobachteter Phänomene wie dem linearen Verlauf von Torfschichten. Lili Fischer demonstriert in ihren Zeichnungen eine „alternative“ ästhetische Auseinandersetzung mit natürlichem Material und gibt dadurch dem Betrachter Hinweise, wie er seinerseits durch eine unkonventionelle Haltung gegenüber Naturphänomenen neue Lebensperspektiven entwickeln kann.

Neben dem Sortieren, Kommentieren und Interpretieren des im Feld erhobenen Materials besteht die Aufarbeitung auch in der Planung von weiterführenden Vermittlungsformen. Darunter

[94] z.B. werden verschiedene Pflanzenreste im Torf identifiziert

sind gezielte Animationen zu verstehen. Auch hierzu ein Beispiel aus dem Teufelsmoor-Buch.

Im Anschluss an die Zeichensequenzen folgt eine handschriftlich beschriebene Seite, in der Lili Fischer Ideen für mögliche Vermittlungsformen ihrer Forschungserkenntnisse zusammenstellt. Ich gebe diese Seite maschinenschriftlich wieder.:

*„Torfidee: statt Goldbarren werden Torfstücke angeboten – nicht zum verheizen und nicht zur Vorgarten – Aufbesserung – nein, sie werden auf einer Torfbank ausgelegt und sind dort abrufbar, wenn man zum Nachdenken eine Kopfstütze braucht .... und sich z.B. fragt, was denn von einem übrig bleibt. Das Moor wächst in einem Jahrhundert um 1 Millimeter. Torf-Kopfstützen gibt es ab 10 cm. Höhe."*[95]

Hier sich zeigt zum einen, dass Lili Fischer wiederum auf Sekundärinformationen zurückgreift (Torf als Düngematerial, Torf als Heizmaterial, Information über die Entstehungszeiträume von Torf) und zum anderen die Forschungsergebnisse mit eigenen Vorstellungen anreichert. Eine „Torfbank" könnte als Teil des kollektiven Gedächtnisses der Menschheit fungieren und die Lebenszeit des Menschen wird mit der des Torfes in Relation gesetzt. In einer „Torfidee" drückt sich auch aus, dass die Ableitungen aus dem Feldforschungsprojekt vermittelnswertes Material enthalten. In späteren Aktionen stellt Lili Fischer tatsächlich Torfkissen einem Publikum für Selbsterfahrungen zur Verfügung.[96]Grundlage dieser Aktionen war die Aufbereitung des in der Feldforschung gewonnen Materials, womit auch die Planung von Vermittlungsformen verbunden war.

Ein letzter Aspekt der Aufbereitung besteht in der Herstellung von künstlerischen Objekten, die skulpturalen Charakter haben.

*„(...) zum Abschluss wird ein Einblick in einige Arbeiten gegeben, die auf dem Barkenhoff entstanden sind in der Wechsel-*

---

[95] Fischer, L. / Jappe, G., a.a.O., 1983

[96] vgl. Fischer, Lili / Jappe, Georg: Kissen im Moor, Expo 2000, Beitrag zu „Moore, Sumpf und Klosterland", Kunstverein Giffhorn, 30.6 – 27.8.2000

*wirkung zwischen Klausur und Herausforderung der Umgebung."*[97]

Lili Fischer: *Stecken-Parade*, Worpswede, 1982

Abb. 8

Am Ende des Buches befinden sich einige Abbildungen von Material-Assemblagen. Sie bestehen aus Fundstücken des Moores (Äste, vegetatives Material), Alltagsgegenständen (Rucksack, Tasche, Beutel, Reisigbesen) und künstlerischen Kommentaren (Zeichnungen, beschriebene Zettel). In den künstlerischen Arbeiten kombiniert Lili Fischer Forschungsinstrumentarien, Fundstücke und Dokumentationen zu einer verdichtenden Skulptur, die eigenständigen ästhetischen Wert erhält. Diese Arbeiten erinnern m.E. an Werkzeuge eines Schamanen, der ein Mittler zwischen verschiedenen Welten ist, und der verborgene Wahrheiten an den „normalen" Menschen weitergibt.

Zusammenfassend lassen sich folgende Formen der Aufarbeitung feststellen.

1. leitfragengestütztes Sortieren des im Feld erhobenen Materials
2. theoriegestützte Interpretation des Materials

[97] Fischer, L.: Teufelsmoor persönlich, in: KunstNachrichten, a.a.O., S.62

3. assoziative Kommentierung des theoretisch angereicherten Materials durch sprachliche und künstlerische Mittel
4. Ableitung von Vermittlungsformen im Sinne von Animation und Präsentation
5. Herstellung von künstlerischen Arbeiten, die eine feldunabhängige ästhetische Qualität erhalten.

### 2.2.3. Präsentation des aufgearbeiteten Materials

In einem Gespräch mit Rainer Wick aus dem Jahre 1978 erläutert Lili Fischer, warum sie das aufgearbeitete Feldforschungsmaterial wieder in den Kunstkontext überführt. Damit nimmt sie implizit zu der Frage Stellung, warum ihre Arbeiten, die sozialpädagogische Konnotationen enthalten (z.B. „Kreative Animation im Urlaub"), keine in sich abgeschlossenen Projekte sind, sondern ein Transfer in den Kunstkontext durchgeführt wurde. Diese Problematik ergibt sich daraus, dass Lili Fischer sich auf einen Kunstbegriff bezieht, der die künstlerische Arbeit im Sinne einer Initiierung von ästhetischen Erfahrungsprozessen aufheben wollte. Ihre Entscheidung für eine Präsentation im künstlerischen Zusammenhang begründet Lili Fischer wie folgt:

*„... ich habe einige Ergebnisse im Kunstverein gezeigt mit der Absicht die Vorgehensweisen, die Strategien zu zeigen. Aktivitäten außerhalb des Kunstbereichs sind wichtig ... es fragt sich nur w a s danach wieder in den Kunstbetrieb hineingetragen werden soll ... sicher nicht die Anekdoten, die Herr Müller oder Herr Meyer in der Kneipe erzählt haben, sondern Handlungsstrategien, die auch auf andere Bereiche übertragen werden können ..., die z.B. den Rezipienten wiederum anregen, seinerseits die Sache neu zu sehen, zu deuten ...Im Grunde gibt es drei Ebenen: die persönliche Feldforschung in einem bestimmten Bereich, die Vermittlung der Ergebnisse und Aktivierung der Teilnehmerkreise innerhalb dieses Feldes, um z.B. die eigenen Ideen zu überprüfen, die Kunst außerhalb des Museums voran-*

*zutreiben und drittens die Rückkoppelung der Arbeit in den Kunstkontext mit dem Schwerpunkt der Methoden, die wiederum von den Kunstrezipienten angewendet werden können."*[98]
Lili Fischer macht hier deutlich, dass sich die künstlerische Feldforschung vor Ort von der Präsentation in feldfernen Kontexten unterscheidet. In diesem Sinne ist die Präsentation von der Frage begleitet, auf welche Weise den unterschiedlichen Rezipienten (im Feld, außerhalb des Feldes) die vermittelnswerten Aspekte der Forschungen nahegebracht werden können. Man könnte gleichsam von einer didaktisch-methodischen Analyse des Forschungsmaterials sprechen. Dadurch unterscheidet sich Lili Fischer von einer künstlerischen Praxis, die die Vermittlung Kunsthistorikern oder Museumspädagogen überlässt. Lili Fischer ist nicht die einzige Künstlerin, die diesen Weg beschreitet; vielmehr befindet sie sich auch hier im Kontext eines erweiterten Kunstbegriffs.
Die Künstlerin agiert auf zwei Vermittlungsebenen. Auf der ersten Ebene geht es um *„die Vermittlung der Ergebnisse und Aktivierung der Teilnehmerkreise innerhalb dieses Feldes"*. Hier ist ihr der Feldbezug wichtig in dem Sinne, dass die „Feldbewohner" über die Auseinandersetzungen mit den „Feldbedingungen" ihre eigenen Möglichkeiten erweitern. Lili Fischer versteht diese Ebene im Sinne einer Etablierung von künstlerischen Strategien außerhalb der Museen. Auf der zweiten Ebene geht es ihr um die Vermittlung ihrer künstlerischen Methoden, die die Kunstrezipienten zu eigenem erweiterndem Denken und Handeln anregen sollen. Wie ich später zeigen möchte, spielen sich die Präsentationen im Kunstkontext aber ebenso auf der ersten Ebene ab. Denn abgesehen von der Vermittlung der Methode der künstlerischen Feldforschung geht es Lili Fischer auch im Museum (oder anderen Kunstorten) um die Vermittlung von Inhalten und persönlichen Anliegen.

---

[98] Rainer Wick im Gespräch mit Lili Fischer, a.a.O., 1978, S. 108

Lili Fischer versucht auf unterschiedliche Weise die Ergebnisse ihrer Forschung zu präsentieren. Dabei geht sie grenzüberschreitend vor, sowohl was die Auswahl der Medien, als auch was die Methoden angeht. Folgende Präsentationsformen lassen sich unterscheiden:

- Intermediale Performance; Kombination von skulpturalen und bildnerischen Mitteln mit Sprache, Bewegung, Klang und Musik
- Ausstellung; raumbezogene Erfahrungsfelder / Installationen und klassische Hängung
- Publikationen; Künstlerbücher und Ausstellungskataloge

Ich werde im Weiteren die verschiedenen Präsentationen an Hand von Beispielen exemplarisch beschreiben und analysieren.

#### *2.2.3.1 „Milchmädchenrechnung" – intermediale Performance*

Grundlage dieser Analyse von Lili Fischers Präsentation von Feldforschungsergebnissen durch Performance ist die Publikation „Milchmädchenrechnung" aus dem Jahre 2000.[99] Hier werden die Ergebnisse eines vielschichtigen Feldforschungsprojektes gebündelt zusammengefasst. Das Buch enthält neben den zeichnerischen Planungsskizzen, dem Performancedrehbuch und Szenenfotos auch eine Sammlung von Artefakten. Thema dieser künstlerischen Feldforschung ist die Auseinandersetzung mit Frauenbiografien. Dabei wird sowohl die moderne Frau in typisierten Stufen der jeweiligen Lebensalters vorgestellt, als auch ein Bezug zu historischen Entwicklungen von Frauenrollen hergestellt. Lili Fischers Anliegen ist nicht nur die Entwicklung von Frauenbiographien im Verlauf der europäischen Geschichte ästhetisch zu erforschen und nachzuzeichnen, sondern auch sich selbst und damit auch den Rezipienten in ein Spannungsverhältnis zwischen tradierten und gegenwärtigen

[99] vgl. Fischer, Lili: Milchmädchenrechnung: (eine Leiter auf und ab), Hamburg/München, 2000

Rollenzuweisungen zu bringen. Lili Fischer knüpft in ihrem Projekt an ein Phänomen der urbanen Gesellschaft an, das darin besteht, menschliche Eigenschaften und Bedürfnisse statistisch zu erfassen und zu dokumentieren. Dieses Phänomen spiegelt sich wieder in Dokumentationen wie Zeugnisse, Haushaltsbücher oder Rechnungen. Die Künstlerin setzt nun diese Dokumente in Relation zu individuellen Frauenbiographien. Dabei arbeitet sie Typologien von Weiblichkeit heraus und illustriert dies durch exemplarische Beispiele.

Im Folgenden werden die Strukturelemente von Lili Fischers Form der intermedialen Performance dargestellt.

Im Vorfeld der Performance hat eine intensive künstlerische Feldforschung stattgefunden, und die Performance ist eine Form der Präsentation dieser Forschungsergebnisse ist. Adressat ist ein künstlerisch und feministisch interessiertes Publikum. Dies leite ich aus der Angabe der Aufführungsorte ab (2. Mainzer FrauenKulturfestival „femme culturelle 1992, Frauenmuseum Bonn 1994, Altonaer Museum 1993, Staatliche Galerie Moritzburg/Halle a.d. Saale 1998, Galerie im Park/Bremen 2000).

Im Zentrum der Performance steht die Person Lili Fischer, die sprachlich und theatralisch Ergebnisse ihre „Forschungsarbeit" präsentiert. Es handelt sich weder um einen Vortrag in wissenschaftlicher Manier, noch um eine spontane Improvisation. Es ist vielmehr eine präzise geplante Inszenierung der durch Feldforschung ermittelten Inhalte. Dabei greift die Künstlerin verschiedene Genres der darstellenden Künste auf.

*„Eine Performance zwischen Kabarett (Erinnerungen an Elsie Attenhöfer? Wer kennt sie noch?) und Ausdruckstanz, Komödie und Choreographie."*[100]

Von der klassischen Performance (Chris Burdon, Marina Abramović) unterscheidet sich Lili Fischer insofern, als sie nicht au-

[100] Schneckenburger, Manfred: Kapriolen, die das Leben schlägt, in: Fischer, L.: Milchmädchenrechnung: (eine Leiter auf und ab), a.a.O., S. 5

thentische Erlebnisse vor Publikum vorführt, sondern spezifische Inhalte theatralisch inszeniert.

Lili Fischer: *Milchmädchenrechnung: (eine Leiter auf und ab)*, 1992 - 2000

Abb. 9

Kabarettistische und komödiantische Elemente lassen sich insofern ausmachen, als sie mit doppelbödiger Ironie und Komik nachdenkenswerte und ernste Themen transportiert. Beispielsweise betritt Lili Fischer zu Beginn der „Milchmädchenrechnung" den Bühnenraum in der Rolle einer „Oma", die mit künstlichem Bauch und abgenutztem Wollmantel zwei Einkaufswagen steuert. Dabei zählt sie auf, was eine alte Frau benötigt (Butter, Kohl, Katzenstreu, Rheumagehl, Herztropfen). Die Art der Repräsentation einer alten Frau ist in ihrer zugespitzten und pointierten Manier von humoristischer Qualität, insbesondere, da Lili Fischer normalerweise als agile Person agiert. Dadurch bringt sie ernste Inhalte auf komische Art zur Sprache, wobei diese um so nachhaltiger zur Wirkung kommen können. Hier wird die hermetische Welt einer alten Frau dargestellt. Dies gipfelt in der Bemerkung: *„unsereins zählt ja doch nichts mehr"*.[101]

Im Folgenden werde ich die intermedialen Elemente von Lili Fischers Performance getrennt betrachten. Verschiedene Strukturelemente lassen sich voneinander abgrenzen. In der Performance werden diese jedoch integrativ verwendet.:

1. der Einsatz von Text, bzw. Sprache
2. der Einsatz von Bewegung und körperlichem Ausdruck

[101] Fischer, L., a.a.O., 2000, S. 29

3. der Einsatz von Klang und Musik
4. der Einsatz von Objekten und Artefakten
5. die Einbeziehung des Publikums im Sinne der Animation

### 1. der Einsatz von Text, bzw. Sprache

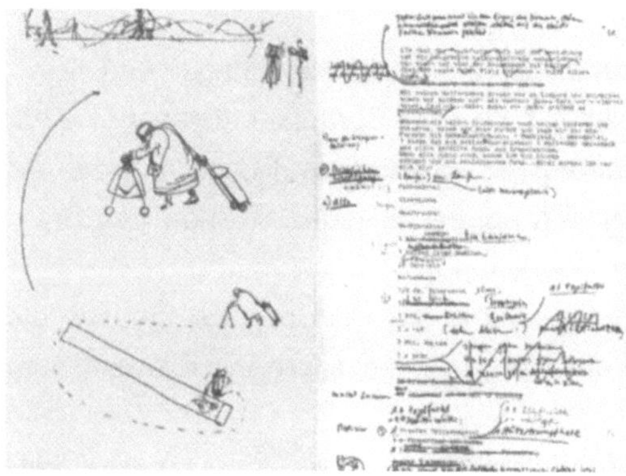

Auszug aus dem Performance –Drehbuch: Lili Fischer: *Milchmädchenrechnung: (eine Leiter auf und ab)*, München/Hamburg, 1992 - 2000

Abb. 10

Für Lili Fischer sind Text und Sprache zentrales und verbindendes Element ihrer Performances. Das gilt auch für die Planungsebene. Denn jeder Performance geht eine präzise Planung in Form eines Drehbuchs voraus. Hier legt die Künstlerin nicht nur die sprachlichen Äußerungen fest, sondern versucht auch den Handlungsablauf und die Requisiten sprachlich zu beschreiben. Folgender Drehbuchauszug verdeutlicht dieses Vorgehen (Solche Passagen durchziehen den gesamten Text des „Milchmädchenrechnung"-Drehbuchs):

*„(inzwischen bin ich um die Stoffbahnen herumgegangen, und stehe wieder am Anfang – und zwar direkt vor der Stoffbahn. Den rollenden Handstock habe ich an den Einkaufswagen gelehnt. Ich krame in meiner Handtasche und werfe Kassenzettel heraus...)"*[102]

In der Planungsphase ist der Einsatz von Sprache von besonderer Wichtigkeit, da sie Gedanken und Vorstellungen systematisch ordnet. Lili Fischer versteht dies als Strategie um künstle-

[102] Fischer, L., a.a.O., 2000, S. 29

risches Vorgehen im Sinne der künstlerischen Feldforschung effektiv zu organisieren.:

*„(...) wenn die Aktivitäten in dem Feld nicht sporadisch verlaufen, sondern mit Hilfe wissenschaftlicher Erkenntnisse und Erfahrung von Experten langfristig vorbereitet und systematisch durchgeführt werden (...)"*[103]

Im Verlauf der Performance werden alle Handlungen und Aktivitäten sprachlich begleitet. Dabei hat Sprache entweder eine die Handlung illustrierende bzw. erweiternde Funktion, oder sie verbindet einzelne in sich abgeschlossene Szenen des Drehbuchs im Sinne einer Überleitung.

Folgendes Beispiel zeigt, wie in der Performance Sprache als illustrierendes bzw. die Handlung erweiterndes Element zum Einsatz kommt.:

Am Beginn der Performance vollzieht die Akteurin eine Verwandlung von einer alten Frau zu einem Teenager und wiederum zu einer etablierten Frau mittleren Alters. Dabei schreitet sie eine lange Stoffbahn ab. Am Ende dieser Szene tritt die Künstlerin von der Bahn zurück, weist auf diese und sagt.:

*„7m Stoff in 7 Minuten entspricht einer Länge von 70 Jahren mit insgesamt 7 Sachen zu einem Wert von ca. 700 DM für Nachlassverwalter... (Stoffbahn überschlagen) ergibt: unser Leben währet 70 Jahre, was in der Jugend kaum Perspektiven hat, im Alter nichts zählt und in der Mitte nur die Hälfte Wert ist."*[104]

Mit diesen Worten verdeutlicht Lili Fischer nicht nur, dass die abgeschrittene Stoffbahn einen Lebenszeitraum symbolisiert, sondern verweist auch auf die Problematik, ein Leben bei Zeiten mit Qualität zu füllen. In ihrem Text vermittelt die Künstlerin Probleme und Erkenntnisse, die sie durch Feldforschung gewonnen hat und durch den Umgang mit Material während der

---

[103] Fischer, L.: Weg von der Insel! Weg von der Insel? (Kunst als Animation im Urlaub), in: a.a.O., S. 35

[104] Fischer, L., a.a.O., 2000, S. 33

Performance visualisiert. Sprache ist also Begleitung und Erweiterung der sichtbaren Aktion.
Lili Fischer verwendet Texte aber auch als Überleitung zu einer neuen Performance-Sequenz. Dazu ein Beispiel:

*„(...) Hier sind überall Aufgaben im Raum verstreut, die man nur mit Kopf und Fuß rechnen kann...*
*Wie diesen Schrittmacher für die persönliche Laufbahn:*
*(die Assistentinnen entrollen eine ca. 6m lange und 1m breite Zeichnung mit rhythmischen Linien)*
*das Begleitband für die eigene Laufrichtung: eine Strecke von 60 Jahren kann man hier Probelaufen:...“*[105]

Unterschiedliche Handlungsstränge der Performance werden hier sprachlich miteinander verbunden und so ein inhaltlicher Zusammenhang geschaffen. Die erste Äußerung *„Hier sind überall Aufgaben im Raum verstreut (...)“* fasst den bisherigen Erkenntnisstand pointiert zusammen. Gemeint ist hier die Aufarbeitung von „Aufgaben“, denen sich Frauen in ihrer Biografie stellen müssen. Die Aufarbeitung soll nun durch das expressive Abschreiten einer 6m langen linearen Zeichnung erfolgen, die den exemplarischen Lebenslauf einer Frau seismographisch nachzeichnet. Dies verdeutlicht die Akteurin durch die Erläuterung des nun ausgerollten zeichnerischen Objektes: *„das Begleitband für die eigene Laufrichtung (...)“*. Zusammenfassend lässt sich sagen, dass Lili Fischer die Texte sowohl als strukturiendes wie als Bedeutung schaffendes Element ihrer Performances verwendet.

**2. der Einsatz von Bewegung und körperlichem Ausdruck**

Neben der Sprache sind die Bewegung und der damit verbundene Ausdruck zentrales Element der Performance von Lili Fischer. Die aufgeführten Bewegungsfolgen spiegeln aber keine Empfindungen authentisch wieder, sondern sind präzise geplante Bewegungsabläufe, die auf einen bestimmten Ausdruck abzielen. In diesem Sinne ist der Spielraum für Improvisationen

[105] Fischer, L., a.a.O., 2000, S. 51

minimal und auch nicht gewünscht. Lili Fischer vermeidet die Inszenierung der eigenen Körperlichkeit in diversen Belastungszuständen, wie dies für die „klassische" Performance der 70er Jahre galt.[106] Vielmehr geht es ihr um eine adäquate Vermittlung der durch Feldforschung gewonnenen Inhalte. Dies bedeutet aber nicht, dass die Performance ohne empathisches Vermögen entwickelt wurden. Dies belegen die expressiven choreographischen Planungsskizzen, in denen die Künstlerin die Abläufe einer Bewegung entwirft.[107]

Die so erarbeiteten Handlungen werden in die Performance derart eingebaut, dass sie analog zur Sprache die Inhalte illustrieren oder aber konterkarieren, bzw. erweitern. Hierzu je ein Beispiel.:

So illustriert sie die verschiedenen energetischen Zustände von Lebensphasen durch das Abschreiten der bereits erwähnten rhythmisierten Lebenslinie.:

Lili Fischer: *Milchmädchenrechnung: (eine Leiter auf und ab)*, 1992 - 2000

Abb. 11

*„(...) zuerst im Galopp bis Ausbildungsende, (jetzt gleichmäßig schreiten) dann langsamer Seemannsgang, Wiegeschritt für Beamte im Dienst und schleichender Abgang ab Pension (...)"*[108]

---

[106] vgl. z.B. die „Abreaktionsaktionen" der Wiener Aktionisten

[107] Fischer, L., a.a.O., 2000, S. 16 ff.

[108] Fischer, L., a.a.O., 2000, S. 51

In einer späteren Sequenz der „Milchmädchenrechnung" konterkariert Lili Fischer ihren simultan gesprochenen Text.

*„Wir sind doch erst durch unsere Einkäufe wer... (Ich steige wieder herunter, nehme den schwarzen Chiffon und mache Stummfilmgesten) Und wenn der Steuerprüfer kommt, üben wir den Ausdruckstanz (Steuererklärung nehmen, einige Titel daraus vorlesen und mit dem Schleier eurythmieartige Bewegungen machen) (...) dazu werden Aktienkurse mit Rudolf Steiner-Anleihen angeboten: (Börsenberichte werden eingespielt; ich mache mit dem Schleier Ausdruckstanz der 20er Jahre dazu)"*[109]

Hier erweitert die Künstlerin bestimmte Inhalte, indem sie ihren Text mit Bewegungsabläufen, die einem anderen System zugerechnet werden (expressionistischer Ausdruckstanz, Eurythmie) collageartig kombiniert. Was zunächst komisch wirkt, entpuppt sich als kritische Brechung der Realität. Denn die zitierten Stummfilmgesten, die Innerlichkeit und Leiden wiederspiegeln, passen nicht so recht zu einer konsumorientierten zeitgenössischen Frau. Dies gilt auch für die Eurythmie, die im anthroposophischen Kontext den Kontakt mit kosmischen Sphären ermöglichen soll, und nicht das weltumspannende Aktiensystem interpretiert.

**3. der Einsatz von Klang und Musik**

Die Einbeziehung von Klang und Musik stellt ein weiteres sinnstiftendes Moment in Lili Fischers Performances dar. Im Rahmen der Performance erweitern sie die Inhalte durch eine akustische Komponente.

In einer Sequenz, in der Lili Fischer frühere Frauenbilder heraufbeschwört, ertönt mittelalterliche Musik.

*„(jetzt erklingt mittelalterliche Musik; dazu bewege ich ruhig die Schriftrolle nach oben und nach unten und rolle sie erst auf und dann zu. Wenn die Musik zu Ende ist:)"*[110]

---

[109] Fischer, L., a.a.O., 2000, S. 55
[110] Fischer, L., a.a.O., 2000, S. 41

Dadurch wird nicht nur die Handlung illustriert, sondern in besonderem Maße Atmosphäre erzeugt. Denn Musik ruft wesentlich stärker Emotionen und Erinnerungen hervor als Bilder oder Sprache. Gleichzeitig zeigt sich hier, dass die Künstlerin Musik nie isoliert einsetzt, sondern diese immer mit Sprache oder Bewegung verbindet. Das gilt auch für den Einsatz von Klang. In einer zuvor schon erwähnten Sequenz vollführt die Künstlerin einen expressionistischen Ausdruckstanz zu einem eingespielten Börsenbericht.

**4. der Einsatz von Objekten und Artefakten**

Eine weiteres intermediales Element in Lili Fischers Performances ist die Präsentation von Objekten und Artefakten, die dem Feld entnommen sind. Dieses Material wird analog zu Musik und Klang nicht isoliert gezeigt, sondern in einen Verwendungszusammenhang eingebunden. Dieser ist aber dem alltäglichen und vertrauten Gebrauch enthoben und erweitert das Material durch die Verknüpfung mit neuen Inhalten. So werden eine Handtasche und deren Inhalt, den die Akteurin kommentierend auf den Boden regnen lässt, zum Soziogramm eines Frauenlebens.[111]

*„In Handtaschen herrscht ein Kunterbunt. Ausgeschüttet, liegen Tugend und Laster, Vergnügungen und Zipperlein, Alter und Charakter ihrer Besitzerin bloß. Sie sind Soziogramm und Psychogramm in eins.“*[112]

Lili Fischer: *Milchmädchenrechnung: (eine Leiter auf und ab)*, 1992 - 2000

Abb. 12

[111] Fischer, L., a.a.O., 2000, S. 31 f.
[112] Schneckenburger, M., a.a.O., 2000, S. 5

Auch die bereits beschriebene Stoffbahn ist nicht nur ein den Bühnenraum strukturiendes Element, sondern Sinnbild einer Lebensstrecke, die die Akteurin durch vielfältige Aktionen illustriert und kommentiert.

Ein Zollstock wird zum „Taschenrechner“, der dazu dient, das anwesende Publikum zu „vermessen“.[113] Vermessen meint aber nicht eine statistische Berechnung von weiblichen Anteilen des Publikums, sondern die Beziehung zwischen statistischer Verteilung von Frauen und Männern und einer öffentlichen Wertschätzung von Frauen.

An Hand zweier Haushaltsleitern demonstriert Lili Fischer dann noch die Entwicklungen von verschiedenen „Karriereleitern“.[114] Dabei symbolisiert ein dreistufiger „Tritt“ die Hausfrauenkarriere und die große Leiter die berufliche Karriere. Die Künstlerin interagiert mit diesen Objekten, indem sie einen Spagat zwischen beiden Leitern probiert und sinnfällig scheitert.

Objekt und Artefakt werden in der Performance zwar ihrem alltäglichen Zusammenhang enthoben, entsprechen aber nicht dem *objet trouvé* der Moderne. Sie sind immer noch Repräsentanten des zugehörigen Feldes und werden mittels Sprache und Handlung sinnstiftend erweitert. Dies bedeutet aber nicht, dass die Künstlerin auf formalästhetische Gesichtspunkte kein Gewicht legt, denn die zeichnerischen und textlichen Planungen der Performance belegen, dass die Objekte sorgfältig arrangiert und ausgewählt werden.

**5. die Einbeziehung des Publikums im Sinne der Animation**

Lili Fischer versucht durch ihre Performance nicht nur die Inhalte ihrer künstlerischen Feldforschung in Kunstzusammenhängen intermedial zu präsentieren, sondern sie ist gleichzeitig bestrebt, das Publikum im Sinne des im vorigen Kapitels beschriebenen Animationsprinzips anzuregen. Dazu werden die Betrachter an Schnittstellen des Stückes aktiv in die Handlung

[113] Fischer, L., a.a.O., 2000, S. 33 f.
[114] Fischer, L., a.a.O., 2000, S. 53

einbezogen. Insofern führt Lili Fischer nicht nur die Konzepte von Happening-Aktivisten wie Allan Kaprow fort, sondern greift auch die Beuysschen Vorstelllungen von der Arbeit an der sozialen Plastik auf. In der „Milchmädchenrechnung" geschieht dies in den Sequenzen „Taschenbeschwörung" und „alternative Tombola", die das Finale de Performance darstellen.[115]

Zunächst sammelt die Akteurin Frauenhandtaschen ein, die die Zuschauerinnen freiwillig zur Verfügung stellen. Diese werden im Sinne eines Beschwörungs- oder Reinigungsrituals mit verschiedenen Materialien versehen (z.B. Hühnerfedern, Kastanien, Talkumpuder).

Mit den Worten *„die Taschen sind jetzt erfüllt von neuen Inhalten, dass sie unbedingt an einer alternativen Tombola teilnehmen wollen -"*, beginnt Lili Fischer mit der „alternativen Tombola". Im Vorfeld der Performance erhielt jeder Zuschauer eine Nummer. Nun ordnet die Künstlerin die Nummern den Taschen zu. Dann liest sie 2 Nummern vor und vergibt an die „Gewinnern" verschiedene Preise (Eine Feder, zwei Gewinner dürfen sich eine Geschichte erzählen). Den dritten Preis haben alle Zuschauer gewonnen. Diese können ihre Tasche dadurch auslösen, indem sie dem „Taschengewinner" einen persönlichen Gegenstand aus ihrer Tasche übergeben.

Lili Fischer: *Milchmädchenrechnung: (eine Leiter auf und ab)*, 1992 - 2000

Abb. 13

[115] Fischer, L., a.a.O., 2000, S. 61 ff.

Die Reaktionen auf dieses Finale der „Milchmädchenrechnung" fallen jeweils unterschiedlich aus.

*„in Mainz: Empörung bei den Damen. »Unverschämtheit, wieso ist das Stück schon zu Ende? usw.*

*in Hamburg: emsiges Abwandern der Stoffbahn und heftiger Tauschhandel."*[116]

Durch die Taschenbeschwörung rückt Lili Fischer persönliche Gegenstände des Publikums in den Mittelpunkt der Aufmerksamkeit. Dass eine Tasche gleichsam das Soziogramm einer Person ist, wurde bereits in einer früheren Sequenz deutlich. In dieser Animation möchte die Künstlerin die Zuschauer aktiv in die Performance einbinden. Intendiert ist dabei ein dialogisches Nachdenken über die eigene (Frauen)Rolle, die sich durch das Erscheinungsbild der eigenen Handtasche manifestiert. Lili Fischer weist die Zuschauer darauf hin, dass man über die Handtaschen miteinander ins Gespräch kommen kann. Das Publikum entspricht nun den Vorgaben der Künstlerin, und versucht die eigenen Handtaschen wiederzuerlangen. Dies geschieht durch die Übergabe eines persönlichen Gegenstandes aus einer Tasche. Dabei ist der Teilnehmer gezwungen darüber nachzudenken, was er „persönlich" von sich preisgeben möchte. Dies impliziert auch die Möglichkeit des Nachdenkens über die eigene (Frauen)Rolle.

Abschließend lässt sich feststellen, dass die Präsentationsform Performance das Mittel ist, mit dem die Künstlerin effizient und kontrolliert die Ergebnisse der künstlerischen Feldforschung einer Öffentlichkeit vermitteln kann. Kontrolliert ist das insofern, als Lili Fischer persönlich für die Organisation des Materials in Zeit und Raum zuständig ist. Weiterhin kann nutzt sie die Möglichkeiten von Sprache und Körperausdruck, um die Vermittlung zu steuern. Dies Verfahren hat den entscheidenden Vorteil, dass sie die Reaktionen des Publikums aufnehmen und gegebenenfalls darauf reagieren kann. In traditionellen Vermittlungs-

[116] Fischer, L., a.a.O., 2000, S. 65

formen (Ausstellung, Publikation) ist dies nur im Vorfeld möglich. Ob die Interaktion zwischen Publikum und Künstlerin in Bezug auf die Vermittlung bestimmter Inhalte auch erfolgreich ist, kann hier nicht entschieden und bewertet werden.

### *2.2.3.2 „Meute im Museum" – raumbezogene Erfahrungsfelder*

Neben der Performance wählt Lili Fischer zur Präsentation ihrer Feldforschungsergebnisse im kunstnahen Kontext das Mittel der Rauminstallation. Dabei erweitert sie die mittlerweile gängige künstlerische Darstellungsebene, indem sie den Betrachter aktiv in die künstlerische Arbeit integriert, wobei wiederum nicht gesagt sein soll, dass nicht auch andere Künstler in diesem Sinne erweiternd tätig sind.[117] Ich möchte hier aber im Weiteren nicht den Terminus „Rauminstallation" verwenden, sondern von *künstlerischen Erfahrungsfeldern* sprechen. Während die Rauminstallation die Erfahrungen eines Künstlers dreidimensional inszeniert, rückt Lili Fischer die Erfahrungsmöglichkeiten des Betrachters in den Mittelpunkt der Inszenierung. Ähnlich wie im Falle der „Erfahrungsfelder zur Bewegung und der Besinnung" von Hugo Kükelhaus und Rudolf zur Lippe[118], wird das Material so ausgewählt, dass aktive Erfahrungen möglich sind. Grundlage des Erfahrungsfeldes ist wiederum eine dezidierte Künstlerische Feldforschung, deren Ergebnisse (aufgearbeitete Artefakte, künstlerische Kommentare) räumlich organisiert werden. Im Unterschied zur Performance verzichtet sie weitgehend auf die unmittelbare Ansprache des Betrachters durch ihre Person. Statt dessen soll das von ihr eingerichtete ästhetisch-künstlerische Material diese Wirkung erzielen. Dies trifft zwar auf jegliche Kunstausstellung zu, sei es die traditionelle museale Präsentation von Bildern oder Skulpturen oder eine Raumin-

---

[117] vgl. z.B. Bruce Naumans „Performance-Corridor" oder der Tarot-Garten von Nicki de Saint-Phalle)

[118] vgl. Lippe, Rudolf zur/Kükelhaus, Hugo: Entfaltung der Sinne, Frankfurt a.M., 1988

stallation. Der Begriff Erfahrungsfeld richtet sich daher vor allem auf die Methode, wie Lili Fischer eine aktive Interaktion mit dem Kunstraum ermöglicht. Entscheidendes Moment ist dabei die Brechung der oft mit sakralen Konnotationen belegten Aura eines musealen Raumes. Museen unterstützen diese Wirkung, indem sie Wert auf ein ruhiges und gemessenen Verweilen im musealen Raum legen. Lautstarke emotionale Äußerungen oder eine direkte Berührung der Exponate gelten als nicht angemessen. Lili Fischer durchbricht diesen museal vorstrukturierten Umgang mit künstlerischen Produkten, indem sie den Betrachtern Mittel zur Verfügung stellt, mit dem Material zu interagieren. Dies hat aber wenig mit „laissez faire" zu tun, denn das Erfahrungsfeld ist ebenso didaktisch aufbereitet, wie auch die Interaktion mit dem Material nach festgelegten Regeln verläuft. Diese Regeln sollen nicht den Betrachter vorrangig disziplinieren, sondern sind Teil einer gezielten Animation, wobei die Künstlerin ihre persönliche Anwesenheit aufhebt.
Ich werde nun wiederum exemplarisch ein Erfahrungsfeld darstellen und analysieren, auf welche Weise Lili Fischer ihre Forschungsergebnisse im musealen Kontext organisiert.
Das raumbezogene Erfahrungsfeld *„Meute im Museum"* wurde erstmals 1996 im Kindermuseum des Wilhelm Lehmbruck Museums (Duisburg) eingerichtet, und seitdem auch an anderen Museumsorten gezeigt (Ludwig Forum /Aachen, Sammlung Schäfer /Schweinfurt, Kunsthalle Bielefeld). In Duisburg konzentrierte sich die Rauminszenierung zunächst auf die museumspädagogische Abteilung des Museums; wobei im Rahmen des Projektes auch die übrigen Räumlichkeiten in den Erfahrungsraum einbezogen wurden. Meine Analyse stützt sich wiederum auf einen Ausstellungskatalog, der Charakter und Verlauf des Projektes „Meute im Museum" dokumentiert.[119]

[119] Fischer, Lili: Meute im Museum, Duisburg, 1996

Lili Fischer: *Rattenburg*, Duisburg, 1996

Abb. 14

Das Kindermuseum des Lehmbruck Museums ist ein ca. 30 m² großer Raum, der sich im Untergeschoss des Museums befindet. Inmitten des Raumes installierte die Künstlerin einen „Rattenstall“: ein höhlenartiges Gebilde, das mit Stroh bedeckt war und in das man von mehreren Seiten hineinkriechen konnte. Dieser „Stall“ war von einem Art Wandfries umgeben, der aus an den Wänden befestigten schattenhaften Tiersilhouetten bestand. Die Tiere, die dem bäuerlichen Umfeld zuzuordnen waren (Ziegen, Pferde, Kühe, Hunde, Ratten), umspielten das Zentrum, teilweise in ruhender aber auch in bewegter Position. Im Vorraum des Kinderraums befand sich eine Garderobe, an der sich ca. 20 Rattenkostüme befanden, die wie leblose Hüllen dieser Tiere wirkten. Die Kostümen wurden Kindern, die das Museum besuchten, zum „Verkleiden“ angeboten. Derart gewandet hatten die Kinder die Möglichkeit, sowohl den Rattenstall als auch die übrigen Teile des Museums zu durchwandern bzw. zu bespielen. Damit dies nach bestimmten Regeln vonstatten ging, war an der Wand des Vorraums ein „Ratten-Einmaleins“, ein Leitfaden für Museumsratten, angebracht. Dieses Regelwerk wurde den Kindern am Eröffnungstag von Lili Fischer im Rahmen einer Performance nahegebracht. Später übernahmen MuseumspädagogInnen diese Aufgabe.

*„Und so gehen Museumsratten um...*

- *in Rattenhaut schlüpfen*
- *Schattentiere im Stall begrüßen*
- *Gemeinsam auf allen Vieren – dicht gedrängt hintereinander – durch die Sammlung huschen (Achtung Schwänze)*

*Wenn Kunst erscheint*

- *Anhalten, aufrichten und auf die kundigste Ratte (Vorschauerin!) achten*
- *wittern (was ist das?)*
- *schnuppern (Holz? Beton? Marmor? Glas? Fixativ?)*
- *umringen, umschleichen, durchklettern... (wie groß? wie dick? wie tief?)*
- *tasten (glatt? spitz? kalt?...)*
- *fiepen (wenn gefällt)*
- *fauchen (wenn...)*
- *weglaufen wenn Museumshund oder –katze erscheint (Besucher, Wärter oder Direktor!)*
- *bei gefundenem Fressen: Vorsicht! Älteste Ratte probiert (Vorkosterin!) – abwarten; wenn sie nicht umkippt, dann untereinander verteilen!*
- *Bei Langeweile: gegenseitig kraulen; nicht an den Schwänzen ziehen!*
- *Bei Müdigkeit: ab in die Rattenburg! Zusammenrücken!“*[120]

Bei diesem Ausstellungsprojekt handelt es sich um ein Erfahrungsfeld im mehrfachen Sinne. Zunächst wurde für die Kinder ein Rahmen geschaffen unterschiedliche ästhetische Erfahrungen zu machen. Zunächst geschah dies bei der Erkundung der „Rattenburg“, wo sie sich in der Enge des Stalls in Gemeinschaft zurückziehen konnten, um sowohl körperliche Nähe als auch in einem geschützten Raum eigene Vorstellungen zu ent-

[120] Fischer, L., a.a.O., 1996

wickeln. Durch die Auseinandersetzung mit den Tiersilhouetten (Identifizierung der Tiere, mimetische Annäherung) wurden die Kinder auf ihre Aktivitäten in der Sammlung des Museums eingestimmt. Außerdem wurde den Kinder ein Verfahren angeboten, sich auf scheinbar spielerische Weise den Gegenständen der etablierten Kunst zu nähern. Dabei wurden die Kinder angehalten, sich mit den unterschiedlichen ästhetischen Qualitäten eines Kunstwerks auseinanderzusetzen (Geruch, Haptik, Visuelles). Nun dehnte sich das Erfahrungsfeld auf das ganze Museum aus. Der traditionelle Ausstellungsraum wurde buchstäblich mit neuem Leben erfüllt. Die „Museumsratten" bevölkerten die Sammlung und führten den auf Kontemplation ausgerichteten Besuchern einen neuen „polyästhetischen" Umgang mit bildender Kunst vor.

Lili Fischer: Museumsratten,
Schweinfurt, 2000

Abb. 15

So gelang es der Künstlerin, nicht nur den Kindern zu neuen Erfahrungen mit dem für erwachsene Kunstbetrachter strukturierten Museumsraum zu verhelfen, sondern animierte gleichfalls den erwachsenen Betrachter zu einer „alternativen" Kunstbetrachtung.

*„Lili Fischer hat sich mit dieser ihrer ersten großen Arbeit für Kinder auf vielschichtig – doppelbödige Weise zum Verhältnis*

*von Menschen zur Kunst und zum Museum geäußert. Hier, über die Verwandlung zum Tier, nimmt sie ernst und scherzend dieses Verhältnis auf's Korn. Kinder und Rattentiere werden so zu einem Paradigma einer möglichen alternativen Kunstbetrachtung – ganz im Gegensatz zu den rationalen, verkopften Methoden von Wissenschaft und Schule."*[121]

Hier zeigt sich deutlich, auf welche Weise Lili Fischer den Rezipienten den aktiven Zugang zum Erfahrungsfeld ermöglicht. Mittels der Rattenkostüme findet eine mimetische Wandlung des Publikums statt, das sich den angebotenen ästhetischen Gegenständen und denen damit verbundenen Inhalten auf eine Weise nähern kann, die den konventionellen Zugang erweitert. Normalerweise sind Eltern und Erzieher im musealen Rahmen damit beschäftigt, Kinder auf den regelgerechten Umgang mit Kunstgegenständen einzuschwören, wobei die kindliche Art, sich unbekannten Gegenständen zu nähern, unterbunden wird. Lili Fischer greift dagegen die Bedürfnisse der Kinder auf, ohne dabei die Regeln des Museums aus den Angeln zu heben, denn sie führt die Kinder in einen aktiven und dennoch sensiblen Umgang mit den Kunstgegenständen ein.

*„Für die anderen, die Kinder, die sich nach einem »Fortbildungskurs für angehende Museumsratten« unter der Anleitung Lili Fischers oder der Museumspädagoginnen verwandelt haben, beginnt ein Kontrastprogramm zur üblichen Museumsführung – eine sich mit der Verkleidung sofort einstellende Veränderung, ja Befreiung der Bewegung, der Körpersprache, des Blickwinkels des Verhaltens. Verbales ist plötzlich nicht mehr so wichtig, - es darf gefiept werden -, dagegen die Wahrnehmung des eigenen Körpers in den Museumsräumen und der Kunstobjekte aus gänzlich anderer Perspektive."*[122]

---

[121] Brüninghaus-Knubel, Cornelia: Von Menschen und Ratten im Museum, in: Fischer, L.: Meute im Museum, a.a.O., S. 9
[122] Brüninghaus-Knubel, C., a.a.O., 1996, S.9

Man könnte an dieser Stelle fragen, ob sich das hier vorgestellte raumbezogene Erfahrungsfeld überhaupt von expliziten museumspädagogischen Aktivitäten unterscheidet. Sicher kann man hier geteilter Meinung sein; ich halte Lili Fischers Projekt für eine künstlerische Arbeit, auch wenn sie museumspädagogische Arbeitsweisen aufgreift. Dafür sprechen folgende Gründe.:

- Museumspädagogische Arbeit konzentriert sich auf die Vermittlung von Werken der bildende Kunst. Lili Fischer vermittelt dagegen grundsätzliche ästhetische Strategien. Die sinnliche Aneignung des Museumsraumes und der darin enthaltenen Werke ließe sich durchaus auf die Aneignung anderer Orte und Gegenstände übertragen.
- Aus Sicht der beobachtenden Erwachsenen, bekommt der museale Raum eine andere ästhetische Qualität. Er wird gleichsam zu einem Labor für Erfahrungslernen. Insofern kann man von einer künstlerischen Neuinszenierung des Museums sprechen.
- In der zeitgenössischen Kunst ist es durchaus üblich, dass Künstler „kunstfremde" Arbeitsweisen in das Zentrum ihrer künstlerischen Arbeit zu rücken.[123]Dadurch dass solche Projekte in den Kunstkontext zurückübersetzt werden, bekommen sie Bildcharakter. Diese Bilder der „sozialen Plastik" sind dann wiederum auch für den Kunstbetrachter rezeptionsfähig. Dies gilt m.E. auch für Lili Fischers Projekt „Meute im Museum".

Lili Fischer präsentiert ihre ästhetischen Untersuchungen in raumbezogenen Erfahrungsfeldern, indem sie Formen der traditionellen Kunstpräsentation zwar aufgreift, diese aber durch die Komponente der Interaktion mit dem ausgestellten Material er-

[123] Das Projekt „Skulptur für Georges Bataille" von Thomas Hirschhorn, das er auf der Documenta 11 inszenierte, könnte auch als eine sozialpädagogische Maßnahme mit kunstpädagogischen Konnotationen in einem sozialen Brennpunkt verstanden werden. Vgl. art – das Kunstmagazin, 8/2002

weitert. Dies erreicht sie dadurch, dass sie dem Rezipienten eine Rolle im Ausstellungsraum zuweist und Umgangsformen mit dem präsentierten Material anbietet. Insofern sind Lili Fischers interaktive Rauminstallationen auch vom Prinzip der Animation bestimmt, das auch ohne die personale Anwesenheit der Künstlerin zur Wirkung kommen kann.

#### *2.2.3.3 „Leporello-Arie“ – Kataloge und Künstlerbücher*

Meine Beschreibung und Analyse von Lili Fischers künstlerischer Arbeit und Konzeption stützten sich vor allem auf die umfangreichen Publikationen, die die Künstlerin zur Dokumentation nahezu ihres gesamten Oeuvres herausgegeben hat. Dabei ist es wichtig zu erwähnen, dass Lili Fischer die gesamte Produktion der Bücher von der Planung bis zur Drucklegung selbst konzeptioniert und kontrolliert. Die Publikationen, seien es Ausstellungskataloge oder Künstlerbücher, sind präzise Dokumentationen von durchgeführten künstlerischen Feldforschungsprojekten. Deshalb ist ihr besonders wichtig, dass die Bücher möglichst genau die Forschungsmethode und die Forschungsergebnisse wiederspiegeln. In diesem Sinne nähert sich die Künstlerin dem Qualitätsanspruch wissenschaftlicher Publikationen, etwa einer ethnographischen Monografie, an. Der Unterschied liegt jedoch darin, dass sie nicht um wissenschaftliche Objektivität bemüht ist, sondern ihren subjektiven künstlerischen Erkenntnisgewinn, wenn auch theoriegestützt, präsentieren möchte. Lili Fischers Bücher sind also Präsentationen ihrer künstlerischen Feldforschungsprojekte. Dabei lassen sich zwei Formen unterscheiden.:

- der Katalog
- das Künstlerbuch

Lili Fischers Kataloge sind nicht nur präzise Dokumentationen eines Feldforschungsprojektes, sondern beschreiben gleichfalls dezidiert die Formen der Präsentation der Forschungsergebnisse. Dies sind in der Regel Performances oder raumbezogene Erfahrungsfelder. In den vorangehenden Teilkapiteln habe ich bereits den Aufbau dieser Kataloge beschrieben („Teufelsmoor privat“, „Milchmädchenrechnung“, „Meute im Museum“). Sie gliedern sich in der Regel in drei aufeinander bezogene Abschnitte. Im ersten Teil dokumentiert die Künstlerin ihre Feldforschung in Form von im Feld erhobenen Artefakten und künstlerischen Kommentaren (Fotografien, Zeichnungen und Skulpturen). In einem zweiten Teil werden die „Umgangsformen“ mit dem erhobenen Material erprobt; d.h. es wird erprobt, wie die Inhalte vermittelt werden können. Dieser Teil besteht vor allem aus zeichnerischen Entwürfen der Performanceabläufe oder Installationen im Raum. Skizzenhaft werden Bewegungsformen entwickelt oder das Arrangement der Materialien im Raum dargestellt. Diese Entwürfe kombiniert Lili Fischer mit handschriftlichen Kommentaren oder maschinenschriftlichen Vorgangsbeschreibungen. Im dritten Teil des Katalogs werden dann die Performance oder das raumbezogene Erfahrungsfeld dargestellt. In Performancedokumentationen besteht dieser Abschnitt des Katalogs aus Szenenfotos und dem Performancedrehbuch. Dadurch soll der Rezipient sich ein möglichst genaues Bild von Ablauf und Charakter der Performance machen können; und sich so affizieren lassen, als wäre er selbst dabei gewesen. In den Dokumentationen von raumbezogenen Erfahrungsfeldern werden die Szenenfotos durch Abbildungen des Erfahrungsfeldes ersetzt. Dabei wird der Raum nicht nur als Stilleben ins Bild gesetzt, sondern er zeigt auch den Umgang der Rezipienten mit dem Erfahrungsfeld.

Wenn man die Entwicklung von Lili Fischers Katalogen im Laufe der letzten zwanzig Jahre verfolgt, so lässt sich feststellen, dass ein weiterer Teil den Katalogen hinzugefügt wurde: der kunstgeschichtliche Kommentar. In ihren frühen Publikationen beschränkt sich die Künstlerin vor allem auf Dokumentation ihrer eigenen künstlerischen Forschungen und den daraus abgeleiteten „Umgangsformen“ bzw. Animationen.[124] Die kunstwissenschaftliche Rezeption erfolgte in dieser Zeit noch durch einschlägige Fachzeitschriften (z.B. *Kunstforum International*, *KunstNachrichten*) oder die Tagespresse. In den letzten Jahren sind den Katalogen aber die kunstwissenschaftliche Einordnung und Kommentierung von fachkundigen Kunsthistorikern und Kuratoren direkt vorangestellt. Dies mag zum einen dem Rezipienten eine Verständnishilfe bieten; zum anderen ist dieses Katalogmodul ein Zugeständnis an den „Kunstbetrieb“.

Neben den Katalogen präsentiert Lili Fischer ihre künstlerischen Feldforschungsprojekte in Form von Künstlerbüchern. Der Unterschied zum Katalog liegt darin, dass diese Publikationen eine eigenständige Qualität aufweisen.

Lili Fischer: *Fuhlsbütteler Herbarien*, 1977/83

Abb. 16

.Das Künstlerbuch *„zeichnet sich dadurch aus, dass es sich nicht darauf beschränkt, die Exponate einer Ausstellung zu dokumentieren, sondern mehr als das darstellt. Das Künstlerbuch besitzt eine eigene Qualität und eine eigene Aussage.“*[125]

Exemplarisch möchte ich hier das Künstlerbuch *„Leporello-Arie“* beschreiben und analysieren.[126]

Die *„Leporello-Arie“* besteht aus zwei kartonierten Leporellos, die in einem Schuber zusammengefasst werden. Jeweils ein Leporello ist von Lili Fischer und von Georg Jappe gestaltet.

---

[124] vgl. Fischer, Lili: Kraut & Zauber, Hamburg, 1980

[125] Timm, Susanne, in: Fischer, Lili / Jappe, Georg: windunter, Brunsbüttel, 1995

[126] vgl. Fischer, Lili / Jappe, Georg: Leporello-Arie, 2 Bücher zum Aufstellen, bestehend aus: Lili Fischer: Medusenspiegel / Georg Jappe: Meine schönsten sechsundzwanzig. Lösch & Traumblätter, Ostfildern-Ruit bei Stuttgart, 1997

Auch wenn sie formal (Leporello) und inhaltlich (assoziative künstlerische Verfahren) miteinander verbunden sind, so liegen zwei unabhängige künstlerische Arbeiten vor. Ich werde im Folgenden lediglich den Beitrag von Lili Fischer betrachten, da nur dies Gegenstand dieser Arbeit ist.

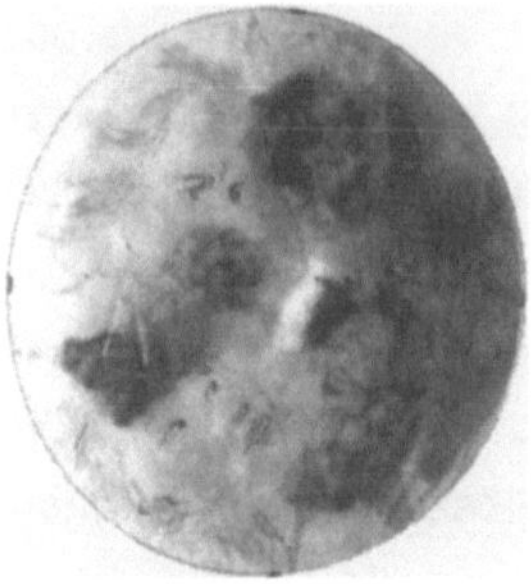

Lili Fischer: *Medusen-spiegel*, 1997

Abb. 17

Der Titel von Lili Fischers Publikation lautet *„Medusenspiegel"* und besteht aus zwei Teilen, die je eine Seitenfolge des Leporellos „bespielen". Die eine Seitenfolge besteht aus begleitenden Zeichnungen, die den Feldforschungsprozess dokumentieren. Die andere Seitenfolge zeigt seitenfüllende fotografischen Abbildungen von sogenannten Medusen-Medaillons. Es sind künstlerische Umsetzung ihrer Künstlerischen Feldforschung.

Zunächst wende ich mich den Zeichnungen zu. Das zu Grunde liegende Feldforschungsprojekt könnt man als Erprobung von assoziativen Zeichenverfahren kennzeichnen. Ein Großteil der Arbeiten stellt Wolkenzeichnungen über einer angedeuteten weiten Horizontlinie dar. Die Wolkenformationen verdichten sich zu Gesichtern und schemen- bzw. geisterhaften Gestalten. Lili Fischer greift somit die Geisteshaltung der Romantik auf, die die Natur als einen beseelten Ort deutet.

*„Für mich fängt Animation eigentlich schon in der Romantik an mit der Idee, die Natur nicht nur zu betrachten, sondern zu beseelen und zu erleben."*[127]

---

[127] Rainer Wick im Gespräch mit Lili Fischer, a.a.O., 1978, S. 109

Die nun folgenden Zeichnungen weisen ebenfalls assoziativen Charakter auf und bestehen aus Abrieben und Frottagen, in die wiederum anthropomorphe und tierische Gesichter hineingezeichnet wurden. Das zeichnerische Werkzeug sind sowohl traditionelle künstlerische Materialien (Wachskreide, Bleistift, Rötel), als auch aus organische Materialien, die direkt der Natur entnommen wurden (Torf). Am Ende der Zeichensequenz folgen zwei Abbildungen, die direkt auf die andere Seitenfolge des Leporellos verweisen. Es sind Zeichnungen in Form eines Medaillons, die wolkenförmige Gesichter enthalten.
Die zweite Seitenfolge präsentiert die durch Feldforschung erarbeiteten künstlerischen Übertragungen. Diese bestehen aus fotografischen Abbildungen von sogenannten „Medusen-Medaillons“. Bei den angebildeten Medaillons handelt es sich um runde Bildträger, die aus Sperrholz und gewölbtem Glas bestehen. Die Medaillons sind gefüllt mit Schichtungen unterschiedlicher Materialien (diverse Papiere, „Wirrvlies“, Graphit), die sich zu zeichnerisch-skulpturalen Objekten verdichten. Dabei greift Lili Fischer die Ergebnisse der Feldforschung auf (beseelte Natur) und formt mit diversen Materialen skulpturale Bildobjekte, die wolkenartige Gesichter darstellen. Diese wirken wie Ausschnitte eines bewölkten weiten Himmels und sollen den Betrachter auf den Zusammenhang zwischen Natur und Mensch verweisen.

Zusammenfassend lassen sich für Lili Fischers Künstlerbücher verschiedene Strukturelemente festmachen: Wie auch in ihren anderen Präsentationsformen, ist das Künstlerbuch die Umsetzung eines künstlerischen Feldforschungsprojektes. Hier kombiniert die Künstlerin direkt im Feld erhobene Materialien mit künstlerischen Kommentaren. Was das Künstlerbuch aber von anderen Medien unterscheidet, ist das Fehlen der Darstellung von Interaktionsmöglichkeiten und Animationsentwürfen. Vielmehr ist das Buch selbst eine Form der Animation des Betrachters. Durch die Wirkung der abgebildeten künstlerischen Arbeiten soll der Rezipient zu neuen Denk- und Erlebnisweisen geführt werden. Im vorliegenden Beispiel ist es der Vorschlag, doch einmal den Himmel mit anderen Augen zu betrachten und über das Wesen der Natur nachzudenken. Wie der Anblick der Medusa in der antiken Mythologie den Betrachter elementar verändert und bannt, so soll auch eine vertiefende Betrachtung des Himmels zu einer elementaren Veränderung der Denkrichtung führen.

Aber auch die formale Gestaltung bietet dem Rezipienten einen interaktiven Umgang mit dem gezeigten Buch an. Er kann das Leporello in seiner Umgebung aufstellen, wobei er zwischen verschiedenen Ansichten auswählen kann. Auch die Leserichtung ist nicht vorgegeben und ein aufgeblättertes und aufgestelltes Leporello bietet die totale Ansicht der Einzelblätter, wodurch die ästhetische Wirkung sich ändert und die Abbildungen zueinander in Beziehung gesetzt werden. In diesem Sinne sind auch im Künstlerbuch Prinzipien der Animation immanent enthalten.

### 2.2.4 Thematische Schwerpunkte

Im letzten Teilkapitel dieses Abschnitt sollen die thematischen Schwerpunkte von Lili Fischers künstlerischen Feldforschungsprojekten zusammenfassend dargestellt werden.

*„Feldforschung bezeichnet, wie dargelegt, eine Methode, keinen Inhalt. Inhaltlich macht Lili Fischer ihre Feldforschungen am Generalthema »Mensch und Natur« fest.“*[128]

Dieser Einschätzung von Rainer Wick aus dem Jahre 1982 kann man auch aus heutiger Sicht zustimmen. Lili Fischer wendet sich vor allem anthropologisch bedeutsamen Themen zu, wobei sie den Menschen als ein in der Natur stehendes Wesen verortet. Dabei geht sie davon aus, dass diese Beziehung gestört ist, und der Mensch sich gleichsam seinen Wurzeln ent-

---

[128] Wick, R.: Kunst und Sozialwissenschaft – über Lili Fischer, a.a.O., S.3

fremdet hat. Das Verhalten des Menschen in der Natur ist von Unsicherheiten geprägt, was dazu führt, dass er seine eigenen Ressourcen zerstört. Dieses Verhältnis zwischen Mensch und Natur auszuloten ist Gegenstand vieler Feldforschungsprojekte von Lili Fischer, wobei sie mittels des Animationsprinzips einen neuen Umgang mit der Natur einüben möchte. Dabei soll der Mensch nicht nur zu einem sensibleren Umgang mit seinen natürlichen Bezugsfeldern finden, sondern gleichfalls einen neue Beziehung zu sich selber entwickeln. Dies kann dann auch Auswirkungen auf den Umgang der Menschen untereinander haben. In diesem Zusammenhang möchte ich noch einen zweiten inhaltlichen Schwerpunkt von Lili Fischers Projekten anführen. In Lili Fischers Feldforschungsprojekten fand neben der Erforschung von natürlichen Ressourcen auch eine Introspektion von sozialen Systemen statt. In diesem Zusammenhang untersuchte die Künstlerin die Beziehungen von Menschen, wobei insbesondere die Geschlechterkonstellation fokussiert wurde. Da das „Betriebssystem“ Kunst in den 70er Jahren vor allem von Männern dominiert wurde (dies galt für alle öffentlich relevanten Bereiche der Gesellschaft), lag es für die Künstlerin nahe, sich vor allem mit der Rolle und der Identitätssuche der Frau in der westlichen Gesellschaft zu beschäftigen. Insofern lässt sich ein zweites Generalthema in Lili Fischers Oeuvre feststellen: Geschlechterbeziehungen und Frauenidentität. Im Folgenden werde ich die beiden thematischen Schwerpunkte zusammenfassend darstellen.

### 2.2.4.1 „Die Kunst ist die Schwester der Natur“

Lili Fischer: *Kraut und Zauber.*

Abb. 18

„Die Kunst ist die Schwester der Natur“ – so lautete der Titel einer Ausstellung, die 1985 im „Haus der Natur“ in Hamburg gezeigt wurde. Die Kuratoren, Georg Jappe und Lili Fischer, bewegten namhafte und einige unbekannte junge Künstler (u.a.. Joseph Beuys, Robert Filliou, Klaus Staeck, Manfred Wigger sowie die Kuratoren selbst) zu Beiträgen, die sich mit der Beziehung zwischen Mensch und Natur auseinandersetzten.

*„Es liegt sicher eine Menge Wahrheit in diesem Motto, wobei die Natur sicher die ältere Schwester ist, an deren Reife und Schönheit, an deren Geheimnissen und Unberechenbarkeiten sich die Kunst von Anfang an orientierte.“*[129]

[129] Vauk, Gottfried, in: Seevögel – Zeitschrift des Vereins Jordsand zum Schutze der Seevögel und der Natur e.V., Bd. 6, Heft 2, 5/1985, S. 17

Das Motto dieser Ausstellung könnte das Leitmotiv von Lili Fischers Projekten sein, die sich mit der Erforschung von natürlichen Ressourcen und deren Verbindung zum Menschen beschäftigten. Dieses Motto durchzieht ihre Arbeiten von den 70er Jahren bis in die heutige Zeit. Dabei lassen sich zwei Typen von Projekten unterscheiden. Eine Typ der naturbezogenen Arbeiten stellt „reine" Feldforschungsprojekte dar, die die Beziehung des Menschen zur Natur zwar thematisiert, aber keine animierenden Umgangsformen entwickelt. Der andere Typ von Projekten stützt sich zum Teil auf die zuvor beschriebenen Vorgehensweisen, verbindet aber die Feldforschung mit dem Prinzip der Animation. Es geht also um die aktive Veränderung von menschlichen Verhaltensweisen.
Einige Beispiele sollen dies demonstrieren. Zunächst stelle ich einige Projekte vor, die sich auf die Feldbegegnung beschränken. Dazu gehören Arbeiten, die Landschaften untersuchen, die im Spannungsfeld zwischen Natur und Kultur angesiedelt sind. Diese Feldforschungen führte Lili Fischer in Kooperation mit Georg Jappe durch, wobei beide Künstler jeweils unterschiedliche Zugänge zum Forschungsgegenstand entwickelten. Neben dem zuvor länger beschriebenen Projekt „Teufelsmoor privat" ist der „Schreibpegel Bleckede" aus dem Jahre 1986 zu erwähnen. Erforscht wurde dort der Oberlauf der Elbe, ein zivilisationsarmes Gebiet, das an der damaligen DDR-Grenze lag und dadurch zu einem Ort von nur wenig von Kultur beeinflusster Natur geworden war.
In den nachfolgenden Jahren suchte Lili Fischer weitere Orte auf, die eine nahezu vom Menschen unbeeinflusste Natur zeigten. Zivilisatorische Spuren in diesen Gebieten wurden demzufolge nicht beachtet und die Künstlerin konzentrierte sich auf Naturphänomene wie Wolkenbildungen, Wasser, Strömungen und den Vogelflug. Dabei wurden diese Erscheinungen von der Forscherin erlebt und künstlerisch gefiltert wiedergegeben. Lili Fischers Arbeiten aus dieser Zeit sind geprägt von einer unter-

schwellig elegischen Stimmung, was um so verständlicher wird, wenn man sich die Fragilität der letzten Naturreservate dieser Erde vor Augen führt. 1995 wurde das Projekt „windunter" der Öffentlichkeit vorgestellt.[130] Gegenstand dieser Arbeit war die Erforschung der äußeren Hebriden, ein „verwunschener" Ort, wo die wenigen Einwohner inmitten einer noch ursprünglichen Umwelt leben und sich dieser im Laufe der Zeit angeglichen haben. Auch wenn zivilisatorische Spuren in der Darstellung der Feldforschung in Katalog und Ausstellung gänzlich fehlen, sei doch vermerkt, dass eine Nachbarinselgruppe der Hebriden Opfer einer Ölpest wurde, die das Ökosystem dort nachhaltig schädigte. Dies kann den melancholischen Charakter der Arbeit mitbestimmt haben. Lili Fischers Reise an die Grenzen der Zivilisation ist gleichzeitig eine Reise zu den existentiell bedrohten natürlichen Wurzeln der menschlichen Spezies.

*„Die Autoren mit Bergführer (und dessen obligatorischem Gewehr gegen Eisbären) in Bjørndalen, Spitzbergen 1996 (Selbstauslöser)"*, in: Lili Fischer/Georg Jappe: Polare Gestade, Köln, 1997

Abb. 19

Das bisher letzte Projekt dieser Art wurde 1997 unter dem Titel „Polare Gestade" präsentiert.[131]Es handelt sich um künstlerische Übersetzung einer Erforschung von gänzlich menschenleeren Orten der Nordkalotte, Spitzbergen und Grönland. Diese Feldforschungen, die Expeditionen gleichkamen, scheinen dem Drang entsprungen zu sein, jegliche Anthropozentrik aufgeben zu wollen, um so den Menschen zu sich selber zurückzuführen.

[130] Fischer, L. / Jappe, G., a.a.O., 1995

[131] Fischer, Lili / Jappe, Georg: Polare Gestade, Köln, 1997

Um dies in unserer nahezu gänzlich zivilisierten Welt zu erreichen, bedarf es wohl des Besuchs von derart unzugänglichen Gebieten dieser Erde. Da eine Steigerung kaum noch möglich ist, ist es fraglich ist, ob die Künstlerin noch weitere Feldforschungen dieser Art durchführen wird.

Signifikantes Merkmal dieser „Land-Art" Projekte ist das Bestreben von Lili Fischer, durch die Präsentation von erlebter Natur beim Betrachter Empathie für die natürlichen Ressourcen zu wecken, wobei der übliche mechanistische Umgang mit diesen in Frage gestellt werden soll.

*„Einen Bruchteil davon wiederzugeben, einen winzigen Eindruck zu vermitteln von dem, was Natur ist und sein kann, zu zeigen, wo der Anfang der Welt, das Unberührte, schon erste Spuren vom Ende trägt, weil das Anthropozentrische scheint's unausrottbar ist, für die überlebensnotwendige Achtung der Integrität der Mitwelt zu plädieren – ist das Anliegen von Lili Fischer und Georg Jappe."*[132]

Nun erfolgt eine Darstellung der Projekten, die aus der Erforschung von natürlichen Prozessen Animationen für den Rezipienten entwickelten. Dabei bezieht sich die Künstlerin auf Feldforschungen, die nicht ein konkretes geographisch festlegbares Gebiet zum Gegenstand haben, sondern ein bestimmtes Naturphänomen (z.B. Pflanzen oder Tiere) interdisziplinär untersuchen.

[132] Engholm, Björn: „Mit dem Kopf fühlen, dem Herz denken?", in: Fischer, L. / Jappe, G.: „Polare Gestade", a.a.O., S. 2

Lili Fischer: *Baumprojektionen*, in: Fischer, Lili: Herbarien, Stuttgart, 2000

Abb. 20

In ihrem Animationsdrehbuch *„Kraut und Zauber"* aus dem Jahre 1982 schreibt Lili Fischer.:

*„Feldforschung steht für (m)eine künstlerische Methode, vor Ort zu gehen, um den Feldbewohnern künstlerische Dimensionen ihrer Umwelt zu zeigen, die auf den ersten Blick gar nicht erkennbar oder verschüttet waren."*[133]

Es geht ihr also darum, die Ergebnisse des Forschungsprozesses Rezipienten zugänglich zu machen. Grundlage des angesprochenen „Kraut und Zauber" – Projektes war die Auseinandersetzung mit Pflanzen und ihren Heilkräften. In diesem Zusammenhang rekurrierte Lili Fischer auf Wissensbestände aus Biologie und Medizin und auf Naturheilverfahren und Kulturanthropologie. Diese Erkenntnisse verband sie mit den durch künstlerische Verfahren ermittelten ästhetischen Qualitäten des Feldes.

*„Auch bei ihnen (den Heilpflanzen) gehe ich zunächst zeichnend an ihre Wuchsformen, Wurzelbildungen, Astschwünge heran oder streiche ihre Säfte aus."*[134]

In einem nächsten Schritt erprobte die Künstlerin den „Umgang" mit dem Material in Selbstversuchen. Dabei griff sie alte mythische Vorstellungen auf. Beispielsweise band sie sich einen

[133] Fischer, L.: „Kraut und Zauber", a.a.O.

[134] Fischer, Lili: „Feldforschung geräuchert", in: Kunstforum International, Bd. 93, 1988, S. 166

Farn um die Stirn, wobei dieser den Träger unsichtbar machen sollte. Auch wenn dieser Effekt nicht eintrat, so bewirkte der Umgang mit der Pflanze eine Konzentration auf die Wirksamkeit und die Bedeutung von Pflanzen. Die so entwickelten Interaktionsformen bindet Lili Fischer in Animationsdrehbücher ein, die in Aktionen für und mit dem Publikum umgesetzt werden können.

*„Die Animations-Ideen wenden sich an ganz unterschiedliche Personengruppen, da erst durch einen Vergleich einzelner individueller Erfahrungen intersubjektive Eigenschaften der Pflanzen erkennbar werden.“*[135]

Hier wird deutlich, dass es der Künstlerin nicht um die Präsentation einer festgefügten Erkenntnis geht, sondern dass sie ihre Erfahrungswissen durch die Beobachtung der Animationen erweitert. Insofern ist die Feldforschung prozessorientiert, und die präsentierten Feldforschungsergebnisse sind Impulse für eine sich stetig weiterentwickelnde menschliche Praxis.

Lili Fischer: *Pflanzenkonferenz mit Wahl des Friedenskrauts,* 1981- 1988

Abb. 21

Die „Kraut und Zauber“ – Drehbücher, die eine Fülle von Animationsangeboten zum Umgang mit Pflanzen enthalten, wurden von Lili Fischer in unterschiedlichen Aktionen an gänzlich verschiedenen Orten umgesetzt. Sowohl die Abgeordneten des Kieler Landtages als auch Besucher der Berliner Bundesgartenschau wurden mit neuen Interaktionsformen mit der Pflan-

[135] Fischer, L.: „Kraut und Zauber“, a.a.O.

zenwelt konfrontiert.[136] Ebenso wurden ähnliche Aktivitäten an kunstnahen Orten initiiert.[137]

Ein weiteres natürliches Feld, das Gegenstand von Animationen wurde, entstammt dem Tierreich. Dabei ist besonders das bereits vorgestellte raumbezogene Erfahrungsfeld „Meute im Museum“ zu erwähnen. Lili Fischer erweitert in diesem Projekt nicht nur den Zugang zu musealen Feldern, sondern verweist in diesem Zusammenhang auch auf die Qualität tierischer Instinkte. Das Verhältnis der Ratten zur Welt wird zum Gleichnis für einen anderen Umgang mit Kunst. Die schemenhaften Tiersilhouetten des Rattenstalls verwiesen auf Tiere, die als Protagonisten eines anderen Umgangs mit den natürlichen Ressourcen dieser Welt fungieren sollten. In anderen Projekten tauchen weitere Vertreter der Tierwelt auf. In der Rauminstallation *„Scheusalverlies“* finden sich neben Menschensilhouetten auch die Schatten von Hunden wieder.[138]

Erwähnen möchte ich in diesem Zusammenhang eine weitere Arbeit aus jüngster Zeit: *„Testflug der Nachtfalter“*.[139]

Lili Fischer: „Testflug der Nachtfalter“, 2001

Abb. 22

[136] Kieler Landtag , 1985 / Berliner Bundesgartenschau, 1985

[137] z.B.: „Die Pflanzenkonferenzen mit Wahl des Friedenskrautes“, Hamburger Kunsthalle, 1983 / „Von hier aus“, Düsseldorfer Messehallen, 1984

[138] „Scheusalverlies“, Frauenmuseum Bonn, 1994

[139] vgl. „Testflug der Nachtfalter“, Museum Georg Schäfer, Schweinfurt a.M., 2001

Es handelt sich zwar um keine Animation, dennoch enthält diese Rauminstallation „beseelende" Elemente. Gegenstand dieser Feldforschung war die Untersuchung der oft mit negativen Konnotationen wie Schädling oder Nahrungsparasit versehenen Nachtfalter. Lili Fischer vergrößerte die Körperform dieser Insekten auf über einen Meter Größe und bearbeitete die Oberfläche von gerissenen Papieren derart mit Pigmenten, dass die schillernde Farbgebung der Falter augenfällig wurde. Durch die abstrahierende Formgebung und die Größe erzielen die Nachtfalter eine anthropomorphe Wirkung, so dass der ikonographische Bezug des Falters als Träger der menschlichen Seele deutlich wird.

*„Voraussetzung ist die Metapher der Psyche als schwebendes Seelenwesen, die Lili Fischer in der Zeichnung in Mutation von Insekt zum Menschenwesen versetzt erscheint. Ihre Arbeitsweise ist in diesem Ansatz des Animismus, das heißt dem Ablesen von gegenständlichen Formen und deren Umsetzen in Wesen, sehr verwandt."*[140]

Auch in dieser Arbeit betreibt die Künstlerin eine „Beseelung" oft übersehener natürlicher Phänomene, wodurch die Beziehung von Mensch und Natur (wozu vor allem Pflanzen und Tiere gehören) exemplarisch zur Sprache kommt.

#### *2.2.4.2 Menschliche Beziehungen*

Das zweite Generalthema der Arbeiten von Lili Fischer ist die Untersuchung und Auslotung von menschlichen Beziehungen, wobei die Geschlechterkonstellation Beachtung findet. Als weibliche Künstlerin fokussiert Lili Fischer vor allem die Rolle und Identität von Frauen in der westlichen Gesellschaft. In diesem Zusammenhang untersuchte die Künstlerin vor allem Felder, in denen Frauen wirksam werden, die wenig öffentliche Resonanz finden. Exemplarisch sei hier das Projekt „Künstlerisches Zube-

---

[140] Bertuleit, Sigrid: »Testflug der Nachtfalter« oder Über Wesen und Seele, in: Fischer, Lili: (Und meine Seele) spannte / Weit ihre Flügel aus, Schweinfurt a.M., 2001, S. 28

hör für Daheim" erwähnt, in dem Lili Fischer unter anderem die ästhetischen Dimensionen der alltäglichen hausfraulichen Arbeit im Haushalt erforschte.[141]

Dieses Projekt gliederte sich in verschiedene animierende Eingriffe in das gewöhnliche „Daheim", wozu auch die „Scheuermittelkollekte" gehörte. Lili Fischer suchte verschiedene Häuser auf, um Hausfrauen (und „Hausmänner") nach abgenutzten Bürsten zu befragen und zum Tausch neuwertige anzubieten.

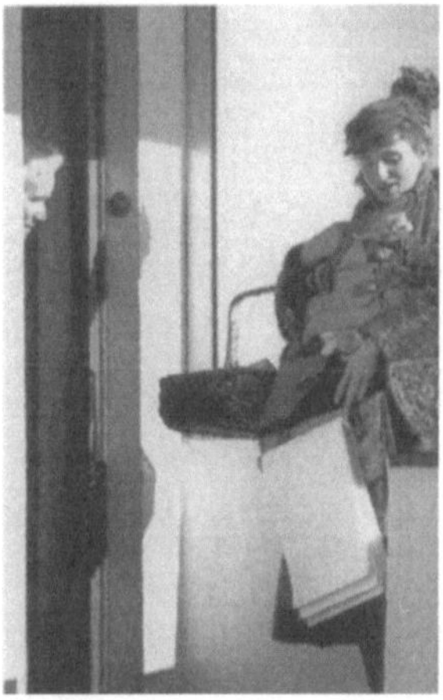

Lili Fischer: *Scheuermittel-Kollekte*, Hamburg, 1988/89

Abb. 23

Dabei konfrontierte sie das Gegenüber mit folgenden Worten.:

*„Guten Tag! Ich mache eine Scheuermittelkollekte und sammle alte Bürsten, alte Schwämme, alte Putzlappen und biete Ihnen zum Tausch neue an. <u>Alte Bürsten</u> sind sehr wertvoll, weil sie doch die einzigen <u>Zeugnisse</u> sind von dem, was Sie täglich saubermachen ... Wollen Sie einmal sehen? Ich habe hier eine Reihe Ansichten von Schmutzherden. Sehen Sie mal: ein Kehricht-Haufen. Und hier sehen Sie die ganzen Strecken ausgerechnet in Meter, die Sie so täglich putzend zurücklegen: beim Küchentisch schon 10 Meter, beim Klavier 80 Meter, beim Klo 12 Meter! Und hier sind die <u>Putzfahrten</u>: länglich-, elipsen-, spi-*

[141] vgl. Fischer, Lili: Künstlerisches Zubehör für Daheim, Wiesbaden, 1989

*ralförmig – die Urform der Entstehung unseres Sonnensystems – oder was denken Sie beim Putzen?"*[142]

Diese Bemerkungen illustrierte Lili Fischer mittels verschiedener Artefakte und künstlerischer Kommentare, die sie in einer aufklappbaren Umhängetasche mit sich führte. Die Tasche enthielt neben diversen Bürsten auch zeichnerische Umsetzungen von „Putzfahrten", sowie eine Berechnung der beim Putzen zurückgelegten Wegstrecken. Durch diese Animation (Verbindung von Objekt- und Sprachebene) beabsichtigte die Künstlerin nicht nur, bestimmte Dimensionen von haushaltlicher Aktivität mit ungewöhnlichen Bedeutungen aufzuladen und diese damit zu überhöhen (kosmische Dimensionen einer Scheuerbewegung), sondern gleichzeitig versuchte sie die Rezipienten zum Nachdenken über die existentiellen Bedingungen der menschlichen Existenz zu bewegen.

Die Präsentationsform dieses Feldforschungsprojektes war das Buch und eine Ausstellung in der Kasseler Produzentengalerie.[143] In weiteren Projekten, die sich mit Frauenidentität beschäftigen, wählte Lili Fischer vor allem die Präsentationsform der Performance.

Die meisten dieser Projekte bestehen aus Kombinationen von Sprache, Bewegung und publikumsorientierten Animationen, in denen die Künstlerin ihre frauenbezogenen Feldforschungsergebnisse präsentiert. Inhaltlich kombiniert sie Wissensbestände der Frauenforschung mit ironisch gebrochenen Kommentaren, die durch Anbindung an volkskundliche Rituale einen „erhabenen" Charakter annehmen sollten. Dabei agiert Lili Fischer mit verschiedenen Artefakten, die ausschließlich dem weiblichen Umfeld zugerechnet werden. In ihrer Performance „Besentanz"[144] wird ein Gegenstand der Hausarbeit zum rituellen Werkzeug der Reinigung von überkommenen Gedankensyste-

---

[142] Fischer, L., a.a.O., 1989

[143] „Künstlerisches Zubehör für Daheim", Produzentengalerie Kassel, 1989

[144] „Besentanz", documenta 8, Kassel, 1987

men, die das Leben der Geschlechter trennen und die Frau auf den privaten Bereich verweisen.

Lili Fischer: *Besentanz*, documenta 8, Kassel, 1987

Abb. 24

*„Dieser Besen ist gekommen, um Sie abzukehren von dem, was Sie noch an negativen Gedanken im Kopf haben - über die Frau!“*[145]

In der Arbeit „Waschlappendemo“[146] wird aus einem „Waschgang“ an einem alten Waschzuber, einer Tätigkeit, die Frauen jahrhundertelang gemeinsam ausübten, ein ritueller Akt der klärenden Bestandsaufnahme und Zukunftsbefragung.

In weiteren Arbeiten thematisiert Lili Fischer die biographische Entwicklung von Frauen, wobei sie Gemeinsamkeiten und Unterschiede verschiedener Zeiten und Generationen thematisiert. In der „Mitgift- und Beziehungskiste“[147] bespielt Lili Fischer einen menschengroßen Strickstrumpf („Strumpfummantelung für das Ewigweibliche“), in den sie sich hüllt. Sie skizziert in kurzen Sätzen und Bewegungen, die den Rhythmus des Strickens nachvollziehen, einen „zeitlosen“ weiblichen Biographieentwurf. Diese Thematik ist auch zentrales Thema in der bereits dargestellten „Milchmädchenrechnung“.[148]

Die Untersuchungen zur Frauenidentität in Lili Fischers Feldforschungsprojekten enthält feministische Konnotationen und wurde teilweise auch in diesem Kontext präsentiert. Es lässt sich

[145] Fischer, Lili: „Küchenlatein – Performance-Drehbuch“, Köln, 1989, S. 23

[146] „Waschlappendemo“, Heidelberger Kunstverein, Heidelberg, 1990

[147] „Mitgift- und Beziehungskiste“, Frauen Museum, Bonn, 1989

[148] Fischer, L.: „Milchmädchenrechnung: (eine Leiter auf und ab), a.a.O.

aber feststellen, dass sie keinesfalls stereotype Ideologien künstlerisch arrangiert. Ihre künstlerischen Untersuchungen zur Frauenidentität sind subtile Bestandsaufnahmen von weiblichen Rollenzuweisungen. Frauenidentität wird immer in den jeweiligen sozialen Systemen entworfen. Lili Fischer geht davon aus, dass Menschen durch ihre künstlerischen (oder kreativen) Potentiale ihre Situation anders wahrnehmen und verändern können.

### 2.2.5 Zusammenfassung

Lili Fischers Künstlerische Feldforschung ist nicht nur eine Methode, um bestimmte geographische Orte zu erkunden oder soziale Beziehungen zu erfassen, sondern eine Strategie, die durch eine Kombination wissenschaftlicher und künstlerischer Verfahren geeignet ist, anthropologisch bedeutsame Felder exemplarisch zu erforschen.

Diese Strategie umfasst drei Ebenen, die sich wie folgt gliedern:

1. *Feldbegegnung*: Eine „persönliche" Konfrontation mit einem ausgewählten Feld findet leitfragenorientiert statt. Gleichwohl können sich im Rahmen der Erforschung neuen Fragestellungen entwickeln. Die Forschungshaltung ist geprägt von einer Mischung aus kritischer Distanz und empathischem Erleben. Während des Forschungsprozesses werden Daten in Form von Artefakten und künstlerischen Kommentaren (Zeichnungen, Fotografien, assoziativen Texten) erhoben. Eine weitere Form der Feldbegegnung besteht in teilnehmender Beobachtung der dem Feld zugehörigen sozialen Systeme. Dabei nimmt die Forscherin dem Feld gegenüber eine aktive Haltung ein, die sich darin ausdrückt, dass sie während der Beobachtung gleichzeitig animierend auf das Feld einwirkt.
2. *Aufarbeitung des Materials*: Sie erfolgt wiederum leitfragenorientiert und im Rückgriff auf ergänzende Wissensbestände. Wichtiges Kriterium der Aufarbeitung ist die Antizipation

von Vermittlungsebenen. Lili Fischer ist möchte, die Ergebnisse ihrer Feldbegegnung kommunizierbar zu machen. Dabei konfrontiert sie das entstandene Material sowohl mit den Feldbewohnern als auch mit einem kunstnahen und –fernen Publikum. Die Aufarbeitung besteht zunächst aus Maßnahmen, die das Material strukturieren (Sortieren, Ordnen). Daneben entstehen neue künstlerische Kommentare (Objekte, Zeichnungen). „Umgangsformen" mit dem Material entwickelt die Künstlerin in Form von Drehbüchern oder Ausstellungsskizzen.

3. *Präsentation des Materials*: Lili Fischer legt Wert auf vielfältige Präsentationsformen. Dabei sucht sie oftmals Orte außerhalb des Kunstkontextes auf (z.B. Bundesgartenschau, Nordseesymposium). Als Präsentationsformen lassen sich nachweisen: intermediale Performances, raumbezogene Erfahrungsfelder, Kataloge und Künstlerbücher. Alle Präsentationen gehen auf systematische Planungen zurück, die von der Einladungskarte bis zum resümierenden Katalog nichts unbedacht lassen. Das gilt auch für die adäquate Nutzung der jeweiligen Medien.

## 3 Feldforschung in der Grundschule - Darstellung und Begründung der Forschungsmethode

### *3.1 Bestimmung des Forschungsfokus*

In den folgenden Kapiteln wird untersucht, wie sich Aspekte der Künstlerischen Feldforschung im pädagogischen Kontext umsetzen und variieren lassen. Dabei geht es vor allem darum, wie sich Künstlerische Feldforschung in einem pädagogischen Szenario auswirkt. Es kann nicht Ziel sein, ein künstlerisches Verfahren analog für den Unterricht zu übersetzen und im Nachhinein zu überprüfen, ob die pädagogische Methode mit der künstlerischen zur Deckung kommt. Die künstlerische Arbeitsweise gibt Impulse für pädagogisches Arbeiten mit Kindern. Das bedarf keiner weiteren Legitimierung durch die Kunst, weil ästhetisches Verhalten von Kindern mit der künstlerischen Arbeit von Erwachsenen nicht gleichzusetzen ist, selbst wenn es gelegentlich scheinbare Analogien gibt.[149]

*„In der kunstpädagogischen Literatur, vor allem in der älteren, sind Äußerungen zahlreich, aus denen Bewunderung für die »natürliche« künstlerische Veranlagung von Kindern und ihre kreative Fähigkeiten spricht.“*[150]

[149] vgl. Sievert-Staudte, Adelheid: Kind und Kunst – Die Kinderzeichnung und die Kunst im 20. Jahrhundert, in: Schreiner-Maierhofer, Marie: Kinder kennen/können Kunst, Klagenfurt, 1998

[150] Aissen-Crewett, Meike: Kunstunterricht in der Grundschule, Braunschweig, 1992, S. 12

Kinder setzen sich zwar auf eigene Weise mit der äußere Wirklichkeit auseinander, wobei ästhetische Aneignungsformen dominieren. Dennoch tun sie dies auf einem anderen Reflexions- und Handlungsniveau, das sie von Erwachsenen, die Kunst machen, deutlich unterscheidet. Insofern zielt der pädagogische Einsatz von künstlerischen Strategien auf die Förderung und Initiierung von ästhetischen Erfahrungen ab. Diese Prozesse sind jedoch nicht als „Kunst“ bzw. „Kinderkunst“ zu bewerten.

*„Unter produktionsästhetischen Gesichtspunkten unterscheiden wir heute genauer und bezeichnen weder die ästhetische Praxis von Kindern und Jugendlichen noch die in einer künstlerischen Ausbildung oder in einem therapeutischen Zusammenhang hergestellten Bilder und Objekte gleich als Kunst, auch wenn sie mit künstlerischen Mitteln und Verfahren entstehen. Kinder machen nach unserem heutigen Kunstverständnis keine Kunst, sondern Bilder (...).“*[151]

In diesem Sinne verwende ich Aspekte der künstlerischen Feldforschung in pädagogischen Szenarien und leite daraus bestimmte Vorgehensweisen ab.

Kernstück dieses Vorgehens sollen die im vorigen Kapitel herausgearbeiteten Handlungsebenen der künstlerischen Feldforschung sein, die auch die kunstpädagogische Arbeit strukturieren: Zunächst dient die **Feldbegegnung** der Initiation von ästhetischen Erfahrungen. Unter einem Feld sind für die Kinder bedeutsame Themenkreise zu verstehen, die einen Bezug zur Lebenswelt haben. Daraufhin erfolgt eine **Aufarbeitung** des im Feld erhobenen Materials, wobei ästhetische Produkte entstehen, die den Erfahrungsprozess und die Erkenntnisse der Kinder widerspiegeln und weitere Erfahrungen ermöglichen. Durch die abschließende **Präsentation** der „Forschungsergebnisse“ werden die Erfahrungsprozesse gebündelt und weitervermittelt

[151] Staudte, Adelheid: Zwischen Kunst und Sinnlichkeit – Defizite und Perspektiven ästhetischer Erziehung in der Grundschule, in: Duderstadt, Matthias (Hrsg.): Kunst in der Grundschule – Fachliche und fächerintegrierende ästhetische Erziehung, Frankfurt a.M., 1996, S. 23

werden, d.h. es soll ein Austausch über den ästhetischen Prozess angebahnt werden.
Gegenstand dieser Arbeit ist aber nicht allein die Darstellung und Beschreibung dieser Methode im pädagogischen Kontext, sondern vor allem deren Untersuchung und empirische Auswertung. Mein Interesse besteht vor allem darin herauszufinden, welche Wirkungen die von mir entwickelten pädagogischen Szenarien zeigen. Es ist also nicht allein interessant, ob und wie die Kinder die von mir intendierten Strategien der künstlerischen Feldforschung aufgreifen und dadurch ästhetische Erfahrungen ermöglicht werden, sondern auch die Beobachtung und Interpretation der vielfältigen Verhaltensweisen der Kinder in einer pädagogischen Situation.
Aus diesem Forschungsfokus heraus ist es erforderlich eine Forschungsmethode zu entwickeln und zu beschreiben, die der Offenheit meines Forschungsinteresses entspricht. Deshalb werde ich mich mit Methoden der in den Sozialwissenschaften entwickelten qualitativen Empirie auseinandersetzen. Da die Begründung der verwendeten Forschungsmethode Grundlage für das Verständnis der Forschungsergebnisse ist, wird im folgenden zunächst die Theorie und Methodologie der qualitativen Empirie erörtert.

## *3.2 Entwicklung und Theoriebildung der qualitativen Sozialforschung*

Die Ausrichtung von Erziehungswissenschaft, Fachdidaktik und Unterrichtsforschung allein auf quantitative Forschungsergebnisse hat sich durch ein stark angestiegenes Interesse an qualitativer Forschung in den letzten Jahren gewandelt. Es hat sich gezeigt, dass die durch Operationalisierung menschlichen Verhaltens gewonnenen empirischen Daten nur hinlänglich geeignet sind, die Komplexität sozialer Systeme zu erfassen. Gesellschaftliche Prozesse können nicht als Summe individuellen

Verhaltens begriffen werden, da die Handlungen konkreter Personen in ihrer Alltagswelt wenig Gemeinsamkeiten aufweisen.
*„Die qualitative Wende, der Trend zu qualitativen Erkenntnismethoden, stellt eine tiefgreifende Veränderung der Sozialwissenschaften in diesem Jahrhundert dar."*[152]
Unter Sozialwissenschaften wird hier nicht nur im engeren Sinne Soziologie, Sozialpsychologie, Erziehungswissenschaft und Psychologie verstanden, sondern auch verwandte Arbeitsfelder wie Ethnologie, Volkskunde, Geschichtswissenschaften, Politologie, Epidemiologie, Volkswirtschaftslehre bis hin zu vergleichender Verhaltensforschung.
In den letzten Jahren finden sich in allen sozialwissenschaftlichen Forschungszweigen Methoden, die sich in Abgrenzung zur quantitativen Empirie als qualitativ verstehen.

### 3.2.1 Traditionen der qualitativen Forschung

Zunächst muss darauf verwiesen werden, dass die klassischen Studien einer sich seit dem 18. Jahrhundert formierenden Sozialwissenschaft eine scharfe Trennung zwischen quantitativer („harter") und qualitativer („weicher") Forschung noch nicht kannten. Zu nennen sind: *Emile Durkheims* Studie über den Selbstmord (1897), *Friedrich Engels* Untersuchungen über die Lage der arbeitenden Klasse in England (1845), die Untersuchung von *Jahoda*, *Lazarsfeld* und *Zeisel* über die Arbeitslosen von Marienthal (1932) *Bornislaw Malinowskis* ethnographische Berichte und Analysen oder die Studie über Street Corner Society der *Chicago-School* (1943).
Im zwanzigsten Jahrhundert lassen sich in allen Disziplinen der Sozialwissenschaft qualitative Forschungsmethoden nachweisen.

[152] vgl. Mayring, Philipp: Einführung in die qualitative Sozialforschung, Weinheim, 1996

In der **Soziologie** ist vor allem die Tradition der verstehenden Soziologie *Max Webers* (1864-1920) zu nennen, der, ausgehend vom Einzelfall, in der Entschlüsselung des subjektiven Sinns im sozialen Handeln den Ansatzpunkt soziologischer Forschung sah. Dies bildet die Grundlage der Beschreibung sozialer Systeme. Weber setzte sich damit von quantitativen Forschungsmethoden der Soziologie ab, die bereits Ende des vorigen Jahrhunderts großangelegte Umfrageuntersuchungen (*social survey*) statistisch auswerteten.[153]

Die Soziologie der Nachkriegszeit war vom Spannungsverhältnis dieser Instrumentarien geprägt, wobei in den 70er Jahren, etwa am *Kölner Institut für Sozialforschung*, den quantitativen Methoden der Vorzug gegeben wurde. Als Gegenbewegung entwickelte sich eine Vielzahl qualitativer Verfahren, die in ihrer Methodologie qualitativ-interpretative Verfahren einforderten. Zu nennen ist der *Symbolische Interaktionismus* (*Mead*, *Schütz*) und die *Ethnomethodologie* (*Garfinkel*). Erstere sehen soziale Systeme als sprachlich ausgehandelt und nutzen sprachlich-interpretative Verfahren. Letztere deuten die sozialen Systeme als kulturelle Systeme und versuchen, diese mit dem kulturanthropologischen Verfahren der teilnehmenden Beobachtung zu erforschen. Als weitere Verfahren seien fallorientierte Verfahren wie die *Chicago-School* oder die *Grounded Theory* (*Strauß/Corbin*) aufgeführt oder die *Biographieforschung*, d.h. Lebenslaufstudien.[154]

Die Pädagogik des zwanzigsten Jahrhunderts war durch ihre enge Verbindung zur Philosophie[155] vorrangig von interpretati-

[153] vgl.: Booth, Charles: A Survey of London Life and Labour, 1889

[154] Mayring, P.: a.a.O.S.43 f.

[155] vgl. Benner, Dietrich: Allgemeine Pädagogik - Eine systemgeschichtliche Einführung in die Grundstruktur pädagogischen Denken und Handelns, Weinheim, 1987

ven Methoden in der geisteswissenschaftlichen Tradition Wilhelm Diltheys geprägt.[156]

Erst in den 50er Jahren fand eine umfassende Wendung zu quantitativ-empirischen Methoden statt; eine Entwicklung die sich an angloamerikanischen Wissenschaftstraditionen orientierte, und in Deutschland wesentlich von *Heinrich Roth* vertreten wurde. Die traditionelle geisteswissenschaftliche Pädagogik wurde einer fundamentalen Kritik unterzogen und man orientierte sich vor allem an der *pädagogischen Psychologie*, die beobachtbares Verhalten quantitativ vermaß.[157] Symptomatisch für diese Entwicklung war der Ausbau und die Besetzung der pädagogischen Lehrstühle in Folge der Bildungsreform der 60er Jahre. *„Fragebogen und Interviewverfahren, pädagogische Testverfahren (z.B. Schulleistungstests) waren die bevorzugten Methoden."*[158]

Bereits in den 70er Jahren wurde die Unzulänglichkeit dieses Instrumentariums pädagogische Prozesse umfassend zu beschreiben erkannt und durch historisch-kritisch dialektische Ansätze ergänzt. Zu nennen ist insbesondere die *Handlungsforschung*, die die Interaktion zwischen Forscher und Beforschten thematisiert. Weitere Methodologien sind die qualitative pädagogische Evaluationsforschung oder der von *Heinze*[159] entwickelte lebensgeschichtlich-hermeneutische Ansatz, der den Forschungsprozess als Kommunikationsprozess definiert; ein selbstreflektiver Lernprozess, der Datenerhebung durch biographisch-narrative Interviews betreibt, jedoch Dokumentenanalyse (Tagebücher, Briefe) einbezieht.

---

[156] vgl.: Klafki, Wolfgang: Aspekte kritisch-konstruktiver Erziehungswissenschaft, Weinheim, 1976

[157] vgl. Terhart, Ewald: Entwicklung und Situation des qualitativen Forschungsansatzes in der Erziehungswissenschaft, in: Friebertshäuser, Barbara/Prengel, Annedore (Hrsg.): Handbuch Qualitative Forschungsmethoden in der Erziehungswissenschaft, München, 1997, S. 31

[158] Mayring, P.: a.a.O., S. 8

[159] vgl.: Heinze, Thomas: Qualitative Sozialforschung: Erfahrungen, Probleme und Perspektiven, Opladen, 1987

Hinzukam eine qualitative Wende im englischsprachigen Raum, die von nachhaltigem Einfluss auf die neueste pädagogische Forschung (insbesondere auf die Unterrichtsforschung) war. Zu nennen sind *ethnomethodologische* und einzelfallbezogene Studien, die ihr Instrumentarium aus verwandten sozialwissenschaftlichen Disziplinen wie *Ethnologie* und *Kulturanthropologie* entlehnt.[160] Aktuelle Untersuchungen beziehen sich auf den Ethnologen *Clifford Geertz*, der kulturelle Systeme durch *„dichte Beschreibung“* analysiert und Datenerhebung auf interpretative teilnehmende Beobachtung gründet.[161]

### 3.2.2 Theorie der qualitativen (pädagogischen) Forschung

Im folgenden werden die substantiellen Theorieelemente der qualitativen Forschung beschrieben, die allen Fachdisziplinen zu eigen sind, wenn auch die Methoden in den Geisteswissenschaften „fachspezifisch geworden sind.[162]

*„Der kleinste gemeinsame Nenner der qualitativen Forschungstradition lässt sich vielleicht wie folgt bestimmen: Qualitative Forschung hat ihren Ausgangspunkt im Versuch eines vorrangig deutenden und sinnverstehenden Zugangs zu der interaktiv „hergestellt“ und in sprachlichen wie nicht-sprachlichen Symbolen repräsentiert gedachten Wirklichkeit.“*[163]

Wirklichkeit wird demnach nicht als die Summe ihrer objektiv nachweisbaren Gegenstände definiert, sondern als erlebte Segmente der eigenen Lebensgeschichte und -praxis, die sich interpretativ vermitteln und so der Analyse zugeführt werden können. Demnach ist Wirklichkeitserschließung ein kommunikativer Prozess zwischen dem Forscher und seinem „Feld“. Wirk-

---

[160] vgl.: Jaeger, Richard M.: Complementary methods for research in education, Washington, D.C., 1988

[161] vgl.: Geertz, Clifford: Dichte Beschreibung: Beiträge zum Verstehen kultureller Systeme, Frankfurt a.M., 1995

[162] Kleining, G.: a.a.O., S.13

[163] Kardorf, Ernst von: Qualitative Sozialforschung - Versuch einer Standortbestimmung, in: Flick, Uwe (Hrsg.), u.a.: a.a.O.,1995, S.4

lichkeit ist nicht außerhalb des Forschers präsent, sondern wird durch interaktives Handeln sinnhaft konstituiert und ist für den Einzelnen, aber auch für Kollektive sinnhaft strukturiert.[164] Der Forschungsprozess versucht die Subjekt-Objekt-Distanz zum Gegenstand zu überwinden, sei es eine Person, eine Gruppe, eine soziale Institution oder eine fremde Kultur. Wenn die soziale Welt in dieser Weise als sinnhaft strukturiert angesehen wird, bedeutet dies, dass sie auch immer als gedeutet verstanden wird. Sozialforschung, die sich am Handeln der Menschen orientiert, muss bestrebt sein, die Welt auch mit den Augen der Beforschten zu sehen, d.h. ihre subjektiven Sinnstrukturen zu verstehen.

Im Forschungsprozess versucht man daher, nicht mit vorgefertigten Theorieansätzen und Hypothesen den Gegenstand deduktiv auszumessen, sondern entwickelt gegenstandsadäquate Untersuchungsmethoden. Auch wenn die Forschung theoriegeleitet abläuft, ist die Weiterentwicklung und Variation von Fragestellungen bereits im Moment der Datenerhebung feste Option. Im Forschungsprozess werden diese entworfen, erprobt und modifiziert. Verschiedene methodische Untersuchungen werden auf den zu erforschenden Gegenstand gerichtet (*Triangulation*). Daraus leiten sich folgende Anforderungen ab, die für alle qualitativen Methoden gelten:

- detailgetreue und unvoreingenommen Beobachtung sozialer Handlungen (Offenheit),
- Analyse des Einflusses des Forschungsfeldes auf den Beobachter (Selbstreflexion),
- Genaue, unvoreingenommene, möglichst vollständige und geordnete Beschreibung aller Aspekte des Feldes,
- Interpretation des Datenmaterials auf der Grundlage von Alltagstheorien und historischem Wissens über soziokulturelle Entwicklungen. Diese werden überprüft durch phi-

[164] vgl. Terhart, E.: a.a.O., S.29

losophische und wissenschaftlicher Deutungen im Hinblick auf praktische Nutzanwendungen oder die Bewältigung von Grundlagenproblemen.[165]

Qualitative Methoden versuchen soziale Wirklichkeiten und die Intentionen der darin handelnden Akteure zu verstehen, wobei weniger Gesetzmäßigkeiten erkannt als Regelhaftigkeiten entdeckt werden. Ausgehend von Einzelfällen werden diese durch Analogiebildung gewonnen. Diese Regeln und Muster übersteigen jedoch die Ebene des subjektiven Sinns und der Alltagstheorien. Sie sind dem handelnden Individuum nicht bewusst, haben aber folgenreichen Einfluss auf sein Handeln.[166]

Ein Problem der qualitativen Forschung liegt in ihrer Komplexitätsproduktion. Im Unterschied zu quantitativen Verfahren werden valide Aussagen nicht durch die Interpretation signifikanter Daten gewonnen, sondern man versucht das „Typische" im einzelnen Fall, bzw. in einer begrenzten Anzahl von Fällen durch Analogiebildungen herauszuarbeiten, wobei man davon ausgeht, dass der Fall so komplex ist, dass eine empirische Ausmessung zu verkürzten bzw. unzulänglichen Aussagen führt. Um der Gefahr vorzubeugen, sich in einer ausufernden Komplexität zu verlieren, beschränkt sich die vor allem die qualitative pädagogische Forschung, die für diese Arbeit relevant ist, in der Regel auf Institutionalisierungen, *„welchen man eine Orientierung an pädagogischen Fragestellungen oder im Extremfall sogar einen pädagogischen Auftrag unterstellen kann."* [167]

Dieses Kriterium unterscheidet pädagogische Forschung von anderen Disziplinen der Sozialforschung. Sie ist immer intentional geprägt, d.h. sie versucht, pädagogische Praxis in Hinblick auf ihre Zielsetzung hin zu überprüfen und zu verbessern. Die Beschreibung pädagogischer Felder dient immer der Auslotung

---

165 Kardorf, Ernst von: a.a.O., S.5

166 Kardorf, Ernst von: a.a.O., S.27

167 Merkens, H.: a.a.O., 1995

von Praxis und versucht, durch die gewonnenen Erkenntnisse auf diese einzuwirken.

Eine Erforschung pädagogischer Felder zwingt den Forscher Distanz zum Forschungsfeld aufzubauen. Nur so ist es möglich, scheinbar Vertrautes und Konventionelles „dicht zu beschreiben" (z.B. den Alltag in einer Grundschulklasse). Dies ist jedoch kein leicht einlösbares Verfahren, insbesondere wenn die Datenerhebung auf teilnehmender Beobachtung basiert. Hier bedarf es der Anwendung von Distanzierungstechniken. Wenn diese nicht angewandt werden, liegt keine wissenschaftliche Forschung, sondern ein Praxisbericht vor, der für erziehungswissenschaftliche Theoriebildung unbrauchbar ist. Hierin liegt das Hauptproblem der qualitativen Selbsterforschung von Unterricht. Der Praktiker ist so eng mit der ihm zugewiesenen Rolle verbunden (umfassende organisatorische Aufgaben, Verantwortung für den Lehr- und Lernprozess, Evaluation des Unterrichts, Legitimationsdruck, Parteinahme für die Anliegen der Kinder), dass es ihm schwer fällt, eine notwendige Distanzierung methodisch aufzubauen. Dennoch liegt in der Befremdung des scheinbar vertrauten Unterrichtsalltages eine Möglichkeit und Chance pädagogischer Forschung im Sinne einer Professionalisierung der Praxis.

Folgende methodische Schrittfolge bietet sich für eine qualitativ-pädagogische Forschung an.[168]:

1. Formulierung des Forschungsinteresses,
2. Dokumentation eines Falles in Form von „dichten" Beschreibungen und Datenerhebungen,
3. Aufarbeitung des Materials durch Einteilung in Analyseeinheiten („theoretical sampling"),
4. Zuordnung des Materials,
5. Inhaltliche Rekonstruktion der Analyseeinheiten,

[168] vgl.: Merkens, H.: a.a.O., 1995, S. 33 / Mayring, P.: a.a.O., 1996, S. 48-109

6. Überprüfung der Rekonstruktion durch alternative Methoden (z.B. Expertenbefragung, Dokumentenanalyse, Analyse von Körpersprache),
7. Wiederholung der Schritte 3-6,
8. Triangulation der Ergebnisse.

In dieser Schrittfolge wird deutlich, dass es sich um eine stufenweise Reduktion von komplexem Material handelt, wobei die Komplexität vom Forscher erst konstruiert wurde. Das handelnde Individuum empfindet dagegen das soziale System als überschaubar und beherrscht das intersubjektiv gültige Regelwerk (Sonst wäre soziales Handeln nicht möglich!). Die Komplexitätsreduktion stellt somit einen kontinuierlichen Abstraktionsprozess dar.

Die angegebene Schrittfolge unterscheidet qualitativ-pädagogische Forschung nicht von anderen Disziplinen der Sozialforschung. Das spezifisch Pädagogische wäre die Forderung, dass jede Forschung in Praxis überführt werden muss. Das bedeutet, dass es nicht um neutrale Beschreibung sozialer Phänomene geht, sondern um die Frage nach dem „Wie?" und die sich daraus ergebenden Forderungen an pädagogische Praxis. Anforderung an die Forschungspraxis wäre, *„dass im Rahmen pädagogischer qualitativer Studien, wenn sie denn so qualifiziert werden sollen, immer das Thema der Untersuchung im Horizont des Pädagogischen verbleibt."* [169]

### *3.3 Ethnographische Feldforschung als Kernmethode der Unterrichtsforschung durch Lehrer*

Das Theorie-Praxis-Problem ist ein Defizit der erziehungswissenschaftlichen Theoriebildung. Um praxisbezogene Theorien von Schule und Unterricht zu generieren, erscheint es notwendig, die pädagogischen Praktiker in den Forschungsprozess einzubeziehen, bzw. sie zu eigenen Forschungen anzuregen.

[169] vgl. Schütz, Alfred: Das Problem der Relevanz, Frankfurt a.M., 1971

Eine praxisbezogene Unterrichtsforschung durch einen Lehrer kann in der Selbsterforschung und Evaluation des eigenen Unterrichts liegen. Diese kann selbständig oder in Zusammenarbeit mit Kollegen oder wissenschaftlichem Personal stattfinden. Dass dies in der Praxis Probleme aufwirft (zeitliche Organisation, Distanzierungsschwierigkeiten), lässt sich denken. Dennoch ist die kritische Beobachtung und Reflexion von Unterricht eine Anforderung, der sich jeder Lehrer stellen muss. Die Trias der pädagogischen Professionalität (Planung / Durchführung / Reflexion) ist in jedem Lehrerausbildungs- und Fortbildungssystem festgeschrieben. Während die ersten beiden Elemente detailliert eingeübt und weiterentwickelt werden (vgl. die einschlägige didaktische Kompendienliteratur), wird das Element der Reflexion vernachlässigt. Viele Lehrkräfte begnügen sich mit der Anwendung von naiven Alltagstheorien, was sich nachhaltig auf die Qualität von Planung und Durchführung von Unterricht auswirken kann.

Die qualitative Methode der ethnographischen Feldforschung stellt m.E. nach einen praktikablen Ausweg aus diesem Dilemma dar.

### 3.3.1 Sozialwissenschaftliche Bezüge der ethnographischen Methode

Die Entwicklung der englischen *„social anthropologie“* (A.R. Radcliffe- Brown, B. Malinowski), die amerikanische *„cultural anthropologie“* (F. Boas, M. Mead, Chicago-School), sowie der französische *Kultur-Strukturalismus* (Cl. Levy-Strauss) haben die Methoden der klassischen *Ethnologie* so erweitert, dass sie zur Erforschung der Kultur der Industrieländer tauglich erscheinen.[170] Kernmethode ist die Feldforschung, auf der Grundlage der teilnehmenden Beobachtung. Die Ethnologie ist das einzige sozialwissenschaftliche Fach, das nahezu ausschließlich quali-

---

[170] vgl. Kleining, Gerhard: a.a.O.,1995, S. 19

tative Methoden anwendet. Obwohl es sich um ein kleines Fach handelt, ist es seit der qualitativen Wende der achtziger Jahre um so erfolgreicher, da sich nahezu alle sozialwissenschaftlichen Disziplinen der von diesem Fach entwickelten Feldforschungsmethode bedienen.

*„Dem Mikroskop in den Naturwissenschaften vergleichbar, hat die intensive Erforschung lokaler Zusammenhänge den Sozial- und Kulturwissenschaften eine neue Dimension des Wissens eröffnet, die ohne sie auf immer verschlossen wäre“* [171]

Zunächst werde ich zwei wichtige Traditionslinien der modernen Ethnographie und deren Methoden skizzieren:

Die von *Bronislaw Malinowski* idealtypisch entwickelte ethnographische Methode stellte einen Ausweg aus der klassischen *„armchair“*- Ethnologie dar, die einer starken Kritik unterzogen wurde.[172] Der traditionelle Ethnologe nutzte beispielsweise Reisebeschreibungen der Kolonialzeit (von Missionaren, Kaufleuten, Militärs etc.), um anhand dieser „gelehrte“ ethnologische Monographien zu verfassen. Eine Quellenkritik fand nicht statt und vielfach wurden rassistische Vorurteile unreflektiert übernommen.[173] *Malinowski* propagierte in seiner *Trobiand-Studie*[174] das *„going native“* der Ethnologen, um durch teilnehmende Beobachtung Informationen aus erster Hand zu gewinnen. Für ihn war das Ziel der Feldforschung, das Verhältnis der Bewohner zu ihrer eigenen Welt zu erfassen, und zwar durch:[175]

1. Erkennen der Anatomie der fremden Kultur,
2. Erfassung der Lebensverhältnisse, die sich durch Handlungen ausdrücken,
3. Sammlung von mündlichen Quellen und Artefakten,

[171] Stagl, Justin: Ethnologie: in: Flick, Uwe (Hrsg.) u.a., a.a.O., 1995, S.60
[172] Amann, Klaus/Hirschauer, Stefan: Die Befremdung der eigenen Kultur. Ein Programm, in: Hirschauer,S./Amann,K.: a.a.O., 1997, S.10
[173] vgl. Legwie, Heiner: Feldforschung und teilnehmende Beobachtung, in: Flick, Uwe (Hrsg.) u.a., a.a.O.,1995, S. 190
[174] Malinowski, Bronislaw: Argonauts of the Western Pacific, London, 1922
[175] vgl. Kleining, G.: a.a.O.,1995, S. 20

Die Beobachtung muss möglichst detailliert und umfassend sein, und daher bedarf es eines längeren Aufenthalts im Feld. Der Forscher wird zum Quasi-Eingeborenen und nimmt am materiellen, geistigen und sozialen Stoffwechsel teil, obwohl er stets eine anderer bleibt.[176] Die Ergebnisse der Feldforschung werden in der literarischen Form der *ethnographischen Monographie* der Wissenschaft zur Verfügung gestellt.

1892 wurde in Chicago das erste soziologische Institut der USA gegründet, das die Auswirkungen des kapitalistischen Systems auf die Bevölkerung (soziale Verelendung, Slumbildung etc.) mit ethnographischen Methoden untersuchte.[177] Erstmals wurde die einheimische Kultur zum Forschungsgegenstand der Ethnologie. Die *Chicago-School* entwickelte angelehnt an den Philosophen *Georg Simmel* (1858 - 1918)[178] die Methode des *Symbolischen Interaktionismus* zur Analyse der sozialen Institutionen, zu der sich das Individuum in einem Spannungsverhältnis befindet.

Diese qualitativ ausgerichtete Forschung versucht zunächst die *Formen* der sozialen Beziehungen zu bestimmen, die auf Interpendenzen basieren. Durch einen Vergleich mit anderen Beobachtungen werden Gemeinsamkeiten (*Homologien*) herausgearbeitet. Die Forschung ist Gegenstands- und Einzelfallbezogen.

Exemplarisch ist die Studie *„Polish Peasant“* von *W.I. Thomas* und *F. Zaniecki* (1918-1920), in der die Formen der Vergesellschaftung polnischer Kleinbauern in der kapitalistischen „Boomtown“ Chicago mit Methoden der Feldforschung untersucht wurden. *Ezra Park*, einer der führenden Protagonisten der Chi-

[176] Stagl, J.: a.a.O., S.60

[177] Park, Robert E. / Burgess, Ernest W. / McKenzie, Roderick D.: The city, Chicago, 1984, Reprint

[178] Simmel versuchte nachzuweisen, dass die ursprünglichen Lebensverhältnisse in Form von Institutionen und Gegenständen objektiviert werden, die dann nicht nur der Kontrolle der Individuen entgleiten, sondern auch als Zwänge auf sie selbst zurückschlagen. vgl. Simmel, Georg: Philosophie des Geldes, Berlin, 1900

cago-School, äußerte sich zum Gegenstandsbezug der Forschungsmethode folgendermaßen.:

*„Beobachtungen aus erster Hand sind angesagt: Setzen sie sich in die Eingangshalle der Luxushotels und auf die Treppenstufen von Abrisshäusern, machen Sie es sich auf den Polstermöbeln der Reichen ebenso bequem wie auf den Holzpritschen im Obdachlosenasyl ... Mit einem Wort, machen Sie sich die Hände schmutzig mit realer Forschung!"*[179]

Exemplarisch und idealtypisch für die ethnographische Erforschung der eigenen Kultur sind folgende Aspekte:

1. die umfangreiche Datenerhebung,
2. die Methodenvielfalt und -kombination,
3. die Einbeziehung von primären Quellentexten (Biographien und Briefe) und narrativen Interviews.

Obwohl der Chicago-School bis in unsere Zeit unwissenschaftliches Verhalten vorgeworfen wird, hat sie eine lange Tradition von Feldstudien in städtischen und ländlichen Gebieten hervorgebracht. Theoretisch wurde sie durch die Ethnomethodologie und die „Grounded Theory" weiterentwickelt.[180] Auf letztere werde ich in Zusammenhang mit der Darstellung meiner Forschungsmethode näher eingehen.

Im weiteren wird die Methode der Feldforschung, bzw. der teilnehmenden Beobachtung übergreifend beschrieben:

*„Feldforschung bedeutet Forschung im Lebensraum einer Gruppe durch den Untersuchenden, unter Bedingungen, die „natürlich" sind, also nicht für Untersuchungszecke verändert werden. Ziel ist Datengewinnung mit unterschiedlichen Methoden und unterschiedlicher Zielsetzung."*[181]

Die qualitative Feldforschung kann man als Prozess charakterisieren, in dem Phasen der theoretischen Vor- und Nachberei-

---

[179] zitiert nach: Legwie, H.: a.a.O., S.189

[180] vgl. Legwie, H.: a.a.O.1995, S. 190

[181] Fischer, Hans: Zur Theorie der Feldforschung, in: Stagl, Justin/Schmied-Kowarzik: Grundfragen der Ethnologie, Berlin, 1981, S. 65

tung mit Phasen der Feldarbeit abwechseln. Feldforschung versucht eine überschaubare soziale Einheit „mikroskopisch“ zu untersuchen.[182] Dazu bedarf es zunächst einiger Vorbereitungen. Der Forscher muss sein Erkenntnisinteresse klären, das er zu einer Fragestellung zusammenfasst. Das bedeutet nicht, dass er bestimmte Einzelhypothesen zu überprüfen sucht, sondern strukturelle Zusammenhänge eines kulturellen Systems entdecken möchte.[183] Begriffliche Werkzeuge sind thematische Schwerpunkte und sensibilisierende Beobachtungskonzepte, um eine möglichst „dichte Beschreibung“[184] zu erzeugen. Auf der Fragestellung aufbauend müssen das Untersuchungsfeld und die entsprechenden Schauplätze bestimmt werden.

Wichtigstes Element der Feldforschungsmethode ist der möglichst langfristige Aufenthalt in einem fremden, bzw. befremdeten Feld.

Der Forscher hat zunächst die Aufgabe, sich dem Feld möglichst unauffällig anzupassen und eine ihm vom Feld zugewiesene Funktion zu übernehmen. Dies geschieht entweder durch die Vermittlung einer Kontaktperson oder durch direkte Aufgabenzuweisung. Anschließend erfolgt eine kontinuierliche Beobachtung des Feldes. Die Beobachtungen müssen mit größtmöglicher Offenheit durchgeführt werden, d.h. dass der Forscher ohne vorgefasste Theorien und Kategorien das Feld möglichst unvoreingenommen beobachten muss. Dazu bedarf es einer detaillierten Selbstanalyse, am besten in Form einer themenzentrierten Autobiographie.

Während der Feldphase versucht der Forscher umfangreiches Datenmaterial zu erheben, wobei das Schreiben von Feldnotizen und Protokollen wichtigstes Element ist. Weitere Möglichkeiten sind das Sammeln von Artefakten und die Nutzung audiovisueller Medien (Tonband, Fotoapparat und Videokamera).

---

182 vgl. Legwie, H.: a.a.O., 1995, S. 189

183 vgl. Fischer, Hans: Feldforschung, in: Fischer, H. (Hrsg.):Ethnologie: Einführung und Überblick, Bremen, 1992

184 vgl. Geertz, C., a.a.O., 1995

Zwei Probleme gilt es während der Feldphase zu kontrollieren und zu bearbeiten.
Ein Problem besteht in der *Reaktivität*, d.h. der Forscher kann durch seine Anwesenheit das Feld und die Handlungen der Beforschten beeinflussen. Eine Alternative wäre die verdeckte Beobachtung. Diese birgt jedoch die Gefahr der Enttarnung und die damit verbundenen unkontrollierbaren Reaktionen. Weiterhin würde einem verdeckten Beobachter, der keine definierte Rolle einnimmt, mit Misstrauen begegnet werden und das würde um so mehr die Handlungen der Probanden verändern. Außerdem wird dadurch nachvollziehendes und einfühlendes Verstehen behindert. Deshalb ist die teilnehmende Beobachtung vorzuziehen. Der Forscher muss sich aber einiger Korrektive seiner Beobachtungen bedienen. Das wäre zum einen die Expertenbefragung, die Nutzung der Selbstreferenzialität des Feldes (Konfrontation der Beforschten mit den Beobachtungsergebnissen und Auswertung der Reaktionen) sowie die Nutzung der Dokumentenanalyse (Auswertung von Artefakten). Zum anderen kommt die Auswertung von Fotografien und Videoaufnahmen (Analyse der Körpersprache)[185] hinzu.
Das zweite Problem ist die notwendige Distanzierung vom Feld. Dieses dialektische Problem (Anpassung versus Distanzierung) bedarf einer sorgfältigen Bewältigung. Denn ohne Distanz ist die Beobachtung unreflektiertes Nachempfinden einer exotischen Situation, vergleichbar mit dem Folkloreerlebnis eines Rucksackreisenden. Während des Feldaufenthaltes sollte der Forscher feste Schreibzeiten institutionalisieren. Schreiben schafft Distanz zum Erlebten, und eine erste Einordnung zu Typen und Kategorien kann durchgeführt werden. Diese Zeit muss auch zur Selbstreflexion genutzt werden, um unbewusste Übertragungen aufzudecken, die die Beobachtungen einschränken, bzw. steuern können. Wenn möglich, muss der For-

---

[185] vgl. Ellgring, Heiner: Audiovisuell unterstützte Beobachtung, in: Flick, Uwe (Hrsg.) u.a., a.a.O.,1995, S. 204

scher zeitweise das Feld verlassen, um den Stand der Forschung z.B. in einer wissenschaftlichen Forschungsgruppe zu diskutieren. Auf Grund von Distanzierungen und der damit verbundenen ersten Aufarbeitung des Datenmaterials können neue Beobachtungsschwerpunkte bestimmt werden.

Der nächste Schritt der Feldforschung ist die sensible und verantwortungsvolle Ablösung vom Feld, wobei sich der Forscher der ethischen und moralischen Dimension seiner Handlung unbewusst sein muss. Die von ihm übernommene Rolle darf keine existentielle Lücke im Feld hinterlassen.

Abschließend erfolgt die Aufarbeitung des Datenmaterials, wobei unterschiedliche qualitative Auswertungsmethoden zur Anwendung kommen.

*„Qualitative Feldforschung ist immer dann die Methode der Wahl, wenn sozialräumlich überschaubare Einheiten menschlichen Zusammenlebens ganzheitlich erfasst werden sollen."* [186]

Dies qualifiziert die Feldforschung insbesondere als Kernmethode der Erforschung von Unterricht.

### 3.3.2 Pädagogische Ethnographie

Um zu unterstreichen, dass Ethnographische Feldforschung eine Kernmethode zur Erforschung von Unterricht ist, müssen die Anschlussmöglichkeiten an die Erziehungswissenschaft aufgezeigt werden.[187]

Ein Element liegt in der Fallbezogenheit der Feldforschung (vgl. 3.3.1). Auch pädagogische Forschung ist immer auf einen konkreten Fall bezogen (ein Kind, eine Schulklasse, eine Institution oder ein fachdidaktisches Konzept).

Ein weiteres Element der Feldforschung ist die interpretative, verstehende Rekonstruktion des Falles. Auch die Pädagogik in ihrer qualitativen Ausrichtung versucht durch methodisch kontrolliertes Verstehen den Fall zu erfassen.

---

[186] Legwie, H.: a.a.O.1995, S. 193

[187] vgl. Friebertshäuser, Barbara: Feldforschung und teilnehmende Beobachtung, in: Friebertshäuser, Barbara/Prengel, Annedore (Hrsg.): a.a.O.,1997 S. 508 ff.

Das Wesen der ethnographischen Feldforschung liegt in dem Bestreben, fremde kulturelle Systeme beschreibend zu erforschen. Die moderne Ethnographie (*Kulturanthropologie, Europäische Ethnologie, Volkskunde*) beschränkt sich aber nicht mehr auf die Erforschung archaischer Kulturen, sondern wendet sich den einheimischen Kulturen zu. Damit ist ein anthropologisches Kulturkonzept gemeint, das die gesamte Lebensweise einer sozialen Gruppe einbezieht.

*„Kultur umfasst dabei die Summe aller materialistischen und ideellen Lebensäußerungen, sowie die internalisierten Werte, Haltungen und Sinndeutungen, die auch in ihrer historischen Dimension betrachtet werden.“*[188]

Die einheimischen Kulturen sind nur scheinbar vertraut. Durch Befremdung können sie genauso forschungswürdig werden wie ein Südseearchipel.

Mit diesen „fremden Kulturen“ hat auch die pädagogische Forschung zu tun. Die Kultur der Kinder oder einer Schulklasse ist einem Erwachsenen fremd (Die Erinnerung an die eigene Kindheit ändert daran nicht viel.).

Auch die Kulturen der Erwachsenen sind einander fremd (z.B. die Kulturen von Arbeitslosen, Obdachlosen oder Grundschullehrerinnen). Um diesen Kulturen gerecht zu werden, ist eine ethnographische Feldforschung methodisch angebracht, die sich um ein einfühlendes Verstehen der kulturellen Situation bemüht. Die gesellschaftlichen Felder weisen eine immanente Logik auf, nach der sie sich organisieren, und nach der sie funktionieren. Diese lassen sich nur durch Teilnahme erschließen. Die daraus abgeleiteten Erkenntnisse bieten dem Pädagogen die Möglichkeit, professionelle Maßnahmen zu ergreifen, die dem Gegenstand angemessen sind.

Ethnographische Feldforschung hat aufgrund ihrer Detailschärfe den Vorteil, dass sie das scheinbar Belanglose und Unauffällige in den Blick nimmt, wodurch eine Neubestimmung pädago-

---

[188] Friebertshäuser, B.: a.a.O., S.509

gischen Handelns ermöglicht wird. Denn pädagogische Forschung hat nicht nur das Ziel, pädagogisches Handeln aufzuklären, sondern es auch zu verbessern.[189]
Die ethnographische Unterrichtsforschung versucht, das Handeln und Wissen von Kindern verfügbar zu machen, wobei das Generationsverhältnis, das in der Bildungsinstitution Schule festgeschrieben ist, die Befremdung ausmacht.[190] Ethnographische Unterrichtsforschung ist auf die Erforschung von „Kindheit in der Schule" begrenzt, was nicht heißt, dass nicht auch außerschulische Kindheitsforschung mit einbezogen wird.

## *3.4 Darstellung der Forschungsmethode*

### 3.4.1 Erweiterung von sozialen Systemen durch Komplexitätsproduktion und -reduktion

Grundannahme qualitativ-empirischer Forschungsmethodologien ist es, dass soziale Systeme und die Handlungen der Akteure eine hohe Komplexität aufweisen. Entsprechend komplex sind auch die qualitativen Forschungsverfahren, die sich durch gegenstandsangemessene Methodenkombination (*Triangulation*) auszeichnen.[191] Soziale Systeme werden hier nicht abstrakt konstatiert, sondern sollen konkret veranschaulicht werden.
*„Es fordert Nähe zum Objekt, ein Sich-Einlassen auf Fälle oder Felder, wenn unsere Beschreibungen und Interpretationen eine „hohe Auflösung" und „Dichte" erreichen sollen."* [192]
Komplexität meint die Gesamtheit aller Merkmale eines Phänomens, also *Heterogenität*, *Ambiguität* und *Diversität*. Das sind Eigenschaften, die für soziale Systeme signifikant sind (auch für das System der Grundschule und die Kultur der Schulkinder).

[189] Friebertshäuser, B.: a.a.O., S.510
[190] vgl. Zinnecker, Jürgen: Pädagogische Ethnographie - Ein Plädoyer, in: Behnken, Imbke/Jaumann, Olga (Hrsg.): Kindheit und Schule: Kindererleben im Blick von Grundschulpädagogik und Kindheitsforschung, Weinheim/München, 1995, S. 21
[191] vgl. Kelle, H.: a.a.O., 1997, S. 192 f.
[192] Kelle, H.: a.a.O., 1997, S. 193

Aufgabe einer diesbezüglichen Sozialforschung ist es, durch Komplexitätsreduktion eine Untersuchung zu ermöglichen. Die Gegenstände sind aber komplexer, als sie uns erscheinen. Eine gegenstandsbezogene Forschung, die der Komplexität Rechnung trägt, kann wiederum nur zu komplexen Regelhaftigkeiten und Theoremen kommen.

*„Komplexität ist ein sich selbst bedingender Sachverhalt: Dadurch, dass schon die Elemente komplex konstituiert sein müssen, um als Einheit für höhere Ebenen der Systembildung fungieren zu können, ist auch ihre Verknüpfungsfähigkeit limitiert, und dadurch reproduziert sich Komplexität als unausweichliche Gegebenheit auf jeder höheren Ebene der Systembildung.“* [193]

Daraus folgt, dass eine einfache Komplexitätsreduktion im Sinne einer semantischen Zuordnung beobachteten Verhaltens zu äquivalenten Bedeutungen nicht möglich ist. Also können in der qualitativen Forschung isolierte Aussagen wie „A ist eine Ursache von B“ oder „B folgt aus A“ nicht gemacht werden. Vielmehr werden Bedeutungsschichten herausgearbeitet. Eine genaue Erklärung des „Warum“ wird ersetzt durch eine „dichte“ Beschreibung des „Wie“ des Gegenstandes. „Dichte“ Beschreibung beinhaltet allerdings die Zuweisung von Bedeutung. Man könnte noch weiter gehen, indem man behauptet, dass man nur das beobachtet, was man als bedeutungsvoll erfährt.

In der vorliegenden Untersuchung wird insofern eine Komplexitätsreduktion vorgenommen, indem Bedingungen und Wirkungen von pädagogischem Handeln (die Auswirkungen einer fachdidaktischen Konzeption) untersucht wird. Um aber der Komplexität sozialer Felder gerecht zu werden, gilt es die Isolierung von pädagogische Beziehungen zu vermeiden. Nur eine offene Beobachtung kann die vielfältigen Phänomene des Feldes erschließen, ohne sie zwangsläufig zu pädagogisieren.

---

[193] Luhmann, Niklas: Soziale Systeme: Grundriss einer allgemeinen Theorie, Frankfurt a.M., 1996, S. 46

*„Eine pädagogische Ethnographie könnte vor allem dafür stehen, dass Kinder und Jugendliche auch jenseits des Status als Objekten von Pädagogik wahrgenommen werden."* [194]

Aufgrund dieser Überlegungen scheint die Methode der ethnographischen Feldforschung geeignet zu sein, um im Sinne von Clifford Geertz zu einer „dichten Beschreibung" der von mir initiierten Unterrichtssituation zu kommen. Weiterhin wird diese Methode der Komplexität der schulischen Kultur gerecht. Was mich in der Untersuchung interessiert, ist nicht nur, inwieweit mein kunstpädagogischer Ansatz bezogen auf seine Ziele erfolgreich ist, sondern wie die Kinder meine didaktische Methode in ihre Klassenkultur integrieren. Nicht der Lehrer organisiert die Klasse, sondern die Kinder. Eine soziale Gruppe kann sich nur selbst organisieren.

Weiterhin ist die Klasse kein homogener Körper. Sie besteht aus Individuen, die wiederum individuell agieren. Eine Handlung kann sowohl ein vereinbarter Code, als auch ein unterrichtliches Ritual sein, oder eine davon unabhängige individuelle Reaktion, die kontextuell zu erschließen ist.

### 3.4.2 Analyse komplexer sozialer Systeme durch ethnographische Feldforschung

Die ethnographische Feldforschung ist ein Verfahren, das durch methodisch kontrollierte Komplexitätsproduktion und -reduktion der Komplexität des beobachteten Feldes gerecht wird.

Eine Reduktion besteht insofern, als ich meine Beobachtungen auf die Evaluation meiner kunstpädagogischen Methode der „Künstlerischen Feldforschung" fokussiere. Insofern werde ich kulturelle Praktiken in einem spezifischen Feld (eine Grundschulklasse während eines kunstpädagogischen Projekttages) in den Blick nehmen. Ich entscheide mich für teilnehmende Beobachtung als Kernmethode, da ich mich auf diese Weise anders auf die Komplexität der Alltagskultur einlassen kann, als

[194] Kelle, H.: a.a.O., 1997, S. 200

etwa durch ein Leitfrageninterview. Die Kinder würden ihr Konzept vorstellen (z.B.: „Dies und das interessiert mich am Kunstunterricht.“), was jedoch nicht identisch mit dem beobachtbaren Verhalten sein muss. Trotzdem lassen sich solche Verfahren als Korrektiv meiner Beobachtungsinterpretationen einsetzen.

Während der Beobachtung findet eine weitere Reduktion durch Selektion der Beobachtung statt. Ich kann nur etwas beobachten, wenn meine Aufmerksamkeit nach bestimmten Kriterien ausgerichtet ist, bzw. meine Wahrnehmungen gefiltert werden (z.B. Wie intensiv beschäftigen sich Kinder mit dem Entwurf von Kostümen? Welchen Kindern gelingt es nicht, ihre Aufmerksamkeit zu polarisieren?). Dies kann ein durchaus unbewusster Prozess sein, den es im Rahmen der Datenaufbereitung herauszuarbeiten gilt.

Nun ist das Feld wieder offen für Komplexitätsproduktionen in Bezug auf selektive Interessen. Das bedeutet, dass ich mich entscheiden kann, nach welchen Kriterien bzw. Fragestellungen ich meine weiteren Beobachtungen ausrichte (z.B. nach sozialem Lernen, kreativen Prozessen, Geschlechterinteraktionen, Gruppenstrukturen).[195]

Diese Selektionskriterien bilden zwar ein Ordnungssystem, aber keine generelle Systematik, da ich nicht in Beziehung auf die Komplexität entscheiden kann, was im Feld wichtig ist, und welches Verhalten bezogen auf bestimmte Fragestellungen oder Kriterien beobachtenswert ist. Das geschieht erst über die Teilnahme am Feldgeschehen, wodurch sich Selektionskriterien durch das Feld entwickeln oder durch Konfrontation modifiziert werden.

Während der Datenaufbereitung (Auswertung von Protokollen, Fotos und Artefakten) kommt es zwangsläufig zu weiteren Komplexitätsproduktionen und -reduktionen. Zum einen wird durch das Protokoll nicht die umfassende Realsituation wiedergeben. Vieles nicht Wahrgenommene geht unwiederbringlich

[195] Kelle, H.: a.a.O., 1997, S. 204

verloren. Zum anderen werden ausschnitthafte Notizen zu um Vollständigkeit bemühten komplexen Protokollen erweitert. Auch das Visuelle ist einer Reduktion ausgesetzt. Es werden ebenfalls nur für bedeutsam gehaltene Situationen fotografiert. Die Datenaufarbeitungen sind insofern methodisch kontrollierbar, als sie darüber Auskunft geben, welche Aspekte nicht beschrieben worden sind. Ein aufbereitetes Protokoll kann nicht vollständig sein, ist aber transparent. Dies ist ein Unterschied zur quantitativen Forschung, die die Praxis derart reduziert, dass Leerstellen in der Beobachtung nicht erschlossen werden können.

Qualitative Forschung reduziert das zu Beobachtende und produziert automatisch wieder Komplexität.[196]

Die Datenanalyse, ein rekursiver Prozess, ist wiederum von Komplexitätsbearbeitungen bestimmt. Zunächst werden die Protokolle in *Sequenzen* zerlegt und durch *Kodierungen* (analytische Kategorien) neu sortiert. Das bedeutet, dass die Textstellen aus ihrem komplexen Zusammenhang herausgezogen und unter übergreifenden komplexen Kategorien zusammengefasst werden (z.B. Textpassagen die in Beziehung zu der Fragestellung „intensive Materialauseinandersetzung" gesetzt werden, können unter der Kategorie „ästhetische Erfahrung" oder „kreativer Prozess" zusammengefasst werden.). Dabei tritt der Einzelfall wieder in den Hintergrund. Dennoch bleibt das Ausgangsmaterial erhalten und ist jederzeit wieder abrufbar. Das bedeutet, dass auch andere Analyseverfahren als das beschriebene möglich wären, wie z.B. mit einem vorher festgelegten Kategoriensystem (z.B. Subkategorien der Kategorie Kreativität wie Flexibilität und Flüssigkeit).

Der voranschreitende Auswertungsprozess produziert weiterhin Komplexitätsreduktionen und -produktionen. Die in der Sequenzierung gewonnen Kategorien werden zusammengefasst, um regelhafte Aussagen zu bestimmten Fragestellungen zu

---

[196] Kelle, H.: a.a.O., 1997, S. 205

begründen. Dabei werden bestimmte zusammengehörende Kategorien aussortiert, wodurch andere unberücksichtigt bleiben. Dennoch wären wiederum andere Kategoriekombinationen möglich, um weitere Fragestellungen zu untersuchen.
Die beobachtete Wirklichkeit ist dermaßen komplex, dass sowohl in der Datenerhebung, als auch in der Datenaufbereitung und in der Dateninterpretation ausschnitthaft gearbeitet werden muss. Der Vorteil des ethnographischen Schreibens im Sinne einer „dichten Beschreibung" ist der, dass die komplexen Situationen in Form von Protokollnotizen jederzeit wieder in Bezug zur komplexitätsreduzierten Interpretation gesetzt werden können.
„Im Forschungsprozess konstruiert man durch aufeinander bezogene und z.T. pragmatisch begründete Schritte die Komplexitätsbearbeitung spezifische theoretische Perspektiven. Der Forschungsprozess ist in dieser Hinsicht ein selbstbezüglicher 'Verdichtungsprozess' " [197]

### 3.4.3 Beobachtungskonzepte

*„Dichte Beschreibungen als Beobachtungskonzept setzen 'dichte Erfahrungen' voraus"* [198]

Um diese zu ermöglichen, bedarf es eines bestimmten Beobachtungskonzeptes. In der Erforschung von Unterricht in der Grundschule werden die Kinder zum Mittelpunkt der Beobachtung. Im Sinne einer befremdeten Beobachtungsperspektive wird zweierlei deutlich:

1. Kinder denken und fühlen anders als Erwachsene.
2. Die Rekonstruktion von Lernprozessen bedeutet, dass der erwachsene Forscher sich mit einer ihm fremden Welt (die Kultur von Grundschulkindern) auseinandersetzen muss.

---

[197] Kelle, H.: a.a.O., 1997, S. 207
[198] Beck, G./Scholz, G: a.a.O., 1997, S.678

Die Beobachtungen müssen dazu im Sinne einer „dichten Beschreibung" interpretativ sein, d.h. alles Geschehen bedarf der Kontextualisierung.

Eine Grundproblematik bei der teilnehmenden Beobachtung ist die Frage, ob der Beobachter durch seine bloße Anwesenheit das Verhalten der Kinder derart beeinflusst, dass diese sich den Erwartungen des Erwachsenen anpassen.[199] Wird nicht die gesamte Datenerhebung, und die daraus abgeleiteten Regelhaftigkeiten hinfällig, weil der Forscher das „natürliche" Feld zerstört?

Die Reaktivität des Forschers im Feld lässt sich natürlich nicht eliminieren. Daher müssen Methoden entwickelt werden, die den Einfluss des Beobachters minimieren.

Eine Möglichkeit besteht darin, dass der Beobachter nicht am Geschehen teilnimmt. In der Grundschulsituation wäre dies der Fall, wenn der Forscher sich in der hinteren Reihe des Klassenzimmers aufhält und sich auf das Beobachten beschränkt. Dies hat den Nachteil, dass er Details der Schülerinteraktion nicht wahrnehmen kann, und seine Wahrnehmung sich automatisch auf z.B. lärmintensive und störende Geschehnisse ausrichtet. Unauffällige Handlungen, die aber genauso bedeutsam sein können, entgehen der Beobachtung. Ebenso fällt es schwer, Intentionen und Begründungszusammenhänge des Geschehens zu erfassen. Ein methodischer Ausweg für diese Beobachtungsform wäre die themenzentrierte Beobachtung, wie beispielsweise die Fokussierung auf ein Kind, wobei sich der Forscher in der Nähe des Kindes aufhalten sollte, um möglichst detailliert zu beobachten. Diese Methode bedarf jedoch der Zustimmung und des Vertrauens des Kindes, da sonst starke Verhaltensbeeinflussungen zu erwarten sind (Konzentration auf den unvertrauten Beobachter).

---

199 vgl. Krappmann, Lothar/ Oswald, Hans: Unsichtbar durch Sichtbarkeit, in: Behnken, Imbke/Jaumann, Olga (Hrsg.): a.a.O., 1995, S. 39

Ein weiteres Beobachtungskonzept, ist die Form der aktiven teilnehmenden Beobachtung, in der dem Forscher eine bestimmte Rolle, möglichst durch das Feld, zugewiesen wird. Bezogen auf die Unterrichtsforschung, wäre dies die durch die Institution legitimierte Rolle des Lehramtsanwärters oder Lehrers. Das Problem liegt jedoch hier in dem Befangen-sein in dieser Rolle. Schließlich sind bestimmte Verantwortlichlichkeiten und Eigenschaften damit verbunden (z.B. Verantwortung für ein angemessenes Sozialverhalten, Verantwortung für Lernzuwächse, Organisation von Lernen, Bewertung der Qualität des Unterrichts durch Dritte). Folge dieser Mitgliedschaft im kulturellen System Schule kann eine mangelnde analytische Distanz sein.[200] Diese gilt es methodisch zu kontrollieren. Dazu gehört eine kontrollierte Selbstreflexion, sowie die Hinzuziehung von Korrektiven (Expertenbefragung, Hinzuziehung von weiteren Beobachtern, methodisch kontrollierte Aufarbeitung der Feldnotizen).

Wichtig ist auch eine Offenlegung der Absichten, da sie bei Verlust der Tarnung das entgegengebrachte Vertrauen der Beforschten verletzt. In diesem Zusammenhang stellt sich Forschung auch als moralisches Problem dar.

Die vollständige Teilnahme am Feld ist letztlich auch nicht möglich. Genau wie ein Europäer kein identisches Mitglied einer Südseekultur werden kann, so ist es für den Unterrichtsforscher nicht möglich, wieder ein Kind zu werden.[201] „Going native" ist ein nur begrenzt realisierbares Forschungsideal. Um so wichtiger ist es darum, die Selbstreferentialität des beforschten Feldes ins Spiel zu bringen, d.h. in meinem Fall die Selbsteinschätzungen und Bewertungen der Kinder in die Beobachtung mit einzubeziehen.

---

[200] vgl. Hammersley, Martyn/Atkinson, Paul: Ethnography: Principles in practice, New York, 1983

[201] vgl. Fine, Gary Alan/Sandstorm, Kent L.: Knowing children - Participant observation with minors. Sage university paper series on qualitative research methods. Vol. 15., Beverly Hills, 1988

Ein Aspekt dieses Beobachtungskonzeptes ist die Gewöhnung der Kinder an den Forscher. Das darf aber nicht bedeuten, dass sich der Beobachter möglichst unauffällig verhält.[202] Obwohl jede teilnehmende Beobachtung Probleme der Verhaltensabstimmung erzeugt, ist dies nicht mit fundamentaler Irritation zu verwechseln, denn beispielsweise sind Interaktionskompetenzen von Kindern auch in den Koordinationsleistungen des Feldes ablesbar. Das Problem der Gruppenzusammensetzungen (Wer mit wem?), das im Rahmen eines kunstpädagogischen Projekttages auftrat, wurde zwar durch die Planung der Kunstpädagogen hervorgerufen, doch verhielten sich die Kinder angemessen im Rahmen ihrer sozialen Handlungskompetenz.[203] Fundamentale Irritationen treten aber dann auf, wenn die Identität des Beobachters ungeklärt ist. Ich möchte hier Erfahrungen bei einer Gruppenhospitationen anführen, bei der die Kinder stets verhalten und zurückgenommen wirkten. In den Nachbesprechungen erwähnte der Klassenlehrer, dass er im Schulalltag mit massiven Disziplinproblemen zu kämpfen habe.
Soziale Interaktion, die Grundlage der teilnehmenden Beobachtung, gelingt nur, wenn ein Individuum seine eigenen Reaktionen nach der Tendenz anderer, auf seine Haltungen zu reagieren, zu organisieren vermag.[204]
E. Goffman, der Hauptvertreter der Ethnomethodologie, führt dies näher aus:
*„Wenn ein Einzelner mit anderen zusammentrifft, versuchen diese gewöhnlich, Informationen über ihn zu erhalten oder Informationen, die sie bereits besitzen ins Spiel zu bringen. [...] Kennen sie den Einzelnen nicht, so können die Beobachter seinem Verhalten und seiner Erscheinung Hinweise entnehmen,*

---

[202] vgl. Krappmann, L./ Oswald, H.: a.a.O., S. 43 f.
[203] Derartige Störungen werden in der *Ethnomethodologie* als *Quasi-Experiment* gezielt eingesetzt, um Regeln des Alltagshandeln aufzudecken.
[204] vgl. Mead, George Herbert: Die Genesis der sozialen Identität und die soziale Kontrolle, in: Joas, H. (Hrsg:): George Herbert Mead - Gesammelte Aufsätze, Frankfurt a.M., 1980, S. 317

*die es ihnen ermöglichen, entweder frühere Erfahrungen mit ähnlichen Personen auszuwerten oder - was entscheidender ist - nicht überprüfbare Klischeevorstellungen auf ihn zu übertragen."* [205]

Ich denke in diesem Zusammenhang an den Beginn meines Referendariats. Die ersten Begegnungen mit Grundschulkindern waren vor allem durch zunächst zaghafte, dann teilweise drastische Versuche der Kontaktaufnahme geprägt, die durch den Austausch von biographischen Informationen gekennzeichnet waren (Poesiealben, „Meine Klasse", Fragestunde). In diesem Zusammenhang ist auch das „Austesten" des Lehrers durch die Schüler (z.B. Wie reagiert der Lehrer auf Störungen?) aufzuführen.

Das bedeutet, dass je mehr ein Individuum mit Deutungen bezüglich der Identität des Beobachters beschäftigt ist (je weniger dieser von sich preisgibt, desto mehr tendiert das Kind zu idiosynkratischen Interpretationen), um so mehr sind seine Handlungspotentiale eingeschränkt. Denn zur Kultur der Klasse hat normalerweise nur pädagogisches Personal Zugang. Alle externen Beobachter werden von den Kindern zunächst interessiert bis misstrauisch beobachtet. Erst wenn die Rolle und die Identität umfassend geklärt ist, werden die Kinder „zur Tagesordnung" übergehen. Der Forscher wird also durch Sichtbarkeit unsichtbar.[206]

Aufgrund dieser Argumente spricht alles für eine aktive Teilnahme am Geschehen des Feldes, das als ein Vertrautmachen einzustufen ist. Der Lehramtsanwärter ist in der idealen Lage, dass er durch die ihm institutionell zugewiesene Rolle die Klasse schnell mit seinem Verhaltensrepertoire vertraut machen kann, und somit die Handlungspotentiale der Kinder aktiviert werden. Da er noch nicht komplett in den Verantwortungsrah-

---

[205] Goffman, Erving: Wir spielen alle Theater - Die Selbstdarstellung im Alltag, München, 1969, S.5

[206] vgl. Krappmann, L./ Oswald, H.: a.a.O., S. 47

men der Schule eingebunden ist, fällt es ihm leichter, als z.B. dem Klassenlehrer, eine analytische Distanz aufzubauen.
Diese beiden Elemente des Beobachtungkonzepts (aktive Teilnahme und analytische Distanz) ermöglichen erst die Gewinnung von validen Daten.

### 3.4.4 Auswertung durch gegenstandsbezogene Theoriebildung („Grounded Theory")

Ein Hauptvorwurf, der der qualitativen Forschung gemacht wird, besagt, dass sie rein deskriptiv vorgehen würde und keine validen Ergebnisse erzeugen könne. Um dem zu begegnen ist es besonders wichtig, dass Datenaufbereitung und Interpretation methodisch kontrolliert werden. Das Problem der Theoriebildung besteht darin, dass - wie beschrieben - soziale Systeme derart komplex sind, dass sich keine Allaussagen, die auf andere Systeme ohne weiteres übertragbar wären, ableiten lassen. Deshalb müssen Theorien bereits während der Datenerhebung (Ethnographische Feldforschung) am Gegenstand entwickelt werden und jeweils überprüft werden.
1967 entwickelten *Barney Glaser* und *Anselm L. Strauss* in ihrem Buch *„Discovery of Grounded Theory"* [207] eine gegenstandsbezogene Theoriebildung, die eine hohe Relevanz für die Praxisforschung (Unterrichtsforschung) aufweist.
*„Der Ansatz der Grounded Theory zeichnet sich durch sein Bemühen aus, Forschung als kreatives Konstruieren von Theorien zu betreiben, die gleichzeitig fortlaufend an den Daten kontrolliert werden."* [208]
Die Zielsetzung der „Grounded Theory" besteht darin, dass Theorien nützlich sein müssen, d.h. dass sie Entdeckungen und Einsichten für die Praxis liefern sollen, also keine reinen Befun-

---

[207] vgl. Glaser, Barney G./ Strauss, Anselm L.: Die Entdeckung gegenstandsbezogener Theorie: Eine Grundstrategie qualitativer Forschung, in: Hopf, Ch./Weingarten, E. (Hrsg.): Qualitative Sozialforschung, Stuttgart, 1969
[208] Wiedemann, Peter: Gegenstandsnahe Theoriebildung, in: Flick, Uwe (Hrsg.) u.a., a.a.O., 1995, S.440

de wie in der quantitativen Forschung (z.B. 40 - 60% von 2000 Schülern können eine Rechenaufgabe unter bestimmten Voraussetzungen lösen) sind. Weiterhin wird deduktives Vorgehen, bei dem man aus einer Theorie eine Hypothese ableitet und diese empirisch überprüft, abgelehnt.

Glaser und Strauss stellen dem ihr Modell der *„guten Theorie“* entgegen. Theorien müssen demnach in den Daten begründet sein und eine *„dichte Beschreibung“* ermöglichen, d.h. sie müssen interpretativ bedeutsam und erklärungsrelevant sein und einen Voraussagewert besitzen.

Theorien sollten nicht nur die Daten abbilden, sondern diese erläutern, Beziehungen herstellen, wobei die Theorie neue Fragestellungen und Forschungsrichtungen aufwerfen sollte. Demnach ist eine Theorie nicht allgemeingültig, sondern ein kreatives Konstrukt, d.h. jederzeit lassen sich neue Beziehungen und Erklärungsmuster entwickeln.

Glaser und Strauss unterscheiden *formale* und *gegenstandsbezogene Theorien*. Letztere sind eng am Gegenstand ausgerichtet (z.B. Bedingungen für ästhetisches Verhalten von Kindern im Kunstunterricht). Aufgrund von Analogiebildungen durch die Hinzuziehung mehrerer Studien, lassen sich formale Theorien entwickeln (z.B. eine allgemeine Theorie über ästhetisches Verhalten von Kindern), d.h. es finden Verallgemeinerungen statt.

Das Verfahren läuft folgendermaßen ab:

Zunächst werden Theorien aus einem Gegenstandsbereich entwickelt (Komplexitätsreduktion). Dann werden solange analoge[209] Beobachtungsinterpretationen hinzugezogen, bis eine *theoretische Sättigung* erreicht ist. Wenn diese stattgefunden hat, sind Verallgemeinerungen zugelassen.[210] Eine Sättigung ist dann erreicht, wenn sich weitere empirische Befunde unter die bereits entwickelten Theorien subsumieren lassen. Dies kann

---

[209] Unter analog verstehe ich hier *ähnlich* und nicht *gleich.*

[210] vgl. Beck, G./Scholz: a.a.O., 1995, S. 171 (Zur Methode der Interpretation)

bezogen auf die Komplexität der Felder nur eine pragmatische Entscheidung sein. Im Gegensatz zur Verallgemeinerung durch demoskopische Stichproben, wird hier eine gegenstandsbezogene Formalisierung betrieben, was zum einen mehr Aufwand bedeutet, zum anderen nicht den Anspruch einer allgemeingültiger Theorie erhebt. Formale Theorien sind eher Regelhaftigkeiten, die jederzeit erweitert und modifiziert werden können.
Grundlage der Theoriebildung ist die *komparative Analyse* (Vergleichsbildung), die durch die Strategie des *theoretischen Samplings* vorgenommen wird.
Ein Gegenstand ist komplex und überschaubar zugleich, so dass ein statistisches Sampling nicht möglich ist. Man kann also im voraus nicht wissen, wie umfangreich der Gegenstand ist.[211]
Das theoretische Sampling (Falluntersuchung und Analyse) wird solange durchgeführt, bis die theoretische Sättigung erreicht ist. Die Entwicklung von Richtlinien für die Datenerhebung und die Entwicklung der Theorie sind also eng miteinander verwoben.[212] In der Regel werden mehrere Runden von Datenerhebungen durchgeführt, wobei jedesmal die bereits erhobenen Daten ausgewertet und theoretische Konzepte entwickelt werden. Daraus ergeben sich Entscheidungen, unter welchen Fragestellungen das Feld erneut beobachtet wird.
Das Ableiten von theoretischen Konzepten aus dem Datenmaterial bezeichnen Glaser und Strauss als *Kodieren.*
Um aber zu einer „guten Theorie“ (gegenstandsorientiert) zu kommen, muss der Forscher in der Lage sein, kreativ zu kodieren. Dies bedeutet, dass er sich nicht mit geläufigen Theoriemustern zufrieden geben darf, sondern ungewöhnliche Erklärungsmuster, die vom Gegenstand abgeleitet werden, zur An-

[211] Es würde z.B. nicht ausreichen, eine aus einer bestimmten Anzahl von Schulen begrenzte Menge an Stichproben durchzuführen, um etwa über die Heterogenität der Produkte des Kunstunterrichts zu bestimmten Aussagen über die kreative Qualität des Kunstunterrichts zu kommen. Denn ersten gibt ein Produkt nicht unbedingt Aufschluss über den Prozess, und zweitens könnte jede Evaluation eines einzelnen Falls das statistische Sampling infrage stellen.
[212] Wiedemann, P.: a.a.O., S.441 f.

wendung kommen. So kommt es zu innovativen „neuen“ Theorien.
Die Teilschritte zur Gewinnung einer „Grounded Theory“ lassen sich folgendermaßen darstellen. Sie sind aber nicht als allgemeingültiges Rezept zu verstehen.[213]

| Prozedere | Ziel |
|---|---|
| Theoretisches Sampling | Auswahl von Untersuchungseinheiten |
| Theoretisches Kodieren | Umsetzung von Daten in theoretische Konstrukte |
| Theoretische Memos | Entwicklung von Hypothesen, methodische Überlegungen, etc. |
| Entwicklung von Basiskonzepten | Verdichtung und Integration der theoretischen Konstrukte zu einer Theorie |
| Theoretisches Sortieren | Sortieren der theoretischen Memos zur Entwicklung der Theorie |
| Theoretisches Schreiben | Zusammenfassung der Theorie für eine Publikation |

Hierzu einige Erläuterungen:
Die Erforschung eines Feldes bedeutet nicht, dass man ohne jegliches Vorwissen sich dem Gegenstand nähert. Vielmehr kann die Beschäftigung mit einschlägigen Theorien eine methodengestützte Beobachtung fördern. Dennoch ist die Leitidee eine prinzipielle Offenheit dem Feld gegenüber. Das bedeutet,

[213] Wiedemann, P.: a.a.O., S.442

dass der Forscher nicht an von ihm präferierten Kodes, bestimmten Datenerhebungsverfahren und Hypothesen festhält, sondern sich vom Feld „belehren" lässt.

Während des theoretischen Samplings (Auswahl der Fälle) versucht man, sich durch minimale und maximale Kontraste leiten zu lassen. Bezogen auf die Untersuchung von Kreativität bei Kindern läge ein minimaler Kontrast vor, wenn ein Kind mit verschiedenen Materialkombinationen arbeitet, und ein anderes mit demselben Material verschiedene Kombinationen ausprobiert. Ein maximaler Kontrast besteht, wenn ein Kind das Modell seines Nachbarn lediglich nachahmt. Die Kontrastierung von maximalen Kontrasten (unähnliche Fälle) führen zu der Entwicklung einer Theorie. Dadurch werden in einem weiteren Forschungsdurchgang die Kriterien des Samplings zusehends eingegrenzt. Das dauert so lange, bis die Sättigung erreicht ist.

Die Entwicklung einer Theorie erfolgt durch theoretisches Kodieren, womit die Bildung von Kategorien und deren Vernetzung gemeint ist.

Die erhobenen Daten werden in Kategorien zerlegt. Diese werden ausgearbeitet und abschließend in ein Modell integriert. Das bedeutet in der Praxis, dass man die angefertigten Protokolle und Feldnotizen zeilenweise durchgeht, segmentiert und interpretiert. Parallel dazu verfasst man theoretische Memos, worin man Hypothesen aus den entwickelten Kategorien ableitet. Dabei müssen Kodierungen und Memos getrennt von einander gehalten werden. Der Forscher hält dort alle Ideen (auch spekulativer Art) fest, die er beim Kodieren entwickelt. Die Memos müssen Bezüge zu den Daten enthalten. Durch Sortierung der Memos werden dann Theorien entwickelt.

Aufgrund ihrer Gegenstandsorientierung und wegen ihres praktischen Nutzwertes halte ich die „Grounded Theory" für ein geeignetes Mittel Daten, die durch ethnographischen Feldforschung gewonnen wurden, aufzuarbeiten und neue Theorien über dieses „Feld" daraus abzuleiten.

## *3.5 Untersuchungsplan*

### 3.5.1 Erhebungsverfahren: teilnehmende Beobachtung

Kernmethoden der Datenerhebung sind die Ethnographische Feldforschung und das Verfahren der teilnehmenden Beobachtung. Im Rahmen meiner Assistententätigkeit an der Kunstakademie Münster habe ich seit 1994 an einem Transfer der Künstlerischen Feldforschung zu einem kunstpädagogischen Modell für den Grundschulbereich gearbeitet. Um herauszufinden, welche Wirkungen die Konzeption, bezogen auf das „Klientel" Grundschulkinder und die Institution Grundschule, hat, bedarf es der Bestimmung von geeigneten Feldern, in denen ich Untersuchungen durchführen kann. Nachdem ich zunächst einige Experimente im außerschulischen Bereich vorgenommen hatte (Jugendkunstschule in Senden), weitete ich die Forschung auf die Grundschule aus. Von Februar 1997 bis Januar 1999 war ich Lehramtsanwärter an einer Grundschule im Münsterland. Dort erprobte ich meinen kunstpädagogischen Ansatz unter den Rahmenbedingungen von Grundschule und Referendariat. Dies verschaffte mir einen Zugang zum Feld.
Das verwendete Beobachtungskonzept ist die aktive teilnehmende Beobachtung. Die Rolle im Feld wurde mir durch die Ausbildungsordnung zugewiesen (Lehramtsanwärter).
In den Augen der Kinder war ich ein Lehramtsanwärter, der mit ihnen eine bestimmte Form von Kunstunterricht ausprobierte. Bevor ich den kunstpädagogischen Projekttag durchführte, unterrichtete ich bereits ein halbes Jahr in dieser Klasse (2. Schuljahr). Die Kinder hatten also bereits zahlreiche Gelegenheiten, mich kennen zulernen, wobei ich nicht die Rolle eines zurückgenommenen Beobachters hatte, sondern die eines Lehrers, der in aktiver Interaktion eine bestimmte Form von Unterricht zu finden suchte. Da ich ein Großteil der Stunden ohne den Mentor unterrichtete, war ich gezwungen, auch problematische Si-

tuationen zu lösen. Die Kinder waren es gewohnt, vorgegebene Aufgaben kleinschrittig zu bewältigen. Das Verhalten der Kinder wurde permanent durch den Klassenlehrer überwacht, und nicht erwünschte Haltungen wurden mit großer Konsequenz korrigiert.

Aufgrund meiner kunstpädagogischen Konzeption hielt ich es für notwendig, einen Unterrichtsstil zu erproben, der den Kindern größere Handlungsspielräume ermöglichte. Dies war mit zahlreichen Konflikten verbunden (Die ersten Stunden verging damit, eine Lernatmosphäre zu erzeugen, die produktives Arbeiten ermöglichte.).

Während meines Unterrichtes versuchte ich, methodisch kontrollierte Beobachtungen durchzuführen, was nicht unproblematisch war; insbesondere in Konfliktsituationen. Ich fertigte nach jeder Stunde ein zusammenfassendes Protokoll an. Dies geschah unsystematisch. Eine Verlaufsbeschreibung der Stunde mischte sich mit Beobachtungen und Interpretationen unterschiedlichster Art. Die Beschreibungen bezogen sich zum einen auf auffälliges Verhalten (z.B.: Kinder, die den von mir geplanten Verlauf störten/ Verhalten, das ich dahingehend interpretierte, dass ein Kind sich aus dem Arbeitsprozess „ausklinkte"/ kreative Ideenfindung/ Ideenarmut/ technische Fertigkeiten/ soziale Interaktion/ Geschlechterdifferenz), zum anderen war es bezogen auf die von mir angestrebten Unterrichtsziele (z.B. Initiation von ästhetischen Prozessen/ Arbeitsprozesse/ Produkte). Die Interpretationen hatten zum einen selbstanalytischen Charakter (Ist es mir gelungen bestimmte ästhetische Prozesse zu initiieren? Inwieweit manipuliere ich das Geschehen? Inwieweit übertragen sich meine Ängste und Aggressionen auf das Sozialverhalten der Klasse?), zum anderen versuchte ich, das Verhalten der Kinder vielfältig zu deuten (sprachliche Äußerungen, Mimik, Gestik, Körpersprache).

Neben den unsystematischen Feldnotizen sammelte ich Korrektive in Form von objektivierende Materialien. Ich begann die

Kinder zu fotografieren. Dies erregte zunächst die starke Aufmerksamkeit der Kinder (Faszination: „Bitte fotografiere mich," oder Misstrauen: „Ich will nicht fotografiert werden." „Schon wieder das fotografieren."). Durch den kontinuierlichen Gebrauch der Kamera trat eine Gewöhnung ein. Die Fotos bezog ich in meine Interpretationen mit ein. An dieser Stelle muss ich jedoch betonen, dass die Fotografie nur bedingt objektivierende Funktion haben kann.[214]

Ein anderes Korrektiv für meine Beobachtungen waren Stellungnahmen der Kinder zu ihrem Arbeitsprozess, zu ihrer emotionale Befindlichkeit, sowie generell zu meinem Unterricht. Diese sprachlichen Äußerungen hielt ich in meinem Protokoll fest.

Im Sinne einer Expertenbefragung reflektierte ich wöchentlich gemeinsam mit meinem Mentor den Unterricht. Hier wurde sowohl mein Lehrerverhalten, meine Unterrichtsplanung, als auch das Verhalten der Kinder besprochen.

Weiterhin bezog ich in mein Beobachtungskonzept die Auswertung der Produkte der Kinder mit ein, teils im Original, teils in Form einer dokumentierenden Fotografie.

Diese in einem halben Jahr erarbeiteten Datenerhebungsmethoden kamen auch in der Auswertung des kunstpädagogischen Projekttages zum tragen:

**I. Teilnehmende Beobachtung**

---

[214] Das Wesen der Fotografie ist es, dass sie ein ausschnitthaftes, unbewegtes, zweidimensionales Bild der Realität zeichnet. Fotografien „frieren" komplexe Handlungen in einem Bruchteil einer Sekunde ein und geben keine Auskunft über den Kontext. Dieser muss interpretativ erschlossen werden. Auch der Blickwinkel ist subjektiv gewählt. In diesem Sinne ist ein Foto, analog zum Protokoll, bereits eine Interpretation einer komplexen Situation. Dennoch geben sie Aufschluss über unbewusste Präferenzen (Wie oft habe ich welches Kind in welcher Situation aufgenommen?), und es lassen sich Analysen der Körpersprache interpretativ durchführen.
vgl. Ellgring, H.: a.a.O., S. 203 ff.
vgl. Petermann, Werner: Fotografie- und Filmanalyse, in: Flick, Uwe (Hrsg.) u.a., a.a.O.,1995, S. 228
vgl. Ehrenspeck, Yvonne/Schäfer, Burkhard (Hrsg.): Film- und Fotoanalyse in der Erziehungswissenschaft, Opladen, 2003

Während des durchgeführten Projekttages hatte ich vielfältige Beobachtungsmöglichkeiten. Ich wurde durch anwesende Kunstpädagoginnen (Studentinnen der Kunstakademie Münster), die die Projektgruppen betreuten, entlastet. So hatte ich die Gelegenheit, punktuell einzelne Kinder näher zu beobachten, zu unterstützen und zu befragen, ohne dass die Arbeitsorganisation dadurch beeinflusst wurde. Durch die Tatsache, dass die Kinder mit meiner Person, bzw. mit meiner Rolle vertraut waren, wurde die Reaktivität der Beobachtung minimiert.

Die Beobachtungen konzentrierten sich auf den offenen Forschungsfokus; es galt herauszufinden, welche Wirkungen meine kunstpädagogische Konzeption der künstlerischen Feldforschung zeigte.

Durch die offene Beobachtungshaltung versuchte ich das substantielle Handlungsrepertoire der Kinder zu registrieren. Die Beobachtungen, die durch teilnehmende Beobachtung gewonnen wurden, hielt ich am Ende des Tages in Form eines zusammenfassenden, unsystematischen Protokolls fest.

**II. Dokumentation durch Fotografie**

Um meine Beobachtungsinterpretationen zu überprüfen, dokumentierte ich den Arbeitsprozess mittels Fotografie. Da die Projektgruppen in verschiedenen Räumen agierten, wechselte ich kontinuierlich den Ort, um ein möglichst umfassendes Bild der Arbeitsprozesse festhalten zu können. In den Phasen des Projekttages, in denen ich selber unterrichtete übernahmen die Studentinnen die Fotodokumentation. Wie bereits erwähnt, stellt dieses Verfahren eine visuell gestützte Form der Interpretation dar. Zum Teil versuchte ich, die durch teilnehmende Beobachtung gewonnen Daten bildnerisch zu belegen (signifikante Körpersprache), zum anderen waren sie nach ästhetischen Gesichtspunkten ausgerichtet (Blickwinkel, Bildaufbau). Hinzu kommt auch eine scheinbar willkürliche Motivauswahl, der jedoch unbewusste Präferenzen zugrunde liegen. Diese Aspekte gilt es, in der Datenaufbereitung zu beachten.

**III. Befragung der Kinder / Expertenbefragungen**

Während des Projekttages befragte ich die Kinder nach ihren Selbsteinschätzungen, zu ihrem Arbeitsprozess und ihren Befindlichkeiten. Festgehalten wurde dies durch schriftliche Fixierung im Protokoll. Im Anschluss an den Projekttag (18.2.1998) zeigte ich den Kindern einen Videofilm, der von einer Studentin während des Projekttages gedreht wurde, und beobachtete ihre Reaktionen. Anschließend fand eine retrospektive Reflexion statt, die ich wiederum protokollarisch festhielt.

Weiterhin führte ich Expertenbefragungen durch. Zum einen fanden Reflexionsgespräche mit den Lehramtsstudentinnen der Kunstakademie statt (ein erstes direkt im Anschluss an den Projekttag; ein zweites unterstützt durch die Fotodokumentation). Die Studentinnen hielten ihre Beobachtungen ihrerseits in Form von zusammenhängenden Protokollen fest.

**IV. Dokumente/Artefakte**

Objektives Material liegt in Form der Schülerarbeiten vor (Kostüme, Masken, Zeichnungen, Bilder). Sie liegen teilweise im Original oder in fotografischer Dokumentation vor. Durch eine Werkanalyse versuche ich, Rückschlüsse auf den Arbeitsprozess zu ziehen.

### 3.5.2 Aufbereitungsverfahren: Datenaufbereitung und Interpretation durch „Grounded Theory“

**Arbeitsschritte:**

Meine zusammenfassenden Protokolle verdichten sprachliche Äußerungen mit anderen visuellen Beobachtungen. Die Interpretationen gehen eher in Richtung einer Tendenzbeschreibung als eines punktuellen Zustandes. Interpretiert wird die sprachliche Äußerung in Zusammenhang mit den kontextuellen Handlungen und Situationen, aus denen Deutungsmuster abgeleitet werden. Ich versuche also eine Situation aus der Sicht der Kinder bzw. deren Sinninterpretation zu verstehen.[215]

**I. Kodierungen der Protokolle**

Zu Beginn der Datenaufbereitung werden zunächst die zusammenfassenden Protokolle kodiert. Das bedeutet, dass einzelne Textsequenzen interpretiert, bzw. auf ihren interpretativen Gehalt hin untersucht werden. Die Interpretationen werden in Form von Kategorien verdichtet. Weiterhin sollen die Interpretationen sollen nicht auf bestimmte Fragestellungen hin ausgerichtet sein, sondern den situativen und kontextuellen Gehalt rekonstruieren. Auf einer dritten Ebene werden aus den Kodierungen theoretische Memos entwickelt. Auch dies erfolgt zunächst unsystematisch, d.h. nicht von bestimmten Fragestellungen und Theorieansätzen abhängig.

**II. Ausarbeitung und Vervollständigung von Kodes und Memos**

In einem zweiten Arbeitsschritt werden die Kodierungen und Memos ausgearbeitet. Dies bedeutet, dass jeweils bestimmte aufeinander bezogene Einheiten zusammengefasst werden.

**III. Vergleich und Verknüpfung von Memos**

Daran anschließend werden die unterschiedlichen Kategorie- und Memoblöcke untereinander verglichen und miteinander verknüpft, indem sie unter Theorieelementen, die aus dem Material gewonnen wurden, subsumiert werden.

Um zu einer gegenstandsbezogenen Theorie zu kommen, müssen die Theoreme, mit dem übrigen aufgearbeiteten Material verknüpft und abgeglichen werden .

**IV. Aufarbeitung und Analyse des fotografischen Materials**

[215] vgl. Beck, G./Scholz, G.: a.a.O., 1995, S. 172

Um eine valide Theoriebildung zu ermöglichen, ist es notwendig, die weiteren Daten im Sinne einer Triangulation so zu bearbeiten, dass die daraus abgeleiteten Interpretationen und Theoreme mit den durch die Protokollauswertung gewonnenen Theorieelementen konfrontiert werden können, um diese zu erweitern und zu modifizieren.
Das fotografische Material kann genutzt werden, um Handlungsabläufe zu rekonstruieren. So ist es möglich Rückschlüsse auf subjektive Präferenzen des Fotografen zu ziehen. Hinter der intuitiven Auswahl von Bildmotiven verbergen sich als bedeutsam erlebte Momente, die es zu beschreiben und zu analysieren gilt. Fotografien sind aber auch Momente der Vergangenheit, die eine vom Geschehen unabhängige Qualität haben. Durch eine systematische Bildanalyse, die eine größtmögliche Neutralität des Betrachters erfordert, ist es möglich auch solche Handlungszusammenhänge zu (re-)konstruieren, die sich von der erinnerten Situation unterscheiden können. Der Fokus der Bildanalyse ist zum einen die Bestimmung eines situativen Kontext und zum anderen die Analyse der Körpersprache der Kinder gerichtet. Durch die Verbindung dieser beiden Elemente, kann der Interpret die Qualität eines vergangenen Handlungsablaufes interpretierend nachzeichnen. Diese Interpretationen können kontrastierend mit den aus den Protokollen abgeleiteten Theoremen verglichen werden. Dies dient der Modifikation der bisherigen Interpretationstandes.

### V. Analyse der Expertenbefragungen

Weiterhin werden die Expertenbefragungen mit den durch Datenaufbereitung erstellten Theoremen konfrontiert, um Diskrepanzen festzustellen. Diese müssen näher ausgearbeitet werden, um die Theoriebildung zu überprüfen.

### VI. Dokumentenanalyse

Die Dokumentenanalyse kann ebenfalls die Interpretationsergebnisse erweitern bzw. verändern. Wenn beispielsweise ein Kind, aus dessen Verhalten ich einen kreativen Prozess abgeleitet habe, ein unbefriedigendes Produkt hergestellt hat, ist möglicherweise die Verhaltensinterpretation fragwürdig und muss erneut datenbezogen überprüft werden. Ein Hauptproblem der Dokumentenanalyse ist jedoch die Validität der Untersuchungsergebnisse. Die Interpretation von „künstlerischen" Arbeiten von Kindern (Zeichnungen, Bilder, Skulpturen) ist ein problematisches Unterfangen. Entweder wird ein kategoriebezogenes Verfahren (z.B. Entwicklung der Kinderzeichnung) verwendet, das nur begrenzte Aussagekraft hat, oder man nutzt werkimmanenten, geistesgeschichtlichen Interpretationen (z.B. *ikonographisch-ikonologisches Verfahren* nach *Panofsky* oder die *semiotische Analyse*), die letztlich subjektivistischen Einflüssen ausgesetzt sind und die Entstehungsbedingungen ausblenden. Daraus folgt, dass die Dokumente nur durch Kontextualisierung, d.h. durch Berücksichtigung des Arbeitsprozesses qualitativ interpretierbar sind. Es könnte z.B. sein, dass ein Kind verschiedene Materialverbindungen experimentell erprobt hat, aber aufgrund der zeitlichen Limitierung und wegen seiner begrenzten Frustrationstoleranz zu keinen befriedigenden Ergebnissen kam.
Aufgrund dieser Problematik wird auch die Dokumentenanalyse im Sinne einer Handlungsrekonstruktion durchgeführt.

### VII. Gegenstandsbezogene Theoriebildung

Abschließend erfolgt eine Theoriebildung in Bezug auf die Wirkungen des Modells der „künstlerischen Feldforschung" im Kontext des Unterrichts in der Primarstufe. Weiterhin werden andere Theoreme, die sich auf im Untersuchungsprozess erwachsene Fragestellungen beziehen, skizziert. Um zu einer übergreifenden Theorie zu kommen, ist die Einbeziehung weiterer Theorien vonnöten. Nur so kann eine theoretische Sättigung erreicht werden.

# 4 Auswertung des Projekttages

## *4.1 Vorbedingungen*

Zunächst werden die Rahmenbedingungen des kunstpädagogischen Projekttages erläutert, der am 28.1.1998 unter dem Motto **"Monsterumzug - ästhetische Rezeption und Produktion regionaler und überregionaler Karnevalsbräuche"** an einer Grundschule im Münsterland in der Klasse 2 in Zusammenarbeit mit Lehramtsstudentinnen durchgeführt wurde.

Im Wintersemester 1997/98 leitete ich ein Seminar an der Kunstakademie Münster, an dem Studentinnen des Lehramtsstudiengangs Künstlerisches Lehramt für die Primarstufe teilnahmen.

Die Studentinnen waren bereits mit der Arbeitsweise von Lili Fischer, bezogen auf ihre eigene künstlerische Praxis, vertraut. Weiterhin hatten sie sich durch Absolvierung von Tagespraktika auf die schulische Praxis vorbereitet. Das Problem, inwieweit die eigene Kunstpraxis für den Kunstunterricht nutzbar gemacht werden kann, und ob sich darauf aufbauend ein tragfähiges kunstdidaktisches Modell entwickeln lässt, stand im Zentrum.

Zu Beginn dieses Seminars fand eine Analyse des Modells der künstlerischen Feldforschung statt[216], wobei auch meine bisher durchgeführten Unterrichtsprojekte diskutiert wurden. In einem nächsten Schritt wurde der kunstpädagogische Projekttag gemeinsam geplant, um die theoretischen Überlegungen in der Praxis zu erproben.

Thema dieses Projektes war die ästhetische Rezeption und Produktion regionaler und überregionaler Fastnachtsbräuche. Die Themenwahl wurde durch den jahreszeitlichen Bezug sowie die Möglichkeit vielfältige Vorerfahrungen der Kinder in das Projekt zu integrieren, begründet.

**Ideenfindung:**

Auf der Grundlage eines „mindmaps" wurde das Projekt in vier Unterthemen gegliedert, die jeweils von zwei Studentinnen betreut wurden.

1. Masken: Ausgehend von historischen Fastnachtsmasken (Tiere, Geister) sollten kindbezogene Masken hergestellt werden.
2. Kostüme: Ausgehend von historischen Vorbildern sollten Kostüme hergestellt werden.
3. Tanz: Zusammen mit den Kindern sollten tänzerische Choreographien entwickelt werden, mit Masken und Kostümen.
4. Instrumente: Zusammen mit den Kindern sollten Musikinstrumente hergestellt werden, mit denen die Tänzer begleitet werden sollen.

Die Studentinnen entwickelten aus den Unterthemen Arbeitsgruppen, in denen themenorientiert gearbeitet wurde. Dabei war es wichtig, die Lernvoraussetzungen der Klasse zu berücksichtigen, so dass auf der Grundlage der handwerklichen Fähigkeiten und der begrenzten Zeit effektiv gearbeitet werden konnte.

---

[216] Die Künstlerische Feldforschung wurde sowohl als künstlerisches Verfahren, als auch als kunstpädagogische Strategie beschrieben und analysiert.

**Planung des Projekttages (Auszug aus den Seminarunterlagen):**

Leitmotiv des Projekttages ist das Lied von der Begegnung mit einem Monster (erscheint im Spiegel). Durch die Begegnung erfolgt die Erkenntnis, dass man auch selbst ein Monster sein könnte (aus der Perspektive des Monsters); also eine Frage der Perspektive. Die Kinder identifizieren sich nun mit dem Monster, nehmen also dessen Gestalt an. Dadurch verliert es seine Fremdheit, wodurch die Angst verschwindet. Übertragen auf die Wintergeister bedeutet dies: Kinder nehmen die Gestalten der Wintergeister an, und dadurch verlieren diese ihren Schrecken.

Einstieg:
Die Kinder versammeln sich im Halbkreis in der Pausenhalle.
Begrüßung und Vorstellung der Mitarbeiterinnen.
Information über das Brauchtum des Winteraustreibens (Karneval/Fastnacht) in Form von "Monsterumzügen" mit Musik und Geräuschen.
Vorstellen einer Begegnung zweier Monster aus dem Bilderbuch „Irgendwie anders".[217]
„Was können die Monster zusammen machen?"

Vorstellen der Arbeitsgruppen:

1. Gruppe: Tanzgruppe (Isa und Sandra)
Entwicklung von Tanzgeschichten auf der Grundlage eines Monsterliedes (Sesamstraße).
Material: CD-Player, Skizzenpapier, Karton, Graphitstifte

2. Gruppe: Kostümgruppe (Karin, Rebekka)

[217] vgl. Cave, Kathryn/Riddell, Chris: Irgendwie Anders, Hamburg, 1994

Ausgehend von der Geschichte „Irgendwie anders" werden Kostüme entwickelt. Zunächst findet eine zeichnerische Ideenfindung statt. Anschließend finden Untersuchungen zur Handhabung von Papieren statt (Falten, Spiegeln, Schneiden). Danach werden die Kostüme aus Krepppapier und Tonpapieren hergestellt. Die Papiere werden durch schnüren, kleben und tackern miteinander verbunden.
Material: Krepppapier, Tonpapier, Farben, Kordel, Bunt- und Wachsmalstifte, Klebeband, Tacker, Stoff

3. Gruppe: Maskengruppe (Rita, Daniela)
Auf der Grundlage der Geschichte werden Monstermasken entwickelt. Zunächst findet eine zeichnerische Ideenfindung statt. Materialexperimente finden statt. Auf der Grundlage von durch Gipsbinden abgenommenen Gesichtsmasken, werden „Monstermasken" hergestellt.
Material: Gipsbinden, Tonpappen, Farben, Papprollen, Fellreste, Korken, Skizzenpapier, Graphitstifte

4. Gruppe: Musikgruppe (Steffi, Kathrin)
Auf der Grundlage des Monsterliedes soll durch selbsthergestellte Musikinstrumente eine Monstermusik kreiert werden. Materialpräsentation. Die Kinder überlegen, wie man aus den Materialien beistimmte Instrumente (Abbildungen liegen vor) herstellen kann. Fertigung der Instrumente. Aus diesen wird eine Musik entwickelt.
Material: Abflussrohre, Holz, Nägel, Kronkorken, Jogurtbecher, Feilen, Hämmer, Sägen, doppelseitiges Klebeband

Die Kinder werden in die Arbeitsgruppen aufgeteilt. Die Projektgruppen arbeiten an ihren jeweiligen Beiträgen.

Abschlusspräsentation:

Die Kinder versammeln sich in der Pausenhalle. Die Arbeitsergebnisse werden zusammengeführt.
Die Tanzgruppe führt mit „Monsteraccessoires" bekleidet ihren Tanz auf. Begleitet wird sie u.a. von der Musikgruppe, die in einem Solo ihre Instrumente vorführt. Die Masken- und die Kostümgruppe reihen sich in den Tanz ein. Die Masken- und Kostümträger stellen ihr Kostüm vor und benennen ihre Rolle. Abschließend singen alle gemeinsam das Lied vom Monster.

**Materialien:**
CD-Player, Skizzenpapier, Karton, Graphitstifte, Krepppapier (9), Tonpappen (12), Kordel, Klebeband, Stoff, Gipsbinden (12), Papprollen, Fellreste, Korken, Hämmer, Sägen, doppelseitiges Klebeband, Filmmaterial, Video, Videoband

## *4.2 Analyse der Protokolle*

### 4.2.1 Aufarbeitung und Kodierung der Protokolle

Um eine gute Lesbarkeit dieses Buches zu gewährleisten, wurde von einer Veröffentlichung der aufgearbeiteten Protokolle im Rahmen dieser Publikation abgesehen. Die betreffende Textdatei wird jedoch durch den Verlag dem interessierten Leser zum kostenlosen download im Internet zur Verfügung gestellt.
Die Adresse lautet:
www.mv-wissenschaft.com/feldforschung/protokolle.doc

### 4.2.2 Vergleich und Verknüpfung der Kodes und Memos

Aus der Durchsicht der Kodierungen und theoretischen Memos ergeben sich folgende Theorieelemente, die nun ausgearbeitet werden.:

1. Ästhetische Erfahrung dient der Aneignung von Lebenswelt. Dabei kommen fächerübergreifende Gesichtspunkte zum Tragen.
2. Die Kinder entwickeln ästhetische Handlungsstrategien, die Aspekten der künstlerischen Feldforschung zugerechnet

werden können. Diese können auf die ästhetische Aneignung anderer bedeutsame Felder übertragen werden.

3. Durch die Auswahl von Feldern, die der Lebenswelt der Kinder angehören, ergibt sich eine intrinsische Motivation für die Auseinandersetzung mit ästhetischem Material. Ebenso kann auch ein unbekanntes und irritierendes Feld einen ästhetischen Prozess initiieren.
4. Im Rahmen eines ästhetischen Prozesses erstellen Kinder feldbezogene Materialsammlungen. Dadurch entsteht eine Übersicht über das vorliegende Material, was gleichzeitig kommentiert und interpretiert wird.
5. Kinder nutzen unterschiedliche „künstlerische" Ausdrucksformen im Rahmen der Auseinandersetzung mit dem Feld.
6. Kinder entwickeln kreative Bewältigungsstrategien im Rahmen der Feldrezeption.
7. Durch die Zusammenführung und Präsentation der „künstlerischen" Feldforschungsergebnisse entsteht eine Übersicht über den Verlauf des ästhetischen Prozesses, der dadurch kommunikabel wird.

**I. Ästhetische Erfahrung dient der Aneignung von Lebenswelt. Dabei kommen fächerübergreifende Gesichtspunkte zum Tragen.**

Das pädagogische Szenario, das auf Aspekten der „Künstlerischen Feldforschung" basiert, bewirkt eine ästhetische Aneignung von Lebenswelt. Dies bedeutet, dass die kognitiv-rationale Analyse des Feldes durch eine ästhetische Auseinandersetzung ergänzt wird.

„Die anwesenden deutschen Kinder („Leistungsträger" der Klasse) arbeiten sorgfältig und beginnen zu experimentieren." (Protokoll, Nr. 70)

Diese Stelle aus dem Protokoll bezieht sich auf die Erarbeitung von Musikinstrumenten. Einige Kinder bewältigen nicht nur die technischen Probleme der Instrumentenherstellung, sondern experimentieren auch mit dem Material, d.h. sie laden es mit eigenen Vorstellungen auf. Das Instrument wird nicht nur in seiner Funktion als Klangkörper betrachtet, sondern auch als ästhetisches Objekt erfahren.

Ähnliches gilt für die Tanzgruppe.

„Die Kinder versuchen sich an einer tänzerischen Interpretation des Liedes." (Protokoll, Nr. 72)

Der Gegenstand (Monsterlied, Tanz, Karnevalsumzug) wird sowohl bildnerisch, als auch tänzerisch rezipiert. Das bedeutet, dass der Gegenstand mit eigenen Vorstellungen angereichert wird, und diese grenzüberschreitend umgesetzt werden.

Ein weiteres Beispiel aus der Tanzgruppe zeigt dies: Die tänzerische Interpretation des Liedtextes wurde genutzt, um experimentell eine „neue" Körpersprache zu erproben.

„Begleitet wird dies von assoziativen Übungen zur Körperspache, gestützt durch Musik." (Protokoll, Nr. 73)

Auch die Arbeitsweise der Kostümgruppe kann als grenzüberschreitend bezeichnet werden.

„Es entwickelt sich ein kreativer Arbeitsprozess, welcher nicht auf detaillierten, kleinschrittigen Arbeitsanweisungen beruht, sondern auf ästhetischer Materialerfahrung. Experimente werden nicht nur zugelassen, sondern sind auch beabsichtigt." (Kodierung, Nr. 83)

Die Aneignung von Lebenswelt erschöpft sich nicht in der formalen Schulung von Kulturtechniken, sondern bedeutet einen aktiven, gestalterischen Umgang mit dieser.

„Ein kreativer Prozess beinhaltet zum einen die Anwendung technischer Fertigkeiten, zum anderen findet eine Neukombination ästhetisch erfahrener Gegenstände statt, wobei diese Neuschöpfungen mit bestimmten Bedeutungen belegt werden, welche sich vom ursprünglichen Bedeutungszusammenhang lösen." (Memo, Nr. 83)

„Künstlerische Feldforschung führt nicht nur zu einem ganzheitlichen Feldverständnis, sondern stellt auch einen persönlichen Bezug her. Der Forscher wird Teil des Feldes, indem er dieses durch einen persönlichen Beitrag bereichert." (Memo, Nr. 84)

Die Maskengruppe benötigt Gipsabdrücke als Trägermaterial. Der Eingipsungsvorgang (ein technischer Vorgang) ermöglicht interaktive Körpererfahrungen.

„Interaktive Erfahrungen von Körperlichkeit wirken faszinierend. Wenn die Form der körperlichen Annäherung kommunikativ vereinbart ist, wird diese als angenehm empfunden." (Memo, Nr. 94)

Jens erweitert diesen ästhetischen Prozess, indem er eigene Vorstellungswelten (der Medienwelt entnommen) einbezieht.

„Jens erwähnt, während er auf den Abtrocknungsvorgang wartet, dass er eine schreckliche Mumie sei." (Protokoll, Nr. 95)

„(...) Durch Identifizierung mit medialen Bildern werden diese verständlich und verlieren ihren Schrecken." (Memo, Nr. 95)

Der fächerübergreifende Charakter des Konzeptes wird durch die Präsentation verdeutlicht. Beziehungen zu verschiedenen Unterrichtsfächern lassen sich herstellen. Bereits die Projekta r-beit der Maskengruppe enthält Elemente des Sachunterrichtes (Funktion von Karnevalsmasken), Technik (Eingipsungsverfa h-ren), Gestaltung (Skulptur, Zeichnung und Malerei) und des Sprachunterrichtes.

„Bedeutungen werden sprachlich konstruiert." (Memo, Nr. 130)

Ähnliches gilt für die Kostümgruppe. Die Instrumentengruppe arbeitet sowohl bildhauerisch als auch musikalisch.

„Die ästhetische Qualität eines Musikinstruments konstituiert sich nicht nur durch seine äußere Form, sondern auch durch die Klänge, welche damit erzeugt werden können." (Memo, Nr. 103)

Desweiteren versetzt die Instrumentengruppe während des „Finales" die anderen Projektgruppen in Bewegung.

Die Tanzgruppe ist ebenfalls fächerübergreifend tätig. Ausg e-hend von einem Liedtext (Sprache, Musik) entstehen zeichner i-sche Rezeptionen (Gestaltung), die wiederum tänzerisch u m-gesetzt werden. In diesem Zusammenhang werden Übungen zur Körpersprache durchgeführt (Sport). Diese Forschungen wirken sich auf die Präsentation aus.

„Trotz der Orientierung an einem formalen Gerüst zeichnet sich die Präsentation der Tanzgruppe durch eine expressive Qualität aus. Individuelle tänzerische Rezeptionen des Gegenstandes sind in die Form integriert." (Kodierung, Nr. 156)

Aufgrund dieser Belege kann man den durchgeführten kuns t-pädagogischen Projekttag als fächerübergreifend bezeichnen.

**II. Die Kinder entwickeln ästhetische Handlungsstrategien, die Aspekten der künstlerischen Feldforschung zugerechnet werden können. Diese können auf die ästhetische Aneignung anderer bedeutsame Felder übertragen werden.**

Hiermit zeigt sich, dass das pädagogische Setting ästhetische Handlungsstrategien hervorruft, die vom Lernenden auf die unterschiedlichsten natürlichen und kulturellen Felder übertragen werden können. Dies bedeutet, dass eine pädagogische Aktion exemplarischen Charakter annehmen kann. Auch wenn hier nur ein festgelegtes Feld ästhetisch erschlossen wird, zeichnen sich Tendenzen ab, die auf die Autonomisierung des Individuum abzielen, d.h. die erprobten Handlungsstrategien können unabhängig vom schulischen Kontext selbstständig angewendet werden. Das Kind erfährt, dass es selbst für seine Bildung verantwortlich ist. Unterricht kann ihm nur dienlich sein, wenn auf seine Fähigkeiten und Interessen bereits in der Planungsphase eingegangen wird. Wenn dies nicht der Fall ist, kann das Unterrichtsvorhaben scheitern.

„Der Projektgruppe „Kostüme“ ist es noch nicht gelungen, die Kinder zu Eigenaktivitäten anzuregen. Als Grund vermute ich die Attraktivität der parallel arbeitenden „Maskengruppe“.“ (Kodierung, Nr. 48)

Das bedeutet, die Projektleiterinnen haben den Kindern noch nicht vermitteln können, dass das Projekt allein ihren Interessen dienen soll. Sie haben also die Möglichkeit, ein Feld selbständig zu erschließen, ohne dass spezielle kleinschrittige Unterrichts- und Handlungsziele des pädagogischen Personals berücksichtigt werden müssen.

„(...) Effektive Unterrichtsorganisation muss den Interessen und Fähigkeiten der Kinder Rechnung tragen.“ (Memo, Nr. 48)

Der Maskengruppe ist dies offensichtlich gelungen.

„Eine Arbeitsgruppe arbeitet konzentriert. Die Initiation des Arbeitsprozesses ist geglückt.“ (Kodierung, Nr. 45)

Die Kinder erarbeiten sich eine Unterrichtsmethode, die ihren Interessen dient. Dies bedeutet, dass sich die Kinder den Unterrichtsgegenstand nur selbst erarbeiten können. Der Lehrer liefert lediglich bestimmte Informationen.

Eine Lerngruppe, die so arbeitet, ist von äußeren Störungen unabhängig.

„Wenn ein Unterrichtsgegenstand den Bedürfnissen und Interessen der Kinder entspricht, ist die Arbeitsgruppe gegen äußere Störungen resistent." (Memo, Nr. 78)

Die Kinder waren eine solche Unterrichtsform bisher nicht gewöhnt.

„Der alltägliche Unterricht verläuft nach vertrauten Schemata. Das Experiment ist die Sondersituation." (Memo, Nr. 15)

Daher kommt es zu vielen Konflikten, die z. T. daher rühren, dass die Präferenzen der Kinder unberücksichtigt bleiben. Es ist nicht der Unterricht der Kinder. Dies belegt das Beispiel von Stefan, der zunächst die Mitarbeit verweigerte. Als er erkannte, dass er in diesem Unterricht seinen Interessen nachgehen konnte, änderte sich sein Verhalten zugunsten einer intensiven Materialauseinandersetzung.

„Stefan bringt versonnen Fellreste, die er in einem Regal fand, an seinem Kostüm an." (Protokoll, Nr. 85)

„Stefan hat bemerkt, dass die Projektorganisation seinen persönlichen Präferenzen Raum lässt. Seine zuvor geäußerten Vorbehalte gegen den Projektgegenstand sind möglicherweise auf negative Vorerfahrungen mit Kunstunterricht zurückzuführen. Er hatte eine Unterrichtskonzeption kennengelernt, welche in einer kleinschrittigen Stufenfolge ohne Zieltransparenz homogene Produkte erarbeitet. Seine Präferenzen und Fähigkeiten wurden in diesem Unterrichtskonzept nicht berücksichtigt." (Kodierung, Nr. 86)

Dadurch wird belegt, dass die ästhetische Aktivität während des Projekttages den Kindern Einsicht in die Notwendigkeit und Effizienz einer selbstbestimmten Bildung vermittelt hat.

**III. Durch die Auswahl von Feldern, die der Lebenswelt der Kinder angehören, ergibt sich eine intrinsische Motivation für die Auseinandersetzung mit ästhetischem Material. Ebenso kann auch ein unbekanntes und irritierendes Feld einen ästhetischen Prozess initiieren.**

Um die Notwendigkeit der selbstbestimmten Bildung zu betonen, ist die Auswahl von Feldern aus der Lebenswelt der Kinder notwendig. Bereits in der Planungsphase müssen die Fähigkeiten und Interessen der Kinder berücksichtigt werden.

Hier liegt ein Problem dieses Projekttages, da die Planung ohne die Kinder durchgeführt wurde. Es wurde allerdings versucht, die Interessen der Kinder durch die Offenheit der Aufgabenstellungen zu berücksichtigen.

„Die Kinder wurden nicht direkt in die Planung einbezogen." (Kodierung, Nr. 13)

Dies hatte insofern Auswirkungen, dass die daraus resultierende fehlende Zieltransparenz sich auf das Sozialverhalten der Kinder auswirkte und den Arbeitsprozess behinderte.

„Planungskonzepte (handlungsorientierter, fächerübergreifender Unterricht) haben direkte Auswirkungen auf das Sozialverhalten." (Memo, Nr. 13)

Einige Kinder stellen keinen Bezug zur eigenen Lebenswirklichkeit her und verweigern die Mitarbeit (Stefan, Sadek).

Symptomatisch ist auch eine Situation während der Initiationsphase. Die Kindern dokumentieren durch ihr Schweigen, dass sie über wenig Vorerfahrungen zum Ablauf von Karneval verfügen.

„Um den Bezug zu Alltagserfahrungen von Kindern sicherzustellen, ist eine Einbeziehung der Kinder in die Planungsphase von Vorteil." (Memo, Nr. 17)

Doch aufgrund der offenen Aufgabenstellungen in den Projektgruppen gelingt es, einen Bezug zum Feld herzustellen. Ein Beispiel liefert die Maskengruppe:

„Ausgehend von einem vorgegebenen Gerüst (Gesichtsabdruck) entwickeln die Kinder eine bedeutungstragende Materialverbindung." (Kodierung, Nr. 96)

Eigene Vorstellungen bereichern das Feld. Durch das Tragen der Masken werden die Kinder Teil des Feldes.

„Künstlerische Feldforschung führt nicht nur zu einem ganzheitlichen Feldverständnis, sondern stellt auch einen persönlichen Bezug her. Der Forscher wird Teil des Feldes, indem er dieses durch einen persönlichen Beitrag bereichert." (Memo, Nr. 95)

Hier wird deutlich, dass irritierende und anregende Impulse die Kinder zur ästhetischen Aktivität anregen können. Dadurch eignen sich die Kinder etwas Unbekanntes aktiv an und integrieren den Gegenstand in die persönliche Lebenswelt.

**IV. Im Rahmen eines ästhetischen Prozesses erstellen Kinder feldbezogene Materialsammlungen. Dadurch entsteht eine Übersicht über das vorliegende Material, was gleichzeitig kommentiert und interpretiert wird.**

Um die Forschungsprozesse zu dokumentieren, erstellen die Kinder feldbezogene Materialsammlungen. Diese machen den ästhetischen Prozess nachvollziehbar, und dieser wird dadurch kommunizierbar. Die Sammlungen erheben keinen Anspruch auf Vollständigkeit. Das bedeutet, dass ein Forschungsprozess niemals abgeschlossen sein kann.

Untersuchen möchte ich daraufhin die Maskengruppe. Zunächst wurden die Kinder über traditionelle Karnevalsmasken informiert. Es lagen Abbildungen vor. Daraufhin wurden diese Dokumente in Form von Zeichnungen mit eigenen Vorstellungen verbunden. Dadurch wird eine vorgegebene Materialsammlung (Abbildungen von traditionellen Masken) erweitert durch die Sammlung von eigenen Maskenentwürfen. Die zeichnerischen Produkte waren Grundlage für eine spätere Ausgestaltung der Gesichtsabdrücke mittels Gips. Diese fungierten nicht nur als Trägerfläche

„Ausgehend von einem vorgegebenen Gerüst (Gesichtsabdruck), entwickeln die Kinder eine bedeutungstragende Materialverbindung." (Kodierung, Nr. 96),

sondern dokumentieren zugleich interaktive Körpererfahrungen.

„Der Arbeitsschritt „Herstellen von Gesichtsabdrücken" ermöglicht ästhetische Körpererfahrungen. Die Kinder erspüren die Struktur ihres Gesichtes durch das Ausstreichen von Gipsbinden durch einen Mitschüler. Weiterhin wird körperliche Nähe zum Mitschüler hergestellt." (Kodierung, Nr. 94)

Analog erstellten auch die anderen Projektgruppen Materialsammlungen. Insbesondere während der Präsentation nehmen die Ergebnisse der Arbeitsgruppen die Form von Materialsammlungen an, die von den jeweiligen Gruppen geschlossen vorgestellt werden. Eine Sammlung liegt insofern vor, als die Kinder die Gesamtheit ihrer ästhetischen Produktion versammeln und gewichten, denn die Produkte wurden in einer entwickelten Ordnung vorgestellt und durch Begriffszuweisungen gewertet und gedeutet.

„Die Produzenten versuchen zögernd, mit dem Publikum zu kommunizieren. Die ästhetischen Produkte, welche den Forschungsprozess dokumentieren, unterstützen die Präsentation." (Kodierung, Nr. 140)

Es wird deutlich, dass die Präsentation von zusammengestellten und erarbeitetem Material nicht nur den ästhetischen Prozess dokumentiert, sondern auch den Produzenten und Sammler repräsentiert, wodurch der Prozess emanzipatorische und kommunikative Funktionen aufweist.

„Die kommunikative Vermittlung von „Forschungsergebnissen" basiert auf der Präsentation von Materialien, welche sprachlich erläutert werden." (Memo, Nr. 140)

Die eigene Bewertung der Qualität einer Sammlung stärkt das Individuum, wobei seine Persönlichkeit hinter den präsentierten Produkten zurücktritt.

„Die Maskengruppe wird Teil ihrer ästhetischen Produkte. Dadurch wird ihre eigene Identität verschleiert. Dies bewirkt Verhaltenssicherheit." (Kodierung, Nr. 145)

**V. Kinder nutzen unterschiedliche „künstlerische" Ausdrucksformen im Rahmen der Auseinandersetzung mit dem Feld.**

Der ästhetische Prozess in den einzelnen Projektgruppen ist geprägt durch die Nutzung unterschiedlicher Ausdrucksformen (Zeichnung, Farbe, Sprache, Bewegung, Klang). Dies wird allerdings durch die Planung der Lehrkräfte vorgegeben, wie eine Betrachtung der Tanzgruppe zeigt.

Zunächst findet eine bildnerische Kommentierung des Gegenstandes statt.

„ ... versuchen die Kinder den Inhalt eines Monsterliedes bildnerisch nachzuvollziehen." (Protokoll, S. 58)

Anschließend wird dies wiederum körpersprachlich verarbeitet.

„Die Kinder versuchen sich an einer tänzerischen Interpretation des Liedes." (Protokoll, S. 72)

Dies bedeutet, dass nicht nur Übungen zur Ausdrucksfähigkeit des Körpers stattfinden, sondern auch durch eine Choreographierung Zeit als formgebende Komponente einbezogen wird.

Während der Objektivierungsphase findet in Zusammenarbeit mit der Instrumentengruppe eine Verbindung von Körpersprache und Musik statt.

„Nun stößt die Instrumentengruppe hinzu, und beide Gruppen arbeiten an einer Verbindung zwischen Tanz und Musik, jedoch gestütztvom Monsterlied."(Protokoll, Nr. 122)

In der Präsentation werden die Ergebnisse der Gruppenarbeit sprachlich eingeleitet, und durch die bildnerischen Produkte wird der Ideenfindungsprozess illustriert.

„Zunächst erläutert Isa die entstandenen Bildrezeptionen des Liedes." (Protokoll, Nr. 154)

Bezogen auf die Tanzgruppe hat die Auseinandersetzung mit grenzüberschreitenden Mitteln stattgefunden.

Bedeutsamer für die Bewertung der ästhetischen Prozesse sind jedoch Beobachtungen, die daraufhin deuten, dass die Kinder unabhängig vom vorgegebenen pädagogischen Szenario unterschiedliche Dimension ästhetischer Verhaltensweisen nutzen.

Die Maskengruppe stellt Trägermaterialien für die Masken her, indem die Kinder sich gegenseitig die Gesichter eingipsen. Diese Vorgang ist mit komplexen ästhetischen Erfahrungen verbunden, die von den Lehrkräften nicht als Ziel des Arbeitsprozesses intendiert waren. Die Kinder versuchen, ihre Erfahrungen zu symbolisieren, indem sie Ausdrucksformen wählen, die nicht Gegenstand der Projektarbeit (Basteln und bauen) sind. Zentrales Ausdrucksmittel ist die Sprache, die bildhafte Vorstellungen verbalisiert.

„Jens erwähnt, während er auf den Abtrocknungsvorgang wartet, dass er eine schreckliche Mumie ist." (Protokoll, Nr. 95)

„Jens lädt den ästhetischen Prozess mit eigenen Vorstellungen auf. Er identifiziert sich mit Bildern, welche der Medienwelt ertnommen sind." (Kodierung, Nr. 95)

Weiterhin erfahren die Kinder durch das wechselseitige Eingipsen ihre Körperlichkeit in sozialer Interaktion. Dies scheint mit Genuss verbunden zu sein.

„Vielmehr genießen sie das taktile Erlebnis, welches mit dem Eingipsungsprozess verbunden ist." (Protokoll, Nr. 94)

„Der Arbeitsschritt »Herstellen von Gipsabdrücken« ermöglicht ästhetische Erfahrungen. Die Kinder erspüren die Struktur ihres Gesichtes durch das Ausstreichen von Gipsbinden durch den Mitschüler. Weiterhin wird eine körperliche Nähe zum Mitschüler hergestellt." (Kodierung, Nr. 94)

Hier zeigt sich, dass Kinder unabhängig von Vorgaben unterschiedliche ästhetische Ausdrucksmittel nutzen, um sich unbekannte und faszinierende Handlungen und Gegenstände aktiv anzueignen.

**VI. Kinder entwickeln kreative Bewältigungsstrategien im Rahmen der Feldrezeption.**

In diesem Zusammenhang verweise ich auf die Arbeitsweise von Skurta. Sie hatte zunächst Schwierigkeiten, ein eigenständiges Monsterkostüm zu entwickeln.

„Aufgrund eines geringen Zutrauens zu den eigenen schöpferischen Kräften ahmt Skurta zunächst die Produkte anderer Kinder nach. Dennoch gelingt es ihr, ihr Produkt mit persönlicher Bedeutung aufzuladen und individuell auszuformen."
(Kodierung, Nr. 90)

Man kann von einer kreativen Bewältigungsstrategie sprechen, obwohl die Nachahmung normalerweise als unkreativ und ideenarm eingestuft wird.

„Die vordergründige Kopie eines ästhetischen Produktes kann (oder muss) zu Ergebnissen führen, welche sich vom Original unterscheiden. Kopie ist eine Form der Bedeutungsauslegung, durch die der Gegenstand mit persönlichen Bedeutungen angereichert wird. Es entsteht ein eigenständiges Produkt."
(Memo, Nr. 90 )

Tinas Problem, eine Eisbärnase herzustellen, ist die kreative Bewältigung eines zunächst technischen Problems. Sie füllte ein Papprohr mit Fellresten und bezeichnete diese Materialverbindung als „Eisbärnase".

„Ein kreativer Prozess zeichnet sich dadurch aus, dass durch nicht normierte Materialkombinationen neue Produkte entstehen, welche mit individuellen Bedeutungen aufgeladen werden." (Memo, Nr. 87)

Danach hatte sie Schwierigkeiten, die Nase zu befestigen und löste das Problem, indem sie die Röhre verkürzte. Eine kreative Problemlösung.

Bei kreativen Bewältigungsstrategien sind, bezogen auf die angeführten Beispiele, folgende Aspekte zu beachten:

Die Aufgabenstellung muss so offen sein, dass problemhaltige Situationen entstehen. Weiterhin müssen die Kinder auf einen Materialfundus zurückgreifen können, der der Problemlösung dienlich ist. Der Pädagoge muss Hilfe zur Selbsttätigkeit anbieten, damit sich eigenständige Lösungsstrategien entwickeln können.

**VII. Durch die Zusammenführung und Präsentation der „künstlerischen“ Feldforschungsergebnisse entsteht eine Übersicht über den Verlauf des ästhetischen Prozesses, der dadurch kommunikabel wird.**

Im Rahmen von ästhetischen Prozessen scheint die Zusammenstellung und Präsentation von Ergebnissen von großer Bedeutung zu sein. Dabei geht es darum, das arbeitsteilig erworbene Erfahrungswissen zusammenzutragen, um es allen Teilnehmern zugänglich zu machen. Weiterhin kann das Material einer außenstehenden Gruppe zugänglich gemacht werden. Ästhetische Prozesse scheinen auf Kommunikation ausgerichtet.

Im Rahmen dieses Projektes wurden die Projektergebnisse dem sozialen System Grundschule (bestehend aus Schulklassen, Lehrern und der Schulleitung) präsentiert. Im Vorfeld waren die Kinder sehr aufgeregt.

„Verhaltensinterpretation: Die Anspannung der Kinder drückt sich in Aktion aus, womit sie diese überspielen. Die Kinder haben Bedenken, ob die Qualität ihrer Produkte vor einem Publkum bestehen kann.“ (Kodierung, Nr. 132)

Ihnen ist nicht bewusst, dass das Publikum die Produkte bewertet, ohne den Prozess verfolgt zu haben.

„Der ästhetische Diskurs ist problemhaltig, weil durch die Präsentation eines Gegenstandes die Produzenten zur Disposition stehen.“ (Memo, Nr. 132)

Da das Publikum Teil der übergeordneten Schulkultur ist, nimmt es regen Anteil an der Vorführung. Die Kritik ist konstruktiv.

„Der ästhetische Diskurs wird erleichtert, wenn das Gegenüber Teil der eigenen Kultur ist.“ (Memo, Nr. 133)

Die Projektgruppen präsentieren ihre entwickelten Materialien, die sie sprachlich erläutern und durch Aktionen visualisieren.

„Die Produzenten versuchen zögernd, mit dem Publikum zu kommunizieren. Die ästhetischen Produkte, welche den „Forschungsprozess“ dokumentieren, unterstützen die Präsentation.“ (Kodierung, Nr. 140)

Besonderes Augenmerk ist auf die Präsentation der Instrumentengruppe zu richten. Sie tritt sehr verhalten auf und ist kaum wahrnehmbar.

„Da es der Instrumentengruppe nicht gelungen ist, eine gemeinsame Form zu finden, treten bei der Präsentation starke Verhaltensunsicherheiten auf. Auch die Gruppe scheint dem Einzelnen keinen Rückhalt zu geben." (Kodierung, Nr. 148)

Die Präsentation ist daher problematisch. Es zeigt sich, dass der ästhetische Prozess einer genauen Überarbeitung bedarf, bevor er wirkungsreich präsentiert werden kann.

„Wenn ein kollektiver künstlerischer Feldforschungsprozess nicht abgeschlossen ist, ist die Präsentation defizitär." (Memo, Nr.148)

Dennoch war es sinnvoll, die Ergebnisse dieser Gruppe zu präsentieren. So wurde den Kindern deutlich, dass ein Unterschied zwischen individuellen Produkten und einer gemeinsamen Form besteht.

### *4.3 Aufarbeitung und Analyse des fotografischen Materials*

Analog zur Verdichtung der Kodierungen und den theoretischen Memos, werden nun die Fotografien im Hinblick auf die in der Auswertung der Protokolle ermittelten Theoreme untersucht. Im Sinne der Methodentriangulation soll dadurch eine Validität der Forschungsergebnisse erreicht werden. Die Interpretation von Fotografien dient als Korrektiv der bisherigen Ergebnisse und ist ein Schritt auf dem Weg zu einer theoretischen Sättigung. Zu erwähnen ist noch, dass die Abbildungen nicht willkürlich ausgewählt wurden, sondern zu jedem Theorem exemplarisch eine mir passend erscheinende Abbildung ausgewählt wurde (vgl. Kap. 3.5.2).

**I. Ästhetische Erfahrung dient der Aneignung von Lebenswelt. Dabei kommen fächerübergreifende Gesichtspunkte zum Tragen.**

Abb. 25 *„Fin erprobt ästhetisches Material"*

**Bildbeschreibung:**

Im Vordergrund (vorne links) sitzt Fin zurückgelehnt und in entspannter Haltung auf einem Stuhl. Er befindet sich im Projektraum der Musikgruppe, und hinter ihm sind Arbeitstische mit Material zu sehen, über die sich, dem Jungen abgewandt eine Projektleiterin befindet. Fin sieht den Fotografen aus den Augenwinkeln an, ohne ihm aber besondere Beachtung zu schenken. Auf seinen Knien hat er eine Holzleiste abgelegt, auf der ein leerer Jogurtbecher abgestellt ist. Sein linker Arm scheint herunterzuhängen, und mit der rechten Hand führt er ein Kunststoffrohr zum Mund, als beabsichtige er hineinzublasen.

**Interpretation:**

*In einer ausgeglichenen Stimmung scheint Fin das Material, aus dem Musikinstrumente gefertigt werden sollen, zu erproben. Darauf deutet seine entspannte Körperhaltung hin. Er tut dies mit Ruhe und Konzentration, sonst hätte ihn die Fokussierung durch den Fotografen zu einer anderen mimischen Reaktion herausgefordert. Fin beobachtet stattdessen den Beobachter, fährt aber gleichzeitig mit seinen „Untersuchungen" fort. Auffällig ist, dass er sich parallel mit unterschiedlichen Materialien auseinandersetzt. Das Rohr soll als Blasinstrument fungieren, während aus Leiste und Jogurtbecher ein Perkussionsinstrument angefertigt werden soll. Weiterhin fällt auf, dass er keine Anstalten macht, die Gegenstände ihrer geplanten Funktion zuzuführen. Vielmehr versucht er zwei komplexe Handlungen gleichzeitig auszuführen. Zum einen betätigt er das Blasrohr, um aber gleichzeitig den unbefestigten Jogurtbecher auf der Leiste zwischen seinen Beinen auszubalancieren, ohne dass dieser zu Boden fällt. Dieser Balanceakt scheint der eigentliche Gegenstand seiner Beschäftigung zu sein, denn die drei verwendeten Materialien stehen sonst in keinem funktionalen Zusammenhang.*

*Fin nimmt also das vorstrukturierte kunstpädagogische Angebot zum Anlass, um eigene ästhetische Erfahrungen zu machen. Diese sind dergestalt, dass er unterschiedliche Gegenstände in eine instabile Verbindung bringt, um diese mittels Körperkoordination zu kontrollieren. Seine Handlung versucht er zu erschweren, indem er gleichzeitig ein Blasrohr benutzt. Fin setzt also seinen Körper in Beziehung zu Gegenständen der äußeren Welt. Durch komplexe Körperkoordination erlebt er seine motorischen Fähigkeiten, wodurch er in die Lage versetzt wird, ihm zunächst fremde Eigenschaften von Gegenständen (Gewicht, Stabilität) zu verstehen und diese neue Erfahrung dann kontrolliert einzusetzen. In dem Erleben der Beziehung von eigenem Körper und äußeren Gegenständen entdeckt er Eigenschaften, die seinen bisherigen Kenntnisstand erweitern. Ein Becher ist demnach nicht mehr nur ein Gefäß, sondern ein Gegenstand, dessen Form und Materialdichte seine Stabilität bestimmen. Weiterhin scheint das Erfahren und Erweitern der eigenen Körperfunktionen mit Genuss verbunden zu sein. Darauf deutet seine entspannte und konzentrierte Körpersprache hin.*

**Auswertung:**
Die Situation, die das Foto wiedergibt, ist eine Momentaufnahme aus einem ästhetischen Prozess. Dieses pädagogische Szenario ist zielgerichtet auf die Herstellung und Erprobung von klangerzeugenden Instrumenten. Dieses Vorhaben unterläuft und erweitert Fin insofern, als er das angebotene Material nutzt, um vielfältige Erfahrungen zu machen. Zum einen erprobt er seine körperlichen Fähigkeiten, und zum anderen unterzieht er die Gegenstände unterschiedlichen Untersuchungsverfahren, die die Erprobung von Klangeigenschaften zunächst unbeachtet lassen. Hier wird deutlich, dass ästhetische Erfahrung auf die Aneignung von Lebenswelt ausgerichtet ist. Dies beinhaltet sowohl die sinnliche Wahrnehmung von Materialeigenschaften,

als auch den Versuch den eigenen Körper mit den Gegenständen in Beziehung zu setzen.

Die Interpretation des Bildes zeigt auch, dass enggeführte Unterrichtsvorhaben die Komplexität von ästhetischen Aneignungsprozessen außer Acht lassen. Die Konzeption eines fächerübergreifenden Unterrichts, der die unterschiedlichen Dimensionen ästhetischen Verhaltens integrativ berücksichtigt, ist nicht nur ein Zugeständnis an die individuellen Vorlieben von Kindern, sondern berücksichtigt auch den komplexen Prozess der kindlichen Aneignung von Lebenswelt.

**II. Die Kinder entwickeln ästhetische Handlungsstrategien, die Aspekten der künstlerischen Feldforschung zugerechnet werden können. Diese können auf die ästhetische Aneignung anderer bedeutsame Felder übertragen werden.**

Abb. 26 *„Forschung"*

**Bildbeschreibung:**

Im Vordergrund des Bildes ist Stefan in der Seitenansicht wiedergegeben, wobei seine Beine nicht zu sehen sind. Er ist mit einem Überwurf aus Krepppapier bekleidet und befindet sich vor einer Fensterfront, an deren Unterseite eine Reihe von Tischen zu sehen ist. Auf ihr befinden sich Kartons und nicht zu identifizierendes Material. Stefan hat seinen rechten Arm auf einen Karton gelegt, als wolle er hineingreifen. Mit seiner linken Hand rafft er seinen Überwurf zusammen. Sein Blick ist auf den Karton gerichtet, wobei sein Mund leicht offen steht.

**Interpretation:**

*Stefan wendet sich versonnen den Materialauslagen im Projektraum zu. Seine Mimik spiegelt eine Mischung aus in sich gekehrter Betrachtung (halb gesenkte Augen)und angeregtem Erstaunen (geöffneter Mund) wieder. Er scheint Material für die Ausgestaltung seines bisher noch unbearbeiteten Überwurfs zu suchen. Es fällt auf, dass er mit den Überwurf, obwohl noch unvollständig, bereits trägt. Offenbar ist er an Wirkung und Funktion dieser Kleidung interessiert. Obwohl ihn das Tragen der neuen Bekleidung bei der Materialsuche behindert (er rafft den Überwurf mit der linken Hand zusammen), macht er keine Anstalten sich dessen zu entledigen. Hier wird deutlich, dass Stefan die Bedingungen des ästhetischen Prozesses selber bestimmt, denn die Projektleiterinnen hätten ihm vorgeschlagen, das Trägermaterial zunächst ruhen zu lassen, um es dann mit dem ausgewählten Material zu bestücken. Stefan greift den ästhetische Impuls der Betereuerinnen auf, um ihn dann in einen Prozess der Selbstbildung zu überführen, in dem er selbst sowohl die zeitlich-räumliche Organisation der Arbeitsschritte als auch die Materialauswahl und –organisation bestimmt. Er geht dabei konzentriert und empathisch vor, wobei er vom Prozess unabhängige äußere Einflüsse unbeachtet lässt.*

**Auswertung:**

Die Anwendung ästhetischer Handlungsstrategien und Aneignungsformen auf unterschiedliche Felder der Lebenswelt im Sinne einer Autonomisierung des eigenen Verhaltens, scheint sich hier anzubahnen. Stefan bewegt sich zwar mit seinen Aktivitäten im Rahmen des vorgegebenen pädagogischen Szenarios, nutzt aber dieses um seinen eigenen Interessen nachzugehen. Dieses Interesse, was ich hier nicht näher verifizieren kann, unterscheidet sich möglicherweise stark von den intendierten Vorgaben durch die Projektleiterinnen. Möglicherweise verwendet Stefan Strategien, die er sich bereits in anderen Zusammenhängen erarbeitet hat. Ebenso könnte es sich hier um die Initiierung eines neuartigen Handlungsmusters handeln, das in späteren Situationen zur Anwendung kommen kann.

Die angebahnte Handlungsstrategie besteht in einer taktilen Untersuchung von unterschiedlichen Materialien, die einer qualitativen Bewertung unterzogen wird, um sie dann entsprechend persönlicher Präferenzen in einen Gesamtzusammenhang zu integrieren.

**III. Durch die Auswahl von Feldern, die der Lebenswelt der Kinder angehören, ergibt sich eine intrinsische Motivation für die Auseinandersetzung mit ästhetischem Material. Ebenso kann auch ein unbekanntes und irritierendes Feld einen ästhetischen Prozess initiieren.**

Abb. 27 *„Maskierungen"*

**Bildbeschreibung:**

Im Zentrum des Bildes stehen zwei Jungen (v.l.n.r. Jens und Cenk) inmitten eines Projektraumes. Im Hintergrund ist eine Regalwand zu sehen, in der sich unterschiedliche Materialien befinden. Jens steht in einer entspannten Haltung und hält mit

beiden Händen eine Maske, die vom Mund aufwärts sein Gesicht bedeckt. Seine Mimik wirkt entspannt, und er betrachtet den Fotografen durch die Augenschlitze der Maske. Auch sein Blick wirkt ruhig und entspannt.
Cenk steht leicht zur Seite geneigt, und seine herunterhängenden Hände sind vor dem Körper verschränkt. Er betrachtet aufmerksam den Fotografen, wobei sein Mund leicht zu einem unsicher wirkenden Lächeln verzogen ist.

**Interpretation:**

*Jens präsentiert sich dem Betrachter mit Ruhe und Gelassenheit. Die Maske bietet ihm nicht nur Schutz, sondern sie scheint auch sein Selbstbewusstsein zu stärken. Diese Deutung ergibt sich daraus, dass Jens kein Zeichen von Unsicherheit zeigt. Sicher erwidert er den Blick der Kamera, und er scheint fast durch sie hindurchzusehen. Offenbar bietet ihm die Maske die Möglichkeit, seine Persönlichkeit gedanklich zu erweitern und sich imaginierend in eine andere Rolle zu versetzen. Jens hat die ästhetischen Impulse des Projektes aufgriffen und sie mit eigenen Vorstellungen verknüpft.*
*Ganz anders dagegen reagiert Cenk. Seine Selbstpräsentation ist von Unsicherheit geprägt. Dies drückt sowohl seine Körpersprache (der unsichere Stand, die verschränkten Hände) als auch seine Mimik aus (der Anflug eines unsicheren Lächelns). Da er dem Betrachter im Unterschied zu seinem Nachbarn mit „leeren Händen" gegenübertritt, ist er sich seiner nicht sicher, was zu dem beschriebenen Erscheinungsbild führt. Offenbar ist es ihm noch nicht gelungen, die pädagogischen Impulse (Maskenbau) der Projektleiterinnen aufzugreifen und diese in selbstbestimmte Handlungen umzusetzen. Insofern nimmt es nicht Wunder, dass er sich fehl am Platze fühlt.*

**Auswertung:**

Die Fotografie gibt einen Moment aus der Tätigkeit der Projektgruppe „Maskenbau“ wieder, die sich mit dem Feld der traditionellen Karnevalsmasken auseinandersetzt. Ob die Kinder mit diesem Feld vertraut sind, es also der Lebenswelt der Kinder angehört, ist zumindest bezogen auf Cenk fraglich. Die irritierende Wirkung erzeugt bei ihm keine neugierige Auseinandersetzung mit dem fremden Material, sondern mündet in ein passiv-unsicheres Verhalten.

Ganz anders wirkt sich die Auseinandersetzung mit dem Feld auf Jens aus. Es ist hier nicht zu klären, ob er bereits mit der inhaltlichen Thematik vertraut war; zumindest hat er sie immanent begriffen und durch eigenes Handeln nachvollzogen. Ebenso wie traditionelle Karnevalsmasken den Träger vor den bedrohlichen Urgewalten der Natur schützen sollten, so empfindet Jens die schützende Wirkung einer Maskierung anlässlich seiner Selbstpräsentation. Durch sie wird die eigene Person verfremdet und es ist leicht möglich, sich imaginierend einer anderen Rolle anzuverwandeln. Die intrinsische Motivation ergibt sich durch die Thematisierung des individuellen Persönlichkeitskonzeptes. Durch den Vergleich von alltäglichem Erscheinungsbild mit dem durch die Maske verfremdeten, werden die Möglichkeiten der Persönlichkeitsentwicklung spielerisch erprobt und Noch-nicht-Gewordenes utopisch antizipiert.

Hier zeigt sich, dass die Auswahl von Feldern aus der Lebenswirklichkeit des Kindes nur bedingt durch einen Pädagogen getroffen werden kann, denn den eigentlichen Lebensweltbezug stellt das Kind selber handelnd im Rahmen eines Projektes her. Ob dies auch geschieht, hängt nicht unbedingt von der Auswahl des Feldes ab, sondern vor allem von der Vermittlung ästhetischer Handlungs- und Wahrnehmungsstrategien.

**IV. Im Rahmen eines ästhetischen Prozesses erstellen Kinder feldbezogene Materialsammlungen. Dadurch entsteht eine Übersicht über das vorliegende Material, was gleichzeitig kommentiert und interpretiert wird.**

Abb. 28 *„Monsterkostüme"*

**Bildbeschreibung:**

Die Abbildung zeigt eine Gruppe von sieben Kindern, die nebeneinander stehend den Bildraum ausfüllen. Die Szene ist in einem hohen offenen Raum angesiedelt, deren Hintergrund von einem halbgeöffneten Vorhang begrenzt wird. Die Kinder sind mit archaisch anmutenden Kostümen und Masken bekleidet. Links hinter ihnen sitzt eine Projektleiterin, die ebenfalls ein Kostüm trägt.

Die Kindergruppe wird auf der linken Seite von einem die anderen überragenden Kind begrenzt, dessen Identität auf Grund seines Kostüms nicht zu erkennen ist. Es ist mit Fellresten behangen, und auch sein Gesicht ist hinter einer Fellmaske verborgen. Auf der rechten Seite wird die Gruppe ebenfalls durch ein größeres Mädchen begrenzt. Kopf und Gesicht sind unbedeckt und sein Blick ist auf das zuvor beschriebene Kind gerichtet. Sein bis zum Boden reichender Umhang aus Krepppapier ist mit einigen länglichen Gegenständen (Hölzer, Papprollen) beklebt. Die beiden neben ihr stehenden Mädchen sind ähnlich gekleidet, nur sind die Gesichter jeweils hinter einfachen Papiermasken verborgen. Ihre Blicke richten sich ebenfalls auf den linken Rand der Gruppe. In der Mitte steht ein Mädchen mit einem zweiteiligen Kostüm, das mit diversen Materialien beklebt ist. Sein unbedeckter Kopf ist auf das Mädchen am rechten Rand gerichtet. Auch die beiden neben ihr stehenden Kinder blicken in diese Richtung. Das Linke fällt durch sein schwarzes Gewand und eine Maske mit spitzer langer Nase auf.

***Interpretation:***

*Die Szenerie scheint eine Präsentation zu sein, sonst würden die Kinder nicht so nebeneinander stehen. Auch ihre gerade und fast unbewegte Körperhaltung hat den Charakter einer Präsentation. Dennoch scheint die Gruppe keinen Betrachter zu fokussieren, sondern ist mit sich selbst beschäftigt. Dies lässt sich aus den unterschiedlichen Blickrichtungen der Kinder ablesen. Gegenstand der internen Auseinandersetzung könnte die Organisation der im Moment anstehenden Präsentation der am Körper getragenen Ergebnisse der Projektarbeit sein. Offensichtlich haben sie dafür eine gewisse Anordnung entwickelt. Dies betrifft sowohl die frontale Ausrichtung der Gruppe, als auch die Reihenfolge, in der die Kostüme präsentiert werden. Ein Ordnungselement ist die Positionierung der körperlich größten Kinder an die äußeren Ränder der Gruppe, wodurch eine Art Rahmen entsteht. Ein anderes Ordnungsmerkmal ist die Sortierung nach Geschlechtern. Die Gruppe strahlt eine ruhige und selbstbewusste Haltung aus. Darauf deutet auch die aufrechte und entspannte Körperhaltung. Anwesende Betrachter scheinen nicht verunsichernd zu wirken. Offensichtlich fühlen sich die Kinder sowohl durch die Gruppe, als auch durch die im Mittelpunkt des Geschehens stehenden Maskierungen ge-*

*schützt. Diese Situation scheint jedem einzelnen Stärke und Selbstbewusstsein zu vermitteln.*

**Auswertung:**

Die Teilnehmer der Gruppe präsentieren nicht nur die individuell gefertigten Produkte, sondern stellen sie in einen Vergleichskontext, der den Charakter einer feldbezogenen Materialsammlung annimmt. Feldbezogen meint hier, dass die Gegenstände in der Auseinandersetzung mit einem thematisch eingegrenzten Feld entstanden sind. Von einer Sammlung kann man insofern sprechen, als hier Typen und Varianten von bestimmten Produkten simultan vorgestellt werden. Es wird deutlich, dass ein zentrales Motiv für die Herstellung einer Sammlung ihre anschließende Präsentation ist. Wenn einzelne Arbeiten von nur jeweils einem Kind vorgestellt würden, erführe dies zwar auch eine Würdigung, doch die Darbietung im Kontext einer Sammlung verdeutlich stärker den thematischen Hintergrund der Produktion und lässt Vergleiche und Wertungen zu. Dadurch wird bekommt die einzelne Arbeit eine größere Wichtigkeit, denn sie ist kein singuläres Phänomen. Die Präsentation ist also adressatenbezogen und dient vor allem der Repräsentation der eigenen Persönlichkeit. Der Hersteller einer Sammlung kann so seine individuelle Wirkung steigern, denn er verbindet sich mit einem einzigartigen, also bedeutsamen Gegenstand, den er auch noch selber hergestellt hat.

In der vorliegenden Situation handelt es sich um eine Gemeinschaftssammlung von Produzenten. Jedes Kind präsentiert sein eigenes Produkt und gleichzeitig die Sammlung der Arbeiten. Man könnte auch von einer Gruppenausstellung sprechen, wobei die Kinder ihre eigenen „Kuratoren“ sind. Dadurch erklärt sich auch die Beschäftigung der Gruppe mit sich selber, da jeder Einzelne am präzisen Arrangement der Sammlung ein aktives Interesse zu haben scheint. Der Einzelne ist dabei ebenso wichtig wie die Gruppe, deren Erscheinungsbild auf jeden positiv wie negativ zurückfällt.

## V. Kinder nutzen unterschiedliche „künstlerische" Ausdrucksformen im Rahmen der Auseinandersetzung mit dem Feld.

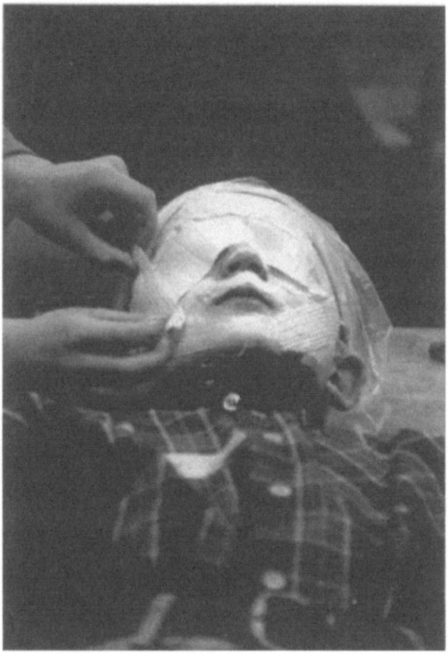

Abb. 29 *„Die Mumie"*

**Bildbeschreibung:**

Im Zentrum des Bildes sind Kopf und Oberkörper eines Jungen (David)zu sehen. Er scheint zu liegen Der Hintergrund ist abgedunkelt, so dass die räumliche Situation unklar bleibt. Das Gesicht ist nur unzureichend zu erkennen, da es zum einen mit einer Fettcreme behandelt wurde und zum anderen vom Mund an aufwärts mit einer Gipsbinde bedeckt ist. Es sind zwei Hände zu sehen, die den Vorgang des Bedeckens ausführen. Stirn und Augen sind bereits bedeckt, aber Mund und Nase liegen noch frei. Die Gesichtszüge sind dabei völlig entspannt. Der „Eingipsende", der nicht zu erkennen ist, scheint mit großer

Vorsicht vorzugehen, denn die Finger fassen die Gipsbinde nur mit den Fingerspitzen an und tragen sie so auf das Gesicht auf.

**Interpretation:**

*David scheint den Vorgang des Eingegipstwerdens als entspannend und angenehm zu empfinden. Dafür spricht sein völlig entspanntes Gesicht. Er scheint das Gefühl der Berührung durch Hände und Material intensiv mitzuerleben, ohne dass ihn dies in Ängste oder Unwohlsein versetzt. Schließlich kann er zu diesem Zeitpunkt nichts sehen und ist der Situation hilflos ausgeliefert. Aber David scheint das Ausgeliefertsein als angenehm zu empfinden. Man kann davon ausgehen, dass er seinen Gedanken und Empfindungen ausgesetzt ist, die sowohl den Erfahrungsprozess begleiten, als auch die davon ausgelösten Assoziationen verfolgen. Die Erfahrung besteht im Moment darin, dass er sich selber durch die Berührung eines anderen spürt. Diese körperliche Nähe wird nicht als bedrohlich erlebt, da die Interaktion durch den Vorgang (eingipsen) und durch das Medium (Gipsbinde) legitimiert wird.*

**Auswertung:**

Die Erfahrung von der eigenen Leiblichkeit in Verbindung mit der Interaktion mit dem Anderen drückt David in dieser Situation unmittelbar aus. Durch die Ausdrucksfähigkeit seines Körpers vermittelt er ein Bild seiner inneren Befindlichkeit (innere Ruhe, Kontemplation), die jedoch interpretativ erschlossen werden muss. Der an ihm Handelnde scheint dies erspürt zu haben, denn er geht behutsam vor. Diese Handlung wird auch durch das fragile Material (Gipsbinde) bestimmt; dennoch scheint sich der Agierende der Befindlichkeit seines Gegenübers bewusst zu sein (Wenn er einen Leblosen Körper eingipsen müsste, könnte er erheblich druckvoller vorgehen).

Hier wird deutlich, dass im Rahmen eines ästhetischen Prozesses unterschiedliche Ausdrucksformen zur Anwendung kommen; in diesem Fall ist der Körper das subtile Medium des Ausdrucks. Hier liegt eine Ausdrucksform vor, die sowohl vom Subjekt als auch vom Gegenüber meistens unbewusst verwendet und wahrgenommen wird. Andere Ausdrucksformen, wie Sprache, Klänge oder bildnerische Zeichen, sind in der Regel präsenter, wohingegen die Körpersprache das Mittel des unmittelbaren Ausdrucks ist.

**VI. Kinder entwickeln kreative Bewältigungsstrategien im Rahmen der Feldrezeption.**

Abb. 30 *„tänzerische Annäherungen“*

**Bildbeschreibung:**

Die Gruppe befindet sich in einem freien Teil der Pausenhalle. Die Kinder und die beiden Projektleiterinnen sind im Begriff, in die Luft zu springen. Isa (Projektleiterin, am rechten Bildrand) befindet sich mit erhobenen Armen hoch in der Luft. In einer Hand hält sie ein Manuskript. Sandra (Projektleiterin, am linken Bildrand) befindet sich noch mit beiden Beinen am Boden und hat die Hände leicht erhoben. Lena befindet sich mit den Füßen in der Luft. Die Arme befinden sich in Hüfthöhe. Ihr Blick strahlt freudige Erregung aus und ist auf Isa gerichtet. Nadine befindet sich im Absprung und erhebt ihre Arme über den Kopf. Neben ihr befindet sich Anna. Sie ist hoch in die Luft gesprungen und überragt die übrigen Kinder. Sie reckt die Arme, so weit es geht. An Ihrem Gesicht sind Anstrengung und Freude abzulesen. Auch sie blickt auf Isa. Neben ihr agiert Stefan. Seine Beine sind leicht eingeknickt. Er hebt die Arme abgewinkelt bis auf Schulterhöhe. Seine Blickrichtung ist nicht genau zu bestimmen. Möglicherweise richtet sich sein Blick auf Thomas, der nicht im Bild ist. Im Vordergrund, neben Isa, befindet sich Nina im Absprung. Ihre Arme sind oberhalb des Kopfes, und ihr Blick ist nach oben gerichtet.

**Interpretation:**

*Auf diesem Foto ist die Tanzgruppe in Aktion zu sehen. Sie versucht, aufbauend auf dem bildnerischen Rezeptionsprozess, eine tänzerische Interpretation des Monsterliedes zu entwickeln. Die Projektleiterinnen scheinen diesen Prozess zu strukturieren. Der Liedtext spielt offenbar eine wichtige Rolle, denn Isa hält das Manuskript in der Hand. Weiterhin scheint sie die Kinder zu bestimmten Bewegungen zu animieren, denn die Blicke der meisten Kinder sind auf sie gerichtet. Anna gelingt es am besten, Isas Bewegung nachzuahmen. Beide Personen überragen im Sprung die anderen Akteure. Auch die Intensität ihrer Bewegung ist am deutlichsten sichtbar.*

*Es könnte sich um eine vorher gemeinsam festgelegte Choreographie handeln, denn Nina setzt die Bewegung um, ohne sich an Isas Vorgaben zu orientieren. Stefan scheint die Bewegungsvorgabe eigenständig zu interpretieren.*

**Auswertung:**

Im Sinne einer kreativen Bewältigungsstrategie scheinen die Kinder Probleme zu haben, eigene Ausdrucksformen zu entdecken. Die gesamte Gruppe scheint sich an den Bewegungsvorgaben der Projektleiterinnen auszurichten. Dies kann auch dar-

auf zurückzuführen sein, dass die Projektleiterinnen den Arbeitsprozess zu eng strukturiert haben.
Lediglich Nina und Stefan zeigen Ansätze einer eigenständigen Bewegungsinterpretation, d.h. sie laden die Thematik mit eigenen Vorstellungen auf und integrieren möglicherweise bereits erlernte Bewegungsformen in den Tanz. Dies deutet die Anbahnung eines kreativen Prozesses an.
Zum anderen beinhaltet ein kreativer Prozess ein sich Vertrautmachen mit einem Gegenstand. Erst durch genaue Kenntnis sind Veränderung und Umstrukturierung zu neuen Formen möglich. In diesem Sinne könnte das Foto das Stadium einer zunächst rezeptiven Aneignung eines Gegenstands wiedergeben. Ob sich daraus kreative Prozesse entwickeln, ist nicht ablesbar.

Abb. 31 *„tänzerische Präsentation“*

**Bildbeschreibung:**

Die Projektleiterinnen der Tanzgruppe führen mit den Kindern den erarbeiteten Tanz auf. Im Hintergrund befindet sich die Kostümgruppe mit ihren Betreuerinnen. Am linken Bildrand hält sich Sandra (Projektleiterin) auf und betrachtet lächelnd die Szene. Daneben steht Isa, die leicht vorgebeugt und mit angehobenen Armen am Tanz teilnimmt. Neben ihr agieren Anna und Nadine. Sie sind maskiert und wenden sich einander zu. Während Anna eine Bewegung ausführt, scheint Valerie sie zu beobachten. Neben ihr befindet sich Lena. Mit leicht erhobenen Armen dreht sie den Kopf zur Seite und betrachtet interessiert Isa. Nina hat einen Arm erhoben. Ihr Blick ist ohne konkrete Ausrichtung nach vorne gerichtet. Ihr Mund ist leicht geöffnet. Rechts daneben steht Thomas. Er hat den rechten Arm erhoben und kratzt sich mit der linken Hand am Kinn. Die im Hintergrund befindlichen Projektleiterinnen der Kostümgruppe betrachten lächelnd Isa.

**Interpretation:**

*Während Sandra wohlwollend, aber ohne einzugreifen, die Szenerie betrachtet, nimmt Isa aktiv am Geschehen teil. Sie hat aber nicht den Einfluss auf die Aktion der Gruppe, wie dies im vorherigen Bild ersichtlich wurde. Lediglich Lena, scheinbar verunsichert, sucht in ihrem Verhalten eine Ausrichtung. Anna agiert autonom. Ihre Freundin Nadine besitzt nicht diese innere Freiheit. Wenn sie sich in Bild 1 an Isa orientierte, scheint jetzt Anna diese Funktion zu übernehmen. Nina scheint den einstudierten Tanz mit eigenen Ideen auszufüllen. Ohne sich durch die übrigen Kinder und das anwesende Publikum verunsichern zu lassen, versucht sie ihre Bewegungskonzeption zu realisieren. Ihr leicht geöffneter Mund drückt Bewegtheit und Konzentration aus. Thomas strahlt durch seine Körperhaltung Verunsicherung aus. Er scheint über die geprobte Choreographie nachzudenken. Ihm ist es offenbar nicht gelungen, das Material eigenständig zu interpretieren. Auch Isas Animation stellt für ihn keine Hilfe dar. Er sucht keinen Kontakt.*

**Auswertung:**
Die Anbahnung eines kreativen Prozesses scheint nur teilweise gelungen zu sein. Anna hat durch Nachahmung eine große Verhaltenssicherheit gewonnen, was sie zur einer individuellen Ausgestaltung der tänzerischen Choreographie befähigt. Dies drückt sich auch darin aus, dass sie ihrerseits ein anderes Kind (Nadine) zu eigenständigen Bewegungen animiert. Nina nutzt die Präsentation dazu, ihre Intentionen weiter auszubauen. Wie bereits in Bild 1 ersichtlich, agiert sie unabhängig von den tänzerischen Vorgaben durch die Projektleiterinnen. Den anderen Kindern der Projektgruppe ist es jedoch nicht gelungen, das Material durch eigene Vorstellungen anzureichern. Auch wenn Nadine sich mittlerweile an Anna orientiert, hat sie noch keine eigene Form gefunden. Lena ist weiterhin von Isas Vorgaben abhängig. Thomas reicht dies nicht aus. Auch die erarbeitete Choreographie kann ihn nicht von seiner Verhaltensunsicherheit befreien. Hier zeigt sich, dass sowohl der zur Verfügung stehende Zeitraum, als auch die Konzeption der Projektgruppe nicht geeignet waren, allen Kindern kreative Bewältigungsstrategien zu ermöglichen.

**VII. Durch die Zusammenführung und Präsentation der „künstlerischen“ Feldforschungsergebnisse entsteht eine Übersicht über den Verlauf des ästhetischen Prozesses, der dadurch kommunikabel wird.**

Abb. 32 *„Monsterumzug“*

**Bildbeschreibung:**

Im Zentrum des Bildes ist eine Gruppe von Kindern zu sehen, die unterschiedlichen Betätigungen nachgeht. An den äußeren Rändern der Gruppe sowie im Hintergrund befinden sich die Projektleiterinnen. Im rechten unteren Rand des Bildes ist eine Gruppe von vier sitzenden Kindern zu sehen, die das Geschehen beobachten. Das Ganze spielt sich in einer offenen räumlichen Situation ab.

Die eine Hälfte der Kinder auf der linken Bildseite tanzt, wobei die Blicke auf die Mittänzer gerichtet sind. Zwei Projektleiterinnen nehmen aktiv am Tanz teil. Die Kinder an der rechten Seite halten selbstgefertigte Musikinstrumente und beobachten den Tanz der Übrigen.

Von dreien der vier Beobachter sind nur die abgewandten Köpfe zu sehen, von einem vierten zusätzlich das Gesicht und die Hände. Dieser Junge beobachtet lächelnd die Tänzer und verschränkt dabei spielerisch die Finger seiner beiden Hände.

**Interpretation:**

*Die Kinder, die am kunstpädagogischen Angebot teilgenommen haben, präsentieren anderen Kinder der Schule ihre Arbeitsergebnisse. Dabei fällt auf, dass die Agierenden das „Publikum" unbeachtet lassen. Ihre Blicke sind ausschließlich auf die Mitagierenden gerichtet. Dies mag an der Konzentration auf den präzisen Ablauf der Präsentation liegen. Gleichzeitig ist eine Vorstellung von eigenen Ergebnissen vor einer unbeteiligten Gruppe mit dem Gefühl von Unsicherheit und Angst verbunden, so dass jeder Einzelne bemüht ist, die Anwesenheit der Beobachter auszublenden. Diese Gefühle scheinen bei den Kindern unterschiedlich stark ausgeprägt zu sein. Während die Tänzer emphatisch dem Tanz nachgehen, wirken die Musiker verunsichert. Dies drückt ihre Körperhaltung und ihre Mimik aus. Sie konzentrieren sich ganz auf die Tänzer, als wären sie am Gesamtgeschehen unbeteiligt oder fixieren gedankenverloren ihre Instrumente. Der Grund für diese unterschiedlichen Haltungen kann darin bestehen, dass die Kinder nicht gleichermaßen von der Qualität ihrer Produkte überzeugt sind. Offensichtlich ist es den Musikern nicht gelungen, eine für alle zufriedenstellende Form und Handhabung ihrer Produkte zu finden.*

*Die Betrachter empfinden die Präsentation als unterhaltsam und anregend. Dafür spricht das freundlich amüsierte Lächeln sowie das versonnene Spiel des Jungen mit seinen Fingern, als wolle er mitwirken und betätige stellvertretend, einen Tanz simulierend, seine Hände.*

**Auswertung:**

Die Präsentation der Arbeitsergebnisse verschafft den Teilnehmern einen Überblick über den Arbeitsprozess, sowohl was die Form der entstandenen Produkte, als auch was deren Qualität angeht. Dabei werden offenbar Gelungenes als stärkend und noch Unvollendetes und Misslungenes als verunsichernd erlebt. Ob ein Arbeitsprozess als gelungen oder misslungen erlebt

wird, hängt von der Reaktion des Publikums, vom Vergleich mit den Ergebnissen der übrigen Mitwirkenden sowie von der individuellen Selbsteinschätzung ab. Die Erfahrungen während einer Präsentation könnten in einer nachfolgenden internen Gruppenreflexion thematisiert werden, wobei dies nicht nur Abschluss des ästhetischen Prozesses wäre, sondern gleichermaßen ein Ausblick auf nachfolgendes Tun.
Für ein beobachtendes Publikum kann solch eine Präsentation zu einem Impuls für eigenes Handeln werden, vor allem dann, wenn eine systemische Nähe zur beobachtenden Gruppe vorliegt. Denn auch die Beobachter sind Grundschulkinder derselben Schule; sie haben also ähnliche Interessen und Handlungsmöglichkeiten.

## *4.4 Analyse der Expertenbefragungen*

Im Sinne einer Expertenbefragung werde ich exemplarisch Auszüge aus den Reflexionen von *Rebecca B.* und *Karin S.* (Projektleiterinnen der Kostümgruppe) analysieren. Dieses Protokoll wurde in zeitlichem Abstand zum Projekttag, d.h. nach Sichtung des fotografischen Materials und gemeinsamen Gesprächen, am 18.2.1998 angefertigt.

### 4.4.1 Aufarbeitung des Protokollauszugs

Auch dieser aufgearbeitete und kodierte Protokollauszug ist im Internet abrufbar:

www.mv-wissenschaft.com/feldforschung/protokolle.doc

### 4.4.2 Auswertung von Kodes und Memos

Ähnlich wie in Punkt 4.3.2 werde ich eine Protokollauswertung bezogen auf die ermittelten Theoreme durchführen. Diese dienen als weiteres Korrektiv zum bisherigen Forschungsstand und sollen kontrastierend verarbeitet werden. Dabei werde ich nur solche Theorieelemente anführen zu denen sich im Protokoll Bezüge finden.

**I. Ästhetische Erfahrung dient der Aneignung von Lebenswelt. Dabei kommen fächerübergreifende Gesichtspunkte zum Tragen.**

Da ästhetische Erfahrung auf die Aneignung von Lebenswelt abzielt, lassen sich ästhetische Prozesse nur bedingt vorausplanen; denn wenn man diese Art der Aneignung als Bildung versteht, so das ein selbsttätiger Prozess. Es ist jederzeit möglich, dass Kinder im Rahmen der Auseinandersetzung mit Material andere Präferenzen entwickeln; d.h. bestimmte Eigenschaften einer Sache können Kinder anders faszinieren als dies von Pädagogen geplant wurde.

„Dieser Unterrichtsgegenstand ist für die Kinder weniger attraktiv als derjenige, der räumlich parallel arbeitenden Projektgruppe." (Kodierung, Nr. 244)

Um Irritationen und Spannungen in pädagogischen Vorhaben zu minimieren ist es daher sinnvoll, Kinder bereits in die Planungsphase eines Projektes einzubeziehen.

„Die Einbeziehung der Lerngruppe in die Planungsphase kann die Effizienz des Arbeitsprozesses unterstützen." (Memo, Nr. 244)

Denn so können die artikulierten Interessen der Kinder planerisch vom Pädagogen aufgegriffen werden. Dennoch ist nicht vorhersehbar, was während eines Projektes dann tatsächlich geschieht. Diesbezüglich sollten sowohl das Setting, als auch der handelnde Pädagoge offen und flexibel ausgerichtet sein.

„Die Projektleiterinnen besitzen die Offenheit, ihre Unterrichtsplanung der veränderten sozialen Situation anzupassen." (Kodierung, Nr. 245)

Wenn diese Offenheit fehlt, kann der ästhetische Prozess stagnieren, denn die Kinder sind nicht mehr an der Auseinandersetzung mit der Sache interessiert und beschäftigen sich stattdessen mit der Lösung eines hierarchischen Machtkonfliktes.

„Starre Unterrichtsplanung, welche sich nicht an den Interessen und Fähigkeiten orientiert, verhindert einen produktiven Arbeitsprozess." (Memo, Nr. 245)

Ebenso kann es passieren, dass sich ein Kind, das an der Auseinandersetzung ihm bedeutsam erscheinenden Aspekten gehindert wird, zurückzieht und sich aus einem ästhetischen Prozess ausklinkt.

„Wenn ein Unterrichtsgegenstand nicht geeignet ist, ein Kind zu experimentellen Untersuchungen anzuregen, wirkt dies auf das Kind frustrierend. Insbesondere wenn ihm keine alternativen Handlungsmöglichkeiten zur Verfügung stehen." (Memo, Nr. 257)

**II. Die Kinder entwickeln ästhetische Handlungsstrategien, die Aspekten der künstlerischen Feldforschung zugerechnet werden können. Diese können auf die ästhetische Aneignung anderer bedeutsame Felder übertragen werden.**

Die Durchsicht des Protokolls ergab keine Hinweise auf die Übertragung gelernter ästhetischer Strategien auf andere bedeutsame Felder. Demgegenüber gibt das Protokoll Aufschluss über Handlungsweisen, die mit Strukturelementen der künstlerischen Feldforschung verwandt zu sein scheinen. Diese Beobachtungen der Handlungen der Kinder wurden nicht von den Projektleiterinnen vermittelt und eingeübt, sondern stellten sich selbständig ein.

Die Kinder sollten zunächst ihre Vorstellungen von sich als „Monster" zeichnerisch erarbeiten. Das ist eine Tätigkeit, der die Kinder intensiv nachgehen; zumindest wenn man die vielfältigen Produkte betrachtet.

„Während Daria und Skurta Waldgeister vorstellten, hatte Elena ein Müllmonster gezeichnet. Alex hatte eine Art Waldmenschen erfunden, Stefan zeigte sein Waldmonster, und Tina hatte sich als monströsen Eisbären gezeichnet. Adam hatte einen Werwolf entworfen." (Protokoll, Nr. 241)

An dieser Stelle ist der ästhetische Prozess dadurch gekennzeichnet, dass die Kinder insofern intensiv dem Feld begegnen, als sie die ausgelösten Assoziationen zeichnerisch und sprachlich mit dem Gegenstand verbinden.

„Grundlage eines ästhetischen Prozesses ist die Aktivierung persönlicher Vorstellungswelten." (Memo, Nr. 238)

Dieser Prozess ist als Identifikation mit der von den Pädagogen thematisierten Sache zu verstehen.

„Durch Identifizierung mit einem Monster visualisieren die Kinder ihre Vorstellungen." (Kodierung, Nr. 239)

Im Folgenden war eine Thematisierung der Umsetzung des Entwurfs in ein dreidimensionales Objekt geplant.

„Die Projektleiterinnen hatten geplant, die Umsetzung eines 2-dimensionalen Entwurfs in eine 3-dimensionale Skulptur zu realisieren, was eine Abstraktionsleistung erfordert." (Kodierung, Nr. 243)

Dieses Vorhaben scheiterte, denn die Kinder schienen sich mehr für die im selben Raum arbeitende Kostümgruppe zu interessieren.

„Dieser Unterrichtsgegenstand ist für die Kinder weniger attraktiv als derjenige, der räumlich parallel arbeitenden Projektgruppe." (Kodierung, Nr. 244)

Der Grund für dieses Abschweifen nach der ursprünglich vorhandenen Aufmerksamkeit liegt meines Erachtens daran, dass hier eine andere Form der Auseinandersetzung angeboten wurde, die sich vom Gegenstand der Auseinandersetzung entfernte. Die Feldbegegnung wurde zugunsten von formalen Problemen (technische Umsetzung eines Entwurfes in ein Objekt) unterbrochen. Das bedeutet, dass die Kinder die angefertigten Zeichnungen nicht als Entwürfe verstanden, sondern als Symbolisierungen ihrer Assoziationen und Interpretationen. Die formalen Überlegungen empfanden sie demnach als Bruch des ästhetischen Prozesses, und so wendeten sie sich interessanteren Geschehnissen zu.

Als die Pädagoginnen von ihrem Vorhaben abließen und den Kinder das Materialangebot überließen, kam der unterbrochene Prozess wieder in Gang.

Die Betreuerinnen waren von der erneuten Verhaltensänderung überrascht.

„Die Kinder agieren anders als die Projektleiterinnen vermuten." (Kodierung, Nr. 248)

Eine genaue Betrachtung des Geschehens erklärt aber die Änderung des Verhaltens der Kinder. Durch die Darbietung von sinnlichem Material besteht für die Kinder erneut die Möglichkeit, ihre Vorstellungen von Monstern im dreidimensionalen Bereich zu visualisieren.

„Die Kinder versuchen durch Materialexperimente ihre Konzepte und Vorstellungen von einem Monsterkostüm zu realisieren." (Kodierung, Nr. 252)

Die Aufarbeitung der Feldbegegnung wird nun fortgesetzt, und es entstehen keine weiteren Störungen mehr. Auch die Maskengruppe ist nun nicht mehr interessant.

„Nachdem die Kinder nun am Material arbeiteten, waren sie konzentriert und engagiert bei der Sache." (Protokoll, Nr. 254)

In diesem Zusammenhang wurden auch einige attraktive Materialien ästhetisch untersucht.

„Die Materialität von Gegenständen animiert Kinder zu experimentellen Untersuchungen." (Memo, Nr. 247)

Dass es hier nicht nur um Materialerkundigungen ging, wird durch die Qualität der fertiggestellten Objekte belegt.

„Es kamen sehr individuelle und kreative Kostüme zustande:" (Protokoll, Nr. 255)

Das bedeutet, dass die ästhetische Qualität des Materials in Bezug auf die Realisierung bestimmter Vorhaben geprüft wurde. Das beobachtete ästhetische Verhalten ist demnach intentional gebunden.

**III. Durch die Auswahl von Feldern, die der Lebenswelt der Kinder angehören, ergibt sich eine intrinsische Motivation für die Auseinandersetzung mit ästhetischem Material. Ebenso kann auch ein unbekanntes und irritierendes Feld einen ästhetischen Prozess initiieren.**

Ob das in der Projektgruppe bearbeitete Feld Bezüge zur Lebenswelt der Kinder aufweist, lässt sich nicht aus den Protokollnotizen entnehmen.

Das dargebotene heterogene Material (Kartons, Papprollen, Fellreste, Federn etc.) und seine unterschiedlichen Qualitäten erregte und bündelte die Aufmerksamkeit der Kinder.

„Die Kinder erkunden das Material, ohne dass Informationen über Beschaffenheit und Kompatibilität vermittet wurden." (Kodierung, Nr. 247)

In dieser Zusammenstellung war es den Kindern fremd. Die Bezüge zu einem herzustellenden Monsterkostüm mussten von den Kindern durch eigene Erfahrungen hergestellt werden. Insofern kann man annehmen, dass das dargebotene Feld unbekannt war, und der Prozess der ästhetischen Aneignung dadurch ausgelöst wurde.

„Die Materialität von Gegenständen animiert die Kinder zu experimentellen Untersuchungen" (Kodierung, Nr. 247)

Nachdem die Kinder „drauflos" gearbeiteten hatten, begannen sie an der Ausgestaltung eines bestimmten Produktes zu arbeiten. Dies bedeutete, dass sie nach einer Phase der Materialerkundung, das in der Wahrnehmung von Eigenschaften und der Deutung durch Verknüpfung mit inneren Vorstellungen und Assoziationen besteht, die Kinder das Material zielorientiert zur Realisierung eines Objektes (Monsterkostüm) verwendeten.

„Die Kinder versuchen, durch Materialexperimente ihre Konzepte und Vorstellung von einem Monsterkostüm zu realisieren." (Kodierung, Nr. 252)

### V. Kinder nutzen unterschiedliche „künstlerische" Ausdrucksformen im Rahmen der Auseinandersetzung mit dem Feld.

Zunächst wurde den Kindern das Medium der Zeichnung angeboten, um ihre Vorstellungen von einem „Monsterkostüm" zu artikulieren. Weiterhin nutzten die Kinder vor allem die Sprache, um ihre Vorstellungen mit anderen Mittel auszudrücken. Dadurch erläuterten sie nicht nur die Zeichnungen, sondern benannten auch ihre Phantasien und Utopien, die durch die Auseinandersetzung mit dem Feld ausgelöst worden waren.

„Während Daria und Skurta Waldgeister vorstellten, hatte Elena ein Müllmonster gezeichnet. Alex hatte eine Art Waldmensch erfunden, Stefan zeigte sein Waldmonster, und Tina hatte sich als monströsen Eisbären gezeichnet. Adam schließlich hatte einen Werwolf ertworfen." (Protokoll, Nr. 241)

Eine weitere Form des „künstlerischen" Ausdrucks lag in der dreidimensionalen Umsetzung der eigenen Vorstellungen. Zwar wurde auch dieses Medium von den Projektleiterinnen vorgegeben; trotzdem nutzten es die Kinder intensiv. Wie das Protokoll zeigt, ließ die Aufmerksamkeit der Kinder sofort nach, wenn sie mit bestimmten Inhalten des Projektes nichts Rechtes anzufangen wussten.

„Dieser Unterrichtsgegenstand ist für die Kinder weniger attraktiv als derjenige, der räumlich arbeitenden Projektgruppe." (Kodierung, Nr. 244)

So entdeckten die Kinder die Möglichkeiten, ihre Vorstellungen dreidimensional zu verwirklichen,

„Durch die offene Unterrichtsorganisation war Stefan in der Lage, seine Interessen zu verfolgen. Dies führte zu einer erfolgreichen Materialerkundung, welche sich in einem Produkt ausdrückte." (Kodierung, Nr. 250)

was für die Projektleiterinnen zu überzeugenden Ergebnissen führte.

„Die Projektleiterinnen sind von Stefans Produkt fasziniert." (Kodierung, Nr. 259)

## VI. Kinder entwickeln kreative Bewältigungsstrategien im Rahmen der Feldrezeption.

Die Grundbedingung für einen kreativen Prozess ist es, dass ausgehend von einem ästhetisch angeeigneten Gegenstand, dieser durch Auseinandersetzung mit subjektiven Vorstellungswelten eine neue Struktur erhält. Solch einen Prozess zu initiieren, war eine der Zielsetzungen des Kostümprojektes.

„Die Projektleiterinnen planen, dass die Kinder ihre Vorstellung von einem „Monster" in einem Kostümentwurf umsetzen." (Kodierung, Nr. 237)

Damit wurde ein Aspekt der künstlerischen Feldforschung berücksichtigt.

„Zielsetzung der künstlerischen Feldforschung ist es, die Vorstellungswelt der Kinder durch Herstellung eines ästhetischen Produktes anzuregen." (Memo, Nr. 237)

Das Vorhaben wurde dadurch realisiert, dass die Betreuerinnen die Kinder dazu aufforderten, sich selber als Monster zu zeichnen.

„Durch Identifizierung mit einem Monster visualisieren die Kinder ihre Vorstellungen." (Kodierung, Nr. 239)

Die kreative Leistung besteht darin, dass die Kinder verschiedene Vorstellungen von einem Monster in Beziehung zur Thematik des Projektes und zu ihrer Person setzen. Diese Auseinandersetzung mit den Bilderwelten und der emotionalen Disposition führte zu einem einzigartigen Produkt. (Selbstportrait als Monster)

„Die Identifizierung mit einem fremden Gegenstand kennzeichnet einen kreativen Prozess." (Memo, Nr. 239)

Dass in dieser Phase eine individuelle Auseinandersetzung im Sinne eines kreativen Prozesses stattfand, belegen die unterschiedlichen Produkte.

„Die Vorstellungen von einem Monster variieren. Unterschiedlche Motive werden präsentiert:
Fabelwesen (Waldmensch, Waldmonster, Werwolf)
Beseelung der Alltagswelt (Müllmonster)
Tiergeist (Eisbär)." (Kodierung, Nr. 241)

Ein weiteres Kennzeichen von Kreativität ist das Experiment. Im Rahmen der Produktherstellung experimentierten die Kinder mit Materialverbindungen.

„Die Kinder erkunden das Material, ohne dass Informationen über Beschaffenheit und Kompatibilität vermittelt wurden." (Kodierung, Nr. 247)

Dies geschah auf Bestreben der Kinder, die den geplanten Unterrichtsverlauf boykottierten.

„Die Materialität von Gegenständen animiert Kinder zu experimentellen Untersuchungen."(Memo, S. 247)

In diesem Zusammenhang lösten die Kinder experimentell ein technisches Problem. Dies wirkte stimulierend auf den kreativen Prozess.

„Die erfolgreiche Bewältigung einer problemhaltigen Situation regt zu weiteren kreativen Materialauseinandersetzungen an.“ (Memo, Nr. 251)

In dieser Projektphase wurde deutlich, dass sich Kreativität durchaus zielgerichtet im Sinne einer Konkretisierung von Vorstellungen entwickelt.

„Die Realisierung eines zeichnerischen Entwurfs regt zu ästhetischen Erfahrungen an. Dies ist ein kreativer Prozess.“ (Memo, Nr. 252)

Kreativitätsfördernd ist die Bereitstellung anregender und bedeutungsoffener Materialien.

„Die Materialität von Gegenständen animiert Kinder zu experimentellen Untersuchungen. Ihre Aufmerksamkeit wird durch das Material polarisiert.“ (Memo, Nr. 254)

Die Auswertung des Experten-Protokolls belegt, dass das Kostümprojekt kreative Bewältigungsstrategien ermöglichte. Dies lag weniger an der präzisen Planung , als an der Bereitstellung anregender Materialien, sowie an der Bereitschaft der Projektleiterinnen, ihre Planung zugunsten eines kreativen Prozesses zu modifizieren. Dieser wurde durch die Erwartung der Kinder ausgelöst, sich handelnd und zielgerichtet mit einem Materialfundus auseinandersetzen zu können.

## *4.5 Dokumentenanalyse*

Dokumente und Artefakte sind konstante Zeugnisse von ästhetischen Prozessen, die nur interpretativ erschließbar sind. Eine Fülle von Deutungen sind möglich. Diese beruhen auf Vorerfahrungen und Beobachtungen des zu Grunde liegenden ästhetischen Prozesses. Hinzu kommen die Zielsetzungen und theoretischen Konstrukte des Beobachters, auch wenn er sich um eine möglichst neutrale Position bemüht.

Im Zusammenhang mit meiner Auswertung des kunstpädagogischen Projekttages werde ich exemplarisch ein ästhetisches Produkt (Monsterkostüm) vor dem Hintergrund meiner teilnehmenden Beobachtung möglichst „dicht" beschreiben, d.h. ich versuche auf der Basis des Produkts den Herstellungsprozess zu rekonstruieren.

Abb.33 *„Waldmonster"*

**Beschreibung:**

Das vorliegende Kostüm besteht aus festem Krepppapier. Es wurde in der Mitte gefaltet und in der Falzung halbkreisförmig ausgeschnitten. Dadurch entsteht ein ponchoähnlicher Überwurf, der mit verschiedenen Materialien besetzt wurde. Auf der Vorderseite des Kostüms wurden zwei Pappröhren unterschiedlicher Größe mittels Klebeband befestigt. Ober- und unterhalb dieser Röhren befinden sich Äste und Rindenstücke. Befestigungsmittel ist wiederum Klebeband.

Auf der Rückseite sind ebenfalls Pappröhren befestigt, die mit farbigen Zeichen versehen sind. Links daneben ist ein Holzbündel angebracht. Diese Accessoires sind von sieben Rindenfragmenten umrahmt. Die Befestigungsart ist nicht zu identifizieren (Wahrscheinlich sind sie geklebt.).

Das zweite Element dieses Kostüms ist eine schwarze Fellmaske. Sie besteht aus einem rechteckig zugeschnittenen Fellstück und ist mit zwei Sehschlitzen ausgestattet.

**Interpretation:**

*Das ponchoartig zugeschnittene Krepppapier ist Träger einer bedeutungshaltigen Materialverbindung. Holz und Rinde sind Elemente des Waldes. Sie weisen den Träger des Kostüms als Waldmonster aus. Die Pappröhren, die teilweise mit Zeichen versehen sind, entziehen sich einer eindeutigen Sinnzuweisung. Formal harmonisieren sie mit den länglichen Ästen. Inhaltlich befinden sie sich jedoch außerhalb ihres Bedeutungszusammenhangs. Dadurch erhält das Kostüm eine mysteriöse, wenn nicht magische Qualität. Die unbestimmbaren graphischen Elemente auf den Röhren unterstreichen diesen Zusammenhang.*

*Die Fellmaske ist doppeldeutig. Zum einen stellt sie durch ihren animalischen Charakter eine Verbindung zum Wald her, zum anderen verbirgt sie die wahre Identität des Kostümträgers. Er wird dadurch Teil einer autonomen Wirklichkeit, die der Betrachter entweder als die magische Welt der Waldmonster oder als ästhetisches Formenspiel deuten kann.*

**Auswertung:**

Das Waldmonsterkostüm von Stefan ist das Produkt eines kreativen Prozesses, der auf ästhetischer Materialerfahrung beruht. Die Formgebung des ponchoartigen Materialträgers beruht auf technischen Experimenten. Vorerfahrungen befähigten Stefan, in kurzer Zeit ein benutzbares Kostüm herzustellen.

Die verwendeten Materialien sind das Ergebnis einer Analyse der im Kunstraum befindlichen Materialien. Die Projektleiterinnen hatten den Kindern lediglich verschiedene Papiere zur Auswahl gestellt. Damit begnügte sich Stefan nicht und er erforschte den Fundus des Raumes.

Er ging durchaus zielgerichtet vor. Die Vorstellung, ein Waldmonsterkostüm herzustellen, entwickelte er in einer Zeichnung, indem er sich selbst als Waldmonster darstellte. Daraufhin durchstreifte er den Kunstraum auf der Suche nach sinnstiftendem Material. Er verband vegetative und animalische Elemente in seinem Kostüms.

In diesem Zusammenhang erforschte er auch die sinnliche Qualität der Fundstücke.

Weiterhin berücksichtige Stefan auch formalästhetische Aspekte. Dies belegt die Bündelung einiger Äste sowie die Kombination von Pappröhren und länglichen Zweigen. Diese unterstreichen die Realisierung seines Konzeptes eines Waldmonsterkostüms.

### *4.6 „künstlerischen Feldforschung" in der Grundschule – Formulierung einer gegenstandsbezogenen Theorie*

Im Sinne einer „Grounded Theory" führe ich nun die Auswertungen der Protokolle, der Fotografien, der Expertenbefragungen und der Artefakte zu einer gegenstandbezogenen Theorie zusammen.

Dabei werde ich die zuvor ermittelten Theoreme unter Berücksichtigung der bisherigen Interpretationsschritte einer abschließenden Diskussion unterziehen.

**I. Ästhetische Erfahrung dient der Aneignung von Lebenswelt. Dabei kommen fächerübergreifende Gesichtspunkte zum Tragen.**

Grundbedingung für eine ästhetische Aneignung von Lebenswelt im Rahmen der Institution Grundschule ist ein fächerübergreifendes Verständnis von Unterricht. Wenn das Fach Kunst sich lediglich auf das Spiel mit den bildnerischen Mitteln beschränkt und nicht im Sinne eines ästhetischen Erziehungsprinzips in allen Fächern wirksam wird, verschenkt es sein Potential einer umfassenden Bildung. Eine kunstpädagogische Konzeption, die Aspekte der Künstlerischen Feldforschung aufgreift, berücksichtigt die fächerübergreifende Ausrichtung der Organisation kindlicher Bildungsarbeit der Grundschule.

Die Auswertung des Protokolls ergab, dass der Versuch unternommen wurde, unterschiedliche fachspezifische Inhalte (Kunst, Musik, Sprache, Sachunterricht) integrativ in den Projektgruppen zu berücksichtigen und dadurch den Kindern die Gelegenheit gegeben wurde, ihnen adäquate Erfahrungs- und Ausdrucksmittel anzuwenden. Die Auswertungen belegen, dass die Kinder die Möglichkeiten in unterschiedlicher Intensität nutzten. Doch gerade die unterschiedliche Intensität der kindlichen Aktivitäten zeigt, dass ästhetische Erfahrung weit mehr ist, als die Nutzung eines fächerübergreifenden Angebotes, das durch die Lehrkräfte geplant wurde. Es bedeutet, dass die Kinder nicht nur rational-kognitiv einen Gegenstand erfassen, sondern dass sie sich Elemente der Lebenswelt mittels ästhetischen Verhaltens aneignen. Diese Prozesse sind aber nur insofern vom Pädagogen zu steuern, als sie anregendes Material sowie mögliche damit verbundene Handhabungen anbieten. Die Auswertung des fotografischen Materials hat aber gezeigt, dass Kinder auch ganz andere Zugänge als die vom Pädagogen intendierten entdecken. So können die haptischen und materiellen Eigenschaften eines Musikinstrumentes mehr Aufmerksamkeit hervorrufen als die klanglichen Eigenschaften. Eine enggeführte Unterrichtsplanung lässt also die Komplexität ästhetischer Aneignung außer Acht. Insofern sollte eine pädagogische Konzeption, die auf ästhetische Bildung und Erziehung abzielt, nicht nur integrativ fächerübergreifend ausgerichtet sein, sondern gleichfalls die vielfältigen Dimensionen ästhetischen Verhaltens von Kindern im Blick haben. Dies bedeutet, dass das pädagogische Szenario zwar bestimmte Umgangsformen mit ästhetischem Material anbieten kann, aber gleichfalls die nötige Planungsoffenheit aufweisen muss, um den Kindern gemäß ihrer Interessen und Möglichkeiten individuelle Aneignungsformen von Lebenswelt zu ermöglichen. Im Rahmen des analysierten Projekttages fand dieser Anspruch nicht immer Beachtung. Die Analyse der Expertenbefragung ergab bei-

spielsweise, dass in einer bestimmten Phase den Projektleiterinnen die notwendige Offenheit fehlte, und dadurch der ästhetische Prozess stagnierte.
Nun möchte ich einen anderen Aspekt des pädagogischen Szenarios diskutieren. Fächerübergreifende Gesichtspunkte und die damit verbundenen ästhetischen Aktivitäten wurden nicht in jeder Projektgruppe gleichermaßen berücksichtigt. Vielmehr wurde in jeder Gruppe ein bestimmter Schwerpunkt gesetzt (musikalische Aktivitäten, Tanz und Bewegung, Basteln/Bauen und Konstruieren). Erst in der Zusammenführung der erarbeiteten Produkte in der Endpräsentation konnten sich die Kinder ein umfassendes Bild von den ästhetischen Dimensionen des bearbeiteten Feldes machen. Hier stellt sich die Frage, ob dies auch bei allen Kindern der Fall war. Die Auswertung der gemeinsamen Reflexion durch die Betrachtung der Videoaufzeichnungen (vgl. Protokoll Nr. 172-236) macht zumindest deutlich, dass die Kinder das Bedürfnis haben, sich retrospektiv die Qualität der Geschehnisse zu vergegenwärtigen.
Die Kinder zeigten Interesse an den Prozessen und Produkten der anderen Arbeitsgruppen, obwohl die Faszination, die eigene Person durch die Außensicht der Videokamera zu erleben, überaus groß war.
Aus diesen Beobachtungen folgt, dass sowohl eine Gesamtpräsentation der arbeitsteiligen Erarbeitungen stattfinden muss, als auch eine davon abgehobene Reflexion notwendig ist, um eine umfassende ästhetische Weltaneignung im Sinne eines fächerübergreifenden Unterrichts anzubahnen.
Trotzdem sollte der fächerübergreifende Bezug auch in den Teilbereichen eines Forschungsprojektes wirksam werden. Die Auswertungen bezüglich der Aktivitäten der Musikgruppe belegen, dass dieser Aspekt nur punktuell berücksichtigt wurde. Die Kinder untersuchten zwar die Funktion der von ihnen hergestellten Musikinstrumente, eine Erforschung der Materialität war a-

ber nicht intendiert. Wie bereits gezeigt, ließen sich die Kinder aber nicht davon abhalten.
Der Grund für das Defizit dieser Projektgruppe lag in der eindimensionalen Organisation des Unterrichtsgegenstandes. Die schwerpunktmäßige Ausrichtung auf die Realisierung eines Bauplans behinderte eine experimentelle Untersuchung des Materials. Auch die Materialbeschränkung erwies sich als problematisch. Die Kinder hatten keine Möglichkeit, durch Einbeziehung unterschiedlichster Fundstücke die Klangqualität ihrer Instrumente sowie deren ästhetische Qualität zu modifizieren.
Aus diesen Beobachtungen ergeben sich Konsequenzen für pädagogische Szenarien im Kontext der künstlerische Feldforschung:
Um eine ästhetische Aneignung eines Gegenstandes zu ermöglichen, ist es zweckmäßig, die Kinder in die Planung eines Projektes einzubeziehen. Darüber hinaus sollte die Unterrichtsorganisation eine offene und ungelenkte Materialerprobung ermöglichen. Strukturierungshilfen, wie etwa ein Bauplan, können den Kindern als Information zur Verfügung stehen. Dennoch ist eine experimentelle Materialerforschung grundlegend für die Konstruktion bedeutungstragender ästhetischer Produkte. Dies belegt die Arbeitsweise der Kostümgruppe.
Die Verwendung von Material sollte möglichst wenigen Beschränkungen unterliegen. Auch sollte den Kindern ein möglichst breitangelegter Materialfundus zur Verfügung stehen. Dieser kann von den Kindern jederzeit durch eigene Sammlungen bereichert werden.

**II. Die Kinder entwickeln ästhetische Handlungsstrategien, die Aspekten der künstlerischen Feldforschung zugerechnet werden können. Diese können auf die ästhetische Aneignung anderer bedeutsamer Felder übertragen werden.**

Die Auswertung der Expertenbefragung sowie des fotografischen Materials ergaben Hinweise auf kindliche ästhetische

Handlungsstrategien, die sich unabhängig vom pädagogischen Vorhaben manifestierten. Wenn man diese Strategien mit dem Instrumentarium vergleicht, mit dem Lili Fischer in der Phase der Feldbegegnung Material sammelt und künstlerisch kommentiert, so lassen sich durchaus Parallelen feststellen. Man könnte daraus den Schluss ziehen, dass ästhetisches Handelungsstrategien nicht nur durch die aktive Interaktion mit unbekanntem oder faszinierendem Material entstehen, sondern auch durch die Auseinandersetzung mit einem komplexem Phänomen der Lebenswelt, das Lili Fischer als Feld bezeichnen würde. Um solch ein facettenreiches Feld in seiner Vielschichtigkeit umfassend zu bestimmen, ist die Nutzung von unterschiedlichen ästhetischen Handlungsstrategien notwendig.

Die ästhetische Begegnung mit den „Feldphänomenen" wird begleitet von Assoziationen, die durch unterschiedliche Mittel ausgedrückt werden (z.B. Sprache, Zeichnung, Bewegung). Das Projekt hat gezeigt, dass Angebote ästhetischer Zugänge durch den Projektleiter zwar angenommen werden, diese Annahme aber gemäß der individuellen Fähigkeiten und Interessen modifiziert werden, bzw. ganz andere Aneignungs- und Ausdrucksformen von den Kindern bevorzugt werden.

Die Analyse der Protokolle und der Expertenbefragung hat ebenfalls ergeben, dass die Erkundung von Material auch im Hinblick auf die Realisierung bestimmter Vorhaben von den Kindern durchgeführt werden kann. Diese Vorhaben können den vorgegeben Intentionen des Projektes entsprechen, aber wiederum durch den Aneignungsprozess und die dadurch ausgelösten Vorstellung eine andere Ausrichtung bekommen. Im Fall der Kostümgruppe entwickelten einige Kinder tatsächlich hybride Monsterkostüme, andere aber ein bestimmtes Tierkostüm (z.B. ein Eisbär). Im letzteren Fall ging es dem Kind möglicherweise um die Identifizierung mit einer bevorzugten Tiergestalt. Dieses intentional geprägte ästhetische Verhalten taucht in der künstlerischen Feldforschung in der Phase der Aufarbeitung des „erhobenen“ Materials auf.

Nun ist zu klären, ob die Kinder die erprobten ästhetischen Strategien auf die Aneignung anderer ästhetischer Felder übertragen. Dies ist hier nur induktiv zu erschließen, da sich das vorliegende empirische Material auf ein exemplarisches Beispiel bezieht, und wegen der Überprüfung der Übertragbarkeit einzelne Kinder über einen längeren Zeitraum beobachtet werden müssten.

Um die Übertragbarkeit von ästhetischen Strategien in einem singulären Projekt zumindest anzubahnen, so zeigt das Projekt, ist die Beachtung bestimmter Voraussetzungen zweckmäßig.:

Zunächst kann es sinnvoll sein, die Kinder bereits in der Planungsphase zu beteiligen. Die Kinder können hier schon vorab ihre Interessen artikulieren und erste Möglichkeiten benennen, wie der zu bestimmende Gegenstand erschlossen werden soll. Dieses Verfahren kann dann im Unterricht erprobt und modifiziert werden. Diese notwendige Voraussetzung für einen auf die Förderung von selbstbildenden Prozessen ausgerichteten Unterricht, wurde in diesem Projekt zu wenig berücksichtigt und wirkte sich negativ auf einige ästhetische Prozesse aus. Die Kostümgruppe hatte zunächst mit dem Problem zu kämpfen, dass die Kinder das Projekt aus Sicht der Projektleiterinnen nicht als das ihre ansahen und sich stärker für das Maskenprojekt zu interessieren schienen. In Wirklichkeit, so meine Interpretation, hatten die Betreuerinnen durch die Thematisierung formaler Probleme einen anregenden ästhetischen Prozess durchbrochen, so dass die Aufmerksamkeit der Kinder abschweifte.

Durch die Offenheit der Projektleiterinnen, die Unterrichtsplanung den Aktivitäten der Kinder anzupassen, entwickelte sich ein dichter ästhetischer Prozess.

Ein weiteres Kriterium, das die Kinder dazu befähigt, sich exemplarisch eine Arbeitstechnik der Welterschließung anzueignen, ist die prinzipielle Offenheit des Lehrers gegenüber den Interessen der Lerngruppe. Nur ein geschultes Beobachtungsvermögen ermöglicht diese Offenheit. Am Beispiel von Stefan wird deutlich, wie sich ein Kind durch existentielles Interesse eine Arbeitsmethode aneignet.

Stefan hat bemerkt, dass die Projektorganisation seinen persönlichen Präferenzen Raum lässt. Seine zuvor geäußerten Vorbehalte gegen den Projektgegenstand sind möglicherweise auf negative Vorerfahrungen mit Kunstunterricht zurückzuführen. Er hatte eine Unterrichtskonzeption kennengelernt, die in einer kleinschrittigen Stufenfolge ohne Zieltransparenz homogene Produkte erarbeitet.

Die Auswertung der Fotografien hat am Beispiels Stefan gezeigt, dass Kinder den Rahmen eines geplanten kunstpädagogischen Projektes nutzen, um eigene Interessen zu verfolgen, bzw. eigene ästhetische Strategien zu entwickeln oder zu übertragen. Stefan wendet Methoden an, die er entweder bereits gelernt hat, oder es wurde ein neuartiges Verhalten initiiert, das auch in späteren Situationen zur Anwendung kommen kann.

**III. Durch die Auswahl von Feldern, die der Lebenswelt der Kinder angehören, ergibt sich eine intrinsische Motivation für die Auseinandersetzung mit ästhetischem Material. Ebenso kann auch ein unbekanntes und irritierendes Feld einen ästhetischen Prozess initiieren.**

Die Auswertung der Fotografien ergibt, dass sich eine Auswahl von Feldern, die der Lebenswelt der Kinder angehören, sich positiv auf ästhetische Aneignungsformen auswirkt. Die Kinder sind intrinsisch motiviert, ihnen bereits bekannte Phänomene näher zu untersuchen. Dabei ist zu beobachten, dass eine handelnde Aneignung bevorzugt wird. Material wird erprobt, seine Eigenschaften werden getestet und dann in körperbezogene Handlungen umgesetzt; d.h. der bearbeitete Gegenstand wird spielerisch und situativ eingesetzt. Es wird aber auch deutlich,

dass die Auswahl von Feldern, die Bezüge zur Lebenswirklichkeit von Kindern aufweisen, nur bedingt von dem Pädagogen allein vorgenommen werden kann. Denn den Lebensweltbezug stellt ein Kind in dem Moment her, in dem es aktiv handelnd mit ihm umgeht und so ein Phänomen der äußeren Welt mit bereits gemachten und nun erinnerten Erfahrungen, Vorstellungen und Emotionen verknüpft. Dies ist zum Beispiel der Fall, wenn ein Kind im Moment des Eingegipstwerdens sich als eine „schreckliche Mumie" fühlt und diese Vorstellung artikuliert. Ob also ein Lebensweltbezug vorliegt, hängt weniger von der Auswahl des Feldes ab, als von der Ermöglichung und Vermittlung ästhetischer Handlungs- und Wahrnehmungsstrategien.
Somit kann auch ein bisher unbekanntes und irritierendes Feld ästhetische Prozesse auslösen. Dem Fremden und Unbekannten können Kinder mit Angst und Flucht begegnen, oder mit Neugierde und Wissbegierde, was sie dann förmlich zur aktiven Auseinandersetzung drängt. Dadurch eignen sich die Kinder das bisher Fremde an und integrieren den Gegenstand in die persönliche Lebenswelt.
Daraus folgt, dass beide Möglichkeiten der Auswahl von Feldern (das Fremde oder das scheinbar Vertraute) durch einen Pädagogen das Potential einer ästhetischen Auseinadersetzung in sich trägt.
Wenn man bereits vertraute Felder der Lebenswelt zum Gegenstand kunstpädagogischer Auseinandersetzung bestimmen möchte, sollte folgendes beachtet werden:
Der Pädagoge sollte möglichst präzise die Lernvoraussetzungen der Kinder ermitteln. Dies wurde in der Planung dieses Projekttages versucht. Basierend auf den Hintergrundinformationen, die ich den Lehramtsstudentinnen lieferte, versuchte die Planungsgruppe vom Kinde aus zu planen. Bezogen auf die technischen Probleme gelang dies auch. In keiner Projektgruppe scheiterten die Kinder an der technischen Realisierung ihrer Konzepte.

Dennoch hatten die Kinder Schwierigkeiten, das Feld aus ihrem Erfahrungshorizont heraus zu bestimmen.
Wenn man die Kinder an der Planung beteiligt hätte, wäre es zu einer Verminderung der Fehleinschätzung der kindlichen Vorerfahrungen gekommen.

**IV. Im Rahmen eines ästhetischen Prozesses erstellen Kinder feldbezogene Materialsammlungen. Dadurch entsteht eine Übersicht über das vorliegende Material, was gleichzeitig kommentiert und interpretiert wird.**
Die Auswertung der Protokolle sowie des fotografischen Materials legt den Schluss nahe, dass Kinder während eines ästhetischen Prozesses (und besonders gegen dessen Ende) dazu neigen, feldbezogene Sammlungen zu erstellen. Mit „feldbezogen" meine ich, dass die Produkte des Feldes sowie die in der Auseinandersetzung entstandenen Produkte Gegenstand der Sammlung sind. Während der Feldbegegnung haben die Sammlungen temporären Charakter. So werden sowohl die verfügbaren Materialien und Informationen geordnet und durch eigene Bearbeitungen, die Zwischenschritte auf dem Weg zu einem zufriedenstellende Produkt sind, geordnet und verglichen. In der Präsentationsphase bekommt die Sammlung den Charakter einer Gruppenausstellung; Typen und Varianten von ähnlichen Produkten werden einem fremden Publikum vorgestellt. In dieser Phase des Projektes sind die Kinder versucht, die Ergebnisse zu bewerten, zu gewichten und sprachlich auszudeuten. Zentrales Motiv für die Herstellung von Sammlungen scheint ihre öffentliche Präsentation. Sie repräsentiert nicht nur einen ästhetischen Aneignungsprozess, sondern vor allem den Produzenten und Sammler, der sich dadurch eine Aufwertung seiner Persönlichkeit erhofft. Er verbindet sich mit einem einzigartigen Objekt, über das er verfügt und das er auch noch unter Umständen selber hergestellt hat. Er verfügt aber nicht nur

über ein Objekt, sondern demonstriert gleichzeitig die Kenntnis über ein bestimmtes Feld.

Um feldbezogene Materialsammlungen durch die Kinder zu ermöglichen, muss das Material frei zugänglich sein. Ebenso sollte ein Arbeits- oder Kunstraum so organisiert sein, dass ein möglichst großer Materialfundus einer forschenden und sammelnden Haltung der Kinder entgegenkommt.

Ein Kunstraum, der auf ästhetische Auseinandersetzung ausgerichtet ist, muss nicht nur standardisierte Materialen enthalten (Aquarellkasten, Abtönfarben, Linolwerkzeuge), sondern eine möglichst umfangreiche Sammlung der verschiedensten Materialien, die ständig vom pädagogischen Personal und der Lerngruppe erweitert werden sollte.

Weiterhin ist es sinnvoll, dass die Innenarchitektur einer Schule Freiräume schafft, um ästhetische Produkte und Sammlungen der Kinder angemessen zu präsentieren.

**V. Kinder nutzen unterschiedliche „künstlerische" Ausdrucksformen im Rahmen der Auseinandersetzung mit dem Feld.**

Unabhängig von pädagogischen Szenarien nutzen Kinder unterschiedliche Dimensionen ästhetischen Verhaltens in ästhetischen Aneignungsprozessen. Dies zeigte sich in diesem Projekt auf vielfältige Weise.

Hier ist zum Ersten der körperliche Ausdruck zu benennen, eine Form, die meistens unbewusst hervorgerufen und ebenso wahrgenommen wird. Je nach Situation und Untersuchungsgegenstand kann diese Ausdrucksmöglichkeit thematisiert und gefördert werden. Dies bedarf aber einer Unterstützung durch den begleitenden Pädagogen.

Weiterhin fällt auf, dass die meisten ästhetischen Prozesse sprachlich begleitet werden. Besonders in sozialen und kommunikativen Situationen, versuchen Kinder, ihre Erlebnisse und Erfahrungen sprachlich zu vermitteln. Dabei begleitet Sprache nicht nur ein Geschehen, sondern kann auch als eigenes Ausdrucksmittel ein ästhetisches Produkt ergänzen.

Als weiteres Moment ästhetischen Ausdrucks ist die Umsetzung von Vorstellung in dreidimensionale Objekte zu benennen. Dementsprechend sind die von Kindern hergestellten Materialverbindungen intentional entwickelte Repräsentanten der eigenen Erfahrungsmuster.

Wenn man davon ausgeht, dass Kinder generell „polyästhetische" Ausdruckmittel in ästhetischen Prozessen nutzen, ist es fast zwingend notwendig, Untersuchungen von Feldern so zu konzipieren, dass diese Formen auch zur Anwendung kommen können. Nur so können sich die Kinder selbstständig ein umfassendes „Bild" von einer bestimmten Situation machen.

Ausgehend vom Begriff *Aisthesis* (die Lehre der sinnlichen Wahrnehmung) erweiterte die Kunstpädagogik ihren Kunstbegriff auf allgemeine Wahrnehmungs-, Darstellungs- und Interpretationsprobleme der Lebenswelt.[218] Damit trug sie auch einer Begriffs- und Gegenstandserweiterung aus Sicht der Kunst Rechnung. Eine Kunstpädagogik, die Aspekte der künstlerischen Feldforschung aufgreift, integriert in diesem Sinne die unterschiedlichsten „künstlerischen" Ausdrucksformen, die in der gängigen Schulpraxis getrennten Fächern zugeordnet werden (Sachunterricht, Sprache, Musik, Kunst). Nur so wird dieses Konzept einer ästhetischen Bildung und Erziehung des Kindes gerecht.

### VI. Kinder entwickeln kreative Bewältigungsstrategien im Rahmen der Feldrezeption.

Eine Grundbedingung eines kreativen Prozesses ist es, dass ausgehend von einem ästhetisch angeeigneten Gegenstand,

[218] vgl. Staudte, Adelheid: Zwischen Kunst und Sinnlichkeit - Defizite und Perspektiven ästhetischer Erziehung in der Grundschule, in: Duderstadt, Matthias: Kunst in der Grundschule, Frankfurt a.M., 1996, S. 27 f.

dieser durch Verknüpfung mit subjektiven Vorstellungswelten eine neue Struktur erhält.

In einigen beobachteten Momenten des Projekttages tauchen solche als kreativ einzuschätzende Bewältigungsstrategien auf. Die Schwierigkeit, ein eigenes Monsterkostüm zu entwickeln, wurde dadurch gelöst, dass die Kinder sich zeichnend in ein Monster hineinversetzten. Dabei setzten die Kinder ihre eigenen Vorstellungen in Bezug zur Thematik des Projektes, wodurch ein jeweils einzigartiges Produkt entstand. Die Identifikation mit einem imaginären und dadurch zunächst fremden Gegenstand kann als kreative Leistung betrachtet werden. Auch die experimentelle Materialerprobung, aus der heraus ein abschließendes Produkt entstand, ist als kreativ zu bezeichnen.

Entscheidend ist jedoch, welche Rahmenbedingungen kreative Bewältigungsstrategien hervorrufen und begünstigen.

Hier ist zunächst die Konfrontation der Kinder mit einem scheinbar vertrauten aber doch irritierenden und anregenden Feld anzuführen. Solch eine Situation ist problemhaltig, da die Kinder noch nicht wissen, wie sie sich gegenüber der unbekannten Situation und den darin enthaltenen Gegenständen verhalten sollen. Wenn das Interesse groß genug ist, und die Kinder Unsicherheiten und auftretende Ängste, die dadurch ausgelöst werden, dass eine Situation möglicherweise nicht bewältigen zu ist, überwinden, entwickeln sich notwendigerweise kreative Lösungs- und Bewältigungsstrategien.

Weiterhin ist die Bereitstellung von anregenden und bedeutungsoffenen Materialien kreativitätsfördernd. Dies war in den Projektgruppen der Fall, in denen Materialien, die normalerweise in anderen Bedeutungszusammenhängen auftauchen (Verpackungen, Fellreste), genutzt werden sollten, um ein neuartiges Produkt wie ein Monsterkostüm herzustellen.

Ein kreativer Prozess zeichnet sich auch dadurch aus, dass nach einer Phase der Exploration und des Experiments ein neuartiges und durchgearbeitetes Produkt entsteht. Um diese abschließende Phase eines kreativen Prozesses zu unterstützen, sah der Ablauf des Projektes eine öffentliche Präsentation der Produkte vor. Dadurch sahen sich einige Kinder „genötigt“, die Experimente einem Ergebnis zuzuführen, aus dem dann ein vorzeigbares Produkt entstand, das einer öffentlichen Wertung standhalten konnte.

Um kreative Bewältigungsstrategien zu ermöglichen, sind demnach folgende Aspekte zu beachten:

Die Aufgabenstellung muss anregend und offen zugleich sein, so dass für die Kinder eine problemhaltige Situation entsteht. Dies ist aber nur der Fall, wenn der Gegenstand die Kinder berührt.

Weiterhin müssen die Kinder einen freien Zugang zu unterschiedlichen Materialien haben, mit denen sie experimentelle Problemlösungen erarbeiten können. Der Pädagoge hat in diesem Fall beratende und animierende Funktion. Er bietet Hilfe zur Selbsttätigkeit an.

Die erfolgreiche Bewältigung einer problemhaltigen Situation kann dann zu weiteren kreativen Materialauseinandersetzungen anregen.

**VII. Durch die Zusammenführung und Präsentation der „künstlerischen“ Feldforschungsergebnisse entsteht eine Übersicht über den Verlauf des ästhetischen Prozesses, der dadurch kommunikabel wird.**

Durch eine öffentliche Präsentation von Arbeitsergebnissen kommt ein ästhetischer Prozess zu einem resümierenden Abschluss. Gleichzeitig können aber auch Perspektiven für mögliche Fortsetzungen der ästhetischen Arbeit angebahnt werden, sowohl was die ästhetischen Strategien , als auch was eine weitere Ausdifferenzierung der Inhalte angeht. In diesem Sinne ist eine Präsentation immer ein Zwischenergebnis.

Dieses beschriebene Potential wird durch den kommunikativen Charakter der Veröffentlichung von Arbeitsergebnissen hervorgerufen. Produzenten und Betrachtern verschafft die Präsentation einen gebündelten Überblick über die entstandenen ästhetischen Produkte, und parallel entsteht die Möglichkeit, den zurückliegenden Entstehungsprozess imaginativ zu rekonstruieren. Gleichzeitig findet eine Bewertung der Produkte statt, was den zu Grunde liegenden ästhetischen Prozess mit einschließt. Die Einschätzung der Qualität der Projektarbeit durch die Produzenten ist von drei Faktoren abhängig.:

- der Interpretation der Reaktion der Betrachter
- dem Vergleich mit den analogen Ergebnissen anderer Produzenten
- der individuellen Selbsteinschätzung, in die die ersten Faktoren einfließen können

Die qualitative Bewertung resultiert also aus einer Interaktion zwischen Produzenten und Rezipienten, wobei die ästhetischen Produkte zwischen diesen vermittelnd eingesetzt werden. Insofern ist die öffentliche Präsentation ein kommunikativer Akt. Dieser gibt den Kindern die Möglichkeit, den ästhetischen Prozess zu reflektieren und mögliche weitergehende Auseinandersetzungen mit dem Feld zu antizipieren. Ebenso können Mängel und Leerstellen erkennbar werden. Die öffentliche Präsentation ist demnach auch eine kommunikativ-ästhetische Methode der Reflexion des eigenen Handelns, ohne dass dabei kognitiv-rationale Analyseschritte durchgeführt werden müssen.

Für die Rezipienten kann die Beobachtung der Präsentation eigenes ästhetisches Handeln initiieren. Dies ist um so wahrscheinlicher, wenn die Beobachter derselben sozialen Gruppe wie der der Produzenten angehören. Im Falle des Projekttages waren die Beobachter der  Präsentation ebenfalls Grundschulkinder; sie haben also ähnliche Interessen und Handlungsmöglichkeiten.

# 5 Die „künstlerische Feldforschung“ als kunstpädagogische Methode in der Primarstufe

Mit dem folgenden Kapitel wird die durch „Grounded Theory“ betriebene Theoriebildung insofern erweitert, als die ermittelten Theorieaspekte mit Theorien aus Pädagogik und Psychologie in Zusammenhang gebracht werden.

Dabei soll gezeigt werden, in wie weit eine kunstpädagogische Methode, die Aspekte der Künstlerischen Feldforschung im pädagogischen Kontext der Grundschule anwendet, die Bedingungen kindlicher Bildungsprozesse aufgreift und weiterführt.

Da die Kunstpädagogik, verstanden als ästhetische Erziehung, nicht nur für die Ausbildung gestalterischen und phantasievollen Umgangs mit ästhetischem Material bei Kindern zuständig ist, sondern gleichfalls ästhetisches Verhalten von Kindern im Sinne eines basalen Bildungsprozesses fokussiert und fördert, wird zunächst die ästhetische Erfahrung von Kindern als Basis kindlicher Bildungsprozesse beschrieben und analysiert. Dabei wird deutlich, dass ästhetisches Verhalten nicht allein Gegenstand des Kunstunterrichts ist, sondern als integratives Prinzip den gesamten schulisch organisierten Bildungsprozess begleiten sollte.

Daran anschließend werden Theorieaspekte der empirischen Analyse im Kontext der Kategorien kindlicher Bildungsprozesse diskutiert um aufzuzeigen, inwieweit die Methode der Künstlerischen Feldforschung geeignet ist, kindliche Bildungsprozesse zu fördern.

## *5.1 Ästhetische Erfahrung im Kontext kindlicher Bildungsprozesse*

Zu Beginn dieses Abschnittes stellt sich die Frage, ob man überhaupt von Bildung in der Phase zwischen früher und mittlerer Kindheit sprechen kann. Die diesbezügliche Fachdiskussion der Bezugswissenschaften (Entwicklungspsychologie, Pädagogik, Soziologie) deutete und beschrieb diesen Entwicklungsprozess zumeist im Sinne von Sozialisation, Enkulturation oder Lernen. [219]

Dem muss entgegengehalten werden, dass eine Verortung der Bildung in das Jugend- und Erwachsenenalter, eine reduzierte Sichtweise des Bildungsprozesses darstellt. Man würde somit annehmen, dass Bildung sich allein auf kognitiv-rationale Prozesse bezieht, also die Phase, die erst mit dem Eintritt in die höhere Schulbildung beginnt und möglicherweise bis zum Lebensende weitergeht. Diese Sichtweise steht aber im Widerspruch mit der pädagogischen Tradition des Bildungsprozesses. Aus diesem Grunde werde ich zunächst den Bildungsbegriff näher bestimmen.

### 5.1.1 Bildung als ästhetische, emotionale und reflektierende Aneignung von Wirklichkeit

Der Bildungsbegriff im Sinne einer „allgemeinen Bildung" wurde im Zeitraum von etwa 1770 bis 1830 zum zentralen Begriff und Gegenstand der deutschsprachigen Pädagogik. Diese Epoche wird in der Regel mit Spätaufklärung, philosophisch-pädagogischer Idealismus, deutscher Klassik, Neuhumanismus und Strömungen der Romantik identifiziert.[220] Der Bildungsbegriff wurde von den meisten Vertretern dieser Epoche (z.B. Lessing, Wieland, Herder, Fichte, Schelling, Humboldt, Hegel) nicht im Sinne einer pädagogischen Disziplin entfaltet und diskutiert, sondern war eingebunden in allgemeine philosophische und anthropologische Betrachtungen. Demgegenüber finden sich bildungstheoretische Überlegungen bei Kant, Pestalozzi, Herbart, Schleiermacher, Fröbel und Diesterweg in einem ausgewiesenen pädagogischen Kontext wieder. Ohne spezifische Un-

[219] vgl. Schäfer, Gerd E.: Ästhetische Erfahrung als Basis kindlicher Bildungsprozesses, in: Neuß, Norbert: Ästhetik der Kinder – Interdisziplinäre Beiträge zur ästhetischen Erfahrung von Kindern, Frankfurt a.M., 1999, S. 21

[220] vgl. Klafki, Wolfgang: Die Bedeutung der klassischen Bildungstheorien für ein zeitgemäßes Konzept allgemeiner Bildung, Zeitschrift für Pädagogik, 32 Jg., 1986, Nr.4, S. 455

terschiede der einzelnen Denkmodelle aufheben zu wollen, so lassen sich doch einige zentrale Charakteristika des „klassischen" Bildungsbegriffes hervorheben.
Als wichtigstes Element im Vollzug von Bildungsprozessen wurde die *Selbsttätigkeit* angesehen. *„Bildung wird also verstanden als Befähigung zu vernünftiger Selbstbestimmung, die die Emanzipation von Fremdbestimmung voraussetzt oder einschließt, als Befähigung zur Autonomie, zur Freiheit eigenen Denkens und eigener moralischer Entscheidungen."*[221]
Die Selbsttätigkeit wurde aber nicht subjektivistisch verstanden sondern sollte sich in Auseinandersetzung mit „Objektivationen" der bisherigen menschlichen Kultur vollziehen. D.h. das Individuum beschäftigt sich selbsttätig mit kulturellen Phänomenen der es umgebenen Gesellschaft. Bedeutsam war dabei, dass dieses Bildungsideal nicht nur für eine bestimmt gesellschaftliche Elite Gültigkeit haben sollte, sondern prinzipiell für alle Menschen. *„Im Verständnis der klassische Bildungstheorie ist Bildung insofern **allgemeine Bildung**, als sie **Bildung** für alle sein soll."*[222]Aus diesem Verständnis heraus entwickelte beispielsweise Humboldt einen Entwurf für ein allgemeines Bildungswesen, das er als gestuftes Schulsystem organisierte, und das er in den Jahren 1809/10 durch einer Reform des preußischen Schulwesens umzusetzen suchte.
Neben einem Verständnis von Bildung als „Bildung für alle Menschen", wurde sie auch als die Entfaltung *„aller menschlichen Kräfte"* (Humboldt), als umfassende Menschenbildung oder als Bildung von *„Kopf, Herz und Hand"* (Pestalozzi) verstanden. Damit wurde zum Ausdruck gebracht, dass der Mensch sich auf vielfältige Weise die ihn umgebene „natürliche" und „kulturell-gesellschaftliche" Welt aneignet.
Beeinflusst von der Dreigliederung der Theorie Kants (Kritik der praktischen Vernunft, Kritik der theoretischen Vernunft, Kritik

[221] Klafki, W.: a.a.O., 1986, S. 458
[222] Klafki, W.: a.a.O., 1986, S. 460

der Urteilskraft), wurden drei Dimensionen von Bildung entfaltet: *moralische Bildung, kognitive Bildung, ästhetische Bildung.* Diese Dimensionen sollten jedoch nicht additiv den Bildungsprozess bestimmen, sondern integrativ in pädagogischen Zusammenhängen berücksichtigt werden.

Die Ausrichtung auf eine selbstbestimmte moralische Verantwortlichkeit und Handlungsfähigkeit, spiegelt sich insofern in den Bildungstheorien in der Einschätzung wieder, als dass sich Bildung zwar individuell aber auch immer in gesellschaftlichen Zusammenhängen vollzieht und letztlich auf eine humane Gesellschaft abzielt.

Die Betonung der Bedeutung des Erkennens und Denkens für Bildungsprozesse resultierte aus der von Kant formulierten Forderung der Aufklärung: *„wage, dich deiner eigenen Vernunft bzw. deines eigenen Verstandes zu bedienen"*. Die Unterscheidung zwischen Vernunft und Verstand beinhaltet aber eine notwendige Differenzierung. Wenn durch Verstand das Instrumentarium rationaler Denkprozesse beschrieben wird, mit der Wissen und Erkenntnisse gewonnen werden, so verdeutlicht der Begriff Vernunft die Möglichkeit rational die Bedingungen verstandesmäßiger Erkenntnis zu reflektieren und ebenso die Nutzbarkeit von solchem Wissen kritisch zu beleuchten. *„(...) im Denkzusammenhang der klassischen Bildungstheorien hieß das: nach den Möglichkeiten und Grenzen instrumenteller Rationalität für eine humane menschliche Existenz* (zu fragen)."[223]

Die dritte Dimension ist die der ästhetischen Bildung. Damit wurde keineswegs nur die Auseinandersetzung mit spezifischen Kunstgegenständen (Bildende Kunst, Musik, Literatur) verstanden, sondern vor allem die ästhetischen Dimensionen von Welt in den Blick genommen. Folgende Kernbegriffe finden sich in den Reflexionen zur ästhetischen Bildung wieder: *„Bildung der »Empfindsamkeit« (i.S. der Verfeinerung des Empfindungsvermögens) gegenüber Naturphänomenen und menschlichem*

[223] Klafki, W.: a.a.O., 1986, S. 467

*Ausdruck. Entwicklung der Einbildungskraft oder Phantasie, des Geschmacks, der Genussfähigkeit und der ästhetischen Urteilskraft, Befähigung zum Spiel und zur Geselligkeit."*[224]
Wie sich die Dimensionen der klassischen Bildungstheorie im Detail entfalteten, wird im folgenden am Beispiel des Humboldtschen Bildungsbegriffs gezeigt.

Wilhelm von Humboldt (1767 – 1835) griff Ideen von Fichte, Schelling und Schleiermacher auf, um sie zur Theorie einer humanistischen Allgemeinbildung zusammenzuführen, die er, wie bereits erwähnt, auch als Bildungspolitiker zu verwirklichen suchte.
*„Bildung sei die Anregung aller Kräfte eines Menschen, damit diese sich über die Aneignung der Welt in wechselseitiger Ver- und Beschränkung harmonisch-proportionierlich entfalten und zu einer sich selbst bestimmenden Individualität oder Persönlichkeit führen, die in ihrer Individualität und Einzigartigkeit die Menschheit bereichere."*[225]
Durch diese Definition macht Humboldt einige grundlegende Aussagen über den Bildungsbegriff. Zunächst spricht er von *Anregung von menschlichen Kräften* und schließt dadurch pädagogische Eingriffe und Übertragungen aus. Im Weiteren legt er dar, dass diese Kräfte bereits im Menschen angelegt sind, sie aber zur *Entfaltung* gebracht werden müssen. Das Wesen des Bildungsprozesses bestimmt er als *Aneignung von Welt*, womit er die *Anverwandlung* einer noch fremden Umwelt in einem aktiven Vorgang meint. Dann werden Merkmale dieses Aneignungsprozesses bestimmt. Dieser geschieht in wechselseitiger *Ver- und Beschränkung*; d.h. die Welt wird umgestaltet, und dies geschieht nach einem sich entwickelnden Regelwerk. *Harmonie und Proportionierlichkeit* meint, dass der Aneignungsprozess Konflikte zu vermeiden sucht, und ein Ausgleich

[224] Klafki, W.: a.a.O., 1986, S. 469
[225] zitiert nach: Hentig, Hartmut von: Bildung, München/Wien, 1996, S. 38

zwischen sinnlichen und sittlichen, zwischen intellektuellen und spirituellen Ansprüchen des Menschen stattfindet.[226] Abschließend beschreibt Humboldt auch das Ziel von Bildung; nämlich die *sich selbst bestimmende Individualität* des Menschen, wodurch wiederum *die gesamte Menschheit bereichert wird.* Bildungsprozesse zielen demnach nicht nur auf das Einzelindividuum ab, sondern vollziehen sich in sozialer Interaktion.

Im Rahmen dieser Theorie sticht ein entscheidendes Merkmale hervor. Bildung ist ein selbsttätiger Prozess und hat das Sichbilden von Persönlichkeit zum Ziel. Dies geschieht in der Auseinandersetzung mit der den Menschen umgebenden personalen und dinglichen Welt. An anderer Stelle macht Humboldt auch Aussagen zum Verhältnis von sinnlichen und rationalen Aneignungsformen von Welt.

*„Der gebildete Mensch hat ein Weltverständnis, das darin besteht, dass er die Gehalte und Dimensionen der auf ihn eindringenden Welt weder einfach registriert, noch sie lediglich unter dem Gesichtspunkt ihres Nutzen betrachtet, sondern, dass er sich geistig mit ihnen auseinandersetzt, sie sich innerlich zu eigen macht, dass er sie geistig zu bewältigen und zu durchdringen sucht."*[227]

Weltaneignung besteht also nicht nur im bloßen Wahrnehmen oder im rationalen zweckorientierten Analysieren, sondern im Zusammenspiel von ästhetischen, emotionalen und reflektierenden Aneignungsformen. Gleichzeitig macht Humboldt deutlich, dass eine geistige Bewältigung und Durchdringung von Welt nur durch innerliche Aneignung der äußeren Erscheinungen stattfinden kann. Damit ist gemeint, dass der Mensch die wahrgenommene Welt gleichsam innerlich konstruiert, sie mit bereits vorhandenen Deutungsmustern bewertet und dadurch sein Bild von *Selbst* und *Welt* weiterentwickelt.

---

[226] Hentig, Hartmut von, a.a.O., 1996, S. 39

[227] Humboldt, Wilhelm von: Königsberger Schulplan, in: Flitner, Andreas / Giel, Klaus (Hrsg.): Wilhelm von Humboldt: Werke in 5 Bänden, Darmstadt, 1960 - 64

Auch wenn Humboldt seine theoretischen Bestimmungen in der Praxis nicht umsetzen konnte, und man seine Ideen aus dem Kontext einer vergangenen Epoche interpretieren muss, so haben sie dennoch das pädagogische Verständnis von Bildung bis in die heutige Zeit nachhaltig geprägt. Geblieben ist die Vorstellung von einem Bildungsprozess, der zum einen auf Selbsttätigkeit beruht und zum anderen logisch-rationales Denken mit ästhetischen und emotionalen Aneignungsprozessen verzahnt. Das Prinzip der Bildsamkeit lässt sich bereits mit der Geburt nachweisen und durchzieht das gesamte Leben eines Menschen.[228]

### 5.1.2 Ästhetische und kognitiv-rationale Aneignungsformen von Wirklichkeit

Auf der Grundlage des klassischen Bildungsbegriffes kann man also sehr wohl den Beginn des Bildungsprozesses bereits an der frühesten Kindheit festmachen. Da die rational-kognitive Denkentwicklung sich erst im Laufe der mittleren Kindheit und Jugend vollzieht, sollte in der Arbeit mit Kindern im Grundschulalter ein besonderes Augenmerk auf ästhetische Denk- und Bildungsprozesse gelegt werden.

Im Rahmen des menschlichen Bildungsprozesses lassen sich zwei Denkformen unterscheiden:[229]

1. *Ästhetisches Denken*: Grundlage jeglicher Erfahrung, die von der eigenen Wahrnehmung ausgeht. Dabei vollzieht sich eine Verarbeitung des Wahrgenommenen, so dass man dann von ästhetischer Erfahrung sprechen kann. Diese Form des Denkens durchzieht das gesamte menschliche Leben, denn sie tritt immer dort in Kraft, wo der Mensch eigenständig Wirklichkeit

[228] vgl. Benner, Dietrich: Das Prinzip der Bildsamkeit als Bestimmtsein des Menschen zu produktiver Freiheit, Geschichtlichkeit und Sprache, in: Allgemeine Pädagogik – Eine systemgeschichtliche Einführung in die Grundstruktur pädagogischen Denkens und Handelns, Weinheim/München, 1987, S. 56 ff.

[229] vgl. Schäfer, G. E, a.a.O., 1999, S.22

wahrnimmt und individuell verarbeitet. Ästhetisches Denken wird im Laufe eines Lebens kontinuierlich weiterdifferenziert.
2. *Kognitiv-rationales Denken*: Dies impliziert die Aufnahme und Weiterführung von bereits Vorgedachtem, das ein gewisses Maß an Abstraktionsfähigkeit notwendig macht. Dabei muss der Mensch nicht auf die eigene Wahrnehmungsgeschichte zurückgreifen.

Im Kontext der schulisch organisierten Bildungsprozesse lässt sich aber eine einseitige Präferenz der zweiten Denkform feststellen, was bereits in der zweiten Phase der Grundschularbeit (3. – 4. Schuljahr) überhand zu nehmen scheint, wobei dies oftmals aufgrund des institutionellen Drucks geschieht (vgl. PISA-Studie). Dabei ist zunächst zu bedenken, dass die beiden Denkformen sich ergänzend entwickeln und ästhetische Erfahrung über die bloße Anschauung der Wirklichkeit, im Sinne von Denken und Verarbeitung, weit hinausgeht.

Wenn man die beiden Denkformen des kindlichen Bildungsprozesses als Aneignung von Wirklichkeit versteht, dann lassen sich diesen zwei unterschiedliche Formen von Lernprozessen zuordnen.[230] Dabei möchte ich aber hinzufügen, dass Bilden und Lernen zwei aufeinander bezogene Begriffe sind, deren Unterscheidung nicht immer möglich ist. Im Rahmen dieser Untersuchung verstehe ich Lernen als Teil des Bildungsprozesses.
1. *Erfahrungslernen*: Dies meint die selbsttätige Auseinandersetzung mit der Wirklichkeit. Erfahrungsfortschritte und Lernzuwächse werden nicht linear erzielt. Der Lernprozess ist gekennzeichnet durch Umwege, Aufenthalte und Rückschritte in einer offenen Lernsituation. Dabei wird Erfahrungslernen durch irritierende, faszinierende und wiederständige Momente von Wirklichkeit initiiert. Die Einsichten sind nicht vorstrukturiert, sondern ergeben sich durch Erkunden, Erproben, Gestalten, Versprach-

[230] vgl. Duncker, Ludwig: Begriff und Struktur ästhetischer Erfahrung, in: Neuß, Norbert: Ästhetik der Kinder – Interdisziplinäre Beiträge zur ästhetischen Erfahrung von Kindern, Frankfurt a.M., 1999, S. 10

lichung und ästhetisches Denken. Erfahrungslernen erfordert eine persönliche Offenheit der Wirklichkeit gegenüber und ein ästhetisches Vermögen, das entwickelt und differenziert werden muss. Im Erfahrungslernen werden Kinder als Subjekte ihres Bildungsprozesses angesprochen.

2. *Methodisch-systematisches Lernen*: Lehrende wählen den Lernstoff aus und strukturieren ebenfalls die Aneignung des Materials. Die angestrebten Lernzuwächse sollen durch linear und kleinschrittig organisiertes Lernen erzielt werden. Die Begegnung mit der Wirklichkeit geschieht planvoll und ist ergebnisorientiert. Die daraus abgeleiteten Einsichten liegen bereits als abrufbares Wissen vor. Methodisch-systematisches Lernen fordert und fördert kognitiv-rationales Denken, wobei die Fähigkeit zur Abstraktion notwendig ist.

Wiederum muss festgestellt werden, dass beide Lernformen sich gegenseitig ergänzen können, wobei in schulischen Bildungsprozessen die zweite Form dominiert. Dabei ist aber zu bedenken, dass methodisch-systematisches Lernen nur dann möglich ist, wenn bereits selbsttätig erworbene Erfahrungen von Wirklichkeit vorliegen. Eine Abstraktion von Erscheinungen der Wirklichkeit kann nur dann erfolgen, wenn spezifische Erfahrungen vorliegen. Weiterhin ist unbedingt darauf zu verweisen, dass Erfahrungslernen, das vor allem die frühe Kindheit prägt, sowohl mit Denken zusammenhängt, als auch Teil des Bildungsprozesses ist.

*„Das Kind ist in ungleich höherem Maße sein eigener Lehrmeister, als es später der Schüler sein wird – und vieles davon ist nicht nur Entdeckung und Üben von Fähigkeiten, sondern deren eigentümliche Gestaltung, die »sich bilden« genannt zu werden sehr wohl verdient: in der Sprache, in der Aufmerksamkeit für andere Menschen, im Spiel der Einbildungskraft, in der*

*Empfänglichkeit für Musik, für die Schönheit der Dinge, für die Rätsel und Wunder der Natur.“*[231]

### 5.1.3 Ästhetische Erfahrung als Erfahrungslernen

Im Folgenden werde ich das Erfahrungslernen, das ein ästhetisches Lernen ist, näher beleuchten und zu zeigen versuche, dass ästhetische Erfahrung gleichbedeutend mit kindlichen Bildungs- und Lernprozessen ist.

#### *5.1.3.1 Die Aisthesis als Bezugssystem der ästhetischen Erfahrung*

In den letzten Jahren wurde der Begriff *Ästhetik* in seinem ursprünglichen Sinnzusammenhang (*Aisthesis*) benutzt.[232] Deshalb werde ich zunächst die ursprüngliche Bedeutung von Aisthesis beschreiben.

*„Aus ihrer altgriechischen Bedeutungsgeschichte ist ästhetisch alles, was unsere Sinne beschäftigt, in uns Empfindungen und Gefühle entstehen lässt und auf solchen Wegen unser Bewusstsein prägt. Zugleich sind alle Eindrücke, Empfindungen, Wirksamkeiten ästhetische darin, dass Bewusstsein sie menschlicher Geschichte verbindet. Bewusstsein ist dabei selbstverständlich im weitesten Sinne seelische Beteiligung, nicht als <bewusste> Kontrolle zu verstehen. So wurzelt das Ästhetische in der sich bewegenden und erlebten Einheit des Lebens und weist auf den Anspruch, sie ebenso bewegt und vereinigend auf alle Stufen der geschichtlichen Weltentwürfe wiederzufinden.“*[233]

Hier wird deutlich, dass der philosophische Aisthesis - Begriff bereits alle Komponenten enthält, die die ästhetische Erfahrung beschreiben können. Ästhetik basiert auf der durch die Sinne wahrgenommenen äußeren Wirklichkeit. Wahrnehmung ist a-

---

[231] Hentig, Hartmut von, a.a.O., 1996, S. 37

[232] vgl. Welsch, Wolfgang: Zur Aktualität ästhetischen Denkens, in: Kunstforum, Bd. 100, 1989, S. 135 - 149

[233] Lippe, Rudolf zur: Sinnenbewusstsein – Grundlegung einer anthropologischen Ästhetik, Reinbek bei Hamburg , 1987, S. 17

ber nur dadurch möglich, dass wir diese an die menschliche Wahrnehmungsgeschichte (subjektiv- oder intersubjektiv) anknüpfen. Dies ist bereits ein Bewusstseinsprozess, der sich darin ausdrückt, dass die wahrgenommenen Informationen zu einem Gesamtbild verdichtet werden. Dabei werden unterschiedliche Wahrnehmungsinhalte mit erinnerten verbunden, wobei diese durch emotionale Konnotationen angereichert werden. In diesem Sinne kann man davon sprechen, dass die wahrgenommene äußere Welt mit einer daraus abgeleiteten inneren korrespondiert, wobei diese kein identisches Abbild der äußeren Welt ist.

Wenn von wahrgenommener Wirklichkeit gesprochen wird, so sind alle Erscheinungsformen gemeint, die das Subjekt sensuell infizieren. Damit sind nicht nur Schönes und Faszinierendes gemeint, sondern auch Hässliches, Grausames und Langweiliges. Diese Bedeutungszuweisungen sind allerdings wieder abhängig von der persönlichen Wahrnehmungsgeschichte.

*„Ästhetik ist aber auch keine ursprüngliche Begabung, weder im Sinne eines angeborenen noch im Sinne eines unverlierbaren, inneren Zentrums auf das man sich zeitweise zurückziehen kann."*[234]

Dies bedeutet, dass ästhetische Erfahrung mit einem ästhetischen Vermögen verbunden ist, dessen Vorraussetzungen zwar durch die Sinnesorgane vorliegen, das aber einer kontinuierlichen Entwicklung und Ausdifferenzierung bedarf.[235]

Um die Aisthesis genauer zu fassen, bietet sich eine differenzierte Untergliederung in drei aufeinanderbezogene Teilbereiche an. Dabei beziehe ich mich auf neuere Untersuchungen von Gerd E. Schäfer, der ästhetische Erfahrung in Hinblick auf

[234] Schäfer, Gerd E.: Bildungsprozesse im Kindesalter – Selbstbildung, Erfahrung und Lernen in der frühen Kindheit, Weinheim / München, 2001, S. 238

[235] vgl. Kirchner, Constanze: Kinder im Dialog mit Bildender Kunst, in: Neuß, Norbert: Ästhetik der Kinder – Interdisziplinäre Beiträge zur ästhetischen Erfahrung von Kindern, Frankfurt a.M., 1999, S. 305

frühkindliche Bildungsprozesse analysiert und diskutiert.[236] Da dieses Modell Selbstbildung, Erfahrung **und** Lernen von Kindern fokussiert, erscheint es mir bezogen auf das Untersuchungsfeld dieser Arbeit (ästhetisches Lernen von Kindern im Kontext der Institution Grundschule) eine angemessene Theoriegrundlage zu sein. Leerstellen der Analyse von Schäfer werden unter Berücksichtigung anderer Modelle zur ästhetischen Erfahrung aufgezeigt und ergänzt.
Schäfer untergliedert die Aisthesis in folgende Bereiche:

1. *sinnliche Wahrnehmung*: Dies beschreibt die Vielfältigkeit der Wahrnehmungskanäle, die die Einflüsse der äußeren Wirklichkeit registrieren können.
2. *ästhetische Wahrnehmung*: Sinnliche Reize werden durch komplexe Wahrnehmungsverarbeitung verdichtet.
3. *ästhetische Erfahrung*: Das ästhetisch Wahrgenommene wird in die subjektive Wahrnehmungsgeschichte integriert und kann als Erfahrung artikuliert werden.

Nun werde ich die Strukturelemente der Aisthesis einer näheren Untersuchung unterziehen.

#### *5.1.3.2 Sinnliche Wahrnehmung*

Ausgangspunkt einer ästhetischen Erfahrung sind Sinneseindrücke, wobei nicht jede sinnliche Wahrnehmung eine Erfahrung nach sich zieht. Entscheidend ist hierbei das Moment der Überraschung; ein Element das in Schäfers Modell vernachlässigt wird.[237] Das bedeutet, das die gewohnte Wahrnehmung von Weltphänomenen gestört werden muss, um so einen ästhetischen Erfahrungsprozess auszulösen. *„Es muss also etwas sein, was nicht in der Kontinuität alltäglicher Wahrnehmungen*

[236] vgl. Schäfer, G. E, a.a.O. , 2001, S. 239
[237] vgl. Bollnow, Friedrich Otto: Philosophie der Erkenntnis, Stuttgart, 1970

*liegt und aufgrund seiner Überraschungsqualität die Sinne in besonderer Weise zu affizieren vermag."*[238]

Die sinnliche Wahrnehmung als Grundvoraussetzung der Aisthesis untergliedert sich nach Schäfer wiederum in drei Formen der Wahrnehmung, die ich nachfolgend beschreiben werde.

1. *Wahrnehmung über die Fernsinne (Augen, Ohren, Nase):*

Neueste Ergebnisse der Kognitionswissenschaften (wie die Neurobiologie) zeigen, dass sich bereits die Stufe der Wahrnehmung durch die Fernsinne im Sinne eines Konstruktionsprozesses vollzieht. Die wahrgenommenen Daten werden in Teilinformationen zerlegt und in den verschiedenen Zentren des zentralen Nervensystems simultan verarbeitet, die dann zu einem Gesamtbild integriert werden. Diese kontinuierliche Parallelverarbeitung bedarf einer ständigen Integration der getrennt ablaufenden Teilverarbeitungsprozesse über ein Netzwerk von Rückkoppelungsprozessen. Dabei ist es wichtig, dass nur das registriert werden kann, wofür bereits Interpretationsmuster der Wahrnehmungen zur Verfügung stehen. Die Entwicklung von Interpretationsmustern ist als Lernprozess zu verstehen. Das Wahrgenommene spiegelt also die Wirklichkeit nicht wieder, sondern konstruiert immanente Wirklichkeitsmuster mittels der neuronalen Reaktionen in Kombination mit der im Gedächtnis gespeicherten Erinnerungen. Alle an der Wahrnehmung beteiligten Sinne (Sehen, Hören, Riechen, Tasten, leibliche Wahrnehmung) und Emotionen wirken zusammen, wobei Lücken eines Wahrnehmungsbereiches durch einen anderen ergänzt werden können.

*„Je vielfältiger etwas wahrgenommen wird, desto informativer ist das Wahrnehmungsbild."*[239]

---

[238] Duncker, L., a.a.O., 1999, S.11

[239] Schäfer, G. E., a.a.O., 2001, S. 240

2. *Innenwahrnehmung des Körpers*:
Die Innenwahrnehmung des Körpers verarbeitet neben den organischen Prozessen und Befindlichkeiten auch Einflüsse der äußeren Wirklichkeit. Somit kann der Mensch indirekt Informationen über das ihn Umgebende ermitteln und zwar indem Sinne, dass sich die äußeren Wirkungen körperlich manifestieren. Faktoren der Innenwahrnehmung des Körpers sind: Raumlage, Gleichgewichtssinn, Körperspannung sowie Wohl- und Missbehagen.
3. *Emotionale Wahrnehmung*:
Es handelt sich um die Wahrnehmung von Beziehungsebenen, die sich zwischen der personalen und der dinglichen Wirklichkeit und dem Menschen entwickeln, wobei die Beziehungen eine qualitative Bewertung erfahren. Durch emotionale Beziehungskonnotationen wie Sympathie oder Antipathie wird das Individuum erst befähigt, mit der Umwelt zu interagieren
Diese drei Wahrnehmungsweisen lassen sich wie folgt zusammenhängend beschreiben.
*„Die Fernsinne interpretieren die Wirklichkeit als Wirklichkeit außerhalb des Selbst. Die Wahrnehmungen über den Körper – coenästhetische Wahrnehmung – registriert die Wirkungen, die eine Wirklichkeit auf unseren Körper ausüben. Die Realität des Wahrgenommenen bleibt dabei relativ unklar. Im Vordergrund steht die Antwort des Körpers. Die emotionale Wahrnehmung schließlich richtet sich auf ein Dazwischensein, auf die Beziehungen zwischen einem Subjekt und einem wahrgenommenen anderen.“*[240]
Festzuhalten bleibt, dass die sinnliche Wahrnehmung des Menschen ein komplexer Prozess der Verarbeitung von Reizen der äußeren Wirklichkeit ist. Aus den mit einander in Beziehung gesetzten Wahrnehmungen konstruiert der Mensch ein facettenreiches Bild der Wirklichkeit. Dabei muss erwähnt werden, dass der Konstruktionsprozess von Offenheit geprägt ist, d.h. die In-

[240] Schäfer, G. E., a.a.O. , 2001, S. 240

terpretationsmuster der wahrgenommenen Reize können durch das Registrieren von neuen Reizen, die mit bekannten kontrastiert werden, modifiziert werden. Gerade Kinder, die noch ständig mit neuen Wirklichkeiten konfrontiert werden, verfügen diesbezüglich über ein großes Maß an Offenheit.

#### *5.1.3.3 Ästhetische Wahrnehmung*

Der Bezug zwischen sinnlicher und ästhetischer Wahrnehmung besteht darin, dass die komplexen sinnlichen Wahrnehmungen in einem Gesamtzusammenhang verbunden und interpretiert werden. Ästhetische Wahrnehmung ist also die Wahrnehmung von komplexen Zusammenhängen, die man auch als ästhetische Muster bezeichnen kann. Während die sinnliche Wahrnehmung sich vor allem auf die Registrierung von Details konzentriert, bedeutet die ästhetische Wahrnehmung gerade die Vernachlässigung von Einzelheiten zugunsten von Zusammenhängen. Dazu bedarf es gleichsam eines „Blickes" auf die Welt mit zusammengekniffenen Augen. Ähnlich wie im Blick eines impressionistischen Malers, wird die Wirklichkeit gerade durch die Richtungslosigkeit von Aufmerksamkeit in Zusammenhängen und Mustern aufgenommen.

*„Ich vermute, dass diese unaufmerksame Aufmerksamkeit der Kern der ästhetischen Wahrnehmung und damit der Ausgangspunkt für ästhetische Erfahrung ist."*[241]

Gerd E. Schäfer versucht, die ästhetische Wahrnehmung durch sechs mit einander verbundenen Kernaussagen, die ich hier kurz wiedergeben möchte, zusammenfassen.

1. Ästhetische Wahrnehmung nutzt alle unterschiedlichen Formen der sinnlichen Wahrnehmung aus.
2. Im Wahrnehmungsprozess werden nicht nur Details der Wirklichkeit wahrgenommen, sondern auch die Kontexte in denen das Wahrgenommene steht. Damit sind sowohl der Kontext des Gegenstandes, die körperliche Wirkung,

---

[241] Schäfer, G. E., a.a.O. , 2001, S. 241

die vom Gegenstand auf den Wahrnehmenden ausgeht, als auch die Kontexte der individuellen Wahrnehmungsgeschichte gemeint.

3. Durch die Wahrnehmungen von spezifischen Kontexten erhält die Wahrnehmung einen einmaligen Charakter. Während der fokussierte Blick das Allgemeine eines Gegenstandes herausdestilliert bzw. konstruiert, nimmt die ästhetische Wahrnehmung das Besondere des Wahrgenommenen durch die spezifische Kontextualisierung wahr.
4. Ästhetische Wahrnehmung berücksichtigt innerpsychische Kontexte, mit denen jede Wahrnehmung verknüpft ist. Dabei kann man von einer Form des Denkens sprechen, die sich vom Denken des sachstrukturellen Bezuges eines Gegenstandes unterscheidet, indem es den subjektiven Horizont einer Wahrnehmung einbezieht und erweitert. Es handelt sich also um eine Verbindung zwischen rationalem Denken und dem imaginierenden und phantastischen Denken. Ästhetische Wahrnehmung vermittelt also zwischen den Gegenständen der Wirklichkeit und der innerpsychischen Disposition des Individuums.
5. Ästhetische Wahrnehmung registriert einen Gegenstand simultan in vielen Dimensionen und aus vielen Perspektiven. Dabei wird dieser in Form von Strukturen und Mustern wahrgenommen und durch die Identifizierung durch Erinnerungen, bzw. durch deren Neubildung auch gedacht.
6. Die Muster von Wirklichkeitsmomenten teilen sich dem Wahrnehmenden mit, indem sie Resonanzen erzeugen. Diese werden nicht komplett bewusst wahrgenommen, denn durch die Resonanz wird das Gesamtmuster übermittelt, ohne Rücksicht auf bewusste oder unbewusste Details. Dadurch überbrückt ästhetische Wahrnehmung

die Kluft zwischen Bewusstem und Unbewusstem und ermöglicht eine unbewusste Wahrnehmung.

Durch die ästhetische Wahrnehmung findet eine Wahrnehmung von Wirklichkeitsmustern statt. Diese werden wahrgenommen durch einfühlenden Nachvollzug mit den Mitteln des Leibes und der Imagination Teil einer inneren Wirklichkeit des Individuums. In diesem Sinne findet eine Verdoppelung von Wirklichkeit in der Form eines Entwurfes statt. Wichtigstes Moment der ästhetischen Wahrnehmung ist die unaufmerksame Aufmerksamkeit.

#### *5.1.3.4 Ästhetische Erfahrung*

Von ästhetischer Erfahrung kann man sprechen, wenn der komplexe Prozess ästhetischer Wahrnehmung, basierend auf den sinnlichen Wahrnehmungen, in den Kontext der Entwicklungsgeschichte eines Individuums integriert wird. Gerd E. Schäfer stellt sechs Charakteristika von ästhetischer Erfahrung heraus, die ich hier wiedergeben und kommentieren möchte.[242]

*1. Erfahrung ist breit angelegt.*

Erfahrung ist nur als solche erlebbar, wenn sie vor einem Hintergrund entsteht und sich von diesem abhebt. Dieser Hintergrund ist als ein breit gefächertes Netz von Beziehungen zu Gegenständen und Handlungen zu verstehen, mit dem sich eine Person durch Integration oder Abgrenzung verbindet. Die Erfahrung wird dann in bereits vorhandene Bewusstseins- und Erkenntnismuster eingebunden, wobei diese entweder bestätigt oder durch den neuen Erfahrungshorizont kontrastiert, bzw. modifiziert wird. An diesem Integrationsvorgang sind beide Denkformen (rational-kognitiv und ästhetisch) beteiligt.

*2. Erfahrung hat Tiefe.*

Erfahrung ist nicht nur auf den Moment spontaner und momentaner Aufmerksamkeit gerichtet, sondern bezieht den gesamten Bereich menschlicher Erlebnisse und Handlungsformen mit ein. Emotionalität, Sinnlichkeit und Ästhetik durchdringen die Erfah-

[242] Schäfer, G. E., a.a.O. , 2001, S. 243 f.

rung ebenso wie bewusste Denkprozesse. Auch wenn Erfahrungen allgemein kommunikabel sind, so sind sie dennoch einzigartig, wie die Entwicklungs- und Erfahrungsgeschichte des Individuums, das die Erfahrung macht.

*3. Erfahrung hat eine Zeitgestalt.*

Erfahrung ist in die Kontexte der persönlichen Entwicklungsgeschichte eingebunden und bezieht sich insofern auf Vergangenes, das als immanentes Muster auf die gegenwärtige Erfahrung trifft und diese strukturiert. Dadurch werden die Muster bestätigt oder modifiziert, wodurch auch zukünftige Erfahrungen beeinflusst werden.

*4. Erfahrung hat eine Verlaufsgestalt.*

Erfahrung hat nicht nur eine zeitliche Dimension, sie ist auch als ein Prozess in der Zeit zu verstehen. Der Prozess führt zwar auch zu Ergebnissen im Sinne von Erfahrungsmustern, diese sind jedoch nicht endgültig festgelegt, sondern können durch weitere Erfahrungsprozesse verändert werden.

*5. Erfahrung ist ein dynamisches Muster.*

Erfahrung verdichtet sich zu einem Muster, in dem Erkenntnis, Sinnlichkeit und Emotionalität zusammenwirken. Dynamisch meint hier, dass das Muster kontinuierlich weiterentwickelt werden kann, und die Muster bildenden Komponenten jeweils in unterschiedlicher Gewichtung auftreten.

*6. Ästhetische Erfahrung lässt sich nicht scharf von der intellektuellen trennen.*

Erfahrung ist vor allem ästhetisch geprägt. Sie verbindet analysierendes Wahrnehmen und Denken mit der Wahrnehmung und Verarbeitung von als Muster erlebten Momenten der äußeren Wirklichkeit. Ästhetische Erfahrung besteht also aus einer Verknüpfung von gerichteter und ungerichteter Aufmerksamkeit mit kognitiv-rationalem und ästhetischem Denken.

### *5.1.3.5 Verlaufsstruktur der ästhetische Erfahrung*

Nachdem ich zuvor die Strukturelemente der ästhetischen Erfahrung im Detail dargestellt habe, gilt es nun darzustellen, wie sich diese im Sinne des Erfahrungslernens konkret vollzieht.
Wie bereits erläutert, entwickelt sich ästhetische Erfahrung auf der Basis von Sinneseindrücken. Um von Erfahrung zu sprechen, müssen jedoch bestimmte Voraussetzungen gegeben sein.[243] Das Individuum muss einen Moment der äußeren Wirklichkeit (eine Handlung, eine Person, einen Gegenstand) als unerwartet und widerständig erfahren. Dabei werden geläufige Erfahrungen durchkreuzt, so dass es zu einer Korrektur der bisherigen Annahmen über die Wirklichkeit kommen kann. Ludwig Duncker spricht in diesem Zusammenhang von der strukturellen Negativität von Erfahrung. Er meint damit, dass etwas anders erfahren wird als es bisher angenommen wurde.
Ästhetische Erfahrung beginnt also mit der ästhetischen Wahrnehmung auf der Basis von Sinneseindrücken. Diese werden als Signal gewertet innezuhalten, und die Irritation der bisherigen Erfahrungsgeschichte, die als etwas Neues erlebt wird, zu verarbeiten und zu reflektieren. Diese Reflexion kann bewusst oder unbewusst erfolgen. Die Wahrnehmung von irritierenden Phänomenen kann auch als Staunen oder Überraschung beschrieben werden, wobei sich die Erwartung anbahnt, etwas Interessantes zu erleben. Insofern kann ästhetische Erfahrung mit Freude und Genuss verbunden sein. Dieses Strukturelement der ästhetischen Erfahrung wird in der Analyse von Gerd E. Schäfer nur am Rande behandelt.
Nach Hans Robert Jauß ist Kategorie des Genießens signifikant für eine ästhetische Erfahrung.[244] Dies bezieht sich auf das Moment der Überraschung durch ungewohnte Sinneseindrücke, auf die lustvolle und spielerische Interaktion mit dem Ge-

[243] vgl. Duncker, L., a.a.O., 1999, S. 11
[244] vgl. Jauß, Hans Robert: Ästhetische Erfahrung und literarische Hermeneutik, Frankfurt a.M., 1991

genstand, bis hin zur zufriedenstellenden Vergegenwärtigung der abgeschlossenen Erfahrung im Sinne eines Erkenntnisgewinns. Damit knüpft Jauß an Vorstellungen von John Dewey an, der ebenfalls Genuss und Freude als bestimmendes Merkmal einer ästhetischen Erfahrung einstufte (vgl. Kap. 2.1.1). Dewey beleuchtet aber nicht nur das Lustempfinden im Wahrnehmungsakt, sondern hebt auch hervor, dass sich eine ästhetische Erfahrung vor allem durch das Erleben von Vollständigkeit von anderen unabgeschlossenen Erfahrungen unterscheidet. Dieses genussvolle und zufriedenstellende Erlebnis von Vollständigkeit macht die besondere Qualität einer ästhetischen Erfahrung aus. *„Im Gegensatz zu solcher Art von* (unabgeschlossenen) *Erfahrungen machen wir* ***eine*** *Erfahrung, wenn das Material, das erfahren worden ist, eine Entwicklung bis zur Vollendung durchläuft. Dann, und nur dann, ist es in den Gesamtstrom der Erfahrungen eingegliedert und darin gleichzeitig von anderen Erfahrungen abgegrenzt. Eine Arbeit wird zufriedenstellend abgeschlossen; ein Problem findet eine Lösung; ein Spiel wird bis zum Ende durchgespielt; eine Situation ist derart abgerundet, dass ihr Abschluss Vollendung und nicht Abbruch bedeutet – (...).“*[245]

Die Verarbeitung der ästhetisch wahrgenommenen äußeren Wirklichkeit kann mittels verbaler oder nonverbaler Formen erfolgen. In diesem Sinne kann man von symbolischen Verarbeitungsprozessen sprechen. Dabei ist die unterschiedliche Qualität von sprachlichen und visuellen Symbolen zu charakterisieren und zu unterscheiden.

Susanne K. Langer, eine Mitarbeiterin Ernst Cassirers [246], unterscheidet zwischen „diskursiver Symbolik“ und „präsentativer Symbolik“.

---

[245] Dewey, J., a.a.O., 1998, S. 47

[246] Cassirer, Ernst: Philosophie der symbolischen Formen, Darmstadt, 1965

Sprache weist eine diskursive Symbolik auf, da sie Ideen nacheinander aus in sich unabhängigen Bedeutungsträgern entwickelt.

*„Diese Eigenschaft des verbalen Symbolismus heißt Diskursivität; ihretwegen können überhaupt nur solche Gedanken zur Sprache gebracht werden, die sich dieser besonderen Ordnung fügen; jede Idee, die sich zu dieser Projektion nicht eignet, ist unaussprechbar, mit Hilfe von Worten nicht mitteilbar."*[247]

Bilder hingegen bestehen zwar auch aus einzelnen Elementen, jedoch sind diese nicht unabhängig und ergeben nur im Kontext einen Sinn; Bilder sind präsentativ.

*„Die Licht- und Schattenflächen, aus denen ein Portrait, z.B. eine Fotografie, besteht, haben in sich keine Bedeutung. Einer isolierten Betrachtung würden sie lediglich als Kleckse erscheinen. Und doch sind sie getreue Darstellungen visueller Elemente, die den visuellen Gegenstand bilden. (...) Die Elemente, die die Kamera darstellt, sind nicht die Elemente, die die Sprache darstellt. Sie sind tausendmal zahlreicher. Aus diesem Grund kann die Übereinstimmung zwischen einem Wortbild und einem sichtbaren Gegenstand niemals so eng sein wie die zwischen einem Gegenstand und seiner Fotografie. Auf einmal und als Ganzes vor das intelligente Auge gebracht, vermittelt das Portrait einen unglaublichen Reichtum an detaillierter Information, wobei wir uns nicht mit der Auslegung verbaler Bedeutungen aufzuhalten brauchen. Deshalb ist die Fotografie für den Pass oder die Verbrechergalerie so viel geeigneter als die Beschreibung."*[248]

Aus diesen unterschiedlichen Qualitätszuweisungen folgt jedoch nicht, dass Sprache ungeeignet ist, ästhetische Wahrnehmungen zu verarbeiten. Ihr Verfahren ist jedoch ein distanzierteres, da sie mit unabhängigen Bedeutungsträgern operiert, die schon in sich eine vom Kontext unabhängige Assoziation

[247] Langer, Susanne K.: Philosophie auf neuen Wegen , Frankfurt, 1965, S. 88
[248] Langer, S. K. , a.a.O., 1965, S. 100

hervorrufen können. Im Bild lässt sich ein Gegenstand konkreter festlegen und darüber hinaus Bedeutungen darstellen, die nicht mehr kommunikabel sind. Bildnerische Symbole verarbeiten Erfahrungen unmittelbar und sind in ihrer Auslegung offen, da sie nicht den Anspruch erheben, Logisches zu bezeichnen, auf das sprachliche Zeichen nicht verzichten können. Ihre Auslegung ist demnach geschlossener, als die der Bilder.

Sprache verarbeitet also distanzierend den ästhetischen Wahrnehmungsprozess und verknüpft ihn mit Vorerfahrungen, wobei eine Bewertung stattfindet.

Die nonverbale Verarbeitung kann unterschiedliche Formen annehmen und operiert mit einer präsentativen Bildsymbolik. Zunächst ist auf die Phantasietätigkeit zu verweisen.[249] Die Eindrücke werden in fließende Bildern transformiert und mit bereits vorhandenen in Beziehung gesetzt. Dabei korrespondieren Erinnerungsbilder mit Wunschbildern und Utopien, wobei deutlich wird, dass ästhetische Erfahrung eine Zeitgestalt hat. Es findet also eine Konstruktion von Wirklichkeit statt, die auch das Mögliche und noch nicht Entwickelte beinhaltet.[250]

Neben der Verarbeitung von ästhetischen Wahrnehmungen durch Phantasietätigkeit gibt es auch andere Formen des Umgangs mit präsentativen Symbolen, die man auch als gestaltende Verarbeitungsformen verstehen kann. Aufzuführen sind das Spiel, das Bauen und Konstruieren, das Sammeln und Sortieren, die Musik, die Bewegung und der szenische Ausdruck.

Ästhetische Erfahrung liegt im Zwischenfeld zwischen innerer und äußerer Welt und vermittelt zwischen beiden. Dabei findet jedoch keine Rekonstruktion von Wirklichkeit statt, sondern das Individuum konstruiert eine Vorstellung von Wirklichkeit, die vorher noch nicht vorhanden war. Dabei wird das Neue und Irritierende einer Erfahrung in den Kontext der bisherigen Erfahrung eingebunden.

---

[249] vgl. Duncker, L., a.a.O., 1999, S. 12

[250] vgl. Bloch, Ernst: Das Prinzip Hoffnung, Frankfurt a.M., 1976

Ästhetische Erfahrung hat einen Lernertrag, der darin besteht, dass Gegenstände und Situationen aus ihrem Kontext herausgelöst werden und in einen neuen Zusammenhang gestellt werden. Dabei entsteht ein Konstrukt, das durch Assoziations- und Denkprozesse gebildet wird.

*„Vorstellungen erweisen sich also nicht als direkte Abbildung der Wirklichkeit, sondern als Bearbeitungen, die einen kreativen Akt, einen spielerischen Umgang und eine Erkundung, Erprobung und Entdeckung von Beziehungen zwischen Dingen sichtbar machen."*[251]

Die dargestellten Überlegungen bezüglich des Charakters der ästhetischen Erfahrung lassen den Schluss zu, dass sie im Rahmen des kindlichen Entwicklungsprozesses als wichtigstes Element des kindlichen Bildungsprozess zu verstehen sind. Dies gilt insbesondere für die frühe Kindheit, da kleine Kinder noch nicht in der Lage sind, die Welt über eine mediale Vermittlung zu begreifen. Da es bei der ästhetischen Erfahrung primär um die Auseinandersetzung mit der äußeren personalen und dinglichen Umwelt geht, also darum, dass sich das Kind ein „Bild" von sich selber und der es umgebenen Welt macht, kann man sehr wohl von Lernprozessen als Teil des Bildungsprozesses sprechen. Weil eine Erfahrung nicht nur rezeptiv, sondern auch produktiv angelegt ist, verstehe ich ästhetische Erfahrung als Erfahrungslernen und unterscheide sie insofern von der schulischen medial inszenierten Bildung, da diese den Schwerpunkt auf kognitiv-rationales Denken legt.

Die Überlegungen zum Erfahrungslernen haben aber auch gezeigt, dass kognitiv-rationales Denken sich nicht scharf vom ästhetischen Denken abgrenzen lässt. Zwar ist es strittig, ob man von „ästhetischer Rationalität" sprechen sollte[252], doch ist der Prozess der inneren Anverwandlung der äußeren Wirklichkeit

[251] vgl. Duncker, L., a.a.O., 1999, S. 15

[252] vgl. die Kontroverse zwischen Gunter Otto und Gerd Selle Anfang der neunziger Jahre (BDK-Nachrichten)

nicht anders als eine Denkleistung zu bewerten, die auch analytische und rationale Elemente enthält. Insofern ist eine Berücksichtigung von Erfahrungslernen in schulischen Bildungsprozessen nicht nur ein Zugeständnis an die Selbstbildungskräfte des Kindes, sondern gleichsam eine Ausgangsbasis für die Entwicklung der beiden Formen menschlichen Denkens. Denn es ist eine fundamentale Denkleistung, wenn Kinder versuchen, die Welt in verstehbaren Mustern zu begreifen und mit ihren Formen umzugehen.

Auch wenn ästhetische Erfahrung das zentrale Moment der frühkindlichen Bildung ist, so bleibt sie auch für die mittlere Kindheit und das Jugendalter als jenes Bildungsprinzip erhalten, das das Individuum als Subjekt des Bildungsprozesses anerkennt. Denn die Aneignung von vorstrukturierten Bildungsinhalten ist nur dann möglich, wenn sie das Kind als bedeutsam für das eigene Leben anerkennt. Dies geschieht sowohl durch die Verknüpfung mit Vorerfahrungen, als auch durch die Integration in immanente Bedeutungsmuster. Insofern muss in der Arbeit mit Kindern im Grundschulalter die ästhetischen Erfahrung in besonderer Weise berücksichtigt werden.[253] Ästhetische Erfahrung als Element einer basalen kindlichen Bildung muss in allen schulisch organisierten Bildungsprozessen wirksam werden.

Dies gilt besonders für die Grundschule, denn Kinder dieser Altersstufe sind bestrebt, wiedererkennbare Muster in der äußeren Welt zu entdecken, damit Verhaltenssicherheit im Umgang mit dieser Lebenswelt entsteht. Dabei erschließen die Kinder sich kontinuierlich neue Erfahrungsbereiche. Die Wahrnehmungsfähigkeit, die als ästhetisches Vermögen zu kennzeichnen ist, bedarf aber einer ständigen Weiterentwicklung, d.h. sie muss gelernt, geübt und differenziert werden. Dafür muss die

---

[253] Die Stundentafel der meisten Bundesländer belegen, dass den ästhetischen Fächern (Musik, Kunst, Sport) nur ein Bruchteil des Stundendeputats zur Verfügung gestellt wird, und ihre Bedeutung als entsprechend gering eingestuft wird.

Schule die notwendigen Rahmenbedingungen schaffen und entsprechende pädagogische Szenarien entwerfen.

„Kinder brauchen vielfältige und vielverzweigte Erfahrungsmöglichkeiten. Ein isoliertes Üben von Einzelfunktionen reißt diese nicht nur aus dem Zusammenhang des netzförmigen Verarbeitungsgeschehen, sondern fördert auch nicht das komplexe Zusammenspiel, das notwendig ist, damit ein Mensch aus seinen vielschichtigen Alltagsbedingungen das herauslesen kann, was er zur Wahrnehmung und Deutung seines Welt- und Selbstbezuges benötigt.“[254]

### 5.1.4 Dimensionen ästhetischen Verhaltens von Kindern im Kontext ästhetischer Erfahrung

Nach der Charakterisierung von Struktur und Verlauf ästhetischer Erfahrung, folgt nun eine Darstellung der Dimensionen ästhetischen Verhaltens, die sich im Kontext der ästhetischen Erfahrung bewegen. Es geht auch darum zu zeigen, inwiefern sie im Kontext der Grundschule berücksichtigt und gefördert werden können.

Ästhetisches Verhalten vollzieht *„sich grundsätzlich in Auseinandersetzung mit sinnlich wahrnehmbaren Objekten und Phänomenen.“*[255] Es ist aktives Element der ästhetischen Erfahrung im Umgang mit der dinglichen und personalen äußeren Welt, die das Individuum in Beziehung zu dieser setzt. Auch wenn hier gleichermaßen rezeptive und produktive Aneignungsformen enthalten sind, so ist der Umgang immer ein aktiv-gestalterischer.

Folgende Dimensionen des ästhetischen Verhaltens bei Kindern im Grundschulalter lassen sich feststellen[256].:

1. das Spiel

---

[254] Schäfer, G. E., a.a.O., 1999, S. 24

[255] Staudte, Adelheid: Ästhetisches Verhalten von Vorschulkindern . Eine empirische Untersuchung zur Ausgangslage für Ästhetische Erziehung, Weinheim / Basel, 1977

[256] vgl. Kirchner, C.: a.a.O., 1999, S. 302

2. Sammeln und Sortieren
3. Bauen und Konstruieren
4. Basteln
5. Bildnerisches Handeln (Malen und Zeichnen)
6. Musikalisches Handeln
7. Tanz und Bewegung

#### *5.1.4.1 Das Spiel*

Im Rahmen dieser Darstellung ästhetischen Verhaltens wird das Spiel an den Anfang gestellt, da es Ausgangspunkt für alle weiteren Formen der Aneignung und Verarbeitung von innerer und äußerer Wirklichkeit durch ästhetisches Handeln ist.
*„Auf der Grundlage des Spielens baut die gesamte menschliche Erfahrungswelt auf. Wir sind nicht länger introvertiert oder extrovertiert. Wir erfahren das Leben im Bereich der Übergangsphänomene, in der aufregenden Verflechtung von Subjektivität und objektiver Beobachtung und in einem Bereich, der zwischen innerer Realität des Einzelmenschen und wahrnehmbarer Realität außerhalb des Individuums angesiedelt ist.“*[257]
Die nachfolgenden weiteren Dimensionen ästhetischen Verhaltens entwickeln sich aus dem kindlichen Spiel oder finden in diesem Rahmen statt.
Auch wenn das Spiel der Kinder im Alltagsverständnis vor allem mit positiver Emotionalität (im Sinne von Freude und Vergnügen) beschrieben und erlebt wird, so ist es vor allem in den Kontext ästhetischer Erfahrung eingebunden. Das Spiel ist Teil des Selbst-Bildungsprozesses des Kindes. Dies belegen psychologische Untersuchungen von Heinz Heckhausen, der im Spiel der Kinder keine Ausrichtung auf Triebabfuhr feststellt, sondern dieses als eine neugierige Erkundung alles Neuen in-

[257] Winnicott, Donald W.: Vom Spiel zur Kreativität, Stuttgart, 1973, S. 76 f.

terpretiert. Spiel ist also als interaktive Erfahrung der äußeren Umwelt zu verstehen.[258]

Spielerische Aktivität ist nicht unmittelbar auf einen Zweckzusammenhang ausgerichtet, dennoch ist der mittelbare Zweck des Spiels als Lernen einzustufen.[259] Ziel des Spiels ist der experimentelle Umgang mit der Umwelt.

*„Spielappetenz und Lernappetenz haben wohl eine gemeinsame Wurzel, Spiel ist eine Form des aktiven Lernens."*[260]

Die Lernfunktion lässt sich nach Wolfgang Einsiedler wie folgt strukturieren.[261] Zunächst ist die Voraussetzung für das Spiel die Freiheit von existentiellen Bedürfnissen (z.B. Hunger). Erst dann ist eine lustbetonte spielerische Aktivität möglich. Ein entspanntes Feld und die als Spielfreude gekennzeichneten positiven Affekte bewirken eine Explorationsfreude, die sich durch kontinuierliche Wiederholungen auszeichnet. Dadurch werden Informationsaufnahme und Lernerfolg ermöglicht. Der verzögerte Nutzen des Spiels im Sinne der Anwendung des Erprobten ist demgegenüber kein Nachteil. Denn in der Spielphase besteht Gelegenheit, ohne Ernstanwendung spielerisch zu lernen und Informationen für später zu sammeln. Im Laufe der mittleren Kindheit entwickelt sich dann eine bewusste Planungsfähigkeit des Spiels. Die Lernfunktion des Spiels lässt sich als ein Lernen auf Vorrat auffassen. Gleichzeitig ist das Spiel eine Form der ästhetischen Erfahrung, denn das Kind reagiert spielerisch auf sinnlich wahrgenommene Erfahrungsmuster, die es sich konstruktiv anverwandelt. Mittels der Phantasietätigkeit

---

[258] Heckhausen, Heinz: Entwurf einer Psychologie des Spielens, in: Psychologische Forschung, 27, 1964, S. 225 - 243

[259] vgl. Einsiedler, Wolfgang: Spielen – Spielfreude – Spielernst / Pädagogische – psychologische Grundprobleme des Kinderspiels, in: Bauer, Günther G. (Hrsg.): HOMO LUDENS – Der spielende Mensch II – Internationale Beiträge des Institutes für Spielforschung und Spielpädagogik an der Hochschule „Mozarteum" Salzburg, München / Salzburg, 1992, S. 113

[260] Eibl-Eibesfeldt, Irenäus: Grundriss der vergleichenden Verhaltensforschung, München, 1969

[261] vgl. Einsiedler, W., a.a.O., 1992, S. 113 f.

werden Handlungen und Phänomene der äußeren Welt nachvollzogen und gleichzeitig mit immanenten Bedeutungen belegt. *„Die Pädagogen haben die Aufgabe, Entwicklungsbedingungen zu schaffen, die es den Kindern ermöglichen, die psychomotorischen und sozialen Spiele der ersten zwei Lebensjahre, die Symbol- und Bauspiele der frühen und mittleren Kindheit sowie die Regelspiel der späteren Kindheit in all ihren Variationen zu spielen."*[262]

Das Spiel sollte vor allem im Zentrum pädagogischer Szenarien in der Arbeit mit Kindern im Grundschulalter stehen, da auch die anderen Dimensionen ästhetischen Verhaltens von Kindern im Kontext des Spiels auftauchen.[263]

#### *5.1.4.2 Sammeln und Sortieren*

Die Sammeltätigkeit von Kindern beginnt mit dem spielerischen Umgang mit für sie interessantem Material. Der Höhepunkt des Sammelns ist vor allem dem Grundschulalter zuzuordnen.

Die Bedeutung des Sammelns lässt sich nach Constanze Kirchner wie folgt gliedern:

- Erinnerungsstücke, die Entdeckungen, Erfahrungen und Handlungen repräsentieren
- Vergangene Erlebnisse werden vergegenwärtigt
- Dokumentation der individuellen Entwicklung

Die Objekte von Sammlungen sind Mittler zwischen der äußeren Welt und der immanenten symbolischen Repräsentation von Erfahrungen. Sammlungen sind identitätsstiftend, da sie die sammelnde Person vergegenwärtigen. Dabei repräsentieren die Sammlungsobjekte ein spezifisches Muster von Wirklichkeit, das im sammelnden und ordnenden Umgang verfügbar gemacht wird. Weiterhin dient das Sammeln der Aneignung und Strukturierung von Umwelt. Nach bestimmten ästhetischen Kri-

---

[262] Einsiedler, W., a.a.O., S. 118

[263] vgl. Kirchner, Constanze: Kinder und Kunst der Gegenwart – Zur Erfahrung mit zeitgenössischer Kunst in der Grundschule, Seelze, 1999, S.160

terien, die Kinder entwickeln, werden Objekte der Umwelt identifiziert und in ein individuelles Bedeutungs- und Ordnungsschema sortiert. Die Motivation des Sammelns liegt in der Neugierde und Wissbegier von Kindern. Dabei hat das Sammeln noch eine soziale Funktion, denn durch Präsentation und Tausch der Exponate mit anderen Kindern entwickelt sich eine Interaktion mit der personalen Umwelt.

Das Sammeln und Sortieren sind Formen des ästhetischen Verhaltens, die eng zusammenhängen. Die Aneignung der Objekte der äußeren Wirklichkeit geschieht nicht durch Veränderung und Umstrukturierung, sondern durch eine Sortierung nach individuellen Kriterien, die sich auf die individuellen Bedeutungszuweisungen beziehen. Diese ergeben sich durch den Umgang mit dem Material, wobei das Individuum auf die sensuellen Dispositionen eines Objekts reagiert. Constanze Kirchner spricht in diesem Zusammenhang von Wissensaneignung durch Klassifizierung.[264] Ludwig Duncker stellt in einer Untersuchung über das kindliche Sammeln eine Verbindung zwischen Sammeln und Lesen her.

*„Das Sammeln gleicht einem vorliteralen Akt des Lesens, Erkennens und Schaffens von Bedeutungen, die ähnlich wie beim Lesevorgang selbst dem »Text« sowohl entnommen als auch in ihn hineingelegt (projiziert) werden.“*[265] In diesem Prozess werden Sammlungsstücke zu Bedeutungsträgern für die Konstruktion von Bedeutungsmustern werden. Die äußere Wirklichkeit wird gleichsam als ein „Text“ verstanden, der durch die Entschlüsselung der Bedeutungsträger in einem sinnvollen Zusammenhang erscheint.

---

[264] vgl. Kirchner, C.: Ästhetisches Verhalten von Kindern im Dialog mit Bildender Kunst, a.a.O., 1999, S. 310

[265] vgl. Duncker, Ludwig/ Frohberg, Michaela/ Maren Zierfuss: Sammeln als ästhetische Praxis des Kindes – Eine Befragung Leipziger Grundschulkinder, in: Neuß, Norbert: Ästhetik der Kinder – Interdisziplinäre Beiträge zur ästhetischen Erfahrung von Kindern, Frankfurt a.M., 1999, S. 79 f.

Ebenso entwickelt sich eine symbolische Vorstellung des Objektes. Beim Sammeln und Sortieren kann man von ästhetischer Erfahrung sprechen, da die Gegenstände ihrem ursprünglichen Kontext enthoben und in einen inneren Bedeutungszusammenhang eingeordnet werden. Dieser Prozess beinhaltet Denkqualitäten, die man als eine Verzahnung von ästhetischem und logisch-rationalem Denken bezeichnen kann. Die Wahrnehmung von feisten Nuancen und Details werden zum Anlass genommen, Sortierungen vorzunehmen und auch Hierarchien zu entwickeln, die den weiteren Sammlungsprozess strukturieren. Insofern haben Sammeln und Sortieren als eine Dimension ästhetischen Verhaltens einen wichtigen Anteil am kindlichen Bildungsprozess.

#### *5.1.4.3 Bauen und Konstruieren*

Die Freizeitaktivitäten von Kindern im Grundschulalter sind zu einem großen Teil geprägt von der Handlungen, die dem Bauen und Konstruieren zuzuordnen sind.[266] Unter Bauen sind zielgerichtete Tätigkeiten zu verstehen, die die Herstellung von für das Kind sinnhaften Gegenständen zum Ziel haben (Spielzeug, Raumgestaltung), wobei auch die Phantasietätigkeit eine wichtige Rolle spielt. Konstruieren ist demgegenüber als planvolle Herstellung eines technischen Gegenstandes zu verstehen. Gebaut wird oft unter Verwendung von Alltags- und Naturgegenständen, die aus einem ursprünglichen Kontext entnommen und zu einem neuartigen Objekt zusammengefügt werden. Insofern ist das Bauen von einer elementaren Auseinandersetzung mit der räumlichen Umwelt geprägt. Dabei werden sowohl technische Fertigkeiten entwickelt und trainiert (Schneiden, Binden, Kleben, Materialverbindungen), als auch Raumempfindung und räumliches Vorstellungsvermögen angebahnt.

[266] vgl. Kirchner, C.: Ästhetisches Verhalten von Kindern im Dialog mit Bildender Kunst, a.a.O., 1999, S. 307

Bauen stellt eine Inbesitznahme des dreidimensionalen Raumes durch das Umgestalten und den Umgang mit plastischen Objekten dar.

#### *5.1.4.4 Basteln*

Im Unterschied zum Bauen und Konstruieren ist unter Basteln ein von Improvisation geprägtes spontanes Gestalten mit diversen Materialien zu verstehen, die der natürlichen und kulturellen Umwelt des Kindes entnommen sind. Im Unterschied zum Bauen ist eine Zielorientierung der Handlung nur temporär festzumachen, da die Bedeutung des gestalteten Objektes sich zu jeder Zeit des Herstellungsprozesses wandeln kann. Dennoch wird den meisten „Basteleien" nach abgeschlossener Produktion ein Sinn zugeordnet; sei es als Dekoration oder als Spielzeug.[267] Die Bedeutungszuweisungen entstehen durch Phantasietätigkeit, die die durch Materialverbindungen entstandenen Objekte deutet, wobei auf Erinnertes und Vorerfahrungen zurückgegriffen wird. Dabei wirken die verwendeten Gegenstände multisensorisch, wodurch Assoziationen und Emotionen freigesetzt werden. Weiterhin enthält das Basteln auch utopische Elemente, da Objekte ihrem ursprünglichen Bedeutungszusammenhang entfremdet werden und durch Kombination mit anderen Materialien zu etwas Neuem verbunden werden. Dadurch entstehen Objekte, die es so noch nicht gibt. Im Basteln werden also sowohl Alltagserfahrungen zum Gegenstand einer skulpturalen Projektion, als auch die Antizipation einer wünschenswerten äußeren Wirklichkeit.

Basteleien sind nur vordergründig gebrauchsfähige Gegenstände (dies unterscheidet sie vom Gebauten und Konstruierten); vielmehr dienen sie als Stellvertreter in einem Symbolspiel.[268] Dies bedeutet, dass sie durch Phantasietätigkeit einen

---

[267] vgl. Staudte, Adelheid: Finden und Erfinden – didaktisches Plädoyer für das Basteln, in: Staudte, Adelheid (Hrsg.): Sammelband Ästhetische Erziehung II, Sonderdruck der Grundschulzeitschrift, Seelze, 1997, S. 115

[268] vgl. Staudte, A., a.a.O., 1997, S. 115 f.

realen Gegenstand nur meinen, und mit diesem im Spiel entsprechend der zugewiesenen Bedeutung interagiert wird. Reale Handlungen werden nur erprobt und müssen nicht in „echten" Situationen ihre Funktionstüchtigkeit erweisen.

*„So kann das Basteln (...) einen Raum schaffen für die Vergegenwärtigung und den Ausdruck von individuellen Erlebnissen und Empfindungen von Traumbildern und Angstvisionen."*[269]

### *5.1.4.5 Bildnerisches Gestalten (Zeichnen und Malen)*

Gerd E. Schäfer sieht im bildnerisches Gestalten eine Weiterentwicklung des kindlichen Spiels. Die Elemente spielerischen Handelns werden auf ein neues sinnlich-motorisches Feld ausgedehnt. Sinnlich-motorisch meint hier die Übertragung des spielerischen Handelns auf das sinnlich Wahrnehmbare und die Verarbeitung durch motorische Fertigkeiten, von denen eine Kinderzeichnung geprägt ist.[270]

Kaum ein Phänomen kindlicher Gestaltungsfähigkeit ist breiter untersucht worden als die Kinderzeichnung. Ich möchte hier nicht den Diskurs in seiner Breite wiedergeben, sondern lediglich einige Entwicklungspunkte der Kinderzeichnung, wobei ich herausstellen möchte, dass diese sich im Kontext der ästhetischen Erfahrung vollzieht.

Kerschensteiner, aber auch Piaget, sahen in der Kinderzeichnung vor allem eine mimetische Qualität. Die Kinder versuchen demnach, die visuelle Welt nachzuahmen, ohne dass diese Handlung eine psychische Bedeutung hat. In der Entwicklung der Kinderzeichnung spiegele sich lediglich das Wahrnehmungsvermögen wieder.[271]

Tiefenpsychologische Theorien stellen dagegen heraus, dass die Zeichnung, wie auch andere Gestaltungsformen, dem Be-

---

[269] Staudte, A., a.a.O., 1997, S. 116

[270] Schäfer, G. E., a.a.O., 2001, S. 197

[271] vgl. Eid, Klaus / Langer, Michael / Ruprecht, Hakon: Grundlagen des Kunstunterrichts: eine Einführung in die kunstdidaktische Theorie und Praxis, Paderborn / München / Wien / Zürich, 1994, S. 113

dürfnis nach Ausdruck innerpsychischer Prozesse entspringt. Friedrich Kainz versucht beide Ansichten zu verbinden, in dem er die Zeichnung sowohl als ein Ergebnis sinnlich-motorischer Prozesse, wie auch als persönlichen Ausdruck beschreibt.[272]

*„Zeichnen gehört seit den Anfängen des Zeichenunterrichtes zum zentralen Gegenstand dieses Faches – neuerdings mit der eingängigen Zielsetzung »Zeichnen als Aneignung von Wirklichkeit« (Hartwig 1976).“*[273]

Mit dieser Feststellung von Adelheid Staudte ist die Auffassung verbunden, dass das eigentlich Ziel dieses ästhetischen Verhaltens von Kindern die Auseinandersetzung mit der äußeren Welt ist. Dadurch wird auch der Konflikt in der Bewertung der Kinderzeichnung aufgehoben. Denn Aneignung bedeutet sowohl die genaue Wahrnehmung von Weltphänomenen, als auch die emotionale und gedankliche Durchdringung dieser Phänomene. Dieser Vorgang ist ebenso mit sensomotorischem Ausdruck verbunden.

Nun stellt sich natürlich die Frage, was unter Aneignung von Wirklichkeit durch eine Zeichnung zu verstehen ist. In der traditionellen Kunstdidaktik wurde darunter vor allem die Wahrnehmung der visuell ablesbaren Strukturen eines Gegenstandes, sowie deren graphische Umsetzung verstanden. Das heutige Verständnis von wahrnehmbarer Wirklichkeit ist jedoch ein erweitertes. Vielmehr bedeutet die Aneignung von Wirklichkeit die umfassende sinnliche Auseinandersetzung mit der Realität, die geprägt ist durch ein vielschichtiges Beziehungsgefüge. Das bedeutet, dass die Qualität einer Kinderzeichnung von einer vielfältigen Auseinandersetzung mit der Wirklichkeit abhängig ist. Die Reduzierung der Wahrnehmung auf visuelle Strukturen (soweit das überhaupt möglich ist) vernachlässigt die viel-

---

[272] Kainz, Friedrich: Das Steigerungsphänomen als künstlerisches Gestaltungsprinzip, Leipzig, 1924

[273] Staudte, Adelheid: Zum Beispiel „Katze“ – Aktive Wahrnehmung und symbolische Repräsentation im Unterricht, in: Staudte, Adelheid (Hrsg.): Ästhetisches Lernen auf neuen Wegen, Weinheim/Basel, 1993, S. 96

schichtigen Interpendenzen zwischen Individuum und Welt, was zu einer eindimensionalen zeichnerischen Rezeption führen kann.

Lange Zeit wurde angezweifelt, das Kinder im Primarbereich überhaupt in der Lage sind, sich zeichnerisch mit der wahrgenommenen Welt auseinanderzusetzen. Man war der Ansicht, dass Kinder dieser Altersstufe vor allem affektiv aus der Vorstellung zeichneten.

*„(...) diese Unterscheidung gehört zu den Mythen der Kunsterziehung. Beobachtendes Zeichnen und künstlerisch-ästhetische Erfahrungen schließen sich keineswegs aus. Selbst wenn Kinder um eine möglichst realistische Darstellung bemüht sind, stellen sie, wie im übrigen auch Künstlerinnen und Künstler, nicht nur das dar, was tatsächlich existiert, sondern was sie sehen – und dies ist immer etwas subjektives.“*[274]

Adelheid Staudte hat in ihrer Analyse eines Unterrichtsversuchs, in dem Kinder eine reale Katze zeichneten, gezeigt, dass Kinder sehr wohl wahrgenommene Charakteristika eines Tieres in eine Zeichnung übertrugen. Endscheidend wurde in dieser Analyse herausgearbeitet, dass die kindliche Wahrnehmung sich keineswegs auf die „visuellen Zeichen“ beschränkte, sondern interaktive Kontakte (Streicheln, Kratzen) mit der Katze, die von den Kindern auch eingefordert wurden, die bildnerische Umsetzung der Kinder beeinflusste. Aneignung von Wirklichkeit durch eine Zeichnung bezieht sich also nicht nur auf ein gegenständliches Erkenntnisinteresse an einer Sache, sondern vor allem auf die Wahrnehmung eines Gegenübers in einem spezifischen Bezugssystems.

In diesem Sinne deutet auch Gerd E. Schäfer die Kinderzeichnung nicht nur als Darstellung von Wirklichkeitselementen in Einzelbildern[275]. Vielmehr verknüpfen seiner Meinung nach Kinder die dargestellten Objekte mit narrativen Zusammenhän-

---

[274] Aissen-Crewett, M., a.a.O., 1996, S. 58

[275] Schäfer, G. E., a.a.O., 2001, S. 197 ff.

gen, worin sich das Beziehungsgefüge des Kindes mit dem „Erfahrungsobjekt“ ausdrückt. Gegenstände werden in den Kontext einer Geschichte eingebunden, d.h. das Kind zeichnet nicht nur Gegenstände, sondern auch Handlungen, die nicht unbedingt einer tatsächlichen Begebenheit entsprechen müssen.

*„Bildnerische Gestaltungen sind auch Deutungen von erlebten Szenen, genauer Selbstdeutungen und Deutungen der eigenen Situation. Diese drücken sich in den Phantasien aus, die in die Bilderwelt mit eingehen.“*[276]

Diese Interpretation verdeutlicht, dass bildnerisches Gestalten als ästhetische Erfahrung zu verstehen ist. Denn im zeichnerischen Prozess werden wahrgenommene Elemente der äußeren Wirklichkeit innerlich verarbeitet, umgestaltet und mit kindlichen Vorerfahrungen, Emotionen und den daraus sich entwickelnden Phantasien verknüpft. Zeichnungen und Malereien von Kindern bewegen sich also im Kontext der Entwicklung eines Welt- und Selbstverständnisses.

#### *5.1.4.6 Musikalisches Handeln*

Im Unterschied zur bildnerischen Gestaltung von Kindern, basiert musikalisches Handeln auf der Erfahrung der Bewegung des gesamten menschlichen Körpers einschließlich der Stimmorgane im Raum.[277] Durch die Verwendung von Instrumenten werden diese Körperbewegungen verstärkt. Dabei wird sowohl der Rhythmus einer Bewegung zum Gegenstand der Erfahrung, als auch dessen Verklanglichung. Auf der anderen Seite kann auch die Wahrnehmung eines Klanges, sei es ein hervorgebrachter oder ein natürlicher, eine Bewegung auslösen.

*„Die spontane Begleitung von Musik mit Bewegungen, wie die bewusste Umsetzung in Bewegung etwa im Tanz oder Marsch*

---

[276] Schäfer, G. E., a.a.O., 2001, S. 205

[277] vgl. Staudte, Adelheid: Musik in Bewegung, in: Staudte, Adelheid (Hrsg.): Sammelband Ästhetische Erziehung I, Sonderdruck der Grundschulzeitschrift, Seelze, 1996, S. 47

*verweisen beide auf diese leibliche Grundlage musikalischer Empfindung und musikalischen Ausdrucks:"*[278]
Musikalisches Handeln lässt sich nach Dankmar Venus in fünf aufeinanderbezogenen Verhaltensweisen unterteilen: *„Diese fünf Verhaltensweisen sind die Produktion, die Reproduktion, die Rezeption und die Transposition von Musik, sowie die Reflexion über musikalische Inhalte."*[279] Unter Musik ist aber nicht allein die Organisation von Tönen nach einem festgelegten Regelwerk wie in der europäischen Kunstmusik zu verstehen, sondern auch die klanglichen Dimensionen der äußeren Wirklichkeit. Insofern bezeichnet musikalisches Handeln von Kindern im Sinne der fünf Verhaltensweisen ein ästhetisches Verhalten, das sich sowohl durch die innere Verarbeitung von Klängen als auch durch den musikalisch-klanglichen Ausdruck innerer Prozesse auszeichnet.
*„Musikalische Bildung zeigt sich in dem Vermögen, Musik musikalisch erfahren, erleben, darstellen und verstehen zu können. Nicht Wissen über Musik, sondern Kompetenz in Musik ist ihr Merkmal – Kompetenz, die sich in Produktion und Reproduktion, Improvisation und Interpretation, Empathie und kritische Beobachtung niederschlägt."*[280]
Diese Charakterisierung musikalischer Bildung trifft besonders auf die frühe und mittlere Kindheit zu, da das kognitiv-rationale Denken noch nicht derart entwickelt ist, dass Kinder Musik in formalen Kategorien wahrnehmen und produzieren können. *„Da über eigenes Tun aufgrund fehlender instrumentaler und vokaler Fertigkeiten nur in geringem Maß musikalische Erfahrung gemacht werden kann, ist die »bewegende«, darstellende und sprechende Auseinandersetzung mit gehörter Musik ganz be-*

[278] vgl. Staudte, A., a.a.O., 1996, S. 47
[279] Venus, Dankmar: Unterweisung im Musikhören, Wilhelmshaven, 2. Aufl., 1984, S. 21
[280] vgl. Gruhn, Wilfried: Wie entsteht musikalische Bildung? Von den Chancen und Schwierigkeiten des Musikunterrichts heute, in: Musik & Ästhetik, Heft 12, Oktober 1999

*sonders wichtig.“*[281] Die hier angesprochenen Formen der umfassenden ästhetischen Aneignung von musikalischen Phänomenen berührt alle Dimensionen ästhetischen Verhaltens von Kindern. Dies spiegelt sich beispielsweise in der Gliederung des Unterrichtswerkes „Musikunterricht Grundschule“ wieder: *„Wir singen, spielen und tanzen. Musik kann etwas erzählen. Wie man Musik macht. Unsere Stimme als Instrument. Klänge haben verschiedene Eigenschaften. Wie Musik notiert wird.“*[282] Musikalische Kompetenz von entscheidender Bedeutung, da es um die Aufarbeitung der gesamten auditiv-wahrnehmbaren Welt geht, so wie um die Artikulation inneren Erlebens, das sich auf die Körper-Raumerfahrung in dieser äußeren Welt bezieht. Durch musikalisches Handeln versuchen Kinder eigene musikalische Intentionen auszudrücken. Ebenfalls geht es um den mimetischen Nachvollzug fremder Klänge, das sich nicht in der Nachahmung erschöpft, sondern ein irritierendes klangliches Moment durch Gestaltung immanent zu begreifen versucht. Dabei werden fremde Klänge nicht analog abgebildet, sondern mittels Phantasietätigkeit neu formiert. Im Sinne der Terminologie von Erwachsenen könnte man von musikalischer Interpretation sprechen. Dennoch bedeutet musikalisches Handeln in der Kindheit nicht die exakte Wiedergabe fertiger Kompositionen, sondern die Ausbildung musikalischer Repräsentationen; ansonsten wäre die Wahrnehmung von Musik gar nicht möglich.[283]

Diesen Zusammenhang erläuterte der Musik- und Reformpädagoge Heinrich Jacoby bereits 1921, dass es im Musikunterricht nicht primär um Kunst und Kunstvermittlung, sondern um Musik und musikalische Ausdrucksfähigkeit geht. Kunst sei ein Son-

---

[281] Bräuer, Heinz-Jürgen: Trägt der Musikunterricht zur Allgemeinbildung bei?, in: Polzin, Manfred/Schneider, Reinhardt/Steffen-Wittek, Marianne (Hrsg.): Musik in der Grundschule, Frankfurt a.M., 1998, S. 29

[282] zitiert nach: Schneider Reinhardt: Musik in der Grundschule, in: Polzin, Manfred/Schneider, Reinhardt/Steffen-Wittek, Marianne, a.a.O., 1998, S. 23

[283] vgl. Gruhn, W., a.a.O., 1999

derfall von Musik, wie Literatur ein Sonderfall von Sprache sei.[284]

Wilfried Gruhn ist der Ansicht, dass Kinder können nur Klänge gezielt hervorbringen, die sie bereits ästhetisch „gedacht" haben. Dies bedeutet, dass bereits vertraute klangliche und musikalische Phänomene handelnd hervorgebracht werden. Diese Hervorbringung ist jedoch von experimenteller Natur, d.h. musikalische Muster werden improvisatorisch hergestellt und situativ variiert. Denn anders als bei Erwachsenen, die in der Tradition der europäischen Kunstmusik sozialisiert wurden, ist das musikalisch-ästhetische Denken bei Kindern nicht auf die Wahrnehmung größerer kompositorischer Zusammenhänge (wie etwa bei der Rezeption symphonischer Musik) angelegt. Stattdessen liegt bei Kinder der Focus der Aufmerksamkeit auf der Wahrnehmung und Hervorbringung momentanen musikalischen Geschehens.[285]

*„Die Intentionalität des Kindes, seine Ausrichtung auf besondere Aufgaben musikalischer Sinnkonturierung, entsteht während des Spiels. Nicht eine vorher gefasste syntaktische Idee, die in Begriffen fassbar wäre, wird realisiert, zur klanglichen Erscheinung gebracht, sondern der Gedanke formuliert sich zuallererst im musikalischen »Sprechakt«. Dabei richtet sich die Aufmerksamkeit der Kinder häufig auf scheinbar Nebensächliches, auf kleine, unscheinbare Motive, die – zufällig entstanden – ihnen »in die Sinne fallen« dadurch, dass sie ein Ungleichgewicht er-*

[284] vgl. Jacoby, Heinrich: Grundlagen einer schöpferischen Musikerziehung (Rede vom 5. Mai 1921), in: Jacoby, Heinrich: Jenseits von „Musikalisch" und „Unmusikalisch", Hamburg 1995, S. 10-27

[285] Das lässt sich auch auf außereuropäische Musiktraditionen wie die indische oder indonesische beziehen. Auch hier vollzieht sich musikalisches Geschehen im Gegenwärtigen, so dass das improvisatorische Moment zentrales Strukturelement der Musik wird. Ein indischer Interpret eines Raga weiß vorab nicht, wie das Stück verlaufen wird.

*zeugen."*[286] Diese irritativen klanglichen Erscheinungen werden mittels Phantasietätigkeit bewertet und musikalisch beantwortet. Dies bedarf natürlich der Förderung, da sowohl technische Fertigkeiten, als auch improvisatorische Kompetenzen erworben werden müssen. Dennoch ist eine Trennung von musikalischer Kompetenz und einem auf technische Leistungen ausgerichteter Instrumentalunterricht eine konstruierte Aufspaltung kindlichen musikalischen Handelns. *„Das Instrument ist dabei nur instrumentum, nach außen gewendetes Mittel einer inneren Vorstellung, ist Werkzeug, mit dem realisiert wird, was zuvor gedacht und innerlich gehört wurde."*[287]

### 5.1.4.7 Bewegung

In der frühen und mittleren Kindheit ist das Nachahmen und Erproben von wahrgenommenen Bewegungsabläufen zentrales Element einer ästhetischen Erfahrung des eigenen Leibes in Zeit und Raum.

*„Diese leiblich-gestische Nachahmung ist also viel mehr als ein Nachäffen oder ein einfaches Imitationsspiel, sondern ein körperliches Nachspüren und damit Wahrnehmen, wie sich das wohl anfühlt. Das Aufnehmen der Bewegung des anderen mit dem eigenen Körper macht das Beobachtete sichtbar und bildet zugleich die Vorraussetzung für ein vorbegriffliches leibliches Verstehen des anderen."*[288]

Mit dem anderen sind aber nicht nur fremde Personen gemeint, sondern alle bewegten natürlichen und kulturellen Phänomene der äußeren Welt; also auch Tiere, Wind oder Fahrzeuge. Durch die körperliche Identifikation mit einem bewegten Gegenüber wird diese Teil des kindlichen Erfahrungs- und Vorstellungskontextes. Wie bei anderen Dimensionen ästhetischen

[286] Dietrich, Cornelie: Musikalisches Denken bei Kindern, in: Neuß, Norbert: Ästhetik der Kinder – Interdisziplinäre Beiträge zur ästhetischen Erfahrung von Kindern, Frankfurt a.M., 1999, S. 150

[287] Gruhn, W., a.a.O., 1999

[288] Staudte, A.: a.a.O., 1996, S. 17

Verhaltens liegt hier auch keine analoge Abbildung vor, sondern eine Transformation, die durch ästhetische Vorerfahrungen geprägt ist.
Diese Überlegungen verdeutlichen, dass Bewegungserfahrung Körpererfahrung ist. Jürgen Funke-Wieneke unterteilt Körpererfahrung in drei Kategorien.:

- *die Wahrnehmung des eigenen Körpers*
- *die Wahrnehmung der Welt mit dem Körper*
- *die Wahrnehmung des eigenen Körpers im Spiegel des anderen*[289]

Die Erfahrung des eigenen Körpers ist also als eine Basiserfahrung der Selbst-Bildung des Kindes. Wenn anfänglich eine selbstbezogene Erfahrung der Leiblichkeit vorliegt, wird später die Beziehung zur äußeren Welt körperlich wahrnehmbar. Durch die Realisierung der körperlichen Reaktionen, die eine Interaktion mit der Umwelt hervorruft, konstruiert das Kind indirekt ein Bild von der Welt. Durch den Vergleich mit anderen Individuen werden Körper- und Bewegungssysteme erprobt und relativiert. Diese Bewegungsmuster werden als Erinnerung gespeichert und handelnd modifiziert und weiterentwickelt.
Im Folgenden möchte ich die Erfahrung des Leibes etwas detaillierter betrachten. Ich beziehe mich hier auf Untersuchungen von Günther Bittner, der drei Dimensionen der Körperlichkeit unterscheidet.[290]

**1. Der Werkzeugleib**

Hierunter versteht man den Umgang mit Gegenständen und Dingen, die das Kind durch Erprobung und Übung zu beherrschen lernt. Dabei spielen die Dimensionen von Willen und

[289] Funke-Wieneke, Jürgen: Die pädagogische Bedeutung der Körpererfahrung im Kindesalter, in: Staudte, Adelheid (Hrsg.): Sammelband Ästhetische Erziehung I, Sonderdruck der Grundschulzeitschrift, Seelze, 1996, S. 18

[290] vgl. Bittner, Günther: „Auf zwei Beinen stehen ..." Eine pädagogische Vergegenwärtigung des Leibes, in: Becker, G./Becker, H./Huber, L. (Hrsg.): Ordnung und Unordnung. Hartmut von Hentig zum 23. September 1985, Weinheim/Basel, 1985, S. 301-325

Können eine Rolle. Das Kind ist bestrebt, seine räumliche Wirkung zu erweitern, was zum einen durch Weiterentwicklung von motorischen Fertigkeiten und zum anderen durch die Verwendung von Werkzeugen geschieht. Das Kind versucht also, seinen Wirkungsradius zu erweitern. Gleichzeitig führt auch der nichtzielgerichtete Umgang mit Gegenständen in seiner retrospektiven Vergegenwärtigung des Geschehenen und dessen manifestierten Spuren zu einer Willensbildung. Im Nachhinein werden anregende Situationen körperlich erkundet.
Diese werkzeugleibliche Erfahrung trägt dazu bei, dass das Kind Umweltsituationen zu bewältigen lernt und zielgerichtete und sichere Handlungen ausführen kann.

**2. Der Sinnenleib**

Hierunter ist das Erleben und Nachfühlen von körperlichen Zuständen gemeint. Diese Erfahrung tritt dann auf, wenn das Kind neuen Zuständen ausgesetzt ist, die durch Spannungen und Irritationen ausgelöst werden. Die Verarbeitung dieser Empfindungen können zu einem entsprechenden Verhaltensrepertoire führen (z.B. die Vermeidung oder die Suche nach Körperkontakt). Der Kontakt mit der Umwelt wird dadurch bestimmt, wie dieser körperlich empfunden wird. Es findet also eine qualitative Bewertung ausgehend von körperlichen Zuständen statt. Im Unterschied zum Werkzeugleib geht es nicht darum, wie etwas sich anfühlt, sondern wie ich mich fühle, wenn ich Kontakt aufnehme.

**3. Der Erscheinungsleib**

Hier ist das körperliche Erscheinungsbild gemeint, das das Kind dadurch erfährt, wie andere auf dieses reagieren bzw. es wiederspiegeln. Ebenso wird ein Gegenüber in seiner Differenz erfahren, was dazu führen kann, das man dieses alternative Körperkonzept zu imitieren sucht. Diese Imitation enthält sowohl die Qualität der empathischen Anverwandlung, als auch die spielerische Modifikation der eigenen Erscheinung. *„Kinder ma-*

*chen einen Humpelnden nach, den sie auf der Straße sehen. Nicht aus Bosheit; sie denken nämlich gar nicht an den anderen dabei. Sondern sie müssen selber ausprobieren, wie das ist, um sich vorzustellen zu können, was da überhaupt geschieht, und vielleicht auch, was das Humpeln für den anderen bedeutet. Sie vergleichen den Gang des anderen mit dem eigenen, indem sie selber einmal gehen wie er."*[291] In diesen Zusammenhang gehört ebenfalls die Verwendung von Accessoires, Masken und Kleidungsstücken. Insbesondere in der frühen und mittleren Kindheit kann man solche Inszenierung als spielerische Erprobung einer neuen Rolle betrachten, wohingegen im Jugendalter diese Handlungen eng mit dem gesellschaftlichen Status verbunden sind. Bei Kindern bewirkt die Verwandlung und das Verkleiden ein phantasiegeleitetes Imaginieren der Möglichkeiten des Erscheinungsleibes. Durch Kostümierung und Maskierung inszenieren Kinder einen „Wunschtraum", auch wenn dieser nicht real erreichbar ist (z.B. Prinzessin). Durch Identifikation mit dem Wunschbild findet eine konkrete Annäherung an dieses „Ideal" statt, wobei die dabei verwendeten Accessoires Anverwandlungshilfen sind. So wird aus einer Vorstellung eine konkrete Aktion. Die Darstellung eines Wunschbildes ermöglicht dann reale Erfahrungen und Handlungen. *„Die im Spiel realisierten Empfindungen von Glück und Anerkennung oder auch von Trauer und Angst können echte Gefühle verkörpern. (...) Kinder und Jugendliche brauchen diese „Masken" von Rollen und Vorbildern wie auch der Mode, um sich in vielfältiger Weise auszuprobieren und daraus ein eigenes Selbstbewusstsein zu entwickeln."*[292]

[291] zur Lippe, Rudolf: Am eigenen Leibe: zur Ökonomie des Lebens, 2. Aufl. Frankfurt a.M., 1979, S. 122

[292] Sievert-Staudte, Adelheid: „Mit dem ganzen Körper lernen" – Das Interesse am Körper aus der Sicht der ästhetischen Erziehung, in: Schuhmacher-Chilla, Doris (Hrsg.): Das Interesse am Körper – Strategien und Inszenierungen in Bildung, Kunst und Medien., Essen, 2000, S.88

Auf der Grundlage von Körpererfahrung bewegt sich das Kind in Zeit und Raum. Im Unterschied zu Erwachsenen ist diese Bewegung noch nicht durch ein internalisiertes Kategoriensystem festgelegt. Kinder müssen sich ihren Bewegungsraum erst sensomotorisch erschließen, um dann diesen Raum mit einem bereits gedachten Selbstbild des Körpers zu „bespielen". Der Raum wird dann zu einer Bühne, auf der das Kind eine bestimmte Rolle erprobt, wobei durch Interaktion mit diesem Raum und den darin enthaltenen Gegenständen ein Handlungsrepertoire eingeübt wird.
Die zeitliche Dimension von Bewegung besteht darin, dass das Kind seine räumlichen Erkundungen zeitlich koordinieren muss. Das bedeutet nicht nur eine Bestimmung des Tempos, sondern auch eine Organisation der Abfolge von Bewegungen.

## *5.2 „Künstlerische Feldforschung" als Strategie zur Anregung kindlicher Bildungsprozesse*

Im folgenden werden die dargestellten bildungstheoretischen Aspekte der Entwicklung von Kindern im Grundschulalter mit der durch Grounded Theory präzisierten Theorien verknüpft. Dabei möchte ich zeigen, dass ein kunstpädagogisches Modell, das die ästhetischen Strategien der künstlerischen Feldforschung aufgreift, den Bedingungen kindlicher Selbst-Bildung entgegenkommt, und eine fundierte ästhetische Bildung unterstützt und fördert.[293]

### 5.2.1 Selbst-Bildung und Erfahrungslernen

Der kindliche Bildungsprozess ist in der frühen und mittleren Kindheit sehr stark durch ästhetisches Denken und Handeln geprägt. Lernprozesse lassen sich als Erfahrungslernen kennzeichnen. Diese werden ergänzt durch die Anbahnung rational-

[293] Ich werde in diesem Teilkapitel den Begriff „künstlerische Feldforschung" (in Anführungszeichen gesetzt) im Sinne eines kunstpädagogischen Modells verwenden.

kognitiven Denkens sowie methodisch-systematischer Lernstrategien. In der zweiten Phase der Grundschule (ab 3. Schuljahr) werden solche Aneignungsformen von Welt immer bedeutsamer, was auch von Seiten der Institution Schule in den Vordergrund gestellt wird. Die bildungstheoretischen Untersuchungen haben aber gezeigt, dass eine klare Trennung von ästhetischem Denken und Handeln und kognitiv-rationalen Denk- und Handlungsweisen nicht möglich ist. Vielmehr wurde gezeigt, dass ästhetische Erfahrung sowohl kognitiv-rationale Elemente enthält, als auch die Vorraussetzung für eine systematische und distanzierte Analyse von Lebenswelt bildet.

Die Strategien der „künstlerische Feldforschung“ berücksichtigen diese bildungstheoretischen Erkenntnisse insofern, als sie bereits in der Strukturierung kunstpädagogischer Rahmenbedingungen objektivierte Informationen über ein Feld mit einem vielschichtigen Materialangebot zur Initiierung von ästhetischen Erfahrungen und Lernprozessen den Kindern darbieten. Im dargestellten exemplarischen Projekt erhielten Kinder sowohl Informationen über den Ablauf von Karnevalsumzügen und den dabei verwendeten Kostümierungen und Maskierungen, als auch eine Fülle von unterschiedlichen Materialien, die mit spezifischen ästhetischen Handlungsangeboten verknüpft wurden. Es hat sich aber gezeigt, dass Kinder eine handlungsbezogene Aneignung des von Pädagogen dargebotenen Feldes bevorzugten, und sich erst im Nachhinein ein individuelles Verständnis von Feldphänomen einstellte. So waren die Kinder zunächst wenig an einer Diskussion über karnevalistische Bräuche interessiert, erprobten aber intensiv die nach eigenen Vorstellungen entwickelten Masken und Kostüme. Dennoch kann man vermuten, dass die zuvor präsentierten visuellen Impulse und Informationen (Abbildungen von Masken der alemannischen Fastnacht, die Geschichte von „Monstern“) die durchgeführten Handlungen und Untersuchungen bewusst oder unbewusst strukturierten. Die Auseinandersetzung mit einer vom

Pädagogen vorstrukturierten Wirklichkeit wurde demnach erst möglich durch die Verknüpfung mit eigenen ästhetischen Erfahrungen. Auf dieser Grundlage von Erfahrungslernen ist dann eine distanzierte Betrachtung von ästhetischen Prozessen möglich, die auch eine qualitative Wertung der Erfahrungen und Ergebnisse mit einschließt. D.h. kognitiv-rationales Denken und Handeln strukturieren wechselseitig die ästhetische Erfahrung. In der Präsentationsphase des Projekttages zeigt sich, dass Kinder in der Lage sind, ästhetische Produkte zu bewerten und dies auf der Grundlage einer Rekonstruktion der der Produktion zu Grunde liegenden eigenen ästhetischen Erfahrungen. Es wird deutlich, dass ästhetische Erfahrung als Erfahrungslernen zu bezeichnen ist. Dies insofern deutlich, da spezifische Lernzuwächse nachzuweisen sind. Zu Beginn des ästhetischen Projektes verfügten die Kinder über keine anschauliche Vorstellung vom Phänomen der Karnevalsbräuche. Durch aktive Aneignung und Erprobung von Material sowie dessen Präsentation vor einer Öffentlichkeit machten sich die Kinder ein „Bild“ von der Funktion und Wirkung von Maskierungen. So entstand ein vorbewusstes Verständnis von Strukturelementen des Karnevals. Gleichzeitig lernten Kinder sich vor einer Öffentlichkeit darzustellen, wobei sie Kostüme und Masken als schützend erlebten.

### 5.2.2 Erfahrungslernen durch ästhetische Erfahrung

Die Strategien der „künstlerischen Feldforschung“ sollen ästhetisches Erfahrungslernen ermöglichen. In diesem Zusammenhang ist zu fragen, ob die Teilbereiche der ästhetischen Erfahrung im Rahmen des untersuchten Projektes ausreichend berücksichtigt wurden. Denn wenn bestimmte Bereiche des Prozesses unbeachtet oder unterbunden werden, wird auch der ästhetische Prozess verkürzt und dadurch unwirksam, d.h. die Selbst-Bildungstendenzen des Kindes werden verhindert.

Ausgangspunkt jeder ästhetische Erfahrung ist die sinnliche Wahrnehmung von Phänomenen der äußeren Wirklichkeit. Je vielfältiger die Eigenschaften eines Gegenstandes wahrgenommen werden, um so umfassender entwickelt sich das diesbezügliche „Wahrnehmungsbild“ (vgl. Kap. 5.1.3.2). Demnach interagieren Kinder auf vielfältige Art mit einem für sie interessanten oder auffälligen Gegenstand, wobei das Moment der Überraschung den Wahrnehmungsprozess beeinflusst. Die primäre sinnliche Wahrnehmung basiert auf der Tätigkeit der Fernsinne (Auge, Ohr, Nase) und der Körperwahrnehmung (u.a. Raumlage, Gleichgewichtssinn, Wohl- und Missbehagen). Von Bedeutung ist aber auch die emotionalen Wahrnehmung einer Sache. Darunter ist die Wahrnehmung von Beziehungsebenen zwischen einem Individuum und dem wahrgenommenen Gegenstand zu verstehen. Erst durch Empfindungen wie Sympathie und Antipathie wird es einem Kind erst möglich mit der Umwelt zu interagieren, wobei aus einer Sache ein emotional gewichtetes und verstandenes Gegenüber wird.[294]

Der untersuchte „künstlerische Feldforschungsprozess“ zeigt, dass den ästhetischen Prozessen eine rege Sinnestätigkeit der Kinder voranging. Die angebotenen Materialien wurden sinnlich untersucht und erprobt. Ob ein Gegenstand sich für ein bestimmtes Kostüm eignete, war sowohl abhängig von der haptischen Qualität als auch von der visuellen Wirkung. So wurden Fellimitate verwendet, die zwar als wenig hautfreundlich empfunden wurden, aber aufgrund der optischen Wirkung dem Charakter eines Waldmonsters entsprechen sollten. Die emotionale Wahrnehmung eines Gegenstandes auf die Kinder wird durch unterschiedliche gestisch-mimische oder sprachliche Äußerungen belegt. So wurde der Vorgang des Eingipsens als ein vielschichtiges Erlebnis wahrgenommen, was über das bloße Registrieren der Materialeigenschaften der feuchten Gipsbinden hinausging; beispielsweise die emotionale Erfahrung von Aus-

---

[294]vgl. Staudte, Adelheid: Zum Beispiel „Katze“ – Aktive Wahrnehmung und symbolische Repräsentation im Unterricht, in: Staudte, A., a.a.O., 1993, S. 102

geliefertsein und körperlicher Nähe, die in diesem Fall als angenehm erlebt wurde.
Die empirische Studie hat gezeigt, dass die Qualität eines ästhetischen Erfahrungsprozesses eine intensive sinnliche Wahrnehmung geradezu voraussetzt. Der Grad an Motivation sich mit einem Gegenstand auseinanderzusetzen, ist vor allem mit der emotionalen Wahrnehmung verbunden, wodurch die Lernmöglichkeiten eines Kindes entscheidend bestimmt bzw. verändert werden. Wenn diese Sinnestätigkeit unterbunden wird, sind auch weitergehende ästhetische Aktivitäten zum Scheitern verurteilt bzw. nehmen den Charakter von rein mechanischen Aktivitäten an. Dies belegt die Untersuchung der Aktivitäten der Musikgruppe. Es wurde gezeigt, dass die Kinder sich für die Materialeigenschaften der Gegenstände, aus denen Klangkörper hergestellt werden sollten, interessierten. Diese Aktivitäten fanden aber keine Beachtung durch die Pädagoginnen und wurden teilweise unterbunden. Stattdessen sollten die Kinder dazu veranlasst werden gemäß eines vorgegebenen Bauplans bestimmte Instrumente herzustellen. Ein Vorhaben, das die Kinder nur mit wenig Interesse verfolgten. Dieses Scheitern des pädagogischen Vorhabens hätte vermieden werden können, wenn dem Instrumentenbau eine intensive Phase der sinnlichen Erkundung der Materialien vorausgegangen wäre. Dabei hätten die Pädagoginnen durchaus auf die klanglichen Eigenschaften von Gegenständen und Materialien verweisen können. Auf der Basis von sinnlichen Wahrnehmungen entwickeln Kinder ästhetische Wahrnehmungen, d.h. die Wahrnehmungen werden unter Vernachlässigung von Details zu ästhetischen Mustern verbunden. Dies bedeutet, dass ein Gegenstand als etwas Vorgestelltes gedeutet wird. So wurde aus einer Verbindung von einer Papprolle mit Watte die Nase eines Eisbären. Dabei interessierte das Kind nicht die Binnenstruktur der Pappe (Aufwickelung eines Pappstreifens), sondern verband unscharfe Eigenschaften von Nase und Eisbär (Nase als etwas Längliches

und Abstehendes, Eisbär als ein weißes flauschiges Tier) mit denen der Gegenstände. Hier wird exemplarisch deutlich, dass Kinder unterschiedliche Wahrnehmungen ebenso in die ästhetische Deutung von Wahrnehmungen einfließen lassen wie die Einbeziehung von inneren und äußeren Kontexten. Die ästhetische Wahrnehmung ist also geprägt von einer Kombination von ästhetischen und kognitiven Denkprozessen. Die Sachstruktur eines Gegenstandes wird mit eigenen Vorstellungen und Phantasien verknüpft. Dies zeigt auch die Analyse der Aktivitäten der Maskengruppe. So wird z.B. die Sachstruktur einer Gipsbinde wird durch Verknüpfung mit eigenen Vorstellungen im Sinne einer „Mumienbinde" erweitert.
Die vorbewusste ästhetische Wahrnehmung von Phänomenen als Resonanzen erklärt, warum Kinder oftmals die „Realität" anders wahrnehmen als Erwachsene, die einen Gegenstand aufgrund von rationalen Ordnungsschemata bewerten und deuten, und damit verbundene Assoziationen und Vorstellungen vernachlässigen. Damit aus einer sinnlichen Wahrnehmung eine ästhetische Erfahrung werden kann, ist es also unerlässlich, dass die Kinder die Freiheit haben, ästhetische Wahrnehmungen zu entwickeln, d.h. dass die kindlichen Deutungen mehr Gewicht bekommen müssen und eine objektivierte Deutung der Gegenstände nicht in den Vordergrund gestellt wird.
Erst durch die Einbindung aktueller ästhetischer Wahrnehmungen in das Reservoir erinnerter Wahrnehmungen und der persönlichen Entwicklungsgeschichte entstehen substantielle ästhetische Erfahrungen.
Bezogen auf das vorgestellte kunstpädagogische Projekt sollte dieser zentrale Aspekt des ästhetischen Prozesses in der abschließenden Präsentationsphase durch Schaffung notwendiger Rahmenbedingungen ausreichend berücksichtigt werden. Die Kinder hatten die Möglichkeit, das Geschehen retrospektiv ästhetisch zu reflektieren und so die geleistete Forschungs- und Produktionsarbeit im Sinne einer ästhetischen Erfahrungsbil-

dung zu vergegenwärtigen. Aber nicht nur in der von den Projektleiterinnen geplanten Reflexions- und Präsentationsphase ließ sich diese ästhetische Erfahrungsbildung beobachten, sondern auch in den internen Phasen der jeweiligen Projektgruppen. Nachdem die Kinder der Maskengruppe das dargebotene Material sinnlich wahrgenommen und diese Eindrücke in ästhetische Wahrnehmung überführt hatten (es entstand ein Produkt), erprobten sie die Masken in situativen Kontexten. Dabei war zu beobachten, dass einzelne Kinder mit einem gewonnenen Selbstbewusstsein eine neue Rolle einnahmen (die durch das Tragen einer Maske imaginierte Tier- oder Monsterpersönlichkeit) und keine Schwierigkeit hatten, diese in einer öffentlichen Präsentation vorzustellen. Die emotionale Erfahrung, dass das Tragen einer Maske als Symbol eines vorgestellten gestärkten Selbst zu einer Zunahme an Verhaltenssicherheit führt, bewirkte eine Stärkung des Selbstbewusstseins im „Ernstfall" einer Aufführung. Insofern ist anzunehmen, dass der zugrunde liegende ästhetische Prozess als ästhetische Erfahrung eingeschätzt werden kann, und damit hier eine wichtige Erweiterung des Erfahrungshorizontes stattgefunden hat. Auf der anderen Seite ist auch festzustellen, dass ein verkürzter ästhetischer Prozess wie jener der Musikgruppe von den Kindern nicht als ästhetische Erfahrung verbucht wurde. Dies zeigte sich darin, dass die Kinder gänzlich unbeteiligt oder verunsichert an der öffentlichen Präsentation teilnahmen. Diese Beobachtungen lassen den Schluss zu, dass sich ästhetische Erfahrung nur dann einstellt, wenn die anderen Aspekte des ästhetischen Prozesses, also sinnliche Wahrnehmung und die darauf aufbauende ästhetische Wahrnehmung, ausreichend Beachtung finden und ein enger Zusammenhang zwischen den einzelnen Phasen besteht.

Weiterhin liegt nur dann eine ästhetische Erfahrung vor, wenn sich folgende Charakteristika nachweisen lassen:

1. Zunächst ist ästhetische Erfahrung durch Breite gekennzeichnet, d.h. es muss ein Netz von Beziehungen und Handlungen im Umgang mit einem Phänomen vorliegen. Je nach Qualität und persönlicher Gewichtung werden diese von den Kindern in den bisherigen Erfahrungshorizont integriert oder von diesem abgegrenzt. So konnten die Teilnehmer der Tanzgruppe die erprobten Bewegungsformen in das Repertoire der eigenen Bewegungen einbeziehen und diese überzeugend vorstellen (die Kinder interpretierten die Choreographie in ihrem Sinne, d.h. einige Elemente wurden betont und andere weggelassen). Anderen Kindern dieser Gruppe gelang es nicht, die eingeübten Tanzschritte nachzuvollziehen und so nahm ihr Tanz die Gestalt einer mechanischen Nachahmung an. Um die Breite einer ästhetischen Erfahrung zu gewährleisten, muss das pädagogische Szenario von Offenheit geprägt sein, d.h. der Umgang mit Material und Handlungsweisen muss möglichst viele Varianten und individuelle Zugangsweisen zulassen.
2. Ästhetische Erfahrung muss eine Dichte an Emotionalität, Sinnlichkeit und Ästhetik zulassen. Das heißt, dass ein ästhetischer Prozess Zeit braucht. Jedes Kind muss Gelegenheit erhalten in seinem persönlichen Tempo einen Gegenstand umfassend zu untersuchen und zu erproben. Dies bedeutet, dass ein ästhetisches Angebot binnendifferenziert organisiert sein muss. Anderenfalls geht die angestrebte Dichte verloren. Die Arbeit der Maskengruppe hat gezeigt, dass ein Großteil der Kinder sich aus dem ästhetischen Prozess ausklinkten und ein Lernzuwachs lediglich im Bereich der Erprobung von handwerklichen Fähigkeiten (schneiden, sägen, binden) zu beobachten war.
3. Die Zeitgestalt der ästhetischen Erfahrung meint, dass durch die Verknüpfung von neuen Erfahrungen mit der Er-

fahrungsgeschichte eine Antizipation von zukünftigen Handlungen stattfindet. Die Analyse der Projektpräsentationen hat gezeigt, dass einzelne Kinder durch die Vergegenwärtigung der gemachten Erfahrungen mit einem neuartigen Selbstwertgefühl ihre Produkte vorstellen konnten. In den Projektgruppen erprobten die Teilnehmer spielerisch den Umgang mit den erstellten Produkten. Dass dabei zukünftiges Handeln mitgedacht wurde, zeigten die teilweise erfolgreichen öffentlichen Auftritte einzelner Kinder; ganz unabhängig von der ästhetischen Qualität der vorgestellten Produkte. Dies wäre nicht möglich gewesen ohne eine zuvor durchgeführte ästhetische Erfahrungsbildung.

4. Weiterhin bildet ästhetische Erfahrung dynamische Muster. Erkenntnis, Sinnlichkeit und Emotionalität wirken dabei zusammen, werden aber jeweils unterschiedlich gewichtet. Kinder interagieren demnach auf unterschiedliche Weise mit ästhetischen Phänomenen und nutzen ebenso unterschiedliche Ausdrucksmittel. Dies wird sowohl vom Gegenstand, als auch von der individuellen Erfahrungsgeschichte bestimmt. Dadurch lässt sich auch erklären, dass einzelne Kinder der Musikgruppe anders mit dem Material umgingen als die Projektleiterinnen erwarteten. Die visuellen und haptischen Materialeigenschaften waren interessanter als deren Klangeigenschaften.
5. Ästhetische Erfahrung lässt sich nicht scharf von einem intellektuellen Erkenntnisgewinn trennen. Es hat sich gezeigt, dass einige Kinder nach Ablauf des ästhetischen Projektes sehr wohl eine mehr oder weniger bewusste Vorstellung von Strukturelementen des Karnevals entwickelten. Sie erprobten demnach nicht nur unterschiedliche Materialverbindungen und die damit verbundenen Bewegungs- und Handlungsweisen, sondern konnten die Funktion und Bedeutung eines maskierten Umzugs (wie bei

einem Rosenmontagszug) aus ihrer Erfahrung heraus benennen. Durch „künstlerische Feldforschung" verändert sich die Vorstellung von einem Feldphänomen sukzessive. Die mündlichen und visuellen Informationen über den Karneval, in Kombination mit dargebotenem ästhetischen Material waren der Impuls für eigenes ästhetisches Handeln, das zwischenzeitlich den thematischen Kontext vernachlässigte bzw. erweiterte. Durch die Zusammenführung der Arbeitsergebnisse wurde der ursprüngliche Bezug wieder hergestellt. Nun deuteten und bestimmten die Kinder das Feld auf dem Hintergrund ihrer ästhetischen Erfahrung, wodurch sich der Gegenstand veränderte. Diese Neubewertung eines Phänomens ist jedoch nur durch eine distanzierte Reflexion der erlebten Erfahrungen möglich. Insofern kann man durchaus von einer Durchdringung von ästhetischen Erfahrungen und kognitiven Denkprozessen sprechen.

### 5.2.3 Die Verlaufsstruktur von ästhetischer Erfahrung und Erfahrungslernen im „künstlerischen Feldforschungsprozess"

#### *5.2.3.1 Initialisierung ästhetischer Erfahrung*

Zu Beginn jeglicher ästhetischen Erfahrung steht die Initialisierung des Erfahrungsprozesses. Durch die Gegenwart eines ausgewiesenen Feldes werden Vorerfahrungen angesprochen. Gleichzeitig muss das Feld interessante, anregende oder irritative Elemente enthalten. Dadurch werden Kindern angeregt und motiviert, scheinbar vertraute oder noch unbekannte Phänomene der äußeren Wirklichkeit näher zu untersuchen. Eine so motivierte Auseinandersetzung mit einem Feld bewirkt eine Erweiterung der bereits vorliegenden Erfahrungs- und Erkenntnismuster. Das vorgestellte Projekt thematisierte ein Feld (Karnevalsumzüge), das offenbar bisher nur sehr vermittelt zur Lebenswirklichkeit der Kinder gehört. Es zeigte sich aber, dass die Kinder abgesehen vom Wissen, dass es solch ein Phänomen wie Karneval gibt, aber über keine eigenen konkreten Erfahrungen verfügten. Am Wohnort der Kinder wurde karnevalistisches Brauchtum offenbar kaum gepflegt. Insofern war die Konfrontation mit dem durch die Pädagogen ausgewählten Feld zunächst von Irritationen geprägt. Um ästhetische Erfahrung zu initiieren, bedurfte es also mehr als die Darbietung von mündlichen Informationen. In dieser Phase des Projektes wirkten dann visuelle Impulse (Abbildungen von Karnevalsmasken), die Einbindung der geplanten Handlungen in einen phantastischen Zusammenhang (Geschichte von „Monstern") und vor allem die dargebotenen vielfältigen Materialien motivationsfördernd. Hier zeigte sich, dass präsentative Zeichen eine stärkere Impulskraft haben als diskursive. Der Mangel an Vorwissen wurde kompensiert durch die Wirkung von Abbildungen und Material, sowie die Offenheit einiger kunstpädagogischer Angebote im Rahmen des „künstlerischen Feldforschungsprojektes". Das Fehlen von Vorerfahrungen muss also nicht zu einer Stagnation oder dem Ausbleiben ästhetischer Forschungen führen. Ein unbekanntes Feld kann in Verbindung mit anregendem Material sehr wohl ästhetisches Erfahrungslernen initiieren.

##### *5.2.3.2 Dimensionen ästhetischen Handelns im „künstlerischen Feldforschungsprozess"*

Im weiteren Verlauf eines ästhetischen Prozesses nutzen und entwickeln die Kinder unterschiedlichste Formen der Interaktion mit Elementen (Materialien, Produkte, Bewegungsformen) des Feldes. Die kunstpädagogische, pädagogische und entwicklungspsychologische Forschung hat im Rahmen von ästhetischem Erfahrungslernen unterschiedliche Dimensionen ästhetischen Verhaltens beobachtet und analysiert. Welche Verhaltensweisen von Kindern bevorzugt werden, hängt von unterschiedlichen Faktoren ab: Entwicklungsstand der Kinder, die individuelle Erfahrungsgeschichte sowie spontan auftretenden Interessen und Vorlieben. Entscheidend für die Effizienz von pädagogischen Prozessen ist jedoch die Offenheit eines pädagogischen Szenarios, das den Kindern die Freiheit einräumt, ihre Präferenzen im Umgang mit Phänomenen der äußeren Welt nachzuspüren, um so ihren Erfahrungs- und Erkenntnishorizont selbst zu erweitern. Dieser Prozess sollte jedoch pädagogisch begleitet werden, d.h. dass Kinder in dem von ihnen bevorzugten Umgang mit Material unterstützt werden sollten. Der in der Montessori-Pädagogik vielzitierte Satz „Hilf mir es selbst zu tun“ sollte auch in ästhetischen Prozessen zum Leitfaden pädagogischen Handelns werden. Vorraussetzung dafür ist eine genaue Beobachtung und ein vorsichtiges und nicht vereinnahmendes Unterstützen seitens des pädagogischen Personals.

Im Folgenden ist zu untersuchen, welche ästhetischen Handlungsdimensionen von den Kindern bevorzugt wurden und ob das pädagogische Szenario ein vielfältiges Verhalten begünstigte.

Wie bereits gezeigt, ist das Spiel zentrales Element der kindlichen Auseinandersetzung mit Phänomenen der Lebenswelt. Dies bedeutet, dass Kinder ohne pragmatische Ausrichtung mit Gegenständen und Situationen interagieren. Spiel ist in diesem Sinne als Probehandeln zu verstehen. Dabei spielen imaginierende Kräfte und die Phantasietätigkeit eine entscheidende Rolle. Deshalb muss das Spiel im Mittelpunkt von pädagogischen Szenarien im Grundschulbereich stehen. Es werden also ernsthafte Handlungen spielerisch simuliert und diese in ein phantastisches Szenario eingebunden. Dadurch werden die Kinder insofern entlastet, als die angestrebten Untersuchungen und Produktionen nicht in einer realistischen Situation funktionieren und standhalten müssen. Ebenso haben die Kinder durch den spielerischen Charakter eines Projektes die Möglichkeit, ihren Phantasien und Vorstellungen in Auseinandersetzung mit Feldphänomenen frei nachzugehen.

Durch die Einbindung des „Karnevalsprojektes“ in eine phantastische Geschichte von „Monstern“ wurden die ästhetischen Aktivitäten zwar in einen logischen narrativen Zusammenhang gestellt, der den Kindern aber freies Handeln gemäß ihren Phantasien im Umgang mit dem Material ermöglichte. Gleichzeitig wurde eine Beliebigkeit von ästhetischen Prozessen verhindert, da die Projektarbeit der Kinder eine „realistische“ Fortschreibung des in der dargebotenen Geschichte entwickelten phantastischen Szenarios darstellte.
Auch wenn das Spiel als Oberbegriff kindlichen ästhetischen Erfahrungslernens einzustufen ist, so treten in diesem Kontext weitere ästhetische Handlungsweisen auf, die die Charakteristika des Spiels erweitern und sich auch von diesen absetzen.

Die Tätigkeiten des Sammelns und Sortierens haben ihren Höhepunkt im Grundschulalter. Die gesammelten und durch Sortierung gewichteten Materialien sind als symbolische Repräsentanten einer ästhetischen Erfahrung einzustufen. Gleichzeitig wirken sie auf den Sammler identitätsstiftend, da er sich Material verfügbar gemacht hat, und dies auch öffentlich präsentieren kann. Im „künstlerischen Feldforschungszusammenhang“ bedeutet dies eine Interpretation und Gewichtung sowohl der im Feld gesammelten Materialien, als auch der daraus entwickelten ästhetischen Produkte. Um die sammlerischen Aktivitäten von Kindern zu unterstützen, müssen im Projekt die nötigen zeitlichen und räumlichen Rahmenbedingungen geschaffen werden. Dies bedeutet, dass für die Phase der Materialbegegnung ausreichend Zeit eingeplant werden muss. Ebenso muss ein Projektraum so beschaffen sein, dass die Kinder genügend Platz haben, um Sammlungs- und Sortierarbeiten durchzuführen. Weiterhin muss das Material frei zugänglich sein. Ordnungskriterien müssen m.E. nicht erarbeitet werden, da diese aus der Feldbestimmung erwachsen, und die Kinder gemäß ihrer Erfahrungsgeschichte eigene Ordnungsstrategien entwickeln. Es hat sich auch gezeigt, dass die Ausrichtung der ästhetischen Aktivitäten auf bestimmte Produkte und Handlungen bereits Gewichtungen von Materialsammlungen hervorbringen. Weiterhin erscheint es sinnvoll, im Hinblick auf eine öffentliche Präsentation eine Sortierung der entstandenen Produkte anzubahnen. So können die Kinder einen Überblick über den der Produktion zugrunde liegenden ästhetischen Prozess erhalten, der auch die Grundlage für eine Bewertung werden kann. Auch durch die öffentliche Präsentation von feldbezogenen Materialsammlungen in Form einer „Gruppenausstellung“ kann der ästhetischen Prozess in eine ästhetische Erfahrung übergehen.

Eine andere Dimension ästhetischen Handelns von Kindern tritt insbesondere in der Auseinandersetzung mit dreidimensionalen Materialien auf. Solche Handlungen sind entweder als Bauen und Konstruieren oder als Basteln einzustufen.
Unter Bauen und Konstruieren sind Handlungen zu verstehen, die zum einen zielgerichtet auf die Realisierung eines bestimmten und oft funktionalen Produktes abzielen, und zum anderen handwerkliche Fertigkeiten erfordern bzw. dabei erworben werden. Die dargestellten Aktivitäten der Musikgruppe wurden von der Umsetzung vorgegebener handwerklicher Arbeitsschritte dominiert. Es zeigte sich, dass handwerkliche Aktivitäten von Kindern motiviert durchgeführt und eingeübt werden, wenn das zu erstellende Produkt als sinnhaft erfahren wird. Dies war im beschriebenen Projekt nur bedingt der Fall. Insofern ist es sinnvoll, das zu erarbeitende Produkt im Kontext einer Feldbegegnung zu präsentieren und zu diskutieren. Das bedeutet, dass die Kinder einen Bezug zwischen einem zu erarbeitenden Produkt und dem situativen Kontext des Feldes herstellen müssen. Weiterhin grenzen starre Vorgaben betreffend der Herstellungen eines Produktes (z.B. Musikinstrument) im Sinne eines vorliegenden Bauplanes den ästhetischen Prozess ein. Im Sinne von ästhetischer Erfahrungsbildung muss der Charakter und die

Beschaffenheit offen bleiben. Nur so können die Kinder kreative Problemlösungsstrategien eines individuellen Vorhabens entwickeln. Das heißt, sie müssen sowohl ein zu realisierendes Objekt planerisch imaginieren und antizipieren, als auch die handwerkliche Organisation von Material erproben. In dieser Phase kann der Pädagoge sehr wohl unterstützend eingreifen und mit dem Kind notwendige Fertigkeiten einüben.

Die Aktivitäten der Kostümgruppe beinhalteten beide Formen des ästhetischen Umgangs mit dreidimensionalem Material.

Zum einen ging es um die Herstellung eines leistungsfähigen Produktes. Um ein Monsterkostüm herzustellen, mussten die Kinder das Trägermaterial (Krepppapier, Stoffstreifen) so bearbeiten, dass es als stabiles und tragfähiges Kostüm fungieren konnte. Die Rekonstruktion des Geschehens durch die empirische Auswertung legt den Schluss nahe, dass die Kinder kooperativ und motiviert die handwerklichen Arbeiten bewältigten. Im Unterschied zur Musikgruppe waren hier die Kinder von der Sinnhaftigkeit ihres Handelns überzeugt.

Zum anderen sollten die Kinder mittels unterschiedlicher Materialverbindungen die blanken Kostüme zu thematisch ausgerichteten Monsterkostümen bearbeiten. Diese ästhetischen Aktivitäten sind als Basteln einzustufen.

Darunter ist ein improvisiertes Bauen und Gestalten zu verstehen. Die Zielorientierung ist nur temporär angesiedelt, d.h. der kontinuierliche Umgang mit diversen Materialien kann eine stetige Umorientierung der vom Kinde geplanten Zielsetzungen bewirken. Insofern entspricht das Basteln einer voranschreitenden ästhetischen Erfahrung. Dabei antizipiert das Kind eine utopische Wirklichkeit im Sinne eines Symbolspiels. Gegenstände sind nur gemeint und müssen nicht dem Ernst einer realen Situation standhalten.

Im Prozess der Realisierung von Vorstellungen (Welchen Charakter soll das geplante Kostüm aufweisen?) agierten die Kinder im Sinne eines improvisierenden Bastelns. Unterschiedliche

Materialien und Materialverbindungen wurden erprobt und bewertet. Das hatte zur Folge, das ein ursprünglicher Plan aufgegeben wurde und die thematische Orientierung sich wandelte. Anzuführen ist hier die Arbeitsweise von Stefan, der ein Waldmonsterkostüm herstellen wollte. Nachdem er in relativer Autonomie das dargebotene Material untersucht hatte, verarbeitete er Gegenstände, die nur bedingt mit der Thematik Wald verbunden waren. Obwohl vegetative Gegenstände vorhanden waren, bevorzugte er vor allem Fellreste, die er auf das Trägermaterial auftrug, und dieses zusätzlich mit verschiedenen Kartons und Pappröhren anreicherte. Anschließend formte er aus Fell eine Maske und eine Kopfbedeckung. So entwickelte er ausgehend vom Motiv des „Waldmonsters" eine tierähnliche Gestalt, die allerdings auch einen Wald bewohnen kann. Die durch das vorliegende Material wachgerufenen Vorstellungen beeinflussten das weitere Vorgehen. Dieses ist aber nicht als beliebig einzustufen, denn Stefan entwickelte ein in sich geschlossenes Produkt, das auch die anderen Kinder überzeugte. Hier zeigt sich, dass das Basteln stärker als das Bauen und Konstruieren geeignet ist, individuelle ästhetische Erfahrungen zu ermöglichen. Die konstruktiven Elemente treten dann auf den Plan, wenn es gilt, die Materialexperimente zu einem funktionstüchtigen und präsentablen Produkt fortzuentwickeln.

Eine weitere Dimension ästhetischen Verhaltens ist das bildnerische Gestalten von Kindern, worunter Zeichnen und Malen zu verstehen ist.

Auch diese Aktivitäten sind als eine weitere Möglichkeit der Aneignung von Wirklichkeit zu verstehen, wobei nicht nur visuell wahrnehmbare Strukturen aufgenommen und verarbeitet werden, sondern gleichfalls vielschichtige sinnliche Dimensionen einer Sache zeichnerisch verarbeitet werden. Vor allem wirkt sich aber die emotionale Wahrnehmung des Gegenstandes bzw. Gegenübers auf die Qualität einer Zeichnung aus (vgl.

Kap. 5.1.4.5). Desweiteren drückt sich diese Beziehungsebene auch in der Darstellung von narrativen Zusammenhängen aus, wobei Vorerfahrungen, Phantasien und Wünsche zum Ausdruck kommen.

Im Rahmen eines „künstlerischen Feldforschungsprojektes“ hat die bildnerische Gestaltung vor allem die Funktion Ideen und Vorstellungen zu konkretisieren, bzw. zu planen. Kinder finden dadurch eine erste Symbolisierungsebene ihrer Vorstellungen bezüglich der Auseinandersetzung mit einem dargebotenen Feld. Dabei fließen erinnerte Vorerfahrungen und emotionale Dispositionen mit ein. Die dabei entstandenen Arbeiten bieten Gelegenheit, sich über Deutungen von Feldphänomenen und mögliche Vorhaben sowohl mit anderen Kindern, als auch mit dem betreuenden Pädagogen auszutauschen. Bildnerisches Gestalten im „Feldforschungsprozess“ kann also als Ideenfindung charakterisiert werden. Es bildet den Ausgangspunkt für weitere Aktivitäten und Produktionen. Dies zeigten auch die Beobachtungen der Projektgruppe „Tanz“. Bevor die Gruppe einen szenischen Tanz entwickelte, versuchten die Kinder, die Inhalte eines dem Tanz zugrunde liegende Liedes zeichnerisch zu beschreiben. Die dabei entstandenen Inhalte waren die Grundlage für die Erprobung von Bewegungsformen, die später zu einer Gesamtchoreographie zusammengeführt wurden. Die zeichnerischen Interpretationen waren gleichzeitig Antizipationen von zukünftigen Bewegungshandlungen. Durch die Zeichnung entwickelten die Kinder eine Vorstellung vom Wesen und Charakter der in Lied und Tanz  thematisierten Protagonisten, was eine sinnhafte leibliche Identifikation erst ermöglichte.

Wasserfarben und Ölkreide auf Papier: „Begegnung mit dem Spiegelmonster“

Abb. 34

Die hier abgebildete bildnerische Arbeit eines Mädchens entstammt dem eben beschriebenen Kontext. Es handelt sich um die Visualisierung eines Liedtextes, indem eine Person ein Monster im Spiegel entdeckt. Das „Monster“ befindet sich im Zentrum des Bildes und ist offenbar der eigentliche Bildgegenstand. Dafür spricht zumindest die im Vergleich mit der anderen Person differenzierte Darstellung des Monsters. Augenfällig ist die Art und Weise, mit der das Monster als solches charakterisiert wird. Typisch „monsterähnliche“ Konnotationen wie etwa ein „schreckliches“ Antlitz oder eine bizarre Physiognomie sind nicht zu erkennen. Vielmehr wird die „Schrecklichkeit“ durch eine bestimmte Geste ausgedrückt: das Monster breitet die Arme aus, als wolle es raumgreifend seine Bedeutung demonstrieren. Hier wird deutlich, dass das Mädchen in ihrer bildnerischen Interpretation des Liedtextes auf Vorerfahrungen zurückgreift und die Begegnung mit einer angsteinflößenden Person vor allem durch eine spezifische Körpersprache deutet. Im Rahmen der Projektgruppenarbeit war es leicht möglich, aus dieser gestischen bildnerischen Darstellung eine diesbezügliche Bewegungsfolge zu entwickeln.

Musikalisches Handeln ist eine Dimension ästhetischen Verhaltens, die vor allem eine Erfahrung des gesamten Körpers einschließlich der Stimme in Zeit und Raum bezeichnet (vgl. Kap. 5.1.4.6).
Nicht jedes „künstlerische Feldforschungsprojekt" bietet eine Auseinandersetzung mit klanglichen Phänomenen von Welt. Es bedarf ggf. einer Auswahl und eines Verweises des betreuenden Pädagogen auf musikalische Qualitäten und Inhalte eines Feldes. Die Aktivitäten der Kostüm- und Maskengruppe konzentrierten sich vor allem auf die Auseinandersetzung mit feldbezogenen Materialien. Musikalische Qualitäten wurden allerdings insofern berührt, als die entstandenen Produkte bezogen auf ihre räumlich-körperliche Wirkung erprobt wurden. Es wäre also möglich gewesen (was allerdings unterblieb) körper- und objektbezogene Rhythmisierungen zu entwickeln. Es ließ sich beobachten, dass die Kinder derartige Aktivitäten ansatzweise erprobten. Eine Weiterentwicklung solcher Aktivitäten wäre die Aufgabe der Projektleiterinnen gewesen. Sie hätten solche Handlungstendenzen fokussierend thematisieren können. Die Musikgruppe, die schwerpunktmäßig die klanglichen Dimensionen des Feldes untersuchen wollte, scheiterte insofern, da es nicht gelang, den situativen Kontext der „Feldforschung" für die Kinder sinnhaft mit den geplanten musikalischen Untersuchungen zu verbinden. Eine mögliche Alternative hätte darin bestehen können, die Kinder durch leiblich-gestische Übungen (vgl. die Arbeitsweise der Tanzgruppe) dazu anzuregen, für den Charakter einzelner imaginierter „Monster" eine adäquate musikalische Sprache zu finden. Dadurch wäre es den Kindern möglich gewesen eigene Vorstellungen und Erfahrungen experimentell zu verklanglichen. Die klanglichen Eigenschaften der hergestellten Musikinstrumente reichten als Impuls nicht aus,

um weitergehende Klangexperimente durchzuführen. Hier zeigt sich, dass Kinder klangliche Phänomene von Welt nur dann produktiv wahrnehmen und hervorbringen, wenn sie diese in einem sinnhaften Zusammenhang erfahren. Für die „künstlerische Feldforschung“ bedeutet dies, dass klangliche Dimensionen von Welt in Zusammenhang mit dem situativen Kontext gebracht werden müssen.

Als weitere Dimension ästhetischen Handelns ist die Bewegung anzuführen. Darunter ist die Erfahrung des eigenen Leibes in Zeit und Raum durch Nachahmung und Erprobung von Bewegungsabläufen zu verstehen. Dabei ist zu erwähnen, dass bereits der mimetische Nachvollzug von Bewegungen nicht nur als Nachahmung sondern auch als aktive Deutung zu verstehen ist. In der Bewegung nimmt das Kind den eigenen Körper, die Welt mit dem Körper, sowie den eigenen Körper im Spiegel des anderen wahr (vgl. Kap. 5.1.4.7).
Im „künstlerischen Feldforschungsprozess“ spielt die Bewegung insofern eine zentrale Rolle, da es nicht nur um die handelnde Erforschung von Feldphänomenen geht, sondern auch um die Entwicklung von „Umgangsformen“ mit dem in Feldzusammenhängen gesammelten oder hergestellten Material. Umgangsformen meint hier die Verwendung und Erprobung von Material und Produkten in kommunikativen Zusammenhängen. Dadurch wird ein Phänomen nicht nur körperlich erfahrbar, sondern auch dessen Funktion und Bedeutung in sozialen Zusammenhängen handelnd erprobt. In den Projekten von Masken- und Kostümgruppe wurde zunächst der werkzeugleibliche Umgang mit Gegenständen erprobt. Durch die Präsentation von Masken und Kostümen wurde der Erscheinungsleib in das Zentrum der Aufmerksamkeit gerückt. Durch soziale Interaktion mit den anderen Teilnehmern und dem Publikum bestand für die Kinder die Möglichkeit die Wirkung ihres äußeren Erscheinungsbildes zu erfahren und zu modifizieren. Dabei wurde deutlich, dass

nicht nur das Zeigen eines ästhetischen Produktes eine Wirkung zeigte, sondern auch wie es präsentiert wurde. Dadurch wurde Bewegung und Körperausdruck wichtiges Moment der Präsentation. Gleichzeitig deuteten und erlebten die Kinder Feldphänomene (z.B. karnevalistische Maskierung) durch das Erleben und den Nachvollzug von körperlichen Zuständen. Insofern ist die Einbeziehung von Bewegungsaspekten fester Bestandteil des Konzeptes der „künstlerischen Feldforschung".

#### *5.2.3.3 Lernzuwachs*

Ästhetisches Erfahrungslernen ist als Konstruktion einer inneren Wirklichkeit auf der Grundlage von sinnlichen und ästhetischen Wahrnehmungen zu verstehen. Der Lernzuwachs besteht darin, dass das Kind eine Beziehung zwischen den Phänomenen der äußeren Welt und dem Selbst herstellen und durch Symbolisierungen sichtbar machen kann. Durch diese Form der Erfahrungsbildung entsteht für das Kind ein imaginations- und phantasiegestützter „Überblick" über ein Phänomen und gleichzeitig entwickelt es stärkere Handlungsweisen und Kompetenzen. Die „künstlerische Feldforschung" erweitert schulische Bildung durch die geplante Verbindung zwischen kognitiv-rationalem und ästhetischem Denken und Lernen. Der Verlauf des Projekttages hat gezeigt, dass durch fortschreitende ästhetische Auseinandersetzung mit Feldphänomenen, sich ein zumindest vorbewusstes Verständnis von Strukturelementen des Karnevals bei den Kindern entwickelte. Darüber hinaus entwickelten sie kreative Problemlösungsstrategien und erwarben bzw. trainierten technische Fertigkeiten. Ferner wurden soziale Kompetenzen eingeübt indem die Kinder die ästhetischen Produkte und Handlungen kooperativ erarbeiteten und sie diese in ein präsentables Gemeinschaftsprodukt überführten.

### 5.2.4 Unterschiede zwischen künstlerischer Strategie und kunstpädagogischer Konzeption

Abschließend ist in diesem Kapitel zu untersuchen, worin die Unterschiede zwischen der Künstlerische Feldforschung als künstlerische Methode und der Konzeption der „künstlerischen Feldforschung" als einer kunstpädagogischen Methode bestehen.

Die Künstlerische Feldforschung von Lili Fischer ist eine spezifische künstlerische Strategie, die ich im ersten Kapitel beschrieben und analysiert habe. Die Auseinandersetzung mit dieser Methode und ihren Vorgehensweisen bildete für mich den Ansatz für eine kunstpädagogische Konzeption, die Aspekte der Künstlerischen Feldforschung aufgreift und diese in pädagogischen Szenarien übersetzt und nutzbar macht.

**1. „Künstlerische Feldforschung" ist eine kunstpädagogische Konzeption.**

In Europa gibt es eine lange Tradition, in der bildnerische Arbeiten von Kindern als „naive" Kunstausübung gedeutet wurde (z.B. der Geniebegriff der Romantik, die Entdeckung der „Kinderkunst" durch die Kunsterzieherbewegung). Neuere kunstpädagogische Erkenntnisse haben aber deutlich gezeigt, dass ästhetisches Verhalten von Kindern nicht als Kunstausübung einzustufen ist, auch wenn dabei „künstlerische" Mittel zum Einsatz kommen (vgl. Kap. 3.1). *„Im Vorschulalter geben Malen, Zeichen, Modellieren, Bauen und Basteln den Kindern die Möglichkeit, sich individuell auf aktive, lustvolle und spielerische Weise mit ihrer Umwelt auseinanderzusetzen."*[295]

Kunstausübung und Kunstproduktion von Erwachsenen entsteht dagegen immer im Kunstkontext, d.h. es findet eine Auseinandersetzung mit anderen Kunstwerken und künstlerischen Positionen statt. Weiterhin geht es ausgewiesenen Künstlern

[295] Staudte, Adelheid: Zwischen Kunst und Sinnlichkeit – Defizite und Perspektiven ästhetischer Erziehung in der Grundschule, in: Duderstadt, M., a.a.O., 1996, S. 24

auch darum im Sinne von künstlerischen Innovationen ein unverwechselbares ästhetisches Konzept zu entwickeln.[296]
Trotz der notwendigen Unterscheidung zwischen ästhetischem Verhalten von Kindern und professioneller Kunstausübung durch Erwachsene könnte man anführen, dass bestimmte Strategien der Künstlerischen Feldforschung, die Lili Fischer in ihren Projekten nutzt, deckungsgleich mit dem Verlauf ästhetischer Erfahrung bei Kindern sind. Auch wenn die Feldbegegnung leitfragenorientiert durchgeführt wird, so reagiert die Künstlerin assoziativ auf das sinnlich Wahrgenommene, entwickelt ästhetische Wahrnehmungen durch Verknüpfung mit Vorstellungen und emotionalen Dispositionen und interagiert auf unterschiedliche Weise mit Feldphänomenen, d.h. die unterschiedlichen Dimensionen ästhetischen Handelns werden genutzt. Ebenso konstruiert die Künstlerin aus dem Wahrgenommenen ein inneres „Bild" von Welt. Ästhetische Erfahrungsprozesse bei Kindern oder Erwachsenen unterscheiden sich phänomenologisch nicht grundlegend. Die Differenz liegt aber darin, dass Lili Fischer ihren ästhetischen Erfahrungsprozess explizit als künstlerische Handlung ausweist. Dies bedeutet, dass die Künstlerin die Arbeitsergebnisse an einem Kunstort (Museum, Galerie, Kunsthochschule, Katalog, Künstlerbuch) präsentiert. Ästhetische oder auch pädagogische Handlungen werden retrospektiv zum Kunstereignis umgedeutet, wodurch der gesamte Feldforschungsprozess den Charakter eines Bildes erhält, das dann vom Kunstrezipienten als ein solches wahrgenommen werden kann. Die Vermittlung von „Bildern" ist ein zentrales Anliegen von Lili Fischers Künstlerischer Feldforschung.
Die Zielsetzung einer kunstpädagogische Konzeption wie der „künstlerischen Feldforschung" ist eine andere. Um ästhetisches Erfahrungslernen und kindliche Selbst-Bildungsprozesse

---

[296] vgl. Staudte, A.: Zwischen Kunst und Sinnlichkeit – Defizite und Perspektiven ästhetischer Erziehung in der Grundschule, in: Duderstadt, M., a.a.O., 1996, S. 24

zu initiieren, werden bestimmte Aspekte der künstlerischen Strategie in ein pädagogisches Szenario überführt. Das kindliche Interesse ist darauf gerichtet, Phänomene der äußeren Welt und dadurch sich selbst zu begreifen und zu verstehen. Auch wenn dieser Prozess ein kommunikativer ist, d.h. er vollzieht sich in Auseinandersetzung und Interaktion mit dem sozialen Umfeld (Mitschüler, Kinder, Erwachsene), so verwenden Kinder keine gezielten und geplanten pädagogischen wie künstlerischen Strategien um die Ergebnisse eines ästhetischen Prozesses zu vermitteln oder zu evaluieren.

**2. Aufgrund des Entwicklungsstandes von Grundschulkindern ist eine Auseinandersetzung mit wissenschaftlichen Analysen und Wissensbeständen das Feld betreffend nur bedingt möglich.**

Lili Fischers Methode der Feldbegegnung wird leitfragenorientiert vorstrukturiert. Das bedeutet, dass sie vorhandene Wissensbestände und Informationen bezüglich des zu untersuchenden Feldes sichtet und analysiert. Auf dieser Basis aufbauend, strukturiert sie Formen der Feldbegegnung, d.h. sie wählt Aspekte des Feldes aus und plant gleichzeitig mögliche ästhetische Untersuchungen, wobei auch die Mittel bestimmt werden. Vor Ort und im Kontakt mit dem vorliegenden Material werden jedoch die Forschungsmethoden modifiziert, wodurch sich auch das Forschungsinteresse und die damit verbundenen Fragestellungen verändern können.

Aufgrund der kognitiven Entwicklungslage von Kindern im Grundschulalter ist eine derartige Analyse von Wissensbeständen noch nicht möglich. Das bedeutet aber nicht, dass Kinder über keine Möglichkeiten verfügen, sich mit charakteristischen Eigenschaften eines Feldes kritisch auseinanderzusetzen. Wichtigstes Moment dieser Annäherung ist jedoch die authentische Begegnung mit einem Gegenstand und nicht seine didaktische „Zurichtung“ im Sinne eines abruf- und abprüfbaren Schulwissens. Durch die Vereinfachung eines Gegenstandes in

Form von „kindgerecht“ designten Unterrichtsmaterialien, wird die konkrete Erfahrung mit einem Gegenüber unterlaufen. Kinder untersuchen ein Phänomen auf ihre Weise; es wird zerlegt, zerstört, neu verbunden und auf unterschiedlichste Weise spielerisch erprobt.[297] Diese „Spiele“ der kindlichen Annäherung sind aus Sicht des funktional orientierten Erwachsenen durch Langsamkeit und Umwege geprägt. Dabei ist die lustvolle und risikoreiche Auseinandersetzung mit einem Gegenstand die Basis für die spätere Entwicklung einer kritischen Position. Deshalb ist es höchst problematisch die Feldbegegnung allein auf der Grundlage von pädagogisch aufgearbeitetem Material anzubahnen. Die zur Zeit populären „Werkstätten“ zum Sachunterricht in der Primarstufe, ersetzen authentisches Erfahrungslernen durch Kopiervorlagen, denen die „wesentlichen“ Merkmale des Unterrichtsgegenstandes reproduktiv entnommen werden sollen. Diese schulischen „Lernschnellwege“ liefern zwar abprüfbares Schulwissen, unterbinden aber individuelle kindliche Erkenntnismöglichkeiten. *„Es wäre zu prüfen, ob der Eindruck trügt, dass die Entwicklungen auf dem Feld der didaktischen Medien einschließlich der Lehrbücher mit ihren immer perfekteren Buntfotos und Mehrfarbengraphiken dahin gehen, sinnliche Eindrücke zu vermitteln, die immer didaktisch kontrollierbar bleiben – eine Vergegenwärtigung des Lehrstoffs also anbahnen, die das leicht außer Kontrolle geratene wirkliche Angetansein (...) durch perfekte Phänomene hintanhält und doch den Schein wahrt, die bunte Welt werde präsent.“*[298]

Die empirische Untersuchung hat gezeigt, dass es angemessener ist die Feldbegegnung durch adäquate Materialsammlungen zu ermöglichen. Die Frage, welches zusätzliche Informationsmaterial (z.B. Bilder, Texte) auszuwählen sei, sollte sich vor allem auf die Verständlichkeit beziehen. In jedem Fall sind pri-

---

[297] vgl. Rumpf, Horst: Spielarten der Kulturaneignung, in: Staudte, A., a.a.O., 1993, S.23 ff.

[298] Rumpf, Horst: Die übergangene Sinnlichkeit – Drei Kapitel über die Schule, München, 1981, S. 168

märe Quellen den didaktisch aufgearbeiteten Materialien vorzuziehen. Dadurch wird die „Forschungshaltung“ der Kinder dem Feld gegenüber offengehalten. Das bedeutet, dass sich weiterführenden Fragestellungen und spezifische Interessen entwickeln können.

# 6 Ausblick auf Theorie und Praxis einer „künstlerischen Forschung": Das Spannungsverhältnis zwischen künstlerischer und kunstpädagogischer Tätigkeit

Georg Peez schreibt über das Forschen in der Kunstpädagogik u.a.:

*„Forschende Zugänge zur Welt können als eine anthropologische Konstante angesehen werden, die sich nicht nur in den Wissenschaften, sondern u.a. in der individual- und kulturgeschichtlichen Entwicklung des Menschen zeigt."*[299]

Das bedeutet, dass der Begriff der Forschung nicht nur mit der Entwicklung des modernen Wissenschaftsbegriffs seit der Aufklärung verbunden ist, sondern generell die interessierte Untersuchung und Aneignung von Phänomenen der Lebenswelt des Menschen kennzeichnet. Peez führt weiter aus, dass es darum geht, eine möglichst differenzierte Ordnung hinter den Erscheinungen zu entdecken. Dadurch können gängige Vorstellungen durch neuartige ersetzt werden.

*„»Forschen« in einem erweiterten Verständnis ist somit eine aktive Weltzuwendung, die – wie alles menschliche Handeln – Welt auch verändern kann."*[300]

Diese Überlegungen verdeutlichen, dass nicht nur in der Wissenschaft, sondern auch in der Kunst geforscht wird. In beiden Bereichen spielen erkundende Verfahren der Welt- und Selbstaneignung eine wichtige Rolle. Dennoch gibt es auch Unterschiede.

*„»Forschung« in einem engeren, wissenschaftlichen Zusammenhang bedeutet die systematische, methodisch begründete, reflektierte und überprüfbare Beobachtung, Beschreibung und Rekonstruktion von Wirklichkeitsaspekten."*[301]

---

[299] Peez, Georg: Einführung in die Kunstpädagogik, Stuttgart, 2002, S. 123
[300] Peez, G., a.a.O., S. 123
[301] Peez, G., a.a.O., S. 123

Diese Kategorien gelten für forschende Aktivitäten in künstlerischen Arbeitsprozessen nur bedingt. Diese sind eher intuitiv und assoziativ geprägt. Auch die systematische Reflexion und Interpretation der eigenen „Forschungsergebnisse" wird von Künstlern weitgehend vermieden. Schriftliche Zeugnisse [302] geben zwar Aufschluss über geistesgeschichtliche Bezugssysteme und Vorstellungen, sind aber kein verbindlich anwendbarerer Schlüssel zur Interpretation künstlerischer Arbeiten. Dies gilt auch für Lili Fischers Methode der Künstlerischen Feldforschung.

*„Lili Fischers »Feldforschung« kann im engeren Sinn jedoch (...) nicht der qualitativen Forschung zugerechnet werden, sondern sie lässt sich als ein bewusst inszeniertes Entgrenzungsphänomen zwischen Kunst, Pädagogik und wissenschaftlichen Forschungsverfahren verorten und interpretieren."*[303]

Wie im ersten Kapitel gezeigt wurde, gibt es seit den 1970er Jahren Tendenzen in der bildenden Kunst, wissenschaftliche Methoden aufzugreifen und in den Bereich künstlerischer Arbeit zu übersetzten. Dabei geht es um eine forschende Auseinandersetzung mit Wirklichkeit, deren Ergebnisse durchaus einen wichtigen Beitrag zum Verständnis lebensweltlicher Zusammenhänge liefern. Die künstlerische Forschung lässt sich als eine notwendige Ergänzung zu einem einseitig wissenschaftlich geprägten Weltverständnis verstehen. Gleichzeitig wurde eine selbstreferentielle Kunstausübung durch den Hinweis auf die anthropologische Relevanz künstlerischer Prozesse sowohl kritisiert als auch erweitert.

Dieses erweiterte Kunst- und Forschungsverständnis bildet den Kontext für die Entwicklung des Begriffs einer „ästhetischen

[302] z.B.: Kandinsky, Wassiliy: Über das Geistige in der Kunst, Bern, 1952

[303] Peez, Georg: Qualitative empirische Forschung in der Kunstpädagogik – Methodologische Analysen und praxisbezogene Konzepte zu Fallstudien über ästhetische Prozesse, biographische Aspekte und soziale Interaktion in unterschiedlichen Bereichen der Kunstpädagogik, Hannover, 2000, S.83

Forschung“, bzw. „künstlerischen (Feld-) Forschung“, die die Kunstpädagogik beeinflusst.

Tendenzen der künstlerischen Forschung haben zur Zeit Konjunktur. Unter den Stichworten „ästhetische Forschung“, „künstlerische Forschung“ oder „künstlerische Feldforschung“ versuchen Kunstpädagogen, Künstler, Designer, Architekten, Theologen, Germanisten aber auch kunstgewerbliche Handwerker und Industrieunternehmen eine Arbeitsweise zu charakterisieren, die sich im Spannungsfeld zwischen wissenschaftlicher Forschung und künstlerischen Strategien der Weltaneignung befindet. Gemeinsam ist dieser Begriffsdefinition das Verständnis von einer forschenden Auseinandersetzung mit Phänomenen der Lebenswelt. Forschen meint hier die neugierige Untersuchung von Gegenständen und Handlungen, wobei man versucht, das Wesen der Dinge im Detail zu ergründen und dabei eine neue Sichtweise oder ein neues Verständnis zu gewinnen. „Künstlerisch“ oder „Ästhetisch“ setzt den Forschungsfokus auf die Auseinandersetzung mit sinnlichen Qualitäten und achtet dabei gleichfalls auf die damit verbundenen emotionalen Dispositionen und assoziative Vorstellungen. Die beschriebene ästhetische oder künstlerische Forschungshaltung wird in der Regel nicht isoliert betrieben, sondern gilt als Ergänzung zu rational geprägten Forschungstraditionen. Einige Beispiele aus unterschiedlichen Disziplinen zeigen, in welcher Weise die Begriffe „ästhetische“ und „künstlerische Forschung“ bzw. „Feldforschung“ verwendet werden.

Zur Erläuterung dient ein Beispiel aus der Bauindustrie. Die Firma Boxer bewirbt auf ihrer Internetseite die von ihr zum Innenausbau von Häusern hergestellten Kacheln und Fliesen mit folgender Erklärung.:

*„Keramik, Cotto, Glas, Marmor, Natursteine: Dank den speziellen Produktionsverfahren und durch eine ständige* ***ästhetische Forschung*** *ist heute Boxer imstande, ein Produkt zu bieten, in*

*dem das Dekorationselement wegen der inneren Materialeigenschaften hervorgehoben wird. (...)"*[304]

Die Firma versteht also unter ästhetischer Forschung eine Forschungsmethode, die zum einen die spezifischen Materialeigenschaften untersucht und zum anderen gleichzeitig die sinnliche, d.h. ästhetische Wirkung beleuchtet. Insofern scheint die Forschungshaltung der Garant für ein qualitativ hochwertiges Produkt zu sein, das sich nicht nur durch Stabilität auszeichnet, sondern gleichermaßen den Benutzer ästhetisch zu interessieren scheint. Ästhetische Forschung bekommt hier eine ökonomische Relevanz, denn mit ihr lässt sich für ein Produkt werben.

Ein weiteres Bespiel aus dem Bereich der Industrie zeigt, dass für die Imagebildung eines Unternehmens nicht nur kulturelle Aktivitäten gefördert werden, sondern eine Verbindung von künstlerischer Aktivität und industriell ausgerichteter Forschung im Sinne eines fruchtbaren Dialogs nachgewiesen werden soll. Die Siemens AG unterstützt seit einigen Jahren Künstler aus verschiedenen Sparten durch das *Siemens Arts Program.* Im Unterschied zum traditionellen industriellen Kultursponsoring, bei dem ein Unternehmen durch eine Spende ein Kunstprojekt finanziell ausstattet und mit der Präsentation des Firmenlogos auf einem Plakat oder einem Katalog wirbt, werden hier Projekte gefördert, die die eigene industrielle Arbeit durch künstlerische Aktivitäten ästhetisiert. Hier ein Auszug aus dem Presseinfo.:

*„Den Dialog von zwei scheinbar gegensätzlichen Welten – Kunst und Industrie – stetig zu erweitern, ist das Ziel einer Initiative des Siemens Kulturprogramm mit der Siemens Zweigniederlassung Nürnberg. Seit drei Jahren haben KünstlerInnen die Möglichkeit, im Rahmen eines Arbeitsstipendium einen Monat hinter die Werkstore von Industriebetrieben zu blicken und*

[304] vgl. http://www.boxer.it/lingue.htm

*die industrielle Wirklichkeit sowie den Werksalltag als Inspirationsquelle für die* ***künstlerische Feldforschung*** *zu nutzen."*[305]

Das Programm sah dann so aus, dass ein Choreograph das Feld der Bewegungsformen der Industriearbeiter künstlerisch erforschte und daraus eine Choreographie entwickelte, die er in Zusammenarbeit mit Tänzerinnen, einem Musikensemble und einer Sängerin inszenierte und auf dem Werksgelände öffentlich zur Aufführung brachte. Der Choreograph gab an, dass er seine Arbeitsweise als eine Fortführung der Tradition des Ausdruckstanzes von Rudolph von Laban verstand.

Die Presseinformation versucht also, den Eindruck zu erwecken, dass hier eine Kunst gefördert wird, die sich durch ein erweitertes Kunst- und Werkverständnis auszeichnet. Deutlich wird hier die künstlerische Feldforschung als Bezugssystem angegeben. Oberflächlich betrachtet, scheint das Projekt auch Aspekte dieser künstlerischen Strategie zu verwenden, denn die „Inspirationsquelle" der künstlerischen Forschungsarbeit ist ein Phänomen der Lebenswelt. Es sind die Arbeitsprozesse in einem Industrieunternehmen. Diese wurden nicht etwa von der Sozialforschern qualitativ untersucht und interpretiert, sondern durch einen Choreographen ästhetisch wahrgenommen und verarbeitet. Ähnlich wie bei Lili Fischers Arbeitsweise werden dann die aus der ästhetische Forschung abgeleiteten Ergebnisse und Produkte im Rahmen des Feldes präsentiert. Dennoch gibt es entscheidende Unterschiede zwischen dem durch das Presseinfo angegeben künstlerischen Bezugssystem und dem tatsächlichen Projektverlauf.

Das Projekt ist eine Auftragsarbeit der Siemens; d.h. die Motivation für die Künstler sich mit dem „Feld" zu beschäftigen, liegt sowohl in der finanziellen Unterstützung, als auch in der Möglichkeit öffentlichkeitswirksam und damit karrierefördernd aufzutreten. Insofern ist die Unabhängigkeit der Künstler gefährdet,

---

[305] vgl. http://w4.siemens.de/artsproram/de/html/presse/intern/archiv/13jul2000.htm

da sie dem Auftraggeber in gewisser Weise verpflichtet werden. Weiterhin unterscheidet sich vor allem die Präsentation der künstlerischen Arbeiten von den propagierten Inhalten der Künstlerischen Feldforschung. Lili Fischer versuchte durch Konfrontation der Forschungsergebnisse mit dem Feld und den darin befindlichen Bewohnern eine Veränderung des Bewusstseins und dadurch des Verhaltens herbeizuführen. Dies war beim dargestellten Projekt des *Siemens Arts Program* nicht der Fall. Denn wenn auch die öffentliche Präsentation im Werk erfolgte, so bestand das Publikum aber nicht aus den Industriearbeitern, sondern aus einer kulturell interessierten bürgerlichen Öffentlichkeit, die den Bezug zwischen wirklicher industrieller Arbeit und der ästhetischen Transformation und Interpretation aus eigener Anschauung gar nicht herstellen konnte. Insofern bleibt das kritische und emanzipatorische Potential der Künstlerischen Feldforschung unbeachtet. Durch die Einbindung von ästhetischer Forschung in ökonomische Prozesse wurde die oberflächliche Ästhetisierung des Alltags von Industriearbeitern zu einer Werbeveranstaltung der Siemens AG auf hohem kulturellem Niveau. In diesem Zusammenhang bekommt Adornos Kritik am Betriebssystem Kunst eine völlig neue Qualität.:

*„Die Clichés von dem versöhnenden Abglanz, der von der Kunst über die Realität sich verbreite, sind widerlich nicht nur, weil sie den emphatischen Begriff von Kunst durch deren bourgeoise Zurüstung parodieren und sie unter die trostspendenden Sonntagsveranstaltungen einreihen."* [306]

Denn auch wenn das Wirtschaftsunternehmen angibt, dass eine erweiternde und kritische Kunst die eigene Praxis dialogisch bereichern kann, so geschieht das nur in dem Sinne, dass diese Praxis ästhetisch verklärt wird. Dies ist um so kritischer zu bewerten, als dass hier Kunst nicht im Sinne von Adorno eine kompensatorische Flucht vor gesellschaftlichen Problemen er-

[306] Adorno, Theodor W.: Ästhetische Theorie, Frankfurt a.M., 1972, S. 10

möglicht, sondern die tatsächlichen Lebenszusammenhänge durch den „schönen Schein der Bilder" überhöht werden.
Ob es den beteiligten Künstlern dennoch gelang, diesen Zusammenhang subtil und kritisch zu unterlaufen, kann hier aufgrund des Mangels an Informationen nicht geklärt werden.
Die angeführten Beispiele aus dem Gebiet der Industrie sollten aufzeigen, dass ein Verständnis von erweiterter künstlerischer Tätigkeit mittlerweile weit ins öffentliche Bewusstsein (über den künstlerischen und pädagogischen Bereich hinaus) gedrungen ist. Dies schützt Strategien der ästhetischen oder künstlerischen (Feld-) Forschung aber nicht vor Verflachungen oder vor klischeehafter Inbesitznahme durch ökonomisch motivierte Interessengruppen. Um sicherzustellen, dass die Strategien einer Forschung im Spannungsverhältnis von Wissenschaft und Kunst angemessen und gesellschaftlich produktiv zur Anwendung kommen, muss man sich über die Güte der propagierten Verfahren informieren und diese kritisch prüfen.
Auch die bildenden Kunst verwendet ästhetische Forschung als Bezugssystem der eigenen Arbeit. Wie im ersten Kapitel dieser Arbeit dargelegt, spiegelt die Künstlerische Feldforschung von Lili Fischer eine Tendenz künstlerischer Verfahren wieder, die sich bereits in der Nachkriegszeit entwickelte und die ich mit dem Begriff „erweiterter Kunstbegriff" gekennzeichnet habe. Diese Ausrichtung künstlerischer Arbeit ist weiterhin aktuell. Das zeigte nicht nur die Konzeption der Documenta 11.
Auch der Wiener Künstler Ingo Nussbaumer verwendet den Begriff *künstlerische Feldforschung* um eine Untersuchungen zu Farben und Schatten zu charakterisieren.[307] Auch er gewinnt aus der forschenden Erkundung von Umweltphänomenen Impulse für künstlerisches Arbeiten. Diese werden aber in das traditionelle Medium der Malerei übersetzt. Es ist also zu fragen, ob hier wirklich eine Erweiterung der Lebenspraxis durch erweiterte künstlerische Tätigkeit stattfindet und der Begriff der

307 vgl. http://wald.heim.at/urwald/540138/seg99/html/seg99_nuss.html

Künstlerischen Feldforschung nicht in einer stark verkürzte Bedeutung benutzt wird.

Die Kuratorin Stella Rollig verwendet den Begriff *künstlerische Feldforschung,* um das von ihr betreute LOT-Projekt zu beschreiben. Es handelt sich um ein im *world wide web* angesiedeltes Kunstprojekt, in dem Künstler in Zusammenarbeit mit Ethnologen sich mit Phänomenen wie Urbanismus, kulturellen Verwerfungen und Medien- und Verkehrsstrukturen auseinandersetzen. Das Medium Internet wird hierbei genutzt, um eine möglichst breite Öffentlichkeit an den Ergebnissen der künstlerischen Forschung teilhaben zu lassen und dadurch vertraute Denk- und Handlungsweisen zu durchbrechen. Stella Rollig schreibt dazu.:

*„(...) Eine Plakatserie als Teil eines langfristig angelegtes Reiseprojektes als* ***künstlerische Feldforschung*** *– das LOT-Projekt bestätigt die These, dass Kunst produzieren bedeutet, individuelle Erfahrungen zu machen, Schlüsse daraus zu ziehen und andere an den Erkenntnissen zu beteiligen.“*[308]

Im dargestellten Sinne entspricht das angegebene Projekt durchaus dem Verständnis der Künstlerischen Feldforschung, denn die künstlerischen Arbeiten entstammen nicht nur dem Wunsch, Umweltphänomene im Detail und leitfragenorientiert ästhetisch zu untersuchen, sondern zielen gleichzeitig auf eine Beeinflussung des öffentlichen Diskurses ab.

Nach diesem Exkurs in die Bereiche der Wirtschaft und der bildenden Kunst wende ich mich nun der Kunstpädagogik zu, dem eigentlichen Bezugssystem dieser Arbeit.

Um kunstpädagogische Prozesse und Arbeitsweisen zu beschreiben, wird auch hier in den letzten Jahren zunehmend der Begriff „ästhetische Forschung“ verwendet.

So soll den Studierenden des Institutes für Textilgestaltung der Universität für angewandte Kunst Wien im Rahmen ihrer künst-

---

[308] Rollig, Stella: Die Verladung künstlerischer Botschaften, in : http://www.lot.at/EXTENS/beitrag/rollig.htm

lerischen Ausbildung ein Verständnis von künstlerischer Arbeit als **ästhetische Forschung** vermittelt werden.[309] Im Weiteren wurde im Jahre 2001 mit den Wiener Studierenden in Zusammenarbeit mit einem Seminar der Universität Klagenfurt (Institut für Philosophie) ein interdisziplinäres Projekt zum Thema „Sammeln" durchgeführt, in dem es um die Begegnung zwischen Wissenschaft und Kunst ging. Es sollte im Sinne einer **ästhetischen Forschung** gearbeitet werden.[310]

An der Fachhochschule Düsseldorf bietet Maria Schleiner, Professorin für Medienpädagogik und Kunstpädagogik, ein Seminar an unter dem Titel: „Fundstücke: Experimentelles Suchen – **Ästhetische Forschung**".[311]

Im Rahmen des integrativen Studiengangs Kunst/Musik der Universität Bielefeld haben die wissenschaftliche Interessierten Gelegenheit an einem Kolloquium **„Ästhetische Forschung"** teilzunehmen.[312]

In München gibt es ein privates Institut für **ästhetische Forschung** und Kunsttherapie e.V., wodurch der Übergangsbereich zwischen kunstpädagogischer und kunsttherapeutischer Arbeit mittels der Terminologie gekennzeichnet wird.

Auf dem Symposium „Künstlerische Bildung und die Schule der Zukunft" vom 10.-12.Oktober 2001 an der Pädagogischen Hochschule Heidelberg wurde auch eine zukunftsweisende Ausbildung von Kunsterziehern thematisiert. Es herrschte Konsens darüber, dass diese im Rahmen ihrer Ausbildung durch Kunst „erzogen" werden sollten.

*„Im Rahmen von »performativen Strategien« künstlerischer Prozessgestaltung betreiben die Studierenden selbst* ***»ästheti-***

---

[309] vgl. http://www.uni-ak.ac/textil/studienplan.html

[310] vgl. http://www.unikum.ac.at/LAUNSDORF_F/sammeln_intro.html

[311] vgl. http://www.fh-duesseldorf.de/DOCS/FB/SOZPAD/komvor/hs_sp_medienpaed.htm

[312] vgl. http://www.tgkm.uni-bielfeld.de/kvv_kumu01.htm

***sche Forschung«**, um sich in einer Art »Selbstaussetzung« sukzessive ihre eigene künstlerische Position zu erarbeiten.“*[313] Hier wird die Begrifflichkeit der ästhetischen Forschung im Kontext der künstlerischen Ausbildung von Kunstpädagogen verwendet. Damit ist nicht eine künstlerische Strategie gemeint, sondern eine Methode, um den Prozess der eigenen künstlerischen Entwicklung zu reflektieren und zu bewerten. Hier dient eine wissenschaftlich gestützte Forscherhaltung dazu, eigene ästhetische Erfahrung zu evaluieren. Künstlerische Entwicklungen dienen hier nicht der Selbstentfaltung, sondern sollen reflektiert für die Initiierung kunstpädagogischer Prozesse nutzbar gemacht werden.

Dies sind einige Beispiele aus der Kunstpädagogik, die, ohne sie näher zu untersuchen, aufzeigen, dass der Begriff „ästhetische Forschung“ sich einer regen Beliebtheit erfreut, aber dennoch sehr unterschiedlich verstanden und definiert wird. „Ästhetische Forschung“ wird als künstlerische Strategie, als kunstpädagogische Methode und auch als wissenschaftliche Erforschung von künstlerischen Prozessen im engeren, oder ästhetischen Prozessen im weiteren Sinne verstanden. Die unterschiedliche Verwendung der Terminologie korrespondiert mit dem jeweiligen wissenschaftlichen, pädagogischen und künstlerischen Bezugssystem. Je nach Kunstauffassung konzentriert sich die Auseinandersetzung auf die Untersuchung von klassischen Kategorien der bildenden Kunst, wie Malerei oder Skulptur in ihrer Entstehungs- und Wirkungsgeschichte, oder man beschäftigt sich mit künstlerisch-ästhetischen Strategien der Aneignung von Lebenswelt, bzw. versucht diese in pädagogischen Prozessen zur Anwendung zu bringen.

Manfred Blohm beispielsweise wendet den Begriff ästhetische Forschung auf projektorientiertes Arbeiten an.[314] Dabei geht er

[313] Wimmer, Michael: Künstlerische Bildung und die Schule der Zukunft – Bericht über ein Symposium zur künstlerischen Bildung in der nachindustriellen Gesellschaft an der Pädagogischen Hochschule Heidelberg vom 10.-12. Oktober 2001, in: http://www.oks.at/001/KunstUndBildung/Kunsttransfer?cid=403

leitfragenorientiert vor und listet vorab die das ästhetische Forschungsprojekt eingrenzenden Merkmale auf. Seine Projekte beziehen sich auf die Erkundung von Werken der modernen und zeitgenössischen Kunst.[315] Im Rahmen eines solchen Projektes führen die Teilnehmer ein ästhetisches Tagebuch, das als Grundlage für eine Auswertung der ästhetische Erfahrungen dient. Insofern wendet Blohm Methoden der Ethnografie und der Aktionsforschung auf die Untersuchungen von Rezeptionserfahrungen an.

Helga Kämpf-Jansen propagiert die Initiierung einer forschenden Haltung bei Schülerinnen und Schülern.[316] In ihren Projekten geht es weniger um die Annäherung an Werke der bildenden Kunst als um die Erkundung von Phänomenen der Lebenswelt. Kämpf-Jansen versteht unter ästhetischer Forschung die Einbeziehung von ästhetischen Strategien in den Prozess der Selbst-Bildung. Wissenschaftliche Strategien werden dabei in ästhetische Prozesse übersetzt.

*„Wissenschaft stellt Methoden des Befragens, Recherchierens und Analysierens zur Verfügung: das Kategorisieren, Dokumentieren, Archivieren, Konservieren, Präsentieren und Kommentieren.“*[317]

Kämpf-Jansen möchte das Erfahrungslernen fördern und über die kompensatorische Funktion von Kunst hinaus „handfeste“ Bildungsprozesse einleiten. Das Konzept der ästhetischen Forschung soll es bereits Kindern ermöglichen, auch komplexe Phänomene der äußeren Welt selbstständig zu bewältigen.

---

314 vgl. Blohm, Manfred: Die documenta X als Feld für ästhetische Forschungsprojekte von Schülerinnen und Schülern, in: Kirschenmann, Johannes/Stehr, Werner (Hrsg.): Materialien zur Documenta X – Ein Reader für Unterricht und Studium, Ostfildern-Ruit, 1997, S. 84-89

315 vgl. Blohm, Manfred: Picasso: Minotauromachie – Einführung in ein ästhetisches Forschungsprojekt, in: RAAbits Kunst, Juni 1998

316 vgl. Kämpf-Jansen, Helga: Ästhetische Forschung, Köln, 2001

317 Kämpf-Jansen, Helga : Ästhetische Forschung – zu einem innovativen Konzept ästhetischer Bildung, in: Kunst und Unterricht, Heft 262/2002, S.36

*„Dies bedeutet, ein Vorhaben mit Interesse, Intensität, Ausdauer und Konzentration zu verfolgen, rational und emotional zu begleiten, mit Wissen und aufgrund individueller Erfahrungen zu konkretisieren."*[318]
Dahinter verbirgt sich ein Verständnis von kindlichem Lernen, das ästhetische Erfahrungsbildung als grundlegend annimmt und die Trennung von kognitiv-rationalem und ästhetischem Lernen vermeidet. Erfahrungslernen ist *„Lernen ist in seiner ureigenen Bedeutung – nämlich als Verbindung von Kognition, Emotion und selbstverantwortlichem Handeln."*[319]
Ähnlich wie Kämpf-Jansen untersucht auch Maria Peters in neueren Veröffentlichungen Formen forschend-ästhetischen Handelns im Unterricht.[320] Dabei fokussiert sie vor allem die experimentelle Erkundung von Material und unterscheidet die ästhetische Forschung vom systematisch-analytischen Bemühen um Erkenntnis. Ästhetisch-forschendes Handeln ist so gekennzeichnet durch das forschende Entdecken von Phänomenen der Lebenswelt. Dabei geht es auch um eine Symbolisierung von Erfahrungen. Peters ist allerdings der Auffassung, dass diese Symbolisierungen nur annähernd den Erfahrungsprozess widerspiegeln können.
Die Ausführungen über den Einfluss ästhetischer Forschung auf neuere kunstpädagogische Konzepte haben gezeigt, dass in der postindustriellen und mediatisierten westlichen Gesellschaft offenbar ein starkes Bedürfnis nach „authentischen", d.h. ästhetischen Erfahrungen vorliegt. Wenn ein Grossteil der Informationen über die Beschaffenheit von Welt und Gesellschaft medial, d.h. sekundär vermittelt wird, treten Handlungs- und Erfahrungsdefizite auf, denen man durch eine auf ästhetische Erfahrung abzielende Kunstpädagogik entgegenwirken will. Dies

[318] Kämpf-Jansen, H., a.a.O., 2002, S.35
[319] Kämpf-Jansen, H., a.a.O., 2002, S.36
[320] vgl. Peters, Maria: Künstlerische Strategien und kunstpädagogische Perspektiven, in: Ziesche, Angela/Marr, Stefanie (Hrsg.): Rahmen aufs Spiel setzen – FrauenKunstPädagogik, Königsstein/Ts., 2000, S. 131-141

bedeutet nicht, kunstpädagogisches Handeln kompensatorisch auszurichten, oder die mediale Vernetzung der Gesellschaft zu dämonisieren. Ästhetische oder künstlerische (Feld-) Forschung ist vielmehr als Ergänzung zu rationalen und durch Medien gestützten Aneignung von Welt gedacht. Sie schafft gleichsam eine Basis, von der aus erst sekundär vermittelte Phänomene der äußeren Welt gewertet und sinnhaft verstanden werden können. Ästhetische Forschung im Spannungsfeld zwischen Wissenschaft und Kunst ermöglicht ein umfassenderes Begreifen der Welt.

An diesem Punkt soll abschließend auf eine zur Zeit in der Kunstpädagogik stattfindende problemhaltige und spannungsgeladene Diskussion hingewiesen und im Zusammenhang mit den Ergebnissen dieser Arbeit kritisch diskutiert werden: das Verhältnis zwischen kunstpädagogischer Theorie und Praxis und Konzepten und Verfahren der Kunst als deren Bezugssystem. Der Verweis auf ästhetische und künstlerische Forschungstraditionen in Kunst und Kunstpädagogik könnte den Schluss nahe legen, es handele sich um zwei verwandte Disziplinen, deren Vereinheitlichung anzustreben sei. Oder anders ausgedrückt: Eine zeitgemäße Kunstpädagogik müsste nicht nur vordringlich auf Tendenzen und Strategien der Gegenwartskunst Bezug nehmen, sondern vor allem selber zur Kunst werden. In diesem Zusammenhang sind vor allem zwei aktuelle und kontrovers diskutierte kunstpädagogische Modelle zu erwähnen, die für sich den Anspruch reklamieren, selber Kunst zu sein: die *„Ästhetischen Operationen“* von Pierangelo Maset und die *„Künstlerische Bildung“* von Carl-Peter Buschkühle.

Maset leitet den Begriff der „Ästhetischen Operation“ vom italienischen Kunstwissenschaftler Achille Bonito Olivia[321] ab und versteht darunter das Schema einer bestimmten künstlerischen

---

[321] Achille Bonito Oliva, geboren 1939 in Salerno, ist Professor für zeitgenössische Kunst an der Universität La Sapienza in Rom und einer der bekanntesten Kunsttheoretiker Italiens. 1993 war er Leiter der Biennale von Venedig.

Arbeitsweise im Sinne von Unternehmung, chirurgischem Eingriff, Prozedur oder geplanter Handlung. Maset hält dies für ein geeignetes Interpretationsschema um Kunstwerke zu interpretieren und verallgemeinerbare Besonderheiten einer künstlerischen Arbeitsweise festzustellen, auf deren Grundlage eine kunstpädagogische Vermittlung einsetzen kann.[322] Dabei gehe es aber nicht darum, Fakten aus einem Kunstwerk herauszudestillieren, sondern eine spezifische „ästhetische Mentalität" zu entdecken. An diesem Punkt soll die geplante Vermittlungsarbeit ansetzen. Analog zu den Arbeitsweisen ausgewiesener Künstler ist es die Intention Masets, bei Schülern und Studierenden „eine bestimmte Mentalität herauszubilden". Sie sollen in kunstpädagogischen Szenarien nicht über abgesicherte Strukturmerkmale einer Kunstrichtung informiert werden, sondern selbständig und selbstbewusst eigene ästhetische Operationen durchführen und dadurch gleichsam eine eigenständige künstlerische Arbeitsweise (ästhetische Mentalität) entwickeln. Derartige Projekte sollten auf schulische Lernzieloperationalisierungen verzichten und sich als offener Prozess formieren. Maset begründet dies wiederum in Hinblick auf die aktuelle Kunst, die auch auf solche explizite Zielsetzungen verzichte. *„Nur ein bestimmtes Ziel vor Augen haben, ist in der Kunst nicht die Vorgehensweise. Vielmehr werden gleichzeitig viele unterschiedliche Ziele erreicht."*[323] Demzufolge fühlt sich Maset in seiner propagierten Arbeitsweise dem Ideal einer „wirklichen" Produktion in kunstpädagogischen Szenarien verpflichtet. Was hier unter „wirklich" zu verstehen ist, verdeutlicht er mit dem Rückgriff auf die aristotelische Unterscheidung zwischen Poiesis (Herstellung eines Werkes) und Praxis (selbstzweckhaftes

[322] vgl. Kriegner, Birgit/ Büttner, Susanne: Was bringen uns „Ästhetische Operationen"? – Ein Interview mit Pierangelo Maset, in: BDK-Mitteilungen 1/03, S. 4
[323] Kriegner, B./ Büttner, S., a.a.O., 2003, S. 5

Tun).[324] Aktuelle Kunst zeichne sich durch eine Praxis aus, die die Beziehung zwischen Subjekt und Gegenstand zu überwinden suche und stattdessen eine darüber hinausgedachte Vermittlungspraxis anstrebe. In der Kunst *„zeige sich in Interaktivität, Kommunikation und Intersubjektivität eine Praxis der »Aufhebung der Dingorientierung als Werkkategorie«."*[325] Eine kunstpädagogische Praxis, die sich den Arbeitsweisen der Kunst verpflichtet fühle, müsste diese Tendenzen aufgreifen und demzufolge gemeinschaftliche und netzwerkartige Arbeitsformen entwickeln. Dies bedeute auch die Aufgabe des Leitbildes der Künstlerpersönlichkeit und eine Zurücknahme subjektiver Signaturen.

Resümierend lässt sich feststellen, dass Masets Modell der „ästhetischen Operationen" eine kunstpädagogische Praxis vorschlägt, die sich im Kontext der aktuellen Kunst selber als künstlerische Praxis versteht, also zur Kunst werden soll.

*„Im kunstpädagogischen Kontext wird viel über >Praxis< gesprochen, jedoch ist nicht immer klar, was >Praxis< eigentlich bedeutet. Der Anspruch des Begriffs wird aber dann deutlich, wenn die KunstPädagogik selbst als eine Praxisform von Kunst veranschlagt wird. Diese besondere Praxisform wird nicht vom Kunstmarkt bestimmt, sondern sie entwickelt sich im Kontext von Bildungsprozessen."*[326]

Maset sieht in seiner Konzeption eine Perspektive für die Kunstpädagogik des 21. Jahrhunderts und glaubt dadurch das Fachverständnis im Sinne einer ästhetischer Erziehung/Bildung überwinden zu können.

Zunächst sei hier angemerkt, dass die Forderung nach einer kunstadäquaten kunstpädagogischen Praxis beileibe keine In-

---

[324] vgl. Kettel, Joachim: Künstlerische Bildung und die Schule der Zukunft – Bericht über ein Symposium in Heidelberg und Schloss Rotenfels, BDK-Mitteilungen 1/02, S.12

[325] Kettel, J., a.a.O., 2001, S.12

[326] Maset, Pierangelo (Hrsg.): Praxis, Kunst, Pädagogik: ästhetische Operationen in der Kunstvermittlung, Lüneburg, 2001

novation ist, sondern bereits in den fachlichen Verortungen der Kunsterzieherbewegung ihren Ausgang nahm[327] und vor allem durch Gert Selles Thesen nachhaltig den kunstpädagogischen Diskurs der 80er und 90er Jahre des vorigen Jahrhunderts bestimmte.[328]

Des Weiteren fällt auf, dass Maset für sich einen spezifischen Begriff von Gegenwartskunst definiert, auf dessen Grundlage seine pädagogischen Ableitungen erst möglich sind. Dabei ist zu fragen, ob dieser Kunstbegriff tatsächlich mit der aktuellen Kunstproduktion zur Deckung kommt, bzw. ob sich die Fülle divergenter aktueller künstlerischer Positionen mit den von ihm verwendeten Begrifflichkeiten wie Differenz, Fremdheit, Intersubjektivität und Vernetztheit auf einen Nenner bringen lassen. Ohne dieser Frage näher nachgehen zu wollen, muss festgestellt werden, dass Maset nicht die Gegenwartskunst kunstpädagogisch aufarbeitet, sondern vielmehr den aktuellen kunsttheoretischen Diskurs elaboriert, nachzeichnet. Dies zeigt sich schon in der Übernahme der Terminologie der „Ästhetischen Operation". So wird das Interpretationsmodell eines Kunstwissenschaftlers nicht nur verwendet um eine analoge Kunstgeschichte zu schreiben, es muss auch herhalten um kunstpädagogische Praxis „neu" zu bestimmen. Dabei wird übersehen, dass Kunstwissenschaft natürlich nicht das tatsächliche Kunstwerk mittels Sprache identisch abbilden kann - und es auch gar nicht erst versucht. Auch Präsentationen aktueller Kunst in Ausstellungen wie der Documenta 11 wollen weder verbindliche Bestandsaufnahmen sein, noch wird der Versuch unternommen, einen spezifischen neuen Kunstbegriff festzulegen. Die

[327] vgl. Carl Götzes Forderungen auf dem Kunsterziehertag in Dresden (1901): „Jeder Lehrer muss zeichnen können und außer einer gebildeten Anschauung kräftige künstlerische Interessen besitzen.", in: Kunsterziehung – Ergebnisse und Anregungen des Kunsterziehertages in Dresden am 28. und 29. September 1901, Leipzig, 1902

[328] vgl. Selle, Gert: Über das gestörte Verhältnis der Kunstpädagogik zur aktuellen Kunst. Eine Kritik mit praktischen Konsequenzen. Herausgegeben von Konrad Jentzsch und Raimund Lehmann, BDK pocket 1, Hannover, 1990

von den Kuratoren ermittelten Ordnungskriterien internationaler Kunstproduktion sind von hypothetischer Natur, die die Eigenständigkeit des Kunstwerks unangetastet lässt. In diesem Zusammenhang ist Masets Position durchaus fragwürdig: er verwechselt Kunst mit dem kunsttheoretischen Diskurs, entwickelt auf dieser Basis einen subjektiven Kunstbegriff, um daraufhin eine Kunstpädagogik zu entwerfen, die dem von ihm entwickelten Kunstverständnis entsprechen soll.

Diese Schrittfolge hat auch in der Geschichte der Kunstpädagogik ihre Tradition. In ähnlicher Weise versuchte auch Gunter Otto in den 1960er Jahren einen Paradigmenwechsel im Fachverständnis zu initiieren. In seinem bahnbrechenden Werk „Kunst als Prozess im Unterricht" gründete er sein Modell des *Kunstunterrichts* auf einer aus heutiger Sicht engführenden und formalästhetisch ausgerichteten Analyse der Kunst der Moderne.

*„Die Kunst der Gegenwart erzieht den Menschen zu der inneren Bereitschaft, seine Welt durch die Formel hindurch wahrzunehmen, zu reflektieren, als seine Wirklichkeit zu vollziehen. Damit die Kunst diese Funktion im Leben des Menschen übernehmen kann, muss sie gelehrt werden."*[329]

Ottos damaliges Verständnis vom Wesen der Kunst brachte eine kunstpädagogische Praxis hervor, die sich nicht an den Bedingungen ästhetischer Bildungsprozesse von Kindern und Jugendlichen orientierte, sondern an den von ihm festgelegten Merkmalen der Kunst, die mittels einer präzisen Lernzieltaxonomie Gegenstand der Vermittlung wurden. Auch wenn die Problemhaltigkeit dieses Verfahrens von Otto selber eingestanden und im Sinne einer ästhetischen Erziehung erweitert wurde, prägt diese Strategie noch immer die Unterrichtswirklichkeit von Schulen und ist oftmals noch Gegenstand des Referendariats. Maset gibt vor, ästhetische Praxis von schulischer Lernzielorientierung im Sinne der heutigen Gegenwartskunst befreien zu

---

[329] Otto, Gunter: Kunst als Prozess im Unterricht, Braunschweig, 1964, S.54

wollen; dennoch scheint er die überwunden geglaubte kunstpädagogische Theoriebildung der 1960er Jahre zu wiederholen. *„Nach wie vor finde ich Ottos Buch „Kunst als Prozess im Unterricht“ am besten, sein Lebenswerk ist sehr relevant für die Kunstpädagogik.“*[330] Auch wenn Maset bestreitet, Ideen von Otto weiterentwickelt zu haben, so trifft das zwar auf unterschiedliche künstlerische Vorlieben und kunstwissenschaftliche Bezugssysteme, aber nicht auf seine Methode der Generierung kunstpädagogischer Theorie und Praxis zu. Ob dies **die** Kunstpädagogik des 21. Jahrhunderts sein soll, muss noch aus einem viel gewichtigeren Grund in Frage gestellt werden. (Kunst)Pädagogisches Handeln sollte sich immer an den Bedingungen der Bildungsprozesse von Kindern und Jugendlichen orientieren. Wenn darauf verzichtet wird, muss jeder Vermittlungsversuch scheitern. Denn Vermitteln bedeutet zwischen einem Gegenstand und einem Gegenüber einen Bezug zu ermöglichen. Dies kann aber nur gelingen, wenn die am Vermittlungsprozess beteiligten Subjekte selbsttätig eine Beziehungsebene zum Gegenstand aufbauen können. Anderenfalls ist lediglich ein mechanistisches Praktizieren nach den Vorgaben einer Lehrkraft zu erwarten und der anvisierte Bildungsprozess bleibt nahezu wirkungslos. Masets Modell der „Ästhetischen Operationen“ ist m.E. keine Kunstpädagogik vom Kinde bzw. Jungendlichen aus, sondern orientiert sich an einem problematischen Verständnis vom Wesen der Kunst. Dies zeigen auch die von ihm vorgestellten Praxisbeispiele. Das kunstpädagogische bzw. „künstlerische“ Setting soll die differenziellen Potentiale der Gegenwartskunst in „ästhetische Operationen“ überführen. Von Maset wird in unterschiedlichen Zusammenhängen immer wieder exemplarisch auf das Projekt „HardEdge“ verwie-

[330] Kriegner, B./ Büttner, S., a.a.O., 2003, S. 6

sen.[331] Es handelt sich um die Präsentation von monochromen Farbtafeln, mit denen Studierende unterschiedliche Operationen durchführen sollten. Zumeist wurden diese Tafeln an ungewöhnlichen Orten installiert (im öffentlichen Raum, im Hamburger Hafenbecken) und die Reaktionen der Bevölkerung auf diese verfremdenden Eingriffe dokumentiert. Maset gibt an, dass es sich um eine Übertragung des „operativen Schemas" der amerikanischen Farbfeldmalerei (z.B. Barnett Newman) in Handlungszusammenhänge handelt.[332] Hier wird die Problematik des Vorgehens besonders deutlich. Grundlage für die kunstpädagogische Praxis ist die subjektive Werkinterpretation eines Kunstpädagogen, der für ihn wesentliche und zumeist formalästhetische Merkmale einer künstlerischen Arbeitsweise zum verbindlichen Gegenstand kunstpädagogischen Handelns von Studierenden macht. Hier wird die Nähe zu Gunter Ottos Konzeption des Kunstunterrichts augenfällig. Die vorgebliche Offenheit des Projektes bestand im weiteren lediglich darin, in welcher Weise die Studierenden die von Maset herausdestillierten Strukturelemente des „operativen Schemas" in Handlungszusammenhänge übersetzten. Eine derartiges kunstpädagogisches Szenario lässt sich schwerlich als kunsthafte/kunstnahe Praxis kennzeichnen. Vielmehr versteckt sich hinter der Maskerade der „KunstPädagogik" eine dezidierte Lernzielorientierung, die im Unterschied zu Otto auf eine reflektierte Aufarbeitung verzichten will. Dies wird deutlich, wenn man den Transfer dieser Methode in den schulischen Kontext betrachtet. Die österreichische Kunsterzieherin Birgit Kriegner berichtet von einem HardEdge-Projekt in einem 6. Schuljahr und kommt dabei zu folgenden Erkenntnissen: *„Bei Projekt- und Gruppenarbeiten können SchülerInnen nicht einfach sich selbst überlassen werden. Sie brauchen zu Beginn des Projektes viele Informationen*

[331] HardEdge ist ein Projekt das Pierangelo Maset und Eva Sturm mit Studierenden der Universitäten Hamburg, Lüneburg und Kassel im Wintersemester 2000/2001 durchführte.

[332] vgl. Maset, Pierangelo: Die Operation HardEdge, in: Maset, a.a.O., 2001

*und einen Arbeitsauftrag mit klaren Ausgangsbedingungen. Das offene Arbeiten bewirkt eine Vielfalt an Ergebnissen. Daher sind Zwischenbesprechungen und gemeinsame Reflexionsphasen notwendig.*"[333]

Kriegner weist hier auf Lehrstellen in Masets Konzept hin, indem sie deutlich macht, dass „ästhetische Operationen" aus ihrer Sicht nur auf der Grundlage von didaktisch aufgearbeiteter kunstgeschichtlicher Information und durch klare Handlungsanweisungen in Unterrichtszusammenhängen umsetzbar sind. Auch die von Maset ausgesparte Reflexion von Praxisphasen erscheinen ihr notwendig. Insofern ist es fraglich, ob die postulierten Ziele der „ästhetischen Operationen" wie „kunsthafte" ästhetische Praxis oder die Auseinandersetzung mit der Differenzialität von Kunst und Welt auch nur ansatzweise eingelöst werden können. Es stellt sich darüber hinaus auch die wichtige Frage, ob Kinder und Jugendliche überhaupt daran interessiert sind, ihre eigene vornehmliche „Fremdheit" angesichts der „Fremdheit" der Kunst zu erleben und ob die in solchen Szenarien zu beobachtende ästhetische Praxis derart zu interpretieren ist.

Ein weiteres aktuelles kunstpädagogisches Modell, das eine kunstadäquate kunstpädagogische Praxis einfordert, ist die *„Künstlerische Bildung"* von Carl-Peter Buschkühle.[334]

Auf dem bereits erwähnten Symposium „Künstlerische Bildung und die Schule der Zukunft", das unter der Federführung von Buschkühle im Jahre 2001 durchgeführt wurde, postulierten die teilnehmenden Kunstpädagogen einen radikalen Paradigmenwechsel des Faches. Eine „Künstlerische Bildung", die sich an der Methodik künstlerischer Denk- und Handlungsprozesse auszurichten habe, überwinde in Zukunft die Konzepte der *ästhetischen Erziehung* (Otto) und der *ästhetischen Bildung* (Sel-

---

[333] Kriegner, Birgit: Denn sie wissen was sie tun ... – Ein Bericht aus der Praxis von der Kunsterzieherin Birgit Kriegner, in: http://www.oks.at/001/KunstUndBildung/Kunsttransfer?cid?=541

[334] vgl. Buschkühle, Carl-Peter: Perspektiven künstlerischer Bildung, Köln, 2002

le).[335] Künstlerische Arbeitsformen sollten traditionelle Unterrichtsverfahren ersetzen. Letztere wurden dadurch charakterisiert, dass sie sich auf formale und kunsthistorische Themenstellungen und Theorien, operationalisierbares Schülerverhalten sowie die Trennung von Subjekt und Unterrichtsgegenstand ausgerichtet seien. Die „Künstlerische Bildung“ sei demgegenüber werk- und prozessorientiert und ermögliche dem Subjekt die Entwicklung einer eigenständigen Position. Im Mittelpunkt künstlerischer Prozesse ständen nicht Verstehen und Erfahrungsbildung, sondern stehe die „Gestaltung“. Darunter sei eine Vereinigung der ästhetischen Formen des Denkens und Handelns zu verstehen.

In diesem Kontext ist Buschkühles kunstpädagogische Theoriebildung angesiedelt. Im Unterschied zu traditionellen Modellen, die seiner Meinung nach umfassende künstlerische Prozesse didaktisch zergliedern oder die intellektuellen Dimensionen von Kunst durch subjektivistische Kunsterfahrung verkürzen, propagiert er eine Nutzung der Strategien der Gegenwartskunst im Sinne einer durchaus widerständigen Selbsterfahrung. Solch eine induktiv geprägte Strategie motiviere Schüler zu eigenen, selbständigen und experimentell-forschenden Aussageformen. Der Prozesscharakter und die prinzipielle Offenheit solcher kunstpädagogischen Szenarien kämen dadurch im Subjekt konflikthaft zur Austragung. Buschkühle fordert also eine Kunstdidaktik als Kunst im Sinne des erweiterten Kunstbegriffs. Das erfahrungsoffene Subjekt soll durch künstlerische Prozesse zum „Künstler des Selbst“, zum „Lebenskünstler“ werden. Buschkühle bezieht sich hier auf seine Auslegung des beuysschen Kunstbegriffs[336], und verknüpft ihn mit dem Konzept der „Lebenskunst“ des Philosophen Wilhelm Schmid.[337]

---

[335] Kettel, J., a.a.O., 2001, S. 8 f.

[336] vgl. Buschkühle, Carl-Peter: Wärmezeit - Zur Kunst als Kunstpädagogik bei Joseph Beuys, Frankfurt a.M., 1997

[337] vgl. Schmid, Wilhelm: Philosophie der Lebenskunst – Eine Grundlegung, Frankfurt a.M., 1998

Zielsetzung dieses Konzeptes sei es, dem Einzelnen eine selbständige Orientierung in einer komplexen und differenten Gesellschaft zu ermöglichen. Somit soll jeder Mensch dazu befähigt werden ein (Lebens)Künstler zu werden. Kunst definiert Buschkühle als eine intensive Selbstaussetzung des Subjektes gegenüber einem fremden Material. Dieser Prozess der Entfremdung bzw. Selbstbefremdung führe dann zur Entwicklung eigener Denk- und Handlungsbewegungen. Künstlerische Prozesse basieren demnach auf einer differenzierten Wahrnehmungstätigkeit, auf deren Grundlage sich selbstständige Bedeutungskonstruktionen entwickeln lassen. Eine diesbezügliche differente kunstpädagogische/künstlerische Arbeitsweise soll durch Kunstrezeption und Produktion imaginäres und visionäres Denken hervorrufen und dadurch die schöpferischen Fähigkeiten des Subjektes mobilisieren. Buschkühle fordert eine Erziehung durch Kunst und nicht die Förderung und Entwicklung künstlerisch-technischer Fertigkeiten. Daraus ergeben sich seiner Meinung nach folgende Konsequenzen und Anforderungen für die kunstpädagogische Praxis:[338]

- Ein Kunstpädagoge muss different auf die „Selbstbewegungen" der Schüler reagieren können.
- Pädagogische Prozesse sollen zu künstlerischen Gestaltungsprozessen transformiert werden.
- Selbsterfahrung der eigenen künstlerischen Arbeit gehöre ebenso zur Professionalität des Kunstpädagogen wie eine lebenslange Praxis der „Lebenskunst".
- Ebenso sei eine Zeitgenossenschaft zu Kunst und Gesellschaft Bedingung für die Initiierung künstlerischer Prozesse.
- Kunstpädagogische Vermittlungsprozesse müssten künstlerisch gestaltet werden.

[338] vgl. Kettel, J., a.a.O., 2001, S. 9

Im Unterschied zu Maset betreibt Buschkühle keine dezidierte Analyse der aktuellen Kunst aus der Perspektive poststrukturalistischer Theorie. Die von ihm verwendeten Begrifflichkeiten wie „Selbstbefremdung" oder „subjektive Bedeutungskonstruktion" entstammen zwar diesem Kontext; dennoch basiert sein Kunstverständnis vor allem auf Vorstellungen, die mit dem erweiterten Kunstbegriff zu beschreiben sind. Insofern transformiert er keinen spezifischen kunsttheoretischen Diskurs in kunstpädagogische Zusammenhänge, sondern bezieht sich auf nachweisbare künstlerische Strategien, die künstlerische Handlungen als gesellschaftlich relevante Tätigkeiten verstehen. Ob ein derartiges Kunst- und Werkverständnis aber geeignet ist, die Gesamtheit der in Anspruch genommenen Gegenwartskunst zu kennzeichnen, bleibt dennoch fraglich. Letztlich betreibt auch Buschkühle eine subjektive Auslegung und Systematisierung künstlerischer Manifestationen, um daraus eine adäquate kunstpädagogische Praxis einzufordern. Denn selbst im Falle von Joseph Beuys lässt sich zumindest fragen, ob die Gesamtheit seines facettenreichen Oeuvres sich ausschließlich aus dem Blickwinkel des von ihm selber propagierten erweiterten Kunstbegriffs verstehen lässt. Immerhin hat Beuys nicht nur eine künstlerisch-pädagogische Theorie hinterlassen, sondern auch eine Fülle von „traditionellen" künstlerischen Exponaten wie Zeichnungen, Skulpturen und Installationen. Buschkühle erliegt m.E. der Versuchung - und da besteht dann doch eine Nähe zu Maset - theoretische Ableitungen künstlerischer Positionen mit dem tatsächlich vorliegenden Kunstwerk gleichzusetzen. Dies mag durchaus legitim sein, nur sollte auf den hypothetischen Gehalt solcher Versuche hingewiesen werden. Dies wird dann um so wichtiger, wenn solch eine Deutung der Gegenwartskunst zum Ausgangspunkt für pädagogisches Handeln wird. Es kann nicht der Sinn und Zweck von kunstpädagogischer Vermittlung sein, Kindern und Jugendlichen lediglich mit einem Kunstbegriff zu konfrontieren, so plausibel und gegenwärtig er einem auch erscheinen mag. Denn jede Generation sollte selbstständig und selbsttätig eigene Wege gehen dürfen, bzw. sich ein eigenes „Bild“ machen von dem, was der Fall ist. Und gerade diese fordert ja Buschkühle auch mit Nachdruck. Die Frage, ob dies dann bereits Kunst sei, beantwortet er aus der Perspektive „seines“ erweiterten Kunstbegriffs positiv und unterschlägt dabei, dass dies auch die Leitfigur einer emanzipatorisch ausgerichteten Pädagogik ist. Künstlerische Strategien bildender Künstler können zwar diese Konnotationen subjektiv oder intersubjektiv enthalten, dennoch bleiben sie interpretationsoffen und sind nicht gleichzusetzen mit gesellschaftlichen Prozessen. Insofern ist die Forderung der „künstlerischen Bildung“, eine Kunstdidaktik als Kunst zu entwickeln, in dieser Zuspitzung problematisch. Denn zum einen würde dies eine Engführung des Kunstbegriffs auf bestimmte Phänomene hin bedeuten[339], zum anderen ist eine emanzipatorisch ausgerichtete Pädagogik keine Domäne der Kunstpädagogik, die solch eine Zielsetzung dann als Kunst bezeichnet.

Letztlich ist es aber für eine Bewertung von Buschkühles kunstpädagogische Theorie nicht entscheidend, ob man sie mit dem Etikett „Kunst“ versehen kann, sondern ob daraus eine Praxis abgeleitet werden kann, die Kinder und Jugendliche eigenverantwortlich an Bildungsprozessen teilhaben lässt. Um das proklamierte Ziel der „künstlerischen Bildung“, also die Entfaltung „künstlerischer“ Denk- und Handlungsformen, zu erreichen, wird eine induktive Arbeitsweise eingefordert, *„die von der Wahrnehmung zur Gestaltung, von der Erfahrung zur Erkenntnis führt.“*[340] Dem ist inhaltlich nichts entgegenzusetzen. Dennoch sei angemerkt, dass dies keine Innovation und Neubestimmung

[339] Es gibt noch andere Phänomene die der „Kunst“ zugerechnet werden müssen: die Kunsthochschule mit ihrem Klassensystem, der Kunstmarkt mit seinem Warencharakter, Preise und Stipendien, das Museum, der Kunstverein, etc.

[340] vgl. Künstlerische Bildung und die Schule der Zukunft - Symposium zur künstlerischen Bildung in der nachindustriellen Gesellschaft: Arbeits- und Ergebnisbericht, in: http://www.ph-heidelberg.de/org/kunst/kunstsite/Start/Galerie/symp.htm

kunstpädagogischer Praxis ist. Das Modell eines Kunstunterrichts, der im Sinne einer „Nachahmungsdidaktik" scheinbare Strukturelemente bildender Kunst von Schülern mimetisch rekonstruieren lässt, gilt im Fach seit längerem als überwunden; auch wenn die Schul- und Unterrichtswirklichkeit eine andere Sprache spricht. Gerade eine „ästhetische Erziehung/Bildung", die es nach Buschkühle zu überwinden gilt, betont die Bedeutung der ästhetische Erfahrung in kunstpädagogischen Szenarien und fordert eine Berücksichtigung solcher Prozesse in der gesamten schulisch organisierten Bildung. Ebenso ist es unstrittig, dass Kunstpädagogik sich nicht auf die Auseinandersetzung mit künstlerischen Positionen und Werken beschränkt, sondern ästhetische Strategien gerade in Auseinandersetzung mit Phänomenen und Fragen der Lebenswelt von Schülern eine entscheidende Bedeutung haben und der Unterricht adäquat organisiert werden muss. Insofern ist heutige Kunstpädagogik immer interdisziplinär ausgerichtet und nutzt die unterschiedlichen Dimensionen ästhetischen Verhaltens von Kindern und Jugendlichen (z.B. Sprache, Musik, Bewegung). Buschkühle beschreibt also mit seinem Modell der „künstlerischen Bildung" etwas, das in der Fachdiskussion längst seinen Platz gefunden hat. Der Unterschied besteht lediglich darin, dass er das „Ästhetische" durch das „Künstlerische" ersetzen will, was, wie bereits dargelegt, problematisch und irreführend ist. Denn bereits John Dewey hat überzeugend dargelegt, dass „Kunst als Erfahrung" immer eine ästhetische Dimension hat, und auf diese sollte man in kunstpädagogischen Prozessen keinesfalls verzichten. E-benso notwendig ist die Reflexion von ästhetischen Selbsterfahrungsprozessen. Gerade in pädagogischen Zusammenhängen trägt dies endscheidend zur Erfahrungsbildung bei. Und hier besteht möglicherweise eine Gefahr in Buschkühles Modell. Durch eine Überbetonung des leidvollen Ausgesetztseins des Subjektes in „künstlerischen" offenen Projekten vernachlässigt er möglicherweise eine pädagogisch gebotene reflektierte Aufarbeitung von Aktionen, wodurch er das Pädagogische an der Kunstpädagogik preisgibt.[341] Auch wenn die „Kunst" die Hauptbezugsquelle kunstpädagogischen Denken und Handelns ist, so bleibt sie Pädagogik und muss sich vordringlich auf die Bedürfnisse von Kindern und Jugendlichen ausrichten.

Die Ergebnisse dieser Arbeit haben gezeigt, dass es Phänomene in der bildenden Kunst gibt, die im Sinne einer ästhetischen/künstlerischen Forschung interpretierbar sind und durch den erweiterten Kunstbegriff charakterisiert werden können. Insofern scheint es durchaus legitim, derartige Strategien der „Ressource Kunst" zu nutzen und in kunstpädagogischen Szenarien wirksam werden zu lassen. Dennoch besteht ein grundlegender Unterschied zwischen den als „Kunst" ausgewiesenen Aktivitäten von erwachsenen „Künstlern" und den ästhetischen Aktivitäten von Kindern und Jugendlichen. Eine Gleichsetzung, wie dies Maset und Buschkühle betreiben, ist ebenso problematisch wie die Forderung, dass Schüler derartige künstlerische Strategien unreflektiert adaptieren sollen. Eine solche Methodologie wird weder einer komplexen Gegenwartskunst gerecht, noch entspricht sie den Bedingungen und Anforderungen des Pädagogischen.

Die empirische Untersuchung dieser Arbeit hat demgegenüber gezeigt, dass ästhetisches Erfahrungslernen von Kindern zwar eine phänomenologische Nähe zu bestimmten künstlerischen Verfahren und Positionen wie der künstlerischen Feldforschung von Lili Fischer aufweist, dieses aber nicht als „Kunst", sondern als Prozess einer ästhetischen Bildung von Kindern zu interpretieren ist. Das kunstpädagogische Modell der „künstlerischen Feldforschung" möchte deshalb ein pädagogisches Szenario entwerfen, das den Kindern den notwendigen Raum für solche Aktivitäten zubilligt. Der Begründungszusammenhang für eine

[341] Kirschenmann, Johannes: Bild und Bildung – Vom Gärtnern im hortus pictorum, S. 8, in: http://www.lrz-muenchen.de/~kl511ef/webserver/webdata/leipzigausdruck.pdf

solche Methodik ergibt sich also nicht aus den Destillaten der aktuellen kunsttheoretischen Diskurse, sondern aus den anthropologischen Bedingungen kindlicher Bildungsprozesse. In diesem Zusammenhang kommt auch der Kraft des Ästhetischen eine entscheidende Rolle zu. Denn ästhetische Erfahrung von Kindern dient der Aneignung von Lebenswelt und verhilft ihnen sich mit einem Gegenüber umfassend auseinanderzusetzen und dadurch ein adäquates eigenes „Bild“ zu konstruieren. Nur dadurch kann es dem Subjekt gelingen, eine reflektierte eigene Position gegenüber bzw. in der Welt einzunehmen. In diesem Zusammenhang nutzen Kinder unterschiedliche „künstlerische“ Ausdrucksweisen (Das Spiel, Sammeln und Sortieren, Bauen und Konstruieren, Basteln, Zeichnen und Malen, Musikalisches Handeln, Bewegen, Sprache) unabhängig von Phänomenen einer grenzüberschreitenden Kunstpraxis von Erwachsenen. Insofern dient eine interdisziplinäre und fächerübergreifende ästhetische Praxis vordringlich nicht dazu, Tendenzen der aktuellen Kunst zu verstehen bzw. nachzuvollziehen, sondern verhindert eine engführende Aufsplitterung der Dimensionen ästhetischen Verhaltens von Kindern im schulischen Fächerkanon, wodurch eine ganzheitliche Welt- und Selbsterkenntnis ermöglicht werden soll. Im Rahmen von künstlerischen/ästhetischen Feldforschungsprojekten entwickeln Kinder kreative Bewältigungsstrategien. Deshalb ist es wichtig, ein ästhetisches Forschungsprojekt nicht durch vorgegebene Aufgabenstellungen mit klar umrissenen Handlungsanweisungen zu strukturieren, sondern die Kinder durch die Konfrontation mit einem für sie überraschenden und irritierenden Feld zu individuellen ästhetischen Forschungen anzuregen. Dabei kann es durchaus zu einer Befremdung eines scheinbar vertrauten Feldes kommen. An diesem Punkt ist Buschkühle sicher Recht zu geben, dass es im Hinblick auf die Entwicklung eigenständiger Positionen notwendig ist, dass Kinder eigenständige Bewegungen im Umgang mit ästhetischem Material entwickeln und dass diese Suchbewegungen sicher nicht konfliktfrei ablaufen. Es ist aber nicht sinnvoll, wie Maset die Offenheit von kunstpädagogischen Szenarien durch angenommene künstlerische Strategien der Gegenwartskunst zu legitimieren. Denn die „prinzipielle Offenheit“ von ästhetischen Projekten ergibt sich nicht aus der „Kunst“, sondern aus der individuellen Verlaufsstruktur ästhetischer Erfahrungsbildung von Kindern. Auch wenn ein ästhetisches Projekt von individuellen Wegen und subjektiven Aneignungsformen geprägt ist, erscheint es dennoch pädagogisch geboten, derartige Aktivitäten zu bündeln und mit den Kindern zu reflektieren. Nur so können ästhetische Wahrnehmungen auf der Grundlage von Sinneseindrücken zu ästhetischen Erfahrungen transformiert werden. Denn ein ästhetisches Forschungsprojekt hat mehr zu bieten als Aktionismus. Die erfahrung- und erkenntnisstiftende Funktion ästhetischer Praxis bedarf sowohl einer rekursiven, als auch einer vorausschauenden Betrachtung. Im Szenario der „künstlerischen Feldforschung“ soll an dieser Stelle eine reflektierte Präsentation der „Forschungsergebnisse“ eine Übersicht über den Verlauf des ästhetischen Prozesses erzeugen. So wird es den Kindern möglich, sich gegenseitig über die unterschiedlichen ästhetischen Strategien zu informieren und sich über mögliche Alternativen bzw. neue Wege auszutauschen. Mittels Sprache geben präsentierte Objekte über die ästhetische Wirkung hinaus Auskunft über entwickelte Qualitäten, Bedeutungen und individuelle Problemlösungen, ohne dass diese in Beliebigkeit verschwimmen. Durch die präsentative Reflexion eines ästhetischen Prozesses wird dieser kommunikabel, wodurch subjektive Erfahrungen intersubjektiv erweitert werden können. Wenn Maset auf die pädagogisch gebotene Reflexion zugunsten einer kunstnahen ästhetischen Praxis verzichten möchte, so sei an dieser Stelle wiederum auf einen grundlegenden Unterschied zwischen Kunst und Kunstpädagogik hingewiesen: Kunstwerke und der Prozess ihrer Herstellung bedürfen keiner sprachlichen Auslegung durch den Künstler; dafür sind Kunstwissenschaftler, Kuratoren und selbstverständlich der Rezipient zuständig. Anders sieht es mit der ästhetischen Praxis von Kindern in kunstpädagogischen Zusammenhängen aus.

*„(...) Doch es genügt nicht, oftmals auch ohne Können in der künstlerischen Form, den Erkundungsprozess durch Studierende oder Schüler als Artefakte der Weltentdeckung, Aufklärung und vollendeten Selbstfindung auszurufen und als Gärtner zufrieden abseits zu stehen, oftmals die Blüten der Imitation als prächtige neue Züchtungen zu preisen und vor allem das so resultierende Bild nicht mit Geschichte, Sprache und Kontext zu erden.“*[342]

In dieser Arbeit wurde versucht, die Strategie der künstlerischen Feldforschung von Lili Fischer in ein kunstpädagogisches Modell zu transferieren und somit die Kunst als Ressource des Faches zu nutzen. Entscheidend für die Effizienz einer solchen Methode ist aber nicht deren „Kunsthaftigkeit“, sondern die Beziehung zu Bedingungen kindlicher Bildungsprozesse. Es ging weder darum, den Kindern eine spezifische künstlerische Position im Sinne einer Nachahmungsdidaktik nahezubringen, noch darum Kindern „kunstnahes“ Arbeiten zu ermöglichen, was wie gezeigt auch gar nicht möglich ist. Demgegenüber wird eine ästhetische Praxis vorgeschlagen, die künstlerisch-forschende Zugänge zur Lebenswirklichkeit in einem kindgemäßen Zusammenhang anbahnt. Ästhetisch forschende Methoden der aktuellen Kunst fungieren hier insofern als wichtige Bezugsquelle, als sie auf Möglichkeiten einer „ganzheitlichen“ Welt- und Selbsterkenntnis verweisen, die diesseits und jenseits einer primär medial erzeugten Bedeutungskonstruktion von Welt liegen. In kunstpädagogischen Zusammenhängen wird aber deutlich, dass hier die Kunst etwas nachvollzieht, was immer schon eine anthropologische Konstante war: Bildung bedeutet nicht

[342]Kirschenmann, J.: Bild und Bildung – Vom Gärtnern im hortus pictorum, S. 8, in: http://www.lrz-muenchen.de/~kl511ef/webserver/webdata/leipzigausdruck.pdf

nur im Kindesalter eine ästhetische, emotionale und reflektierende Aneignung von Wirklichkeit. In diesem Sinne ist künstlerische Feldforschung von Lili Fischer eine Ressource, aus der heraus sich kunstpädagogisches Denken und Handeln neu formieren kann.

## Literaturverzeichnis

**Achtenhagen, Frank**: Qualitative Unterrichtsforschung. Einige einführende Bemerkungen zu einer kontrovers diskutierten Problematik, Unterrichtswissenschaft 2,1984

**Adorno, Theodor W.** (Hrsg.): Der Positivismusstreit in der deutschen Soziologie, Darmstadt, 1969

**Adorno, Theodor W.**: Ästhetische Theorie, Frankfurt a.M., 1972

**Adorno, Theodor W.**: Engagement oder künstlerische Autonomie in: Gesammelte Schriften, Bd. II, hrsg. von Rolf Tiedemann, Frankfurt a.M., 1984

**Adriani, Götz/Konnertz, Winfried/Thomas, Karin**.: Joseph Beuys, Düsseldorf, 1973

**Aissen-Crewett, Meike**: Kunstunterricht in der Grundschule, Braunschweig, 1992

**Amann, Klaus/Hirschauer, Stefan**: Die Befremdung der eigenen Kultur. Ein Programm, in: Hirschauer, u.a., 1997

**Bastian, Heiner**: 7000 Eichen, Tübingen, 1985

**Bauer, Günther G.** (Hrsg.): HOMO LUDENS – Der spielende Mensch II – Internationale Beiträge des Institutes für Spielforschung und Spielpädagogik an der Hochschule „Mozarteum" Salzburg, München / Salzburg, 1992

**Baumgarten, Alexander Gottlieb**: Aesthetica, Frankfurt a. d. Oder, 1750 - 58

**Beck, Gertrud/Scholz, Gerold**: Beobachtung im Schulalltag: ein Studien- und Praxisbuch, Frankfurt a.M., 1995

**Beck, Gertrud/Scholz, Gerold**: Fallstudien in der Lehrerausbildung, in: Friebertshäuser, u.a., 1997

**Becker, Gerold**(Hrsg.): Ordnung und Unordnung. Hartmut von Hentig zum 23. September 1985, Weinheim/Basel, 1985

**Behnken, Imbke/Jaumann, Olga (Hrsg.)**: Kindheit und Schule: Kindererleben im Blick von Grundschulpädagogik und Kindheitsforschung, München, 1995

**Benner, Dietrich**: Allgemeine Pädagogik - Eine systemgeschichtliche Einführung in die Grundstruktur pädagogischen Denken und Handelns, Weinheim, 1987

**Bertuleit, Sigrid**: »Testflug der Nachtfalter« oder Über Wesen und Seele, in: Fischer, 2001

**Beuys, Joseph**: Multiples I – Oeuvreverzeichnis sämtlicher multiplizierter Arbeiten, München, 1974

**Bittner, Günther**: „Auf zwei Beinen stehen ..." - Eine pädagogische Vergegenwärtigung des Leibes, in: Becker, u.a., 1985

**Bloch, Ernst**: Das Prinzip Hoffnung, Frankfurt a.M., 1976

**Blohm, Manfred**: Die documenta X als Feld für ästhetische Forschungsprojekte von Schülerinnen und Schülern, in: Kirschenmann, u.a., 1997

**Blohm, Manfred**: Picasso: Minotauromachie – Einführung in ein ästhetisches Forschungsprojekt, in: RAAbits Kunst, Juni 1998

**Blohm, Manfred**: Berührungen & Verflechtungen – Biographische Spuren in ästhetischen Prozessen, Köln, 2002

**Bollnow, Friedrich Otto**: Philosophie der Erkenntnis, Stuttgart, 1970

**Booth, Charles**: A Survey of London Life and Labour, London, 1889

**Brenne, Andreas:** Der ewige Student – Historischer Nachspann, in: Fischer, 1996

**Brenne, Andreas**: Zeichenwerkstatt mit Hand und Fuß – Eine Werkstatt zum Thema „Körperwahrnehmung", in: Die Grundschulzeitschrift, 118/1998

**Brenne, Andreas:** Zeichenwerkstatt – Die künstlerische Feldforschung als Methode einer kulturanthropologischen Standortbestimmung, in: Kirchner, u.a., 2001

**Brenne, Andreas/Ditzig-Engelhardt, Ursula**: Einladung zur Grenzüberschreitung – Experimentelle Untersuchungen zur Interaktion zwischen bildnerischen und musikalischen Gestaltungsprozessen, in: Musik in der Schule, 1/2001

**Bräuer, Heinz-Jürgen**: Trägt der Musikunterricht zur Allgemeinbildung bei?, in: Polzin, u.a., 1998

**Brüninghaus-Knubel, Cornelia**: Von Menschen und Ratten im Museum, in: Fischer, 1996

**Buschkühle, Carl-Peter**: Wärmezeit - Zur Kunst als Kunstpädagogik bei Joseph Beuys, Frankfurt a.M., 1997

**Buschkühle, Carl-Peter**: Perspektiven künstlerischer Bildung, Köln, 2002

**Cage, John**: A Year from Monday, Middleton/Connecticut, 1967

**Cassirer, Ernst**: Philosophie der symbolischen Formen, Darmstadt, 1965

**Cave, Kathryn/Riddell, Chris**: Irgendwie Anders, Hamburg, 1994

**Derrida, Jacques**: L'écriture différence, Paris, 1962

**Dewey, John**: Kunst als Erfahrung, Frankfurt a.M., 3. Aufl.,1998

**Dietrich, Cornelie**: Musikalisches Denken bei Kindern, in: Neuß, u.a., 1999

**Döpp, Wiltrud**: Das Lehrer-Forscher-Modell an der Laborschule Bielefeld, in: Friebertshäuser, u.a., 1997

**Duby, Georges/Ariés, Philip** (Hrsg.): Geschichte des privaten Lebens, Frankfurt a.M., 1985

**Duderstadt, Matthias**: Kunst in der Grundschule, Frankfurt a.M., 1996

**Duncker, Ludwig/ Frohberg, Michaela/ Maren Zierfuss**: Sammeln als ästhetische Praxis des Kindes – Eine Befragung Leipziger Grundschulkinder, in: Neuß, u.a., 1999

**Duncker, Ludwig**: Begriff und Struktur ästhetischer Erfahrung, in: Neuß, u.a., 1999

**Eberwein, Hans/Mand, Johannes** (Hrsg.): Forschen für die Schulpraxis: Was Lehrer über Erkenntnisse qualitativer Sozialforschung wissen sollten, Weinheim, 1995

**Ehmer, Hermann K.**: Betrifft: Kunsterfahrung, in: BDK Mitteilungen, 3/95

**Ehrenspeck, Yvonne/Schäfer, Burkhard** (Hrsg.): Film- und Fotoanalyse in der Erziehungswissenschaft, Opladen, 2003

**Eibl-Eibesfeldt, Irenäus**: Grundriss der vergleichenden Verhaltensforschung, München, 1969

**Eid, Klaus/Langer, Michael/Ruprecht, Hakon**: Grundlagen des Kunstunterrichts: eine Einführung in die kunstdidaktische Theorie und Praxis, Paderborn/München/Wien/Zürich, 1994

**Einsiedler, Wolfgang**: Spielen – Spielfreude – Spielernst / Pädagogische – psychologische Grundprobleme des Kinderspiels, in: Bauer, u.a., 1992

**Ellgring, Heiner**: Audiovisuell unterstützte Beobachtung, in: Flick u.a.,1995

**Engholm, Björn**: Mit dem Kopf fühlen, dem Herz denken?, in: Fischer/Jappe, 1997

**Falke, Reinhard**: Fallstudien in der Erziehungswissenschaft, in: Friebertshäuser, u.a., 1997

**Fine, Gary Alan/Sandstorm, Kent L.**: Knowing children - Participant observation with minors. Sage university paper series on qualitative research methods. Vol. 15., Beverly Hills, 1988

**Fischer, Elisabeth**: Kreative Animation im Urlaub - am Beispiel eines Projektes auf der Nordseeinsel Pellworm, Hamburg, 1981

**Fischer, Hans** (Hrsg.):Ethnologie: Einführung und Überblick, Bremen, 1992

**Fischer, Hans**: Feldforschung, in: Fischer, u.a., 1992

**Fischer, Hans**: Zur Theorie der Feldforschung, in: Stagl, u.a., 1981

**Fischer, Lili**: Feldforschung als künstlerische Methode, in: Kunstforum international, Bd. 27, 1978

**Fischer, Lili**: Weg von der Insel! Weg von der Insel? (Kunst als Animation im Urlaub), in: KunstNachrichten, 14. Jhg., Heft2, 1978

**Fischer, Lili**: Kraut & Zauber, Hamburg, 1980

**Fischer, Lili**: Teufelsmoor persönlich, in: KunstNachrichten, 20. Jhg., Heft 2, März, 1984

**Fischer, Lili**: Feldforschung geräuchert, in: Kunstforum International, Bd. 93, 1988

**Fischer, Lili**: Küchenlatein – Performance-Drehbuch, Köln, 1989

**Fischer, Lili**: Künstlerisches Zubehör für Daheim, Wiesbaden, 1989

**Fischer, Lili**: Scheusalgesänge, Detmold, 1994

**Fischer, Lili**: Meute im Museum, Duisburg, 1996

**Fischer, Lili**: Primäre Ideen - Hand- und Fußarbeiten aus der Kunstakademie Münster, Regensburg, 1996

**Fischer, Lili**: Milchmädchenrechnung: (eine Leiter auf und ab), Hamburg/München, 2000

**Fischer, Lili**: Primäre Ideen II – Fortgeschrittene Hand- und Fußarbeiten aus der Kunstakademie Münster, Regensburg, 2000

**Fischer, Lili**: Herbarien, Stuttgart, 2000

**Fischer, Lili**: (Und meine Seele) spannte / Weit ihre Flügel aus, Schweinfurt a.M., 2001

**Fischer, Lili**: Lili Fischer-Weg 1-55, in: Blohm, Manfred, 2002

**Fischer, Lili/Jappe, Georg**: Teufelsmoor persönlich, Schriftenreihe der Barkenhoff-Stiftung, Worpswede, 1983

**Fischer, Lili/Jappe, Georg**: Schreibpegel Bleckede, Hamburg, 1986

**Fischer, Lili/Jappe, Georg**: windunter, Brunsbüttel, 1995

**Fischer, Lili/Jappe, Georg**: Leporello-Arie, 2 Bücher zum Aufstellen, bestehend aus: Lili Fischer: Medusenspiegel / Georg Jappe: Meine schönsten sechsundzwanzig. Lösch & Traumblätter, Ostfildern-Ruit bei Stuttgart, 1997

**Fischer, Lili/Jappe, Georg**: Polare Gestade, Köln, 1997

**Fischer, Lili/Jappe, Georg**: Kissen im Moor, Expo 2000, Beitrag zu „Moore, Sumpf und Klosterland“, Kunstverein Giffhorn, 30.6 – 27.8.2000

**Flick, Uwe (Hrsg.)**: Handbuch qualitativer Sozialforschung: Grundlagen, Konzepte, Methoden und Anwendungen, Weinheim, 1995

**Fricke, Christiane**: Intermedia: Happening, Aktionismus und Fluxus, in: Walther u.a., 2000

**Friebertshäuser, Barbara/Prengel, Annedore (Hrsg.)**: Handbuch Qualitative Forschungsmethoden in der Erziehungswissenschaft, München, 1997

**Friebertshäuser, Barbara**: Feldforschung und teilnehmende Beobachtung, in: Friebertshäuser, u.a., 1997

**Friedrichs, Jürgen**: Methoden empirischer Sozialforschung, Opladen, 1980

**Fröhlich, Gerhard/Mörth, Ingo**: Symbolische Anthropologie der Moderne: Kulturanalysen nach Clifford Geertz, Frankfurt a.M., 1998

**Funke-Wieneke, Jürgen**: Die pädagogische Bedeutung der Körpererfahrung im Kindesalter, in: Staudte, u.a., 1996

**Geertz, Clifford**: Dichte Beschreibung: Beiträge zum Verstehen kultureller Systeme, Frankfurt a.M.,1991

**Gehlen, Arnold**: Die „Natürlichkeit" des Kulturellen, in : Anthropologische Forschung; Reinbek bei Hamburg, 1965

**Glaser, Barney/ Strauss, Anselm L.**: Die Entdeckung gegenstandsbezogener Theorie: Eine Grundstrategie qualitativer Forschung, in: Hopf, u.a., 1969

**Goffman, Erving**: Wir spielen alle Theater - Die Selbstdarstellung im Alltag, München, 1969

**Gruhn, Wilfried**: Wie entsteht musikalische Bildung? Von den Chancen und Schwierigkeiten des Musikunterrichts heute, in: Musik & Ästhetik, Heft 12, Oktober 1999

**Hammersley, Martyn/Atkinson, Paul**: Ethnography: Principles in practice, New York, 1983

**Hartwig, Helmut**: Über die Kunst, ihren Begriff und was sie mit der Pädagogik zusammen kann und was nicht. in: BDK-Mitteilungen, 1/96

**Heckhausen, Heinz**: Entwurf einer Psychologie des Spielens, in: Psychologische Forschung, 27, 1964

**Heinze, Thomas**: Qualitative Sozialforschung: Erfahrungen, Probleme und Perspektiven, Opladen, 1987

**Henri, Adrian**: Allan Kaprow, in: Total Art: Environments, Happenings and Performance, New York, 1974

**Hentig, Hartmut von**: Bildung, München/Wien, 1996

**Hirschauer, Stefan/Amann, Klaus (Hrsg.)**: Die Befremdung der eigenen Kultur: zur ethnographischen Herausforderung soziologischer Empirie, Frankfurt a.M., 1997

**Hohlfeld, Marion**: Grenzwechsel - das Verhältnis von Kunst und Spiel im Hinblick auf den veränderten Kunstbegriff in der zweiten Hälfte des zwanzigsten Jahrhunderts mit einer Fallstudie: Groupe de recherche d`art visuel, Weimar, 1999

**Hopf, Christel/Weingarten, Elmar** (Hrsg.): Qualitative Sozialforschung, Stuttgart, 1969

**Humboldt, Wilhelm von**: Königsberger Schulplan, in: Flitner, Andreas / Giel, Klaus (Hrsg.): Wilhelm von Humboldt: Werke in 5 Bänden, Darmstadt, 1960 - 64

**Jacoby, Heinrich**: Grundlagen einer schöpferischen Musikerziehung (Rede vom 5. Mai 1921), in: Jacoby, Heinrich: Jenseits von „Musikalisch" und „Unmusikalisch", Hamburg 1995

**Jaeger, Richard M.**: Complementary methods for research in education, Washington, D.C., 1988

**Jappe, Elisabeth**: Performance – Ritual – Prozess: Handbuch der Aktionskunst in Europa, München / New York, 1993

**Jappe, Georg**: Meine Schreibtischblätter, Frankfurt a.M., 1996

**Jappe, Georg**: Beuys Packen – Dokumente 1968 – 1996, Regensburg, 1996

**Jauß, Hans Robert**: Ästhetische Erfahrung und literarische Hermeneutik, Frankfurt a.M., 1991

**Kainz, Friedrich**: Das Steigerungsphänomen als künstlerisches Gestaltungsprinzip, Leipzig, 1924

**Kämpf-Jansen, Helga** : Ästhetische Forschung – zu einem innovativen Konzept ästhetischer Bildung, in: Kunst und Unterricht, Heft 262/2002

**Kämpf-Jansen, Helga**: Ästhetische Forschung, Köln, 2001

**Kandinsky, Wassiliy**: Über das Geistige in der Kunst, Bern, 1952

**Kant, Immanuel**: Critik der Urteilskraft, Berlin, 1790

**Kant, Immanuel**: Über die Erziehung, 1803

**Kardorf, Ernst von**: Qualitative Sozialforschung - Versuch einer Standortbestimmung, in: Flick, u.a., 1995

**Kelle, Helga**: „Wir und die anderen". Die interaktive Herstellung von Schulklassen durch Kinder, in: Hirschauer, u.a., 1997

**Kelle, Helga**: Die Komplexität sozialer und kultureller Wirklichkeit als Problem qualitativer Forschung, in: Friebertshäuser, u.a., 1997

**Kettel, Joachim**: Künstlerische Bildung und die Schule der Zukunft – Bericht über ein Symposium in Heidelberg und Schloss Rotenfels, BDK-Mitteilungen 1/02

**Kirchner, Constanze/Peez, Georg** (Hrsg.): Werkstatt: Kunst – Anregungen zu ästhetischen Erfahrungs- und Lernprozessen im Werkstattunterricht, Hannover, 2001

**Kirchner, Constanze**: Kinder im Dialog mit Bildender Kunst, in: Neuß, u.a.,1999

**Kirchner, Constanze**: Kinder und Kunst der Gegenwart – Zur Erfahrung mit zeitgenössischer Kunst in der Grundschule, Seelze, 1999

**Kirschenmann, Johannes/Stehr, Werner** (Hrsg.): Materialien zur Documenta X – Ein Reader für Unterricht und Studium, Ostfildern-Ruit, 1997

**Klafki, Wolfgang**: Aspekte kritisch-konstruktiver Erziehungswissenschaft, Weinheim, 1976

**Klafki, Wolfgang**: Die Bedeutung der klassischen Bildungstheorien für ein zeitgemäßes Konzept allgemeiner Bildung, Zeitschrift für Pädagogik, 32 Jg., 1986, Nr.4

**Kleining, Gerhard**: Methodologie und Geschichte qualitativer Sozialforschung, in: Flick, u.a., 1995

**Krappmann, Lothar/ Oswald, Hans**: Unsichtbar durch Sichtbarkeit, in: Behnken, u.a., 1995

**Krefting, Anne**: Das wahrgenommene Objekt – Ästhetische Arbeit am Geschichtsbewusstsein - Ein kunstpädagogischer Ansatz für die Praxis in kulturhistorischen Museen, Oldenburg, 2000

**Kriegner, Birgit/ Büttner, Susanne**: Was bringen uns „Ästhetische Operationen"? – Ein Interview mit Pierangelo Maset, in: BDK-Mitteilungen 1/03

**Kunsterziehung** – Ergebnisse und Anregungen des Kunsterziehertages in Dresden am 28. und 29. September 1901, Leipzig, 1902

**Langer, Susanne K.**: Philosophie auf neuen Wegen , Frankfurt, 1965

**Legwie, Heiner**: Feldforschung und teilnehmende Beobachtung, in: Flick, u.a., 1995

**Lévi-Strauss, Claude**: Traurige Tropen, Frankfurt a.M., 1978

**Lippe, Rudolf zur/Kükelhaus, Hugo**: Entfaltung der Sinne, Frankfurt a.M., 1988

**Lippe, Rudolf zur**: Sinnenbewusstsein – Grundlegung einer anthropologischen Ästhetik, Reinbek bei Hamburg , 1987

**Luhmann, Niklas**: Soziale Systeme: Grundriss einer allgemeinen Theorie, Frankfurt a.M., 1996

**Luhmann, Niklas**: Systeme verstehen Systeme, in: Luhmann, u.a., 1986 **Luhmann, Niklas/Schorr, Karl Eberhard** (Hrsg.): Zwischen Transparenz und Verstehen. Fragen an die Pädagogik, Frankfurt, 1986

**Malinowski, Bronislaw**: Argonauts of the Western Pacific, London, 1922

**Maset, Pierangelo** (Hrsg.): Praxis, Kunst, Pädagogik: ästhetische Operationen in der Kunstvermittlung, Lüneburg, 2001

**Mayring, Philipp**: Einführung in die qualitative Sozialforschung, Weinheim, 1996

**Mayring, Philipp**: Möglichkeiten qualitativer Ansätze in der Unterrichtsforschung, in: Schnaitmann, u.a., 1996

**Mead, George Herbert**: Die Genesis der sozialen Identität und die soziale Kontrolle, in: Joas, H. (Hrsg:): George Herbert Mead - Gesammelte Aufsätze, Frankfurt a.M., 1980

**Merkens, Hans**: Qualitative Methoden in der Erziehungswissenschaft, in: Eberwein, u.a., 1995

**Merkens, Hans**: Teilnehmende Beobachtung und Inhaltsanalyse in der erziehungswissenschaftlichen Forschung. Probleme bei der Erforschung des Unterrichtens von Kindern ausländischer Arbeitnehmer, Weinheim, 1984

**Metken, Günter**: Kunst als Anthropologie und Selbsterforschung – Fiktive Wissenschaften in der heutigen Kunst, Köln, 1977

**Metken, Günter**: Spurensicherung – Eine Revision / Texte 1977 – 1995, Amsterdam, 1996

**Möller, Klaus**: Kunst im Internet (Netzkunst) – Untersuchungen zur Ästhetischen Bildung, Bielefeld, 1999

**Moser, Heinz**: Lehrer als Forscher: Ein Konzept und seine Problematik, in: PÄD Forum, 12/1996

**Motherwell, Robert**: Elegien auf die Spanische Republik, Osnabrück, 1993

**Neuß, Norbert** (Hrsg.): Ästhetik der Kinder – Interdisziplinäre Beiträge zur ästhetischen Erfahrung von Kindern, Frankfurt a.M., 1999

**Otto, Gunter**: Kunst als Prozess im Unterricht, Braunschweig, 1964

**Park, Robert E. / Burgess, Ernest W. / McKenzie, Roderick D.**: The city, Chicago, 1984, Reprint

**Peez, Georg**: Einführung in die Kunstpädagogik, Stuttgart, 2002

**Peez, Georg**: Qualitative empirische Forschung in der Kunstpädagogik – Methodologische Analysen und praxisbezogene Konzepte zu Fallstudien über ästhetische Prozesse, biographische Aspekte und soziale Interaktion in unterschiedlichen Bereichen der Kunstpädagogik, Hannover, 2000

**Petermann, Werner**: Fotografie- und Filmanalyse, in: Flick, u.a., 1995

**Polzin, Manfred/Schneider, Reinhardt/Steffen-Wittek, Marianne** (Hrsg.): Musik in der Grundschule, Frankfurt a.M., 1998

**Rumpf, Horst**: Die übergangene Sinnlichkeit, München, 1981

**Peters, Maria**: Künstlerische Strategien und kunstpädagogische Perspektiven, in: Ziesche, u.a., 2000

**Platon**: Ion, 532b – 535a

**Ritter, Joachim**: Landschaft – Zur Funktion des Ästhetischen in der modernen Gesellschaft, Münster, 1963

**Rumpf, Horst**: Die übergangene Sinnlichkeit – Drei Kapitel über die Schule, München, 1981

**Rumpf, Horst**: Spielarten der Kulturaneignung, in: Staudte, Adelheid, 1993

**Schäfer, Gerd E.**: Ästhetische Erfahrung als Basis kindlicher Bildungsprozesses, in: Neuß, u.a., 1999

**Schäfer, Gerd E.**: Bildungsprozesse im Kindesalter – Selbstbildung, Erfahrung und Lernen in der frühen Kindheit, Weinheim / München, 2001

**Schiller, Friedrich**: Über die ästhetische Erziehung des Menschen, in: von Wiese, Benno (Hrsg.): Schillers Werke in fünf Bänden, Bd. IV, Köln/Berlin, 1959

**Schilling, Jürgen**: Aktionskunst – Identität von Kunst und Leben? – Eine Dokumentation, Frankfurt a.M., 1978

**Schimmel, Paul**: Der Sprung in die Leere: Performance und das Objekt, in: Schimmel, 1998

**Schimmel, Paul**: out of actions – Aktioninsmus, Body Art & Performance 1949 – 1979, Ostfildern / Los Angeles, 1998

**Schleiermacher, Friedrich**: Pädagogische Schriften I, Frankfurt a.M., 1983

**Schmid, Wilhelm**: Philosophie der Lebenskunst – Eine Grundlegung, Frankfurt a.M., 1998

**Schnaitmann, Gerhard W.** (Hrsg.): Theorie und Praxis der Unterrichtsforschung - Methodologische und praktische Ansätze zur Erforschung von Lernprozessen, Donauwörth, 1996

**Schneckenburger, Manfred**: Aushäusig – Kunst für öffentliche Räume, Regensburg, 1994

**Schneckenburger, Manfred**: Delta Gegenwart, in: Walther, 2000

**Schneckenburger, Manfred**: Die direkte Sprache der Realität, in: Walther u.a., 2000

**Schneckenburger, Manfred**: Kapriolen, die das Leben schlägt, in: Fischer, 2000

**Schneckenburger, Manfred**: Land Art: Mit Bergen malen, in: Walther, 2000

**Schneider, Norbert**: Erkenntnistheorie im 20. Jahrhundert - Klassische Positionen, Stuttgart, 1998

**Schneider, Norbert**: Geschichte der Ästhetik von der Aufklärung bis zur Postmoderne, Stuttgart, 1996

**Schneider Reinhardt**: Musik in der Grundschule, in: Polzin, u.a., 1998

**Schreiner-Maierhofer, Marie**: Kinder kennen/können Kunst, Klagenfurt, 1998

**Schuhmacher-Chilla, Doris (Hrsg.)**: Das Interesse am Körper – Strategien und Inszenierungen in Bildung, Kunst und Medien., Essen, 2000

**Schütz, Alfred**: Das Problem der Relevanz, Frankfurt a.M., 1971

**Selle, Gert**: Gebrauch der Sinne, Reinbek bei Hamburg, 1988

**Selle, Gert**: Über das gestörte Verhältnis der Kunstpädagogik zur aktuellen Kunst. Eine Kritik mit praktischen Konsequenzen.

Herausgegeben von Konrad Jentzsch und Raimund Lehmann, BDK pocket 1, Hannover, 1990

**Sievert, Adelheid:** Kunstwerkstatt, in: Die Grundschulzeitschrift, 118/1998

**Sievert, Adelheid**: Kunstwerkstätten in der Grundschule – Die Kunstwerkstatt als Prinzip und als Ort ästhetischen Lernens, in: Kirchner, u.a., 2001

**Sievert-Staudte, Adelheid**: Kind und Kunst – Die Kinderzeichnung und die Kunst im 20. Jahrhundert, in: Schreiner-Maierhofer, 1998

**Sievert-Staudte, Adelheid**: „Mit dem ganzen Körper lernen" – Das Interesse am Körper aus der Sicht der ästhetischen Erziehung, in: Schuhmacher-Chilla, Doris, 2000

**Simmel, Georg**: Philosophie des Geldes, Berlin, 1900

**Spitta, Gudrun** (Hrsg.): Freies Schreiben – eigene Wege gehen, Lengwil, 1998

**Stachelhaus, Heiner**: Phänomen Beuys, in: Magazin Kunst, Nr. 50

**Stagl, Justin/Schmied-Kowarzik Wolfdietrich.**: Grundfragen der Ethnologie, Berlin, 1981

**Staudte, Adelheid**: Ästhetisches Verhalten von Vorschulkindern - Eine empirische Untersuchung zur Ausgangslage für Ästhetische Erziehung, Weinheim / Basel, 1977

**Staudte, Adelheid**: Ästhetische Erziehung 1-4, München/Wien/Baltimore, 1980

**Staudte, Adelheid**: Zum Beispiel „Katze" – Aktive Wahrnehmung und symbolische Repräsentation im Unterricht, in: Staudte, 1993

**Staudte, Adelheid** (Hrsg.): Ästhetisches Lernen auf neuen Wegen, Weinheim/Basel, 1993

**Staudte, Adelheid** (Hrsg.): Sammelband Ästhetische Erziehung I, Sonderdruck der Grundschulzeitschrift, Seelze, 1996, S. 47

**Staudte, Adelheid**: Musik in Bewegung, in: Staudte, u.a., 1996

**Staudte, Adelheid**: Zwischen Kunst und Sinnlichkeit - Defizite und Perspektiven ästhetischer Erziehung in der Grundschule, in: Duderstadt, 1996

**Staudte, Adelheid** (Hrsg.): Sammelband Ästhetische Erziehung II, Sonderdruck der Grundschulzeitschrift, Seelze, 1997

**Staudte, Adelheid**: Finden und Erfinden – didaktisches Plädoyer für das Basteln, in: Staudte, u.a., 1997

**Steiner, Rudolf**: Die Erziehungsfrage als soziale Frage, Dornach, 1971

**Steiner, Rudolf**: Die Kernpunkte der sozialen Frage in den Lebensnotwendigkeiten der Gegenwart und Zukunft, Dornach, 1973

**Stich, Sidra**: Yves Klein, Stuttgart, 1994

**Strauss, Anselm L.**: Grundlagen qualitativer Sozialforschung, München, 1998

**Terhart, Ewald**: Entwicklung und Situation des qualitativen Forschungsansatzes in der Erziehungswissenschaft, in: Friebertshäuser, u.a., 1997

**Thomas, Karin**: Bis heute – Stilgeschichte der bildenden Kunst im 20. Jahrhundert, Köln, 2000

**Timm, Susanne**, in: Fischer/Jappe, 1995

**Vauk, Gottfried**, in: Seevögel – Zeitschrift des Vereins Jordsand zum Schutze der Seevögel und der Natur e.V., Bd. 6, Heft 2, 5/1985

**Venus, Dankmar**: Unterweisung im Musikhören, Wilhelmshaven, 2. Aufl., 1984

**Walther, Ingo F.** (Hrsg.): Kunst des 20. Jahrhunderts, Köln, 2000

**Welsch, Wolfgang**: Zur Aktualität ästhetischen Denkens, in: Kunstforum International, Bd. 100, 1989

**Wick, Rainer**: Kunst und Sozialwissenschaft – über Lili Fischer, in: KunstNachrichten, 18. Jhg,, Heft1, 1982

**Wiedemann, Peter**: Gegenstandsnahe Theoriebildung, in: Flick, u.a., 1995

**Winnicott, Donald W.**: Vom Spiel zur Kreativität, Stuttgart, 1973

**Wird, Guido de** (Hrsg.): Schriftenreihe Museum Kurhaus Kleve: Richard Long – Midday, Kleve, 2001

**Ziesche, Angela/Marr, Stefanie** (Hrsg.): Rahmen aufs Spiel setzen – FrauenKunstPädagogik, Königsstein/Ts., 2000

**Zinnecker, Jürgen: Pädagogische Ethnographie - Ein Plädoyer**, in: Behnken, u.a., 1995

**Zweite, Arnim**: Joseph Beuys - Natur Materie Form, München / Paris / London, 1991

**Abbildungsverzeichnis**

Abb. 1: *„Feldforschung im Teufelsmoor“*, aus: Teufelsmoor persönlich, in: KunstNachrichten, 20. Jhg., Heft 2, 1984. Mit freundlicher Genehmigung von Lili Fischer.

Abb. 2: aus: Fischer, Lili, Jappe, Georg: Teufelsmoor persönlich, Worpswede, 1983. Mit freundlicher Genehmigung von Lili Fischer.

Abb. 3: *„Torfskizze“*, aus: Fischer, L./Jappe, G., a.a.O., 1983. Mit freundlicher Genehmigung von Lili Fischer.

Abb. 4: *„kreative Animation auf Pellworm“*, aus: Fischer, Lili: Weg von der Insel! Weg von der Insel? (Kunst als Animation im Urlaub), in: KunstNachrichten, 14. Jhg., Heft 2, 1978. Mit freundlicher Genehmigung von Lili Fischer.

Abb. 5: *„Die Reaktionen einiger Teilnehmer: » (...) es kam eine Zeichnung zustande, die mich naiv erfreute (...)«“* aus: Fischer, L., a.a.O., 1978. Mit freundlicher Genehmigung von Lili Fischer.

Abb. 6: aus: Fischer, L./Jappe, G., a.a.O., 1983. Mit freundlicher Genehmigung von Lili Fischer.

Abb. 7: *„Torfskizze“*, aus: Fischer, L./Jappe, G., a.a.O., 1983. Mit freundlicher Genehmigung von Lili Fischer.

Abb. 8: *„Stecken-Parade“*, aus: Fischer, L./Jappe, G., a.a.O., 1983. Mit freundlicher Genehmigung von Lili Fischer.

Abb. 9: aus: Fischer, Lili: Milchmädchenrechnung: (eine Leiter auf und ab), Hamburg/München, 2000. Mit freundlicher Genehmigung von Lili Fischer.

Abb. 10: *„Ausschnitte aus dem Performance–Drehbuch“*, aus: Fischer, L., a.a.O., 2000. Mit freundlicher Genehmigung von Lili Fischer.

Abb. 11: aus: Fischer, L., a.a.O., 2000. Mit freundlicher Genehmigung von Lili Fischer.

Abb. 12: aus: Fischer, L., a.a.O., 2000. Mit freundlicher Genehmigung von Lili Fischer.

Abb. 13: aus: Fischer, L., a.a.O., 2000. Mit freundlicher Genehmigung von Lili Fischer.

Abb. 14: *„Rattenburg"*, aus: Fischer, Lili: Meute im Museum, Duisburg, 1996. Mit freundlicher Genehmigung von Lili Fischer.

Abb. 15: *„Museumsratten"*, aus: Fischer, Lili: (Und meine Seele) spannte / Weit ihre Flügel aus, Schweinfurt a.M., 2000. Mit freundlicher Genehmigung von Lili Fischer.

Abb. 16: *„Fuhlsbütteler Herbarien"*, aus: Fischer, Lili: Herbarien, Stuttgart, 2000. Mit freundlicher Genehmigung von Lili Fischer.

Abb. 17: aus: Fischer, Lili: Medusenspiegel, Ostfildern-Ruit bei Stuttgart, 1997. Mit freundlicher Genehmigung von Lili Fischer.

Abb. 18: aus: Fischer, Lili: Kraut und Zauber, Hamburg, 1980. Mit freundlicher Genehmigung von Lili Fischer.

Abb. 19: *„Die Autoren mit Bergführer (und dessen obligatorischem Gewehr gegen Eisbären) in Bjørndalen, Spitzbergen 1996 (Selbstauslöser)"*, aus: Fischer, Lili/Jappe, Georg: Polare Gestade, Köln, 1997. Mit freundlicher Genehmigung von Lili Fischer.

Abb. 20: *„Baumprojektionen"*, aus: Fischer, L., a.a.O., Stuttgart, 2000. Mit freundlicher Genehmigung von Lili Fischer.

Abb. 21: *„Pflanzenkonferenz mit Wahl des Friedenskrauts"*, aus: Fischer, L., a.a.O., Stuttgart, 2000. Mit freundlicher Genehmigung von Lili Fischer.

Abb. 22: *„Testflug der Nachtfalter"*, aus: Fischer, L., a.a.O., Schweinfurt a.M., 2000. Mit freundlicher Genehmigung von Lili Fischer.

Abb. 23: *„Scheuermittel-Kollekte"*, aus: Fischer, Lili: Künstlerisches Zubehör für Daheim, Wiesbaden, 1989. Mit freundlicher Genehmigung von Lili Fischer.

Abb. 24: *„Besentanz“*, aus: Fischer, Lili: Küchenlatein – Performance-Drehbuch, Köln, 1989. Mit freundlicher Genehmigung von Lili Fischer.

Abb. 25: „Fin erprobt ästhetisches Material“, aus: Archiv Brenne

Abb. 26: „Forschung“, aus: Archiv Brenne

Abb. 27: „Maskierung“, aus: Archiv Brenne

Abb. 28: „Monsterkostüme“, aus: Archiv Brenne

Abb. 29: „Die Mumie“, aus: Archiv Brenne

Abb. 30: „tänzerische Annäherung“, aus: Archiv Brenne

Abb. 31: „tänzerische Präsentation“, aus: Archiv Brenne

Abb. 32: „Monsterumzug“, aus: Archiv Brenne

Abb. 33: „Waldmonster“, aus: Archiv Brenne

Abb. 34: „Begegnung mit dem Spiegelmonster“, aus: Archiv Brenne

## Anhang

*Fotodokumentation (Archiv Brenne)*

**"Monsterumzug - ästhetische Rezeption und Produktion regionaler und überregionaler Karnevalsbräuche“**
(Projekttag, 28.1.1998)

### I. Kostümgruppe

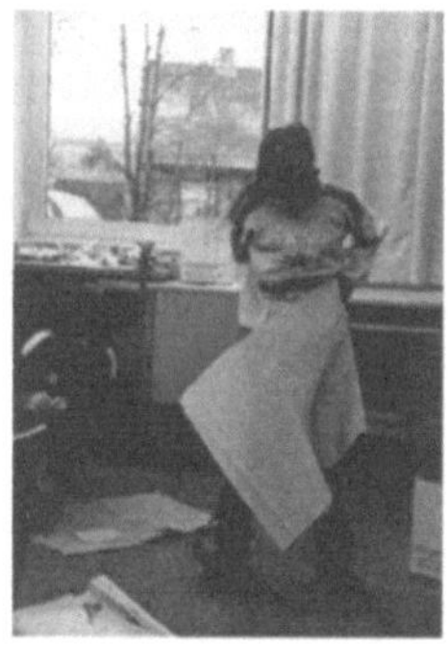

## II. Maskengruppe

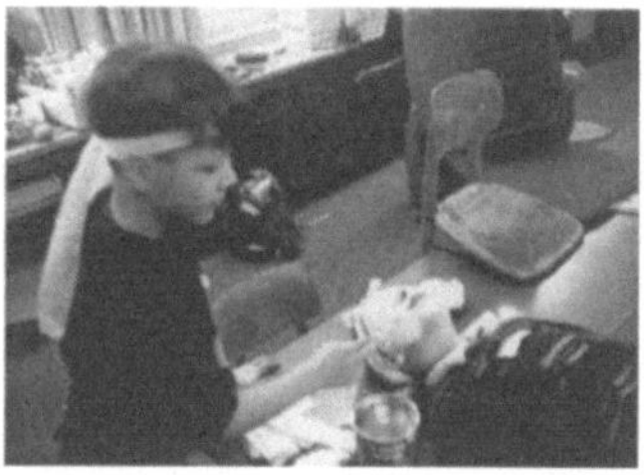

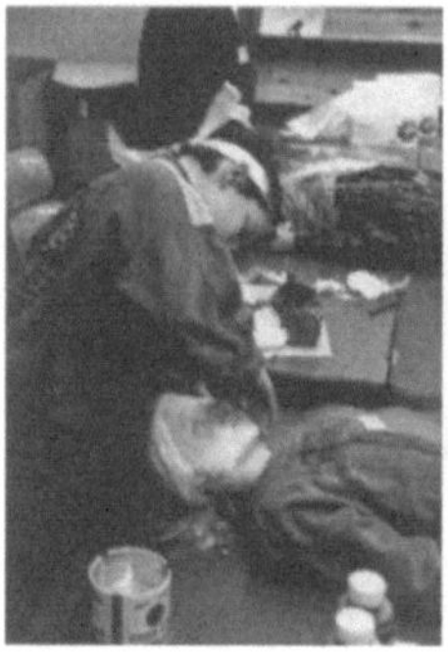

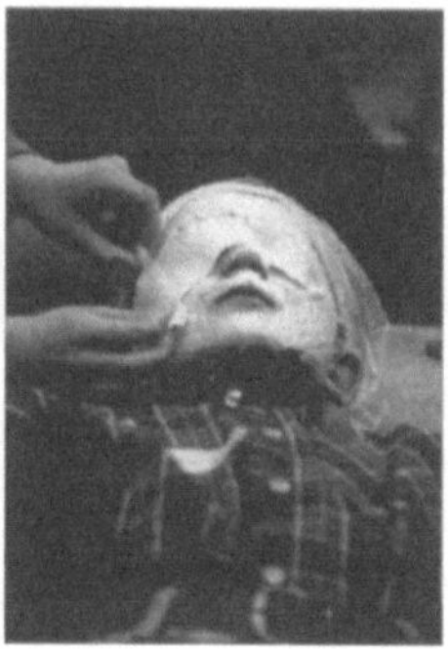

## III. Tanzgruppe

## IV. Musikgruppe

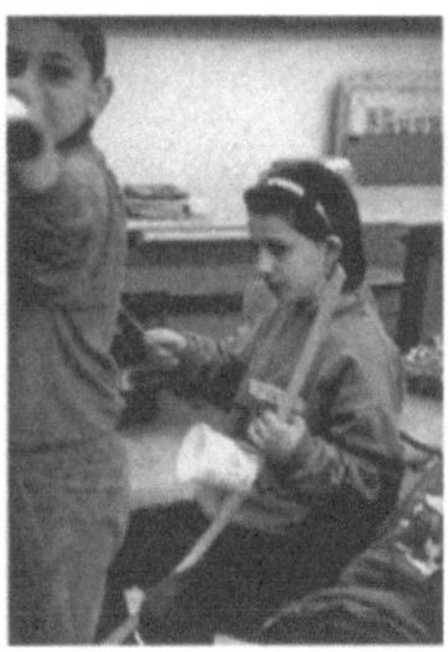

## V. Präsentation